中华学术·有道

唐代
基层文官

[马来]
赖瑞和
————

著

中华书局

图书在版编目(CIP)数据

唐代基层文官/(马来)赖瑞和著. —北京:中华书局,2024.3
(中华学术·有道)
ISBN 978-7-101-16496-1

Ⅰ.唐…　Ⅱ.赖…　Ⅲ.文官制度–研究–中国–唐代
Ⅳ.D691.42

中国国家版本馆 CIP 数据核字(2024)第 008835 号

书　　名	唐代基层文官
著　　者	[马来]赖瑞和
丛 书 名	中华学术·有道
责任编辑	孟庆媛
责任印制	管　斌
出版发行	中华书局
	(北京市丰台区太平桥西里 38 号　100073)
	http://www.zhbc.com.cn
	E-mail:zhbc@zhbc.com.cn
印　　刷	北京盛通印刷股份有限公司
版　　次	2024 年 3 月第 1 版
	2024 年 3 月第 1 次印刷
规　　格	开本/920×1250 毫米　1/32
	印张 14　插页 2　字数 315 千字
印　　数	1-5000 册
国际书号	ISBN 978-7-101-16496-1
定　　价	78.00 元

目　录

表 目

自　序

这本书我构思了整整二十二年。

1980年夏天,我从台大外文系毕业;1981年秋天,我远赴美国普林斯顿大学东亚研究所直攻博士学位,师从杜希德(Denis C. Twitchett)教授初习唐史。他是西方最有名望的唐史专家,专长唐代经济史和唐代史学史,又是《剑桥中国史》(*The Cambridge History of China*)的主编,但对我非常宽厚仁慈,给了我许多的研究自由,没有压力。当时,我最大的课业困扰,反而是唐代的职官制度。读新旧《唐书》,读《资治通鉴》等史书,甚至读《全唐文》和《全唐诗》,处处都是唐代官名,可是却没有一本书可以教我怎么解读这些官名的意义。比如,《旧唐书》卷一八七下《庾敬休传》有一段话,很有意思,很能代表正统史书处理唐人官衔的方式:

> 敬休举进士,以宏词登科,授秘书省校书郎,从事宣州。旋授渭南尉、集贤校理。迁右拾遗、集贤学士。历右补阙,称职,转起居舍人,俄迁礼部员外郎。入为翰林学士,迁礼部郎中,罢职归官。又迁兵部郎中、知制诰。丁忧,服阕,改工部侍郎,权知吏部选事,迁吏部侍郎。

这一小段文字,几乎全是官名,问题真不少。当年我没读懂,于是就像许多唐史研究生那样略过不读,但这样也就等于完全不了解庾敬休这么一个精彩的唐史人物,和他所走过的路。而今,我不敢说完全读懂了,且试为解答如下。

庾敬休举了进士又"以宏词登科",意味着什么?答案:只考中进士不能马上做官,需"守选"等待约三年。于是有人就去考"宏词",即博学宏词科,考中便可马上得官。这跟明清时代考中进士即可授官不一样。此外,唐人进士及第已很了不起,再中宏词,表示他是精英中的精英。相比之下,才高如韩愈,三试宏词都不中。

什么是"旋授渭南尉、集贤校理"?为什么两个官名连在一起书写?答案:这表示庾敬休是以渭南尉的官位去出任集贤校理。集贤校理是集贤院中一种校书工作,属基层,但没有品秩,所以任此职照例都带一个县尉如渭南尉之类的基层官,以秩品阶,寄俸禄。他后来的集贤学士比校理高一级,但也同样没有品秩,所以要带一个右拾遗的官。按《唐六典》和《新唐书·百官志》等书的规定,"五品以上为学士,六品以下为直学士"。右拾遗是从八品上,所以庾敬休出任的可能是"集贤院直学士"。他传中所说的"集贤学士"可能省略一个"直"字。这一类官是所谓的"本官"。详见本书第三章《县尉》中"以县尉作阶官充馆职"一节。

从右补阙,转起居舍人,迁礼部员外郎,又意味着什么?答案:这是一幅很典型的升官图。这几个官都属中层。员外郎是一种郎官,是通往高层官员的一个重要门户。以庾敬休为例,他便先任员外郎,接着任郎中,最后才升为侍郎。

什么是"罢职归官"?答案:唐人对"官"与"职"有清楚的区分。详见下面讨论白居易《有唐善人墓碑铭并序》部分。翰林学士属无品秩的馆职，和前面的集贤校理与集贤学士一样，都是一种"职"，照例带有礼部郎中等有品秩的"本官"。这里是说他现在罢去翰林学士此"职"，回去任礼部郎中的"官"。

他任过礼部郎中，又迁兵部郎中，改工部侍郎，迁吏部侍郎，这又有什么意义？答案：礼部为"后行"，其郎中地位低于"前行"的兵部郎中。所以从礼部郎中转为兵部郎中是正常的升迁。侍郎地位又比郎中高。这里主要是说庾敬休步步升为高官。吏部为"前行"，高于"后行"的工部。从工部侍郎迁吏部侍郎也是正常的升迁（韩愈最后一个官正是吏部侍郎）。不过，庾敬休没有继续升为更高一层的尚书，也没有做过宰相，所以虽然他是很有成就的高官，从九品的校书郎小官一路官至四品的侍郎高官，仕途显达，但还不算顶尖人物。

唐人任官，一般都得从八、九品小官做起，然后按部就班升迁。五、六、七品通常已是中层官员，三、四品为高官，一到二品只用以酬勋臣，很少见。粗略而言，唐朝廷相当严格遵守这种依序授官的规则，很少例外。若违背这规则，超序授官，比如胡乱授官给安禄山、杨国忠、仇士良等人，后来都出了问题。这些人都成了"乱臣"。

在普林斯顿那些年，我多希望世界上能有这样一本专论唐代职官的专书或辞典，能够给我提供这样的答案！可惜没有。

当然，唐史研究领域已有好几种常用的工具书如《唐六典》、《通典》、《旧唐书·职官志》和《新唐书·百官志》可查，可是这些书都有局限，查了往往也没有解答，不能提供类似以上的"答案"，因为这些书主要讲官署组织，旁及官品和十分简略的职掌描写，但从来不解释唐代官职的深层含意，也并非为此目的而编。

这些书甚至连"从事"都查不到。那是中晚唐方镇使府中各种僚佐如巡官、推官、掌书记和判官的通称。在上引《旧唐书·庾敬休传》中，"从事"是当动词使用。"从事宣州"即是说庾敬休曾经在宣州充当过巡官、推官之类的幕职。这也是古代官制的一大特色：官名往往可以当动词使用。比如，诗人李商隐任过弘农县尉，于是就有人说他"尉弘农"时怎样怎样，说他如何"黄昏封印点刑徒"，日子不好过。

二十多年前，我便常幻想有一天能解开这些唐代官名后面隐藏着的"密码"。但限于当年的学养，我不敢去研究唐代的职官制度，只写了一本《唐代军事与边防制度》的博士论文就毕业离校。然后，到香港等地教书，一晃十多年。在这十多年当中，我开始认真思考唐代职官和官制的问题，不断在搜集材料，但由于教学忙碌，琐事繁多，研究进度十分缓慢。2002 年初，我终于痛下决心，辞去教职，从此得以夜以继日，倾全力梳理这个困扰了我二十年的课题，追补过去十多年来流失的岁月。一年多以后，我终于写完了这本书，尝试解开唐代基层文官的一些"谜"，希望能帮助初习唐史的学生，也请同行专家学者指正。

将来的工作环境和条件若有改善，我还要继续研究中、高层官员，并且撰写《唐代中层文官》和《唐代高层文官》两书，和本书合为姊妹篇。我构想中的中层官员包括监察御史、殿中侍御史、侍御史、拾遗、补阙、员外郎、郎中、主簿、县丞、县令、州录事参军、州司马、长史、使府判官等；高层则包含御史中丞、御史大夫、中书舍人、给事中、侍郎、尚书、秘书监等长官、州别驾、刺史、节度使、观察使等。

经过这些年来的研究和写作，我发现我的"解码"能力慢慢增强了。比如，前几天读白居易写的《有唐善人墓碑铭并序》，便觉得很能"欣赏"他所列出的墓主人李建的长串官衔："公官历校书郎,左拾遗,詹府司直,殿中侍御史,比部、兵部、吏部员外郎,兵部、吏部郎中,京兆少尹,沣州刺史,太常少卿,礼部、刑部侍郎,工部尚书。职历容州招讨判官,翰林学士,郧州防御副使,转运判官,知制诰,吏部选事。阶中大夫。勋上柱国。爵陇西县开国男。"而且更能理解他所谓"官"和"职"的分别:"官"是有品秩的正式编制官位;"职"是中晚唐方镇使府幕职,翰林院、集贤院等没有品秩的馆职,或"知制诰"、"知吏部选事"等差遣职。中晚唐做官的人经常有"官"又有"职",更有散阶、勋官和爵等。他们死后,这些长串官职名都会很隆重地一一刻在他们的墓志上或神道碑上。今人若能正确解读,单凭这长串官衔,也就能充分了解死者生前的功业,知道他走的是一条怎样的仕途,官运顺达与否。

在本书完稿时刻,我想特别感谢杜希德教授当年给我的教导,并启发我研究唐史的热诚。没有他当年的鼓励和他这些年来以身作则,虽年迈仍奋力做研究的榜样,我想我可能会半途而废。

二十多年前在台大外文系,王秋桂老师在"西方汉学"和"中国书目学"的课堂上,引导我走上汉学研究的道路,传授给我中国书目、版本和考证之学的精萃,并且引荐我到普林斯顿去读博士,让我这一生受用无穷。我的感激之情是任何语言都难以充分表达的。

去年初,联经出版事业公司的总编辑林载爵先生,读了我那本中国旅行书《杜甫的五城:一个火车迷的中国壮游》(台北尔雅出版社),写电邮来表示赞赏,并问我有没有唐史书稿可以交给他出版。这样便促成了这本书的诞生。我要衷心谢谢林先生,没有他的那封电邮,这本书还不知什么时候才能面世。

本书初稿曾经为两位联经特约的专家学者审查并推荐出版,谨此致谢。其中一位审查人北京中华书局的原总编辑傅璇琮先生(亦为中国唐代文学学会会长)，审稿后特别托人传话给我，告知他的审查结果，让我感到深受鼓舞，更觉得我应当努力继续撰写《唐代中层文官》和《唐代高层文官》两姊妹篇。两位审查人详细、认真的审稿意见，也对本书的修订大有帮助。

本书第一章《校书郎》，曾以期刊论文《唐代校书郎考释》的形式，发表在《"中研院"历史语言研究所集刊》第七十四本第三分(2003年9月)。第三章《县尉》，则以会议论文《唐代县尉考释》在2003年11月6—7日于台北举行的第六届唐代文化学术研讨会上宣读。此研讨会由中国文化大学史学系暨研究所和中国唐代学会主办。两文都经过不少修改，始收入本书。在此我想感谢史语所陈弱水教授宝贵的修订建议，唐代学会秘书长桂齐迈教授的通融和协助，以及几位匿名审稿人的指正。

台湾东吴大学中文研究所的陈郁夫教授，去年初特别寄赠他开发的《全唐诗》和《太平广记》电子资料库，让我每次在浩瀚文海中捞到"针"时，都不禁要想起他，默默感谢他。市面上和网上的《全唐诗》电子文库很多，但多为简体字版，且校对欠佳，又无卷数页数，都不合学术用途。最合乎学界需要，校对精细，且以繁体字制作的，据我所知就只有陈教授这一套了。

在我写作中途，广州华南师范大学的戴伟华教授及时寄赠他的大作《唐方镇文职僚佐考》和《唐代使府与文学研究》，解决了我觅书的困难，十分感谢。此两书在海外不易购得，甚至连海外许多大型中文研究图书馆也遗漏未购置。如今，《唐方镇文职僚佐考》成了我经常需要翻查的一本工具书，极为有用。此外，我也要感谢厦门大学陈明光教授，在2001年夏，在青岛开唐史学会会议期间，持赠其大作《唐代财政史新编》，让我能够追上唐代经济史研究的最新成果和动向。青岛会议期间，承蒙史念海教授家人、朱雷、胡戟、李鸿宾和魏明孔诸教授惠赠大作多种，令我深受鼓舞和感动，感觉到唐史研究路上没那么寂寞。

美国华盛顿大学的杨宿珍小姐，在本书写作期间，常替我影印邮寄一些我找不到的材料，在紧急时刻给我帮了大忙，并且万里迢迢寄赠 Charles Hucker 那本 *A Dictionary of Official Titles in Imperial China*（《帝制中国官名辞典》），真谢谢她。嘉义中正大学历史研究所的朱振宏兄，常替我影印邮寄难得的唐史学术论文。老友张锦忠兄，曾经从高雄中山大学给我邮寄过影印材料。新加坡国立大学中文系的李志贤博士和我的前学生冯白羽小姐，曾帮我到图书馆借书。这些朋友的善举，使我身处在马来西亚最南端的边城（也是亚洲大陆最南的一个城镇）新山市（Johor Bahru），远离学术中心，还能完成这本唐史专书，不能不说是功德无量。

最后，我感谢我的妻子，在我辞去教职，过着韩愈式"闭门读书史，窗户忽已凉"的日子后，没有什么抱怨。幼女维维安，在爸爸闭门写书的时候，懂得安静、自立，不必爸爸分心，也是爸爸深深感激的。本书献给她们——我生命中最重要的女生。

赖瑞和

2004 年 5 月 25 日

于马来西亚新山市唐代史研究中心

导　言

愿尔一祝后，读书日日忙。

一日读十纸，一月读一箱。

朝廷用文治，大开官职场。

愿尔出门去，取官如驱羊。

——杜牧《冬至日寄小侄阿宜诗》①

　　杜牧这首诗，很能反映唐代士人家庭对做官的重视。他这个侄儿，还"未得三尺长"，但杜牧已经在盼望他将来好好读书，以便来日可以"取官如驱羊"。做官是中国最古老的行业之一，也是古人读书最重要的目的之一。《论语·泰伯篇》说："三年学，不至于谷，不易得也。"杨伯峻把这一句翻成白话："读书三年并不存做官的念头，这是难得的。"②可知先秦古人读了三年书都想做官。到了唐代，这一行业早已发展出一套非常细致的官场规则。唐代朝廷"大开官职场"，成了中古时代最大的雇主，其职官和官制体制，比起前几代也就更为复杂了。

---

①《樊川文集》，陈允吉校点（上海：上海古籍出版社，1978），卷一，页9—10。

②杨伯峻《论语译注》（北京：中华书局，1980），页82。

1

初习唐史的学生，或者对唐人任官制度感兴趣的读者和历史迷，面对错综复杂的唐代职官和官制，不免感到困扰，不知该如何去正确解读。他们的疑问很多，但如果按一个唐代年轻人从读书、考科举到做官整个过程来分阶段考察，大致可以分为四大类：（一）唐人做官最起码的资历是什么？怎样取得这些资历？（二）有了这些资历，可以担任怎样的官？有哪些基层入阶官职可供选择？各官职的入仕条件如何？仕途前景如何？职务如何？（三）什么是职事官？流内官？流外官？散官？阶官？勋官？卫官？试衔？（四）唐人做了官又意味着什么？和今人做官有什么不同？特色有哪些？薪俸如何？需不需要经常为做官远行？可不可以携家带眷？

像这些问题，看似简单，可是即使专门的唐史教科书，比如前辈学者岑仲勉那本著名的《隋唐史》，也常无法解答，或根本未涉及。然而，这些问题却是唐史学生和学者在阅读唐代史料（包括史书、诗文和墓志）时，经常会碰见和发出的，所以看来又不能置之不理。

第一大类问题比较容易解答，主要因为在过去十多二十年，唐史学者在这方面做过不少研究工作，为我们解开了不少谜团。粗略而言，在初唐高祖和太宗朝，任官没有严格的资历要求。有人以辅佐高祖和太宗起家（如魏征和房玄龄等人），有人以军功入官（如李勣和唐俭），有人从下层的吏员仕至高官（如张玄素和孙伏伽），甚至有人以隋朝的官资任唐官（如诗人王绩）。但从高宗朝起，科举制度日趋成熟，任官的途径便逐渐固定下来，直到唐末。其中最重要的两种任官方式是：（一）以门荫入仕；（二）参加各种科举考试。

过去几十年来，唐代门荫研究很有些成绩，如张兆凯、毛汉光、爱宕元、王永兴、张泽咸和宁欣诸家，大抵澄清了门荫制度的各个面貌①。唐人以荫入仕，到中晚唐仍有，例如晚唐两大才子李德裕和段成式，都是以荫入官。然而，唐人更常以各种科举方式入仕。这当中，主要有明经、进士、制科、博学宏词和书判拔萃。进士比明经清贵，也较难考上，但此两科即使考上，也需"守选"等候约三年（进士）到约七年（明经）左右才能分配到官职②。制科名义上是皇帝殿试，主要试"策"文，考中即可授官，不必"守选"。博学宏词和书判拔萃也不必"守选"，但却是难度最高的两种考试。不少唐人考过明经或进士后，又再考此两科。百人当中只录取大约三人，其难度可以想见。考中者都是唐代士子当中的精英，如白居易（中进士、书判拔萃和制科）、元稹（中明经、书判拔萃和制科）和李商隐（中进士和书判拔萃，文场战绩非凡，但官运欠佳）。古文大师韩愈虽考中进士，三试博学宏词却都没有考中，因此他在《上宰相书》中说"三选于吏部卒无成"，又写信给友人崔立之说他"以至辱于再三"③，有一种落第的苦楚。

关于科举制度的研究，传统上最重要的一本书，当数清代徐松的《登科记考》。近数十年来的专著也有好几种。傅璇琮的《唐代科举与文学》最先面世，主要论进士考试和相关题目，引用诗文材料

---

①唐人以荫入仕的研究，近年有张兆凯的专书《汉—唐门荫制度研究》（长沙：岳麓书社，1995）。其他重要论文有毛汉光《唐代荫任研究》，《"中研院"历史语言研究所集刊》，第 55 本第 3 分（1984），页 459—534；爱宕元《唐代における官蔭入仕について》，《東洋史研究》，35 卷 2 期（1976），页 71—102；王永兴《关于唐代门荫制的一些史料校释》，《陈门问学丛稿》，页 370—393；张泽咸《唐代的门荫》，《文史》第 27 辑（1986）。宁欣《唐代选官研究》（台北：文津出版社，1995），第五章专论唐代的门荫。
②王勋成《唐代铨选与文学》（北京：中华书局，2001），页 51—63。
③《韩昌黎文集校注》，马其昶校注（上海：上海古籍出版社，1987），卷三，页 155、166。

尤多。卓遵宏的《唐代进士与政治》专研进士出身者的仕途和迁转。阎文儒的《唐代贡举制度》颇有新意，但常为人忽略。吴宗国的《唐代科举制度研究》范围较广，甚至也涉及门荫入仕、流外入流、学校和科举等。刘海峰的《唐代教育与选举制度综论》偏重学校、教育和选举制度的关系。高明士的《隋唐贡举制度》，除了论及隋唐贡举，也触及"宾贡"科、武举和贡举制对韩国和日本的影响①。

兰州大学中文系王勋成教授的《唐代铨选与文学》最晚出，也最有创见。此书在"关试"、"吏部试"、"释褐试"、"科目选"、"制授"、"敕授"等方面，厘清了许多过去含糊不清的观念和事例。尤其难得的是，此书第一次探讨过去几乎无人研究的唐代"守选"制度，为我们解开了唐代科举和铨选制度中的许多"谜团"，澄清了史料中的许多疑点，贡献良多②。有了王勋成此书，上面所提第一大类问题，大抵都可以在书中找到答案。笔者也就不必再花费笔

---

① 徐松《登科记考》，赵守俨点校(北京：中华书局，1984)；现有孟二冬《登科记考补正》(北京：燕山出版社，2003)，总结了过去一个世纪来的研究，引用近世出土唐代墓志尤多，最方便研究者；傅璇琮《唐代科举与文学》(西安：陕西人民出版社，1986年初版，2003年修订版)；卓遵宏《唐代进士与政治》(台北："国立"编译馆，1987)；阎文儒著、阎万钧校补《唐代贡举制度》(西安：陕西人民出版社，1989)；吴宗国《唐代科举制度研究》(沈阳：辽宁大学出版社，1992)；刘海峰《唐代教育与选举制度综论》(台北：文津出版社，1991)；高明士《隋唐贡举制度》(台北：文津出版社，1999)。最近刚出版的陈飞《唐代试策考述》(北京：中华书局，2002)则专论科举考试中的试策部分。

② 王勋成教授最近在《岑参入仕年月和生平考》(《文学遗产》，2003年第4期)以唐代进士必守选三年为例，重新考定岑参的入仕年月为天宝七载(748)，生年则为开元七年(719)，非开元四年(716)，推翻了学界旧说，是一项很有启发意义的个案研究，或许可以引发更多此类考释。同样的，他在《王维进士及第之年及生年新考》(《华中师范大学学报》，2001年第1期)也重新考定王维生年为武后延载元年(694)，非过去学界所接受的长安元年(701)，卒于上元二年(761)，享年六十八岁。

墨去描述唐人怎样取得做官资历，怎么进入官场。在这些问题上，笔者多引用王勋成的研究成果为证。

第二大类问题才是本书所要深入讨论的课题。唐人取得进士、明经或其他做官资格后，可以担任怎样的入门或释褐官职，过去一直无人研究。这原本属于唐代职官研究的范围，但这个领域过去的研究，几乎全偏向中、高层官职。例如，清代劳格和赵钺的《唐尚书省郎官石柱题名考》及《唐御史台精舍题名考》、吴廷燮的《唐方镇年表》、近人严耕望的《唐仆尚丞郎表》、孙国栋的《唐代中央重要文官迁转途径研究》、卢建荣的《唐代后期（公元756至893年）户部侍郎人物的任官分析》、何汝泉的《唐代转运使初探》、张荣芳的《唐代的史馆与史官》及《唐代京兆尹研究》、郁贤皓的《唐刺史考全编》、毛汉光的《唐代给事中之分析》、胡沧泽的《唐代御史制度研究》、毛蕾的《唐代翰林学士》、曾贤熙的《唐代御史大夫中丞试探》以及最近郁贤皓和胡可先的《唐九卿考》等大作，全都是关于中层或高层官员的研究论著①。至于这些中、高层

---

① 劳格、赵钺《唐尚书省郎官石柱题名考》，徐敏霞、王桂珍点校（北京：中华书局，1992），及《唐御史台精舍题名考》（北京：中华书局，1997年校点本）；吴廷燮《唐方镇年表》（北京：中华书局，1980年校点本）；严耕望《唐仆尚丞郎表》（台北："中研院"历史语言研究所专刊之三十六，1956）；孙国栋《唐代中央重要文官迁转途径研究》（香港：龙门书店，1978）；卢建荣《唐代后期（公元756至893年）户部侍郎人物的任官分析》，《"中研院"历史语言研究所集刊》，第54本第2分（1983）；何汝泉《唐代转运使初探》（重庆：西南师范大学出版社，1987）；张荣芳《唐代的史馆与史官》（台北：台湾中国学术著作奖助委员会，1984）及《唐代京兆尹研究》（台北：台湾学生书局，1987）；郁贤皓《唐刺史考全编》（合肥：安徽大学出版社，2000），取代《唐刺史考》；毛汉光《唐代给事中之分析》，《第二届国际唐代学术会议论文集》（台北：文津出版社，1993）；胡沧泽《唐代御史制度研究》（台北：文津出版社，1993）；毛蕾《唐代翰林学士》（北京：社会科学文献出版社，（转下页注）

官员年轻时担任过什么基层职位,这些基层职位的入仕和职掌等任官详情又如何,我们可说一无所知,或所知十分有限。本书拟详考唐代基层文官的各个面貌,以厘清唐人刚出来做官时的一些实况,特别是他们的入仕条件、仕途前景和职务等细节①。

　　唐代的基层文官,当然不只限于本书所论的几种。在中央低层官职当中,唐人有释褐为太乐丞者,如诗人王维②,或从太常寺太祝起家,如诗人张籍③,但这类事例不多见,这些官职也比较不重要。最常见到的情况是,他们许多从校书郎和正字出身。这两种官也被杜佑和封演称为美职,被白居易誉为"公卿之滥觞"。在县官方面,唐人固然也有从主簿甚至县丞、县令起家,但案例不多,最多的还是从县尉干起。县尉也是县官当中人数最多的一个群体,史料中屡见不鲜,不容忽视。在州官当中,士人刚出来做官,最常任的就是州参军和各曹判司。至于中晚唐的幕职,唐人一开始入幕最常担任的便是巡官、推官和掌书记。这也是基层幕职当中最重要的三个。所以本书精选这几种最常见的基层文官,分章做了深入的研究和讨论。这几种文官,分布在京城官署、州县和幕府,也让我们可以借此观察这些官署的地位和运作。近数十年来,今人在巡官、推官和掌书记方面的论著还有一些,但对校

（接上页注）2000）；曾贤熙《唐代御史大夫中丞试探》,《第五届唐代文化学术研讨会论文集》（高雄：丽文文化,2001）；郁贤皓和胡可先《唐九卿考》（北京：中国社会科学出版社,2003）。

① 王寿南《唐代文官任用制度之研究》,《唐代政治史论集》（台北：商务印书馆,1977）,页1—132,以及张国刚《唐代官制》（西安：三秦出版社,1987）,都论及唐代文官制度,但处理方式和本书不同,亦可看看。

② 陈铁民《王维年谱》,《王维集校注》,陈铁民校注（北京：中华书局,1997）,页1328。

③ 纪作亮《张籍研究》（合肥：黄山书社,1986）,页21。

书郎、正字、县尉、参军和判司,则几乎一无研究①。本书或可弥补这方面的一大片空白。

研究唐代基层文官,材料颇不少,但星散各处,搜集不易。过去的研究方法一般是以《唐六典》、《通典》和《旧唐书·职官志》及《新唐书·百官志》等书中所记为主,但这些材料非常简略,而且缺乏具体事例,令人无法理解制度的实际运作。以校书郎为例,《唐六典》只说:"校书郎六人,正九品下。"然后是一大段历史回顾,叙说校书郎这种官职从汉代到唐初的演变,如此而已。《通典》的材料也约略相似,但添加了职掌和唐人对校书郎的评价:"掌雠校典籍,为文士起家之良选。其弘文、崇文馆,著作、司经局,并有校书之官,皆为美职,而秘书省为最。"②这段话可以帮助我们理解校书郎在整个基层文官体系中的地位,不过缺点是没有举任何事例来说明何以校书郎为"美职"。两《唐书》的记载更为简单,只有官品等寥寥一两句话。至于《唐律疏议》和《唐令拾遗》等律令汇编,也和《唐六典》等书相似,仅有条文,没有实例,对笔者的用处不大。比如,《唐律疏议》甚至没有任何"校书"的材料。《唐令拾遗》则仅把校书郎、太子校书、弘文馆校书和崇文馆校书,作为官名各列一次罢了③。

若仅依据《唐六典》和《通典》等典志来了解校书郎或其他唐代官职,那是严重不足的。但历来注释唐代诗文者,以及唐人年谱和评传的作者,在碰到校书郎或其他唐代官名时,往往别无他法,只能引用《唐六典》和《通典》等书的简便材料了事,无法再深

①关于这些职官的最新研究状况,详见本书各章前的学术史回顾。
②《通典》,王文锦等点校(北京:中华书局,1989),卷二六,页736。
③《唐令拾遗》,仁井田陞编,栗劲等编译(长春:长春出版社,1989),页8—9。

考。然而,若单以此类材料来处理和考察唐代官职,那必将沦于平板、片面的描述,所呈现的只是一个制度的空架子。

本书的做法是:尽量摆脱这种制度空文的描写,尽量从唐人的生平经历、从众多唐人的官历着手,去梳理出最具体的事例和细节。这种研究途径,无以名之,故且称之为"在传记中考掘制度史"①。此法非笔者发明。早在三四十年前,严耕望先生即以此法考史见重于世。他的《唐仆尚丞郎表》及《唐史研究丛稿》中许多论文,莫不竭力在史传和墓志中挖掘制度史的材料,"竭泽而渔"②。笔者深受启发而师其法。

但这样一来,研究难度便大大提高,因为两《唐书》的列传部分,也成了研究官职的重要材料,需要全面彻底"考掘"。同理,近世出土的大量唐代墓志和神道碑文,也需仔细爬梳,因为它提供很有用的素材,本书都尽量充分利用③。墓志中所见的唐代官员,

———————————

① 法儒福柯的名著 L'archéologie du savoir,王德威教授将之译为《知识的考掘》(台北:麦田出版社,1993)。笔者觉得此译甚妙,特此借用。"考掘"一词也让笔者联想到西方史学界近年常说的 textual archaeology(文本考掘)。笔者认为,乾嘉一派的考证,实际上和福柯所说的"知识的考掘",大有相似和相通之处。

② "竭泽而渔"常见于先秦典籍,原指一种"有害的"捕鱼方法,如《吕氏春秋》卷十四:"雍季曰:'竭泽而渔,岂不获得? 而明年无鱼。焚薮而田,岂不获得? 而明年无兽。'"史学大师陈垣先生则借用以形容其搜集材料和治史方式之彻底,反"有益"于士林。严耕望在其巨作《唐代交通图考》(一至六册;台北:"中研院"历史语言研究所,1985—2003),第一卷《序言》页 2 中又加以引述发挥。他在他的《治史经验谈》(台北:商务印书馆,1981)和《治史答问》(台北:商务印书馆,1985)中更详述了这种"竭泽而渔"的研究方法。

③ 《全唐文》中早已收了清代所见的约一千件唐墓志。近二十年来,更多唐墓志开始大量出版,主要的新录文(不包括《全唐文》所收)约 5164 件,收在周绍良、赵超编《唐代墓志汇编》(上海:上海古籍出版社,1992)(转下页注)

绝大部分是低层的州县级官员和京官，在两《唐书》中无传。两《唐书》所收的，又绝大部分是中、高级官员，正好和墓志相异。据毛汉光的研究，"如将正史列传与墓志铭对照，重叠者不超过百分之五"[1]，可知墓志提供了一大批低层唐官员的生平和官历材料，史料价值很高，可以补充两《唐书》的不足。此外，笔者发觉，《唐

（接上页注）及《唐代墓志汇编续集》（上海：上海古籍出版社，2002）。毛汉光编《唐代墓志铭汇编附考》，第一至十八集（台北："中研院"历史语言研究所，1984—1994），收有录文，有墓志拓本影印，有时也有考释，但数量只有约 1800 件（每集收 100 件），另 1700 件尚未正式出版，且许多和上引周绍良两书的录文重复。至于墓志拓片影印本（无录文），主要有河南省文物研究所编《千唐志斋藏志》（北京：文物出版社，1980），以及吴树平等编《隋唐五代墓志汇编》（天津：天津古籍出版社，1991—1992）。吴刚主编《全唐文补遗》（西安：三秦出版社，1994—2003 已出七辑），不只收墓志，也收其他杂刻如石刻题名和释道经幢。其墓志部分，和周绍良的《唐代墓志汇编》及《唐代墓志汇编续集》几乎重复。《唐研究》第 3 卷（1997）有陈尚君的书评；第 6 卷（2000）亦有蒙曼的书评，指《全唐文补遗》"在收录范围、编纂体例，以及编校质量方面仍有一些值得探讨的地方"（《唐研究》，第 6 卷，页 431）。故本书引用唐墓志，清代或以前出土的一般引自《全唐文》或各家文集，近世出土的引自周绍良两书。按周绍良的墓志录文，现也收在他主编的《全唐文新编》（共 22 册，长春：吉林文史出版社，2000）。根据笔者所知，此《全唐文新编》的电子资料库，连同其他中国文史资料库，正由北京一家公司筹建中，一旦上网，当大大方便研究者检索几乎所有唐代墓志中的人名、官名和地名等资料。目前仍有唐墓志陆续不断出土，多发表在《唐研究》、《考古》和《文物》等刊物。关于唐人墓志，日本学者气贺泽保规编了一本索引：《唐代墓誌所在综合目录》（东京：汲古书院，1997 年初版，2004 年新版）。今人对古代墓志的研究，有叶国良《石学蠡探》（台北：大安出版社，1989）和《石学续探》（台北：大安出版社，1999）；程章灿《石学论丛》（台北：大安出版社，1999）；赵超《古代石刻》（北京：文物出版社，2001）。其余散见《唐研究》、《文献》等期刊。
[1] 毛汉光《唐代统治阶层下降变动之研究》，《"国科会"研究汇刊：人文及社会科学》，3 卷 1 期（1993），页 15。

会要》(以及性质相近的《册府元龟》),经常远比《唐六典》等典志有用,因为它提供许多的诏敕和奏疏,为最原始的历史文献,内含许多事例,而且都有很明确的年代日期,也更便于考史。

唐人的诗文集、《全唐诗》和《全唐文》等书,收集了唐代许许多多做官的人所留下来的诗文①。这些当然都是极重要的原始文献。唐代官员,不管是高层或低层,在他们的官场生活中,不免有许多迎送、互相赠诗的场合,常需要写写诗或赠序。在他们的公私事务上,也常要写写表启书奏等公文(如独孤及和李商隐等人),写写祭文(如韩愈等人),写写墓志(如柳宗元和权德舆等人),或撰写制诰(如白居易、杜牧等人)。这些公私文书后来都收集在他们传世的文集里,或保存在《全唐文》中,成了我们今天窥探唐代官场运作的绝佳史料,也是反映唐代官员们日常生活和心灵状态的最佳材料。从这类诗文所见的唐代职官制度,往往更为生动、精彩。比如,本书引用了韩愈的《送郑十校理序》多次,不但可补中晚唐集贤院的藏书状况,可考集贤校理这一官职,更可证集贤校理所带的县尉官衔为阶官。

《唐六典》等典志没有说明那些唐代官名的深层意义,其实是很自然的,因为这些书并非为今人而编,原本即为唐人而撰。唐

---

① 《文苑英华》所收的唐文,以及《唐大诏令集》中的诏令,皆已全部收在《全唐文》中。所以,除非需校勘异文,否则本书不引用《文苑英华》和《唐大诏令集》,仅引用《全唐文》,以免累赘。笔者引书的惯例是:尽可能引用最佳的版本。唐人的诗文集,如果有现代学者整理过的校点本,尽可能引这些校点本,如王绩、王勃、杨炯、卢照邻、张九龄、孟浩然、王维、李白、杜甫、高适、岑参、韦应物、刘长卿、刘禹锡、柳宗元、贾岛、韩愈、白居易、元稹、李德裕、杜牧和李商隐诸家。没有现代校点本者始引自《全唐文》或《全唐诗》。关于唐人诗文集从北宋到清末民初的版本和刻印流通状况,见万曼《唐集叙录》(北京:中华书局,1980)。

人应当都知道这些官名的含意,因此根本无需解说。举一个现代例子来作对比。在今天的学术界,界内人士应当都很清楚正教授、副教授、助理教授等职称的含意,无需多加说明。如果一个人到五十岁还在任助理教授,或到六十多岁快退休时,还在任副教授,圈内人马上可以明白这人的学术事业如何,可以"心照不宣"地正确解读。同理,唐人对某官在整个职官制度中的地位如何,在什么年龄应当任什么层次的官等问题上,其实也都有一套凭见闻自然形成的看法。唐代封演所描绘的"八隽"图,正可帮助我们了解唐人的想法:

> 仕宦自进士而历清贯,有八隽者:一曰进士出身、制策不入;二曰校书、正字不入;三曰畿尉、(赤尉)不入①;四曰监察御史、殿中(侍御史)不入②;五曰拾遗、补阙不入;六曰员外郎、郎中不入;七曰中书舍人、给事中不入;八曰中书侍郎、中书令不入。言此八者尤加隽捷,查登宰相,不要历绾余官也。朋像迁拜,或以此更相讥弄③。

这就是唐人眼中的升官图,极具时代特征。本书接下来的几章还

---

① 此处有阙文。依上下文判断,可能缺"赤尉"两字。

② 《封氏闻见记》此处作"殿中",有缺字。见《封氏闻见记校证附引得》,赵贞信校证(哈佛燕京社引得特刊之七;北平:哈佛燕京社引得编纂处,1933),卷三,页11。《唐语林校证》,周勋初校证(北京:中华书局,1987),卷八,页717作"殿中丞",似误,因殿中丞和监察御史毫无关系。笔者认为应校补为"殿中侍御史",才能配合前面的"监察御史"。封演所列诸官,都是相近或相对的,如正字和校书郎,拾遗和补阙,员外郎和郎中等。

③ 今本《封氏闻见记校证附引得》卷三,页11此条有太多阙文。这里用《唐语林校证》卷八,页717所引。

要讨论封演此说的其他意义。但此说只涉及有品秩的"官",不理会无品秩的"职",因此封演完全没有提巡官、推官和掌书记等"幕职",也没有提翰林学士等"馆职"。然而,单就任官层次和年龄而言,他所列的校书郎、正字和赤、畿县尉,正是本书所论的基层官员,任官年龄约在二十五到三十五岁之间。笔者认为,"八隽"中的监察御史、殿中侍御史、拾遗、补阙、员外郎和郎中,可算是中层官员,任官年龄约在三十五到四十五岁之间。至于中书舍人、给事中、中书侍郎、中书令和宰相等,则属高官,一般年龄约在四十五岁以上。

英国唐史学者杜希德(Denis C. Twitchett)教授曾经很敏锐地指出,史书列传中的唐人官历,即使被简化得仅剩连串的官衔,没有任何背景说明等细节,也能让唐朝同时代的士人读得"很有意思"("meaningfully"),就像今人读报章上同个专业的某名人讣闻,或阅读求职者的履历表,读到那连串职称,也能从字里行间,轻易正确解读那人从前的专业经历和就业状况一样①。

但随着一千多年历史和社会的变迁,今人早已丧失正确诠释唐人官历的能力。许多人读两《唐书》列传和墓志,碰到那些"恼人"的官名时,恐怕都会习惯性一目略过,不求甚解,更没有深一层去反思那些官名对唐人所含的意义,或那官职在传主生平经历中的位置。甚至今人替唐人作年谱,写评传,也经常很草率、很含糊地处理谱主或传主的官历,一般都只是一笔带过,没有任何解读。但这样一来,我们所能理解的唐史深度,就要大大打了个折扣,因为史书列传和墓志最主要的部分,常常也就是这些长串官

---

① Denis C. Twitchett, *The Writing of Official History under the T'ang*（Cambridge：Cambridge University Press, 1992）p. 83.

名和官历。若把这些官历丢弃不理,列传和墓志的精华部分也就随之消失了。本书其中一个主要目的,便是希望能解开唐代基层文官之"谜",让今人也能好好"欣赏"一千多年前唐人的基层官历,并且能够从中读出意义来。

在探讨唐代基层文官时,不免得涉及流内、流外官、散官、勋官等官制问题。这些属于上面提过的第三大类课题。但因为本书的重点在职官,不在官制,所以只有在必要时才触及这类细节。笔者有意将来另撰一书《唐朝官制》,全面系统地探讨卫官、斋郎、职事官、散官、勋官、流外官、视品官、登朝官、常参官、供奉官、本官、检校官、馆职、使职、奏授、荐授、征召、直官、员外官、加官、赠官、爵位、食封、章服和鱼袋制度等官制课题。

然而,即使如此,本书还是相当深入地研究了一种过去为人所忽略的官制:即"试校书郎"、"试正字"、"试参军"等"试衔"(详见本书《校书郎》、《正字》、《参军和判司》等章)。这种"试衔"前此几乎无人研究,连《唐六典》、《通典》和两《唐书》职官志都没有记载,但在史书和特别是墓志等材料中却随处可见,俯拾皆是。中晚唐在幕府任职者,都带有这种"试衔"(或地位较高的御史台"宪衔",或郎官等"检校"衔)。不了解这种"试衔"和实职的分别,极易把中晚唐许许多多唐人的官历弄错了(详见本书第五章《巡官、推官和掌书记》中"幕佐的官衔"一节)。因此本书特别留意此问题,并且在必要时作了讨论。然而,由于"试衔"不只涉及文官,也牵涉到武官及其他官制,因此本书对"试衔"的讨论,还不是最全面彻底的。笔者希望以后能另撰一文专论此制。同理,本书也偶尔涉及唐代职事官的阶官化,例如唐中叶以后经常以县尉、参军和判司作阶官充馆职的事例(详见本书第三和第四章)。

本书前五章分别探讨了校书郎、正字、县尉、参军、判司、巡官、推官和掌书记之后，将在第六章《文官俸钱及其他》中，综合讨论这几种文官的一些共同课题，例如他们的俸钱、任期、守选、宦游、办公时间和假期等，以及他们做官的共同特色。俸钱和办公时间等课题，属于比较直截了当的排比，但过去这一类的论著并不多见。至于唐官特色，笔者认为，有两大特征最可留意。第一，他们有所谓"守选"制度：做满一任（通常四年）后，需"守选"等候若干年，才有机会选上下一任官。这就是《新唐书·选举志》所说"士人二年居官，十年待选"①的窘境。这造成唐代官员，特别是低层者，往往严重"就业不足"，并非经常都有官做。唐人的所谓"仕"和"隐"，也应当放在这种"守选"制度下来看，才能见出其真正含意。第二，唐人做官便往往注定一生或半生的飘泊，等于四处奔波"宦游"的开始。唐人为公务远行之遥远，次数之频繁，即使以今天公务员出差的标准来看，还是相当惊人的。这些课题就是上面提到的第四大类问题。

本书将在最后一章《总结》，描绘两幅唐代基层文官的"理念型"（即社会学之父韦伯所说的"ideal type"），结合他们最典型的一些特征来观察，或可拿来和史书及墓志中所见的真实唐史人物作比较。

在下一章，让我们先从校书郎说起。

---

① 《新唐书》（北京：中华书局，1975 年校点本，卷四五，页 1179）。

第一章　校书郎

幸逢大平代,天子好文儒。

小才难大用,典校在秘书。

三旬两入省,因得养顽疏。

茅屋四五间,一马二仆夫。

俸钱万六千,月给亦有余。

——白居易《常乐里闲居偶题》①

白居易这首诗,是他在长安京城的秘书省(皇室图书馆)任校书郎时写的。"小才难大用"当然只是谦词。实际上,他二十九岁考中进士。贞元十八年(802)冬,他三十一岁时,又参加吏部的书判拔萃考试,次年春上榜,接着马上被授以校书郎,不必守选。唐代进士及第,又以书判登科的人极稀少,绝对是当时最卓越、最杰出的精英,不能说"小才"。校书郎的生活很舒服,可说是美职。他有"茅屋四五间",有一匹马和二个仆夫服侍,足以羡煞许多今人,还有"俸钱万六千,月给亦有余"。这是他的第一个官职。

大略而言,唐代士人释褐任第一个官职,主要有两条路可走:

①《白居易集》,顾学颉校点(北京:中华书局,1979),卷五,页91。

（一）到州府任参军，或在外县任县主簿或县尉。中晚唐更有人到外地幕府任推官、巡官等职，如韩愈；（二）留在长安京城任校书郎、正字①。第一条路比较普遍。第二条路则可能需要更高的资历，如白居易的例子。在这几个释褐官职当中，校书郎和正字都属京官，掌校理典籍等工作。唐人一般重京官，轻外官。因此，校书郎和正字的地位，又比外州府参军、外县主簿和县尉等更为清贵。

在唐代史料中，校书郎又比正字常见。比如，贾岛（779—843）的集子中，只有一首诗是送给某正字的：《送董正字常州觐省》②，但寄送校书郎的，却有七首之多：《送张校书季霞》、《送裴校书》、《过唐校书书斋》、《酬姚校书》、《送韦繇校书》、《送李校书赴吉期》以及《滕校书使院小池》③。这种现象也见于其他文人如姚合、白居易和韩愈等人的集子。笺注这些唐诗的现代学者，一般只引《通典》或新旧《唐书》职官志中的简短描写来注解此官，仅止于平板、静态的考索。至今为止，笔者也没有见到有任何学者对校书郎做过通盘的考释④。因此，本章打算结合唐代诗文、正史材料、石刻碑文以及《通典》、《唐会要》等政书，全面探讨校书郎的各个面貌，以求做个周全、动态的研究。一般而言，史书上的

---

① 这是笔者从阅读大量唐代墓志及其他史料所得出的结论。详细的研究结果将根据墓志等材料，撰文《唐代的释褐官职》发表。
② 《贾岛集校注》，齐文榜校注（北京：人民文学出版社，2001），卷三，页116。
③ 《贾岛集校注》卷二，页66；卷三，页132；卷四，页150；卷六，页299；卷七，页376；卷八，页382；卷九，页441。
④ 例如，胡戟等编《二十世纪唐研究》（北京：中国社会科学出版社，2002）即未列任何一篇关于校书郎的论文。此书搜罗二十世纪（截至2000年为止）中、日、韩和西方学者关于唐代文史各方面的研究论文和专书，可说是目前最完备的一本唐史研究书目。

材料大多枯燥无趣。唐代诗文则比较生动、立体,正好可以补史书的不足。至于韩愈、白居易等家所写的古文名篇、墓志、行状、书、策和制诰等,更可和史书互证,加深我们对校书郎的了解。下一章再专论正字。

一、唐代诗文和唐史上的校书郎

唐代主要诗人或文士当中,以校书郎释褐的,也远比从正字起家的多①。从正字出身的,仅有王绩、陈子昂和柳宗元三人。但释褐校书郎,却有十一人之多:杨炯、张说、张九龄、王昌龄、刘禹锡、白居易、元稹、李德裕、杜牧、李商隐和韦庄。

在《全唐诗》作者群中,从校书郎出身或出任过校书郎的也不少,计有李伯鱼、房琯、张羙、王泠然、杨浚、荆冬情、孟云卿、钱起、李端、吉中孚、李纾、于邵、崔成甫、顾况、贾弇、陈元初、韦渠牟、赵宗儒、李观、李绛、许尧佐、段文昌、李翱、杨虞卿、廖有方、崔郾、钟辂、邵楚苌、独孤申叔、李群玉、段成式、柯崇、沈颜、孙郃、张蠙和康骈等人。

据笔者估计,在两《唐书》列传、《新唐书·艺文志》和《新唐书·宰相世系表》、《全唐文》、《全唐诗》、《太平广记》和近年出土墓志中所能找到的校书郎,大约有四百人以上。相比之下,同一批史料中的正字,则只有大约一百人。但本章不作升官迁转途径

①本书所说的“主要诗人或文士”,指那些在唐代文学史上被公认的大家,如王绩、初唐四杰、张说、李白、杜甫和李德裕等人,总数约三十五个。若有疑问,则以乔象钟、陈铁民、吴庚舜、董乃斌主编《唐代文学史》上下册(北京:人民文学出版社,1995)为准。

等类统计,故不拟一一列举史料中的所有这些校书郎①。这里且举几个比较有趣的人物,以见一斑。

唐代知名文士当中,有四人不但从校书郎起家,而且还从校书郎官至宰相:张说(667—731)、张九龄(678—740)、元稹(779—831)以及李德裕(787—850)。张说"弱冠应诏举,对策乙第,授太子校书"②。"诏举"即制举,由当时的武则天女皇亲试策问。换

---

① 孙国栋《唐代中央重要文官迁转途径研究》页7,已对校书郎的迁转途径作了初步研究,可参看:"两《唐书》列传中曾任校书郎的八十二人(应为六十二人,见孙书页257注A42),其中记载由校书郎迁官的五十一人,所迁官如下:

> 迁拾遗十一人
> 迁监察御史三人
> 出为畿县簿尉二十人
> 出为诸使从事十二人
> 迁其他官五人。"

孙国栋所统计的,未包括《新唐书·艺文志》中的十三人,以及《宰相世系表》中的十七人。但《艺文志》和《宰相世系表》都没有校书郎的迁官资料,所以孙氏的这项研究,大约也是我们目前所能知道的校书郎迁官途径了。笔者所估计的四百多个校书郎,除了两《唐书》中的百多个外,还包括《全唐文》和近年出土墓志中所见的百多个,《太平广记》中的约三十个,《全唐诗》中作者小传部分的大约四十八个,以及《全唐诗》中寄赠某某校书郎诗作所见的大约一百五十个。但此类寄赠诗作中的校书郎,往往有姓无名,如元稹的《早春寻李校书》等,姓名和年代常不易考订,史料价值不大。笔者底下所讨论的校书郎,主要以两《唐书》、《全唐文》和近年出土墓志中所见者为主,旁及若干唐诗。因本章不作任何统计,纯以举例论述,且本章篇幅已甚长,故暂不编制所有校书郎的年表,而拟将之列为未来另一项研究计划"唐校书郎年表和迁转途径"来进行,届时亦可重新检讨和补充孙国栋的初步研究。此外,编制年表在考订人名、年代方面相当费时,且墓志材料四散各处,紊乱重出不易整理,有些亦属公、私家收藏一时不易见到,唯恐遗漏,也是笔者暂时不制表的原因。

② 《旧唐书》(北京:中华书局,1975年点校本),卷九七,页3049。

句话说,张说没有考进士,纯以制举入仕①。张九龄则"登进士第,
应举登乙第,拜校书郎"②。据今人杨承祖所作的年谱,张九龄所
"应举"的制科是"材堪经邦科"③,属贡举及第后又考制举的一
类。元稹从校书郎起家,乃据白居易的《元稹墓志铭》:"十五,明
经及第。二十四,调判入四等,署秘省校书。"④至于李德裕,《新
唐书》说他"既冠,卓荦有大节。不喜与诸生试有司,以荫补校书
郎"⑤。这四人后来都官至宰相,而且对他们当时的政坛和文坛,
都有过深远的影响,可见校书郎虽只是九品小官,却大有前途,不
可低估。

　　唐代大书法家当中,也有两人以校书郎起家:颜真卿(709—
785)和柳公权(778—865)。据令狐峘写的《光禄大夫太子太师上
柱国鲁郡开国公颜真卿墓志铭》,颜真卿"弱冠进士出身,寻判入
高第,授秘书省校书郎"⑥。柳公权则"进士擢第,释褐秘书省校
书郎。……穆宗即位,入奏事,帝召见,谓公权曰:'我于佛寺见卿
笔迹,思之久矣。'即日拜右拾遗,充翰林侍书学士"⑦。在唐史
上,翰林学士很常见,但唐代翰林侍书学士却唯此一见⑧。据所

---

①陈祖言《张说年谱》(香港:中文大学出版社,1984),页7—9。
②《旧唐书》卷九九,页3097。
③杨承祖《张九龄年谱》(台北:台湾大学文学院,1964),页14—15。
④《白居易集》卷七十,页1466。
⑤《新唐书》(北京:中华书局,1975年点校本),卷一八〇,页5327。
⑥董诰等编《全唐文》(北京:中华书局,1983年影印清嘉庆十九年内府原刻
　本),卷三九四,页4010。颜真卿的校书郎官历,其《旧唐书》(卷一三八)
　及《新唐书》(卷一五三)本传均失载。
⑦《旧唐书》卷一六五,页4310。
⑧唐代有个陆东之,当过"崇文侍书学士"。见《新唐书》卷七三下《宰相世系
　表》,页2968。

知,唐代只有柳公权一人当过翰林侍书学士。

晚唐才子段成式(803？—863)也是从校书郎出身,而且跟李德裕一样,是以用荫方式入官。《旧唐书》说他"以荫入官,为秘书省校书郎。研精苦学,秘阁书籍,披阅皆遍"①。他原本长于骈文,和温庭筠、李商隐齐名,号"三十六体"②,但他却以古文(散文)写了一本《酉阳杂俎》,内容精彩渊博,尤多西域波斯胡人胡风胡事,至今仍深为考史者所重。此书正是他在任校书郎时,"研精苦学,秘阁书籍,披阅皆遍"的一大成果。

二、校书郎的设置、分布、定员和官品

在唐代史料中,校书郎的人数远比正字多,一点也不令人惊讶,因为唐代官署中校书郎的定员,比正字多出一倍以上。下表列出校书郎和正字在唐官署中的分布、定员和官品③:

表1.1　校书郎和正字的分布、定员和官品

	秘书省	著作局	弘文馆	集贤院	崇文馆	司经局	总数
校书郎	10人 正九品上	2人 正九品上	2人 从九品上	4人 正九品下	2人 从九品下	4人 正九品下	24
正字	4人 正九品下	2人 正九品下	无	2人 从九品上	无	2人 从九品上	10

材料出处:《唐六典》卷八、卷九、卷十、卷二六;《唐会要》卷六四。

---

①《旧唐书》卷一六七,页4369。
②《新唐书》卷一〇三,页5793。
③此表据《旧唐书·职官志》和《新唐书·百官志》编制,并参考《唐六典》和《通典》。

《唐六典》在追述唐代校书郎的源起时,有一大段话,颇可看出此官从汉代到唐代的演变:

> 汉成帝命光禄大夫刘向于天禄阁校经传、诸子、诗赋,步兵校尉任宏校兵书,太史令尹咸校术数,太医监李柱国校方术。其后扬雄以大夫亦典校于天禄阁。斯皆有其任而未置其官。至后汉,始于东观置校书郎中。《续后汉书》云:"马融,安帝时为大将军邓骘所召,拜校书郎中。在东观十年,博览典籍,上《广成颂》。"……汉御史中丞掌殿中兰台秘书图籍,因置兰台令史典校其书,班固、傅毅初并为兰台令史。……东观有校书部,置校书郎中典其事。时,通儒达学亦多以他官领之。自汉、魏历宋、齐、梁、陈,博学之士往往以他官典校秘书。至后魏,秘书省始置校书郎,正第九品上。北齐置十二人。隋初亦置十二人,炀帝三年减为十人,其后又增为四十人,皇朝灭焉①。

据此,汉代多以"大夫"、"通儒达学"任此职,如刘向、扬雄、马融、班固等人,地位崇高。汉、魏及南朝博学之士往往以他官典校秘书。后魏始设校书郎此官,正九品上,但这样的官品表示校书郎已变成一个小官。北齐、隋唐因之,都属低层的校书官职,任其官者多是刚释褐的士人,已经不再有像刘向、扬雄那样的"大夫"了。

上引《唐六典》,已可见校书郎此官在唐初即有。史料中唐初的校书郎,可考的最早一位,是太宗朝贞观(627—649)初年的敬播,任"太子校书":

---

① 《唐六典》,陈仲夫点校(北京:中华书局,1992),卷十,页298。《通典》卷二六,页735—736也有类似考证。

敬播，蒲州河东人也。贞观初，举进士。俄有诏诣秘书内省佐颜师古、孔颖达修隋史，寻授太子校书。史成，迁著作郎，兼修国史①。

另一位太宗朝的校书郎是岑文本的弟弟文昭：

文昭时任校书郎，多与时人游款，大宗闻而不悦，尝从容谓文本曰："卿弟过多交结，恐累卿，朕将出之为外官，如何？"文本泣曰："臣弟少孤，老母特所钟念，不欲信宿离于左右。若今外出，母必忧悴，倘无此弟，亦无老母也。"②

还有一位太宗朝的校书郎是王玄度：

（崔）仁师后为度支郎中，尝奏支度财物数千言，手不执本，太宗怪之，令黄门侍郎杜正伦赍本，仁师对唱，一无差殊，太宗大奇之。时校书郎王玄度注《尚书》、《毛诗》，毁孔、郑旧义，上表请废旧注，行已所注者……③。

———————————

①《旧唐书》卷一八九上，页4954。孙国栋《唐代中央重要文官迁转途径研究》，页174—178，将唐重要文官迁官途径，按初唐前期、初唐后期、中唐期和晚唐期制成图表，提供不同时代不同迁转途径的资料。但页174初唐前期表中，因孙氏已预先声明他的研究不包括"东宫僚属"（页1），所以未把敬播此例列入表内，但这会给人一个印象，以为初唐前期无一人从校书郎迁转。事实上，敬播在"贞观初"当太子校书，而且从此官"迁著作郎"，其本传已清楚交代。太子校书属唐正规文官，不少士人皆从此起家，似不应排除在研究范围之外。孙表此页亦有一小错误：校书郎列了两次。其中正七品上的"校书郎"，应作"秘书郎"，因校书郎无正七品上，且孙表其他另三页此处都作"秘书郎"。
②《旧唐书》卷七十，页2538。
③《旧唐书》卷七四，页2620。

岑文昭、王玄度和上引敬播此三例,亦可证初唐即有人从校书郎起家或任此官①。

弘文馆和崇文馆的校书郎,原本称为雠校。据《唐会要》,开元"七年(719)十二月三日,省弘文、崇文两馆雠校,置弘文馆校书四员,崇文馆检(应为"校"之误)书两员"②。据此看来,弘文、崇文两馆在开元七年之前有雠校,七年才改称校书郎,但《旧唐书·舆服志》和《唐会要》,却称初唐四杰之一的杨炯在仪凤二年(677)任"崇文馆学士校书郎"③,似乎史书对雠校和校书郎的分别并不十分严谨。

集贤院源自开元五年(717)设立的乾元殿,一度又更名丽正修书院,开元十三年(725)始确立为集贤院④。《旧唐书·职官志》说集贤"修撰官,校理官,并无常员,以官人兼之"⑤。《新唐书·百官志》说:"八年(720)加文学直,又加修撰、校理、刊正、校

①孙国栋《唐代中央重要文官迁转途径研究》,页257—259,列出他所找到的62个校书郎详细名单,但不包括唐初的岑文昭和王玄度。此两人本传中亦无迁官资料,孙著未列,亦不影响其迁转研究结果。

②《唐会要》(上海:上海古籍出版社,1991年点校本)卷六四,页1318。又见《新唐书》卷四十九上,页1294,崇文馆条下,作"开元七年,改雠校曰校书郎"。按唐代史料中"校书"和"校书郎"经常混用,可将"校书"视为"校书郎"的省称。

③《旧唐书》卷四五,页1947;《唐会要》卷三一,页661。

④《新唐书》卷四七,页1212—1213。关于唐代集贤院历史、藏书、文化与政治功能,最详尽的研究见池田温《盛唐之集贤院》,原载《北海道大學文学部紀要》,19卷2期(1971)。中译本收在池田温《唐研究论文选集》(北京:中国社会科学出版社,1999),页190—242;另见郑伟章《唐集贤院考》,《文史》,第19辑(1983),页65—85;刘健明《论唐玄宗时期的集贤院》,《隋唐史论集》,黄约瑟、刘健明合编(香港:香港大学亚洲研究中心,1993),页54—64。

⑤《旧唐书》卷四三,页1852。

勘官。"①可知集贤院从开元初年间即有"校理"官,但无常员,也还没有校书郎、正字的称号。德宗贞元八年(792),"判院事官陈京始奏停校理,分校书郎四员,正字两员"。但到了元和二年(807),又罢校书、正字为校理②。换言之,集贤院只在792到807的十六年期间,才设有校书、正字的官职,其他时间统称为集贤校理。集贤校理这官名在两《唐书》列传屡见不鲜;石刻碑文亦可见数例③。

上表所列的校书郎人数,乃据《旧唐书·职官志》和《新唐书·百官志》所载。实际上,这人数有时会有所省减。如开元二十二年(734)二月二十五日,即"省弘文馆校书两员"④。《唐会要》说,秘书省"校书郎本八员,开元二十六年(738)正月十八日,省四员。天宝十三载(754)正月十三日,却置"⑤。此"本八员"的说法,也跟上表中两《唐书》所列的十人定员不合。看来,各署校

①《新唐书》卷四七,页1213。
②《唐会要》卷六四,页1323。
③考柳宗元于贞元十四年到十六年(798—800)在集贤殿做事,他在《与太学诸生喜诣阙留阳城司业书》中,就用了当时的官名,自称"集贤殿正字柳宗元敬致尺牍⋯⋯"见《柳宗元集》(北京:中华书局,1979年校点本),卷三四,页867。在同书卷八,页190,柳宗元也称自己为"将仕郎守集贤殿正字宗元",而非"集贤校理"。但韩愈的朋友石洪在元和六年(811)任职集贤院,便按照当年的官名称作校理。他死后韩愈为他所写的墓志,也称为《集贤院校理石君墓志铭》,见《韩昌黎文集校注》卷六,页372—373。韩愈在《送郑十校理序》,《韩昌黎文集校注》卷四,页288—289,也用了"校理"这官名:"四年,郑生涵始以长安尉选为校理。"这"四年"指元和四年(809),其时集贤院已恢复旧称校理。
④《唐会要》卷六四,页1318。
⑤《唐会要》卷六五,页1327。《旧唐书》卷九《玄宗纪》,页209云:"三月己巳朔,减秘书省校书、正字官员。"月份不合,亦未提所减人数。

书郎人数常会有所省减、变动。两《唐书》所列的编制人员数,亦并非一成不变,仅可当作一种约数。

到了晚唐文宗大和三年(829)三月癸亥,集贤院奏:"应较勘宣索书及新添写经籍,令请秘省、春坊、崇文较、正共一十八员,权抽作番次,就院同较勘前件书。其厨料等,请度支准本官例支给。"①可知那时各署的校书郎和正字还存在,人数也维持在至少十八位(这数字应当不包括集贤院本身的人员)。此奏似遗漏了弘文馆的校书郎。但过了两年,集贤院又有一奏,倒是提到了弘文馆的校书郎:

> 大和五年(831)正月,集贤院奏:"应校勘宣索书籍等,伏请准前年三月十九日敕,权抽秘书省及春坊、弘文馆、崇文馆见任校正,作番次就院同校。其厨料请准元敕处分,事毕日停。"从之②。

正如上表所列,校书郎的官品,是以他们所服务的官署为准。同是校书郎,秘书省的官品便和集贤院的不一样。这当中,以秘书省校书郎的官品最高,为正九品上,而以太子崇文馆的校书郎官品最低,为从九品下。

秘书省为皇室的藏书库。它的长官是秘书监,下面还有秘书少监、秘书丞、秘书郎、校书郎和正字。校书郎和正字是秘书省中

---

①《册府元龟》(北京:中华书局,1960年影印明崇祯十五年即1642年刻本)卷六〇八,页7304。明刻本《册府元龟》把"校"都刻印成"较"。古书"较"、"校"可通用。宋刻本作"校",见《宋本册府元龟》(北京:中华书局,1989年影印宋残本)卷六〇八,页2873。

②《唐会要》卷六四,页1324。

最低的两种品官①。一般读书人释褐,也就从这两官做起。诗人白居易,便是在三十二岁从秘书省校书郎起家。他后来在十多个京官、外官上迁转。大和元年(827)他五十六岁时,又回到秘书省,出任其长官秘书监约一年②。因此,白居易是唐史上极少数出任过秘书省最低层品官和最高层长官的人。

在唐代几个有校书郎的官署中,以秘书省的校书郎人数最多,官品最高,也最清贵。杜佑(734—812)的《通典》特别指出,各署校书郎"皆为美职",但秘书省的校书郎,又在其他官署之上:

> (校书郎)掌雠校典籍,为文士起家之良选。其弘文、崇文馆,著作、司经局,并有校书之官,皆为美职,而秘书省为最③。

著作局并非独立机构,而是秘书省属下的一个著撰部门④。弘文馆则属于门下省。它和汉代的东观、北齐的文林馆、后周的崇文馆一样,是个"著撰文史,鸠聚学徒之所也"⑤。崇文馆和司经局都属于太子府⑥,它们等于是弘文馆和著作局的东宫版。

比较有趣、值得留意的是集贤殿书院。史书、政书上对集贤院的描写很平板,但韩愈的古文名篇《送郑十校理序》,却出人意表地给我们提供了一些关于集贤院在中晚唐的生动历史:

①《旧唐书》卷四五,页 1854—1855。
②朱金城《白居易年谱》(上海:上海古籍出版社,1982),页 25、176。
③《通典》卷二六,页 736。
④《旧唐书》卷四三,页 1855。
⑤《新唐书》卷四三,页 1847。
⑥《新唐书》卷四九上,页 1294。

秘书，御府也。天子犹以为外且远，不得朝夕视，始更聚书集贤殿，别置校雠官，曰"学士"、曰"校理"，常以宠丞相为大学士。其他学士皆达官也。校理则用天下之名能文学者；苟在选，不计其秩次，惟所用之。由是集贤之书盛积，尽秘书所有不能处其半；书日益多，官日益重①。

秘书，即秘书省。但可惜它和御史台、将作监等机构一样，坐落在唐官署集中地"皇城"（即今天西安火车站南边一带），离天子所居的大明宫（今西安火车站北部），还有一大段距离②。所以韩愈说"天子犹以为外且远"，不能朝夕观书。于是便在大明宫内"聚书集贤殿"，设有校雠官，曰"学士"、曰"校理"。正如上文所考，集贤校理其实便相等于集贤殿校书、正字。两者为不同时期的不同官名。从韩愈的这段描写看来，集贤殿在中晚唐藏书越来越多，秘书省所藏还不及"其半"，似有取代秘书省的迹象。

上面提过的段成式，跟韩愈以及"郑十校理"（即郑涵，宰相郑余庆的儿子）一样，都是差不多同个时代的人。他在《酉阳杂俎》中说："开成（836—840）初，予职在集贤，颇获所未见书。"③郑涵

---

① 《韩昌黎文集校注》卷四，页288。
② 秘书省的位置，见徐松《唐两京城坊考》，方严点校（北京：中华书局，1985），页15。图见书前所附的《西京皇城图》。关于皇城、宫城及大明宫的布局和意义，见近年两本涉及长安城市规划的英文专书：Victor Cunrui Xiong（熊存瑞），*Sui-Tang Chang'an：A Study in Urban History of Medieval China*（Ann Arbor：Center for Chinese Studies，University of Michigan，2000），pp. 55—128；Heng Chye Kiang（王才强），*Cities of Aristocrats and Bureaucrats：The Development of Cityscapes in Medieval China*（Honolulu：University of Hawaii Press，1999），p. 7。
③ 《酉阳杂俎》，段成式撰，方南生点校（北京：中华书局，1981），续集卷四，页230。

任校理在元和四年(809)。但隔了将近三十年后,集贤院在段成式任职的开成初,看来依然藏书不少,让段成式"颇获所未见书"。韩愈所言不虚。

秘书省和集贤院的关系一直很特殊。当初是因为天子到秘省观书不便,才"聚书集贤院"。稍后更有"割"秘省校书、正字"属集贤"的事:

> 贞元八年(792)六月十三日割校书四员,正字两员,属集贤院①。

后来又有集贤校理、正字"归秘省"的事:

> 元和二年(807)七月,集贤院奏:"伏准《六典》,集贤院置学士及校理、修撰官,累圣崇儒,不失此制。至贞元八年,判院事官陈京姑奏停校理,分校书郎四员,正字两员,为集贤殿校理正字。今诸校书郎、正字,并却归秘书省。当司请依旧置校理官,庶循名实,且复开元故事②。

要之,秘书省和集贤院是唐代聚书、校书最重要的两大机构,人数也最多。中晚唐时集贤院的地位,更比秘书省高超,聚书且

---

① 《唐会要》卷六五,页1327—1328,"秘书省"条下。
② 《唐会要》卷六四,页1323。引文中的"判院事官陈京",早年举进士,解褐太子正字,最后官至秘书少监,秘书省的第二号人物。他死后,柳宗元给他写过行状:《唐故秘书少监陈公行状》,《柳宗元集》卷八,页192。韩愈的古文名篇《与陈绍事书》,写得谦卑惶恐,也正是献给这位陈京。见《韩昌黎文集校注》卷三,页189—191。

多一倍以上。两署校书郎、正字亦可以互调。至于著作局、弘文馆、太子府的崇文馆和司经局，相对来说，只扮演次要角色。唐代文献中的校书郎，亦较少出此四署。

三、起家之良选

上引杜佑《通典》的一段话说，校书郎"为文士起家之良选"①，考之唐代文献和唐人诸如张说、张九龄和李德裕的官历，的确不假。张说本人为玄宗朝宰相郭元振所写的《兵部尚书代国公赠少保郭公行状》，更透露了当时人对校书郎（以及正字）的重视：

> 公名震，字元振。本太原阳曲人也。十六入太学，与薛稷、赵彦昭同业。……十八擢进士第，其年判入高等。时辈皆以校书、正字为荣，公独请外官，授梓州通泉尉②。

"时辈皆以校书、正字为荣"，认为在京城任此两官，比到外地去任外官好。但郭元振十八岁中进士时，却很有个性，选择与众不同，"独请外官"，结果被派到梓州通泉县去任县尉。从张说行文的口气看来，任县尉不如任校书郎和正字。

唐代封演（天宝末年进士）的《封氏闻见记》更说：

> 仕宦自进士而历清贯，有八隽者：一曰进士出身、制策不

①《通典》卷二六，页736。
②《全唐文》卷二三三，页2353。

入；二曰校书、正字不入；三曰畿尉、（赤尉）不入；四曰监察御史、殿中（侍御史）不入；五曰拾遗、补阙不入；六曰员外郎、郎中不入：七曰中书舍人、给事中不入；八曰中书侍郎、中书令不入。言此八者尤加隽捷，直登宰相，不要历绾余官也。朋僚迁拜，或以此更相讥弄①。

考之新旧《唐书》的许多列传，这的确是一条很"标准"的升官路线。张说、张九龄和李德裕等人，便从校书郎官至宰相②。

校书郎的清贵地位，也反映在初唐神功元年（697）的一道诏令。它规定"从流外和视品官出身者"，不得任校书、正字以及主簿、长史等流内官：

> 八寺丞，九寺主簿，诸监丞、簿，城门符宝郎，通事舍人，大理寺司直、评事，左右卫、千牛卫、金吾卫、左右率府、羽林卫长史，太子通事舍人，亲王掾属、判司、参军，京兆、河南、太原判司，赤县簿、尉，御史台主簿，校书、正字，詹事府主簿，协律郎，奉礼、太祝等，出身入仕，既有殊途，望秩常班，须从甄异。其有从流外及视品官出身者，不得任前官③。

这道诏令很能凸显校书、正字等流内官的"清望"地位，因为此诏

---

① 今本《封氏闻见记校证附引得》卷三，页 11 此条有太多阙文。这里用《唐语林校证》卷八，页 717 所引。
② 孙国栋《从〈梦游录〉看唐代文人迁官的最优途径》，《唐宋史论丛》（香港：商务印书馆，2000 年增订版），页 17—36，即根据唐人小说《梦游录》中的《樱桃青衣》探讨这种从正字、校书郎到宰相的升官图。
③ 《唐会要》卷七五，页 1610。

的目的,正是为了阻止那些没有功名科第出身的流外官和视品官,"污染"了校书郎和正字这类流内官的"清流"。"流外"指非读书人出身,如秘书省内"楷书手"、"亭固"之类的小吏①。"视品官"指掌管胡教与胡人事务的萨宝和祆正等官②。他们位居九品流内职官之外,服饰也和流内官不同③,但有年资和特殊才能者,又可获选进入"流内"。

　　然而,流外官始终是被打压、被轻视的一群。唐史上不断有诏令禁止他们担任某些流内官,如大历十四(779)年七月十九日敕:"流外出身人,今后勿授刺史、县令、录事参军,诸军诸使亦不

---

① 《通典》卷四〇,页1103—1105。关于流外官的研究,见郭锋《唐代流外官试探》,《敦煌学辑刊》,1986年第2期;张广达《论唐代的吏》,《北京大学学报》,1989年第2期;王永兴《〈通典〉载唐开元二十五年官品令流外官制校释——唐流外官制研究之一》以及《关于唐代流外官的两点意见——唐流外官制研究之二》,载《陈门问学丛稿》(南昌:江西人民出版社,1993);任士英《唐代流外官研究》上、下篇分别刊于史念海主编《唐史论丛》第5辑(西安:三秦出版社,1990)和第6辑(西安:陕西人民出版社,1995);任士英《唐代流外官的管理制度》,《中国史研究》,1995年第1期;叶炜《试论隋与唐前期中央文官机构文书胥吏的组织系统》,《唐研究》,第5卷(1999)。林煌达《唐代录事》,《中正历史学刊》,第2期(1999),亦论及流外官。

② 长孙无忌《唐律疏议》,刘俊文校点(北京:中华书局,1983),卷二,页40;《唐令拾遗》,页20;刘俊文《唐律疏议笺解》(北京:中华书局,1996),页167。关于萨宝,近年有四篇重要论文最可参看:罗丰《萨宝:一个唐朝唯一外来官职的再考索》,《唐研究》,第4卷(1998);姜伯勤《萨宝府制度论略》,《华学》,第3辑(1998);芮传明《萨宝的再认识》,《史林》,2000年第3期;荒川正晴《北朝隋・唐代における"薩寶"の性格をめぐつて》,《東洋史苑》,第50—51卷(1998)。关于"视品官",见李锦绣《唐代视品官制初探》,《中国史研究》,1998年第3期。

③ 《旧唐书》卷四五,页1953。

得奏请。"①到了晚唐大和四年(830)十一月,左庶子孙革有一奏疏,更可以和神功元年诏合起来看:

> 当司典膳等五局郎,伏以青官列局,护翼元良,必用卿相子弟,先择文学端士。国朝不忘慎选,冀得其人,或扬历清资,或致位丞相。今以年月浸久,渐至讹替。缘其俸禄稍厚,近年时有流外出身者,侥求授任。稽诸故事,未尝闻流外得厕此官,若不约绝,实玷流品。当司有司经局校书、正字,品秩至卑,而文学之人,竞趋求者,盖以必取其人,无有尘杂故也。今五局郎资序,本是清品,若使流外不已,则此司官属,渐成芜蔓。伏请自今以后,吏部不得更注拟流外人,其见任官中有流外者,许臣具名衔牒吏部,至注官日注替。敕旨:"宜依。其见任官是流外出身授者,待终考秩。自今以后,吏部更不得注拟。"②

孙革当时任左庶子,属东宫官。东宫左春坊有六局:司经局、典膳局、乐藏局、内直局、典设局、宫门局。其中典膳等五局都各有郎二到四人③,即孙革所说的"五局郎"④。但司经局却无郎,只有校书、正字数人。所以孙革提了"五局郎"后,又接着提"司经局校书、正字"。他此奏的目的,正是要禁止流外人担任"五局郎"和司经局中的校书、正字。结果朝廷也准了他的奏。我们在现有史料

---

①《唐会要》卷五八,页1178。
②《唐会要》卷六七,页1382。
③《新唐书》卷四九上,页1294—1296。
④"五局郎"这名词很罕见。另一用例是《新唐书》卷五五《食货志》,页1404提到"五局郎"和他们的俸钱"二万文"。

中,也未发现有流外出身者担任过校书郎或正字的记载。

中晚唐时期,校书郎依然是出身的美官,任官条件要求颇高。《唐会要》有一道元和三年(808)三月的诏令:

> 秘书省、弘文馆、崇文馆、左春坊司经局校书、正字,宜委吏部,自今以后,于平留选人中,加工访择,取志行贞退艺学精通者注拟。综核才实,维在得人,不须限以登科及判入等第。其校书、正字限考,入畿县尉簿,任依常格①。

即规定校书、正字需"加工访择,取志行贞退艺学精通者注拟"。任满之后,还可以到畿县②去任县尉或主簿,出路良好。看来要任此两官,本身还得具备一些优秀条件。《唐会要》又载元和八年(813)四月吏部奏:

> 应开元礼及学究一经登科人等,旧例据等第高下,量人才授官。近日缘校书、正字等名望稍优,但沾科第,皆求注拟,坚持员阙,或至逾年,若无科条,恐长侥幸。起今已后,等第稍高,文学兼优者,伏请量注校、正。其余习开元礼人,太常寺官有阙,相当注③。

唐的吏部铨选有所谓"科目选"。最著名、地位最高的,即文献上常见的博学宏词和书判拔萃两科。开元礼和学究一经其实

---

①《唐会要》卷六五,页1329—1330。
②《旧唐书》卷四四,页1920:"京兆、河南、太原所管诸县,谓之畿县。"即长安、洛阳和太原附近的几个大县。
③《唐会要》卷七六,页1653—1654。

也属于科目选,但不如宏词和拔萃。这里是说近日校书、正字等官"名望稍优",但凡沾上科第的人(即开元礼和学究一经登科人),都要求注拟此官,甚至坚持等候员阙,"或至逾年"。所以吏部奏请"起今已后,等第稍高,文学兼优者"(即博学宏词和书判拔萃登科者)①才请量注校书、正字官,其余的要改注他官。可见要出任校书、正字官也不容易,需"等第稍高,文学兼优者"才行。唐诗人当中,不少即以宏词、书判登科,才当上校书郎和正字,如柳宗元、李商隐、白居易、元稹等人。竞官非常激烈。

四、任校书郎的十种途径

校书郎虽九品小官,任官资历要求却很高,一般需进士或同等条件。唐史料中的校书郎入仕途径,可考者颇多。现以两《唐书》和墓志材料为主,把他们得官的方式,归纳为以下十种。

(一)用荫(也称作"门资"),即以父祖上几代任过官的资历"荫"及子孙的方法。以门荫入仕,通常年少时需在宫廷任卫官、斋郎或挽郎等职,六年后可参选为文官或武官。此即《旧唐书·职官志》所说:"若以门资入仕,则先授亲、勋、翊卫,六番随文武简入选例。"②盛唐诗人韦应物(737—792?)曾经当过玄宗皇帝的侍卫官,也就是他自己在《逢杨开府》一诗中所说:"少事武皇帝,无赖恃恩私。……一字都不识,饮酒肆顽痴。"③任卫官正是以门荫

---

①此依王勋成先生的意见,见其《唐代铨选与文学》,页303。
②《旧唐书》卷四二,页1804。
③《韦应物集校注》,陶敏、王友胜校注(上海:上海古籍出版社,1998),卷五,
　页358。

入仕的必要条件之一。史料中用此法的约有五人。除了上文提过的李德裕和段成式之外,还可另举二人:

郑覃:"覃以父荫补弘文校书郎。"①
郑甫:"少以门资奉俎豆于太庙……擢秘书省校书郎。"②

(二)以制举入仕。史料中用此法的有七人。初唐诗人张说和杨炯皆用此法。另举三例:

孔季诩:"永昌初,擢制科,授校书郎。"③
姚南仲:"乾元初,制科登第,授太子校书。"④
梁肃:"建中初,中文辞清丽科,擢太子校书郎。"⑤

(三)以进士入仕。按进士及第后不能马上授官,须"守选"等待约三年。史料中用此法的有四十多人,且举五例:

裴佶:"幼能属文。弱冠举进士,补校书郎。"⑥
卢元辅:"少以清行闻于时。进士擢第,授崇文馆校书郎。"⑦

---

① 《新唐书》卷一六五,页 5066。
② 穆员《舒州刺史郑公墓志铭》,《全唐文》卷七八五,页 8209。
③ 《新唐书》卷一九九,页 5684。
④ 《旧唐书》卷一五三,页 4081。
⑤ 《新唐书》卷二○二,页 5774。
⑥ 《旧唐书》卷九八,页 3083。
⑦ 《旧唐书》卷一三五,页 3718。

李翱:"登进士第,授校书郎。"①

钱起:"是岁登第,释褐秘书省校书郎。"②

令狐绹:"登进士第,释褐弘文馆校书郎。"③

(四)以明经入仕。史料中用此法的较少,只有约十人,且举两例(诗人元稹也是明经出身,但他后来又去考书判拔萃,始授秘书省校书郎):

崔戎:"举两经登科,授太子校书。"④

窦易:"易直举明经,为秘书省校书郎。"⑤

(五)进士及第,又考制举。按中进士后又去考制举,在唐代士人当中很常见。据近人的研究,这样做的好处是,考中制举即可马上授官,而且将来的升迁也比较快些。否则单只有进士,还必须经过约三年的"守选"等待才能得官⑥。用此法的也有二十多人,其中包括好几位唐代知名文人。且举两例:

杜牧:"进士擢第,又制举登乙第,解褐弘文馆校书郎。"⑦

①《旧唐书》卷一六〇,页 4205。
②《旧唐书》卷一六八,页 4283。
③《旧唐书》卷一七二,页 4465。
④《旧唐书》卷一六二,页 4251。
⑤《旧唐书》卷一六七,页 4363。
⑥王勋成《唐代铨选与文学》,页 304—310。
⑦《旧唐书》卷一四七,页 3986。

沈传师："擢进士,登制科乙第,授太子校书郎。"①

(六)以博学宏词,或书判拔萃等科目选登科入为校书郎。史料中有二十多例,且举三例:

李绛:"绛举进士,登宏辞科,授秘书省校书郎。"②
于邵："天宝末进士登科,书判超绝,授崇文馆校书郎。"③
白居易:"进士就试……吏部判入等,授秘书省校书郎。"④

(七)迁转,即出任了县尉等别的官之后再来任校书郎。史料中这种情况很少见,仅发现寥寥两例如下。这也明显表示,唐代的校书郎主要是一种供士人解褐的初任官,很少用作再任官:

韦温:"释褐……奉礼郎。以书判拔萃,调补秘书省校书郎。"⑤
王义方:"俄授晋王府参军,直弘文馆。……转太子校书。"⑥

(八)献文章或上书论事。此法比较特殊,并不常见。但唐代

①《旧唐书》卷一四九,页4037。
②《旧唐书》卷一六四,页4285。
③《旧唐书》卷一三七,页3765。
④《旧唐书》卷一六六,页4340。
⑤《旧唐书》卷一六八,页4377。
⑥《旧唐书》卷一八五下,页4830。

封演的《封氏闻见记》已提到这种任官的方式：

> 常举外，复有通五经、明一史，及献文章并著述之辈，或附中书考试，亦同制举①。

肃宗朝的宰相房琯，年轻时正是以此法获授校书郎。其《旧唐书》本传说："开元十二年（724），玄宗将封岱岳，琯撰《封禅书》一篇及笺启以献。中书令张说奇其才，奏授秘书省校书郎，调补同州冯翊尉。"②史料中还有另二人，也以这途径当上校书郎，而且跟安史之乱中的纷乱政局有关，值得细考。

第一个是董晋（724—799）。《旧唐书》说他"明经及第。至德初，肃宗自灵武幸彭原，晋上书谒见，授校书郎、翰林待制"③。《新唐书》说："肃宗幸彭原，上书行在，拜秘书省校书郎，待制翰林。"④据此，可知董晋是以明经及第，但他获授校书郎、待制翰林的官职，则明显是他"上书谒见"的结果。按肃宗幸彭原（今甘肃宁县）在至德二载（757）二月⑤，董晋得校书郎约当三十四岁。当时，安史之乱刚爆发开来，玄宗匆匆奔蜀，杨贵妃死在马嵬。玄宗的儿子李亨（后来的肃宗）在灵武（今宁夏灵武附近）自称皇帝，不久又移师彭原和凤翔（今陕西凤翔）。在这样的乱世，唐政府整个文官选拔体系显然是瘫痪的。不少士人纷纷涌往灵武、彭原或凤翔的行在，目的之一显然想求一官。这当中，包括大诗人杜甫

---

①《封氏闻见记校证附引得》卷三，页 11；《唐语林校证》卷八，页 717。

②《旧唐书》卷一一一，页 3320。

③《旧唐书》卷一四五，页 3934—3935。

④《新唐书》卷一五一，页 4819。

⑤《资治通鉴》（北京：中华书局，1956 年校点本）卷二一九，页 7017。

(712—770)和岑参(719—770)①。杜甫《述怀》一诗中透露他如何在凤翔"麻鞋见天子,衣袖见两肘"②。结果他便在凤翔得到一个左拾遗的官③。岑参也有收获,求得"宣议郎,试大理评事、摄监察御史,赐绯鱼袋"④。看来在乱世求官,比较易得。

董晋"上书谒见,授校书郎",当放在这种历史大环境下来看。他后来的官位显赫,任过宣武节度使,且官至宰相⑤。韩愈刚入仕时,曾在他的幕府任推官。他后来在《赠太傅董公行状》中,追忆当年董公"少以明经上第。宣皇帝居原州,公在原州。宰相以公善为文,任翰林之选闻。召见,拜秘书省校书郎,入翰林为学士,三年出入左右。天子以为谨愿,赐绯鱼袋"⑥,讲的便是这件事。

第二个是杜亚(725—798)。《旧唐书》说他"至德初,于灵武献封章,言政事,授校书郎"⑦。《新唐书》则说:"肃宗在灵武,上书论当世事,擢校书郎。"⑧杜甫有诗《送从弟亚赴河西判官》,写杜亚约三十二岁得校书郎后,赴河西节度使杜鸿渐幕(杜鸿渐当年在灵武任朔方节度留后,奉迎并拥立李亨继皇位,后来便擢升为河西节度使)。杜诗中还写到杜亚上书论事,他的"奋舌"如何打动皇帝的心:

①岑参的生年传统上为开元四年(716)。但最近王勋成重新考定为开元七年(719),见其《岑参入仕年月和生平考》,《文学遗产》,2003 年第 4 期。
②《杜诗详注》,仇兆鳌整注(北京:中华书局,1979 年校点本),卷五,页 358。
③莫砺锋《杜甫评传》(南京:南京大学出版社,1998),页 103;冯至《杜甫传》(北京:人民文学出版社,1952 年初版,1980 年重印),页 53。
④刘开扬《岑参年谱》,《岑参诗集编年笺注》(成都:巴蜀书社,1995),页 17。
⑤《新唐书》卷六二《宰相表》,页 1705。
⑥《韩昌黎文集校注》卷八,页 577。
⑦《旧唐书》卷一四六,页 3962。
⑧《新唐书》卷一七二,页 5207。

令弟草中来，苍然请论事。

诏书引上殿，奋舌动天意①。

权德舆为杜亚所写的神道碑《唐故东都留守东都汝州防御使……杜公神道碑铭并序》，更透露杜亚当年是以"处士"身份被授予校书郎，而且后来官运亨通，"三辟大府，五登郎位"，仕途比杜甫畅通多了：

天宝末，盗秽两都。宣皇在岐，褐衣召见。前席三接，实贡昌言，以扶大统，乃以处士授校书郎。其后三辟大府，五登郎位。清议善价，必归于公②。

以上书论事得官，虽非常用之法，但安史之乱期间，恐怕还有不少人以此法得官，可惜至今还没有学者做过彻底的研究。本章在查考校书郎的任官途径时，查得以上董晋和杜亚两例，或可弥补这方面的史料。至于杜甫在凤翔行在求官，得一拾遗，其实也非常幸运，远胜董晋和杜亚，因为拾遗此官远远高于士人释褐的正字和校书郎。比如，初唐的陈子昂，以秘书省正字起家，转右卫胄曹参军，第三个官职才是右拾遗③。岑参的"试大理评事、摄监察御史"，也比董晋和杜亚的校书郎高，可惜杜甫和岑参这两位大诗人的官运，后来反而不及董晋和杜亚。

（九）献著述。除了上书献文章可授官，封演还同时提到献

①《杜诗详注》卷五，页364—389。
②《全唐文》卷四九七，页5067。
③彭庆生《陈子昂年谱》，《陈子昂诗注》（成都：四川人民出版社，1981），页277—310。

"著述"之辈亦可得官。两《唐书》列传中可考者有一人叫李道古:"举进士,献书阙下,擢校书郎、集贤院学士。"①韩愈为李道古写过墓志《昭武校尉守左金吾卫将军李公墓志铭》,更清楚告诉我们他当年所献的是什么书:"公以进士举及第,献《文舆》三十卷,拜校书郎、集贤学士。"②据此可知李道古不单进士及第,而且还献上著作《文舆》三十卷,始得校书郎。是以他的入仕,可说靠进士,亦靠献著述。若把他放在以上"进士"一途,当然亦无不可。但唐代靠献著述得官者寥寥可数。这里为了凸显他的不平凡,所以把他的入仕列在"献著述"之下,看来会更有意义。按李道古为曹王李明的后代,贵为宗室,献书阙下,或许比一般人容易得官。但他已有进士,亦符合任校书郎的最低资历。

此外,在《新唐书·艺文志》中,也有十三人以献书得官,例如:

李镇《注史记》一百三十卷。开元十七年上,授门下典仪③。

高希峤《注晋书》一百三十卷。开元二十年上,授清池主簿④。

韩佑《续古今人表》十卷。开元十七年上,授太常寺太祝⑤。

冯中庸《政录》十卷。开元十九年上,授氾水尉⑥。

①《新唐书》卷八〇,页 3583。
②《韩昌黎文集校注》卷七,页 515。
③《新唐书》卷五八,页 1457。
④《新唐书》卷五八,页 1457—1458。
⑤《新唐书》卷五八,页 1467。
⑥《新唐书》卷五九,页 1513。

柳纵《注庄子》开元二十年上，授章怀太子庙丞①。

辛之谔《叙训》二卷。开元十七年上，授长社尉②。

是光乂《十九部书语类》十卷。开元末，自秘书省正字上，授集贤院修撰③。

卜长福《续文选》三十卷。开元十七年上，授富阳尉④。

裴杰《史汉异义》三卷。河南人，开元十七年上，授临濮尉⑤。

至于献著述得到校书郎的，则有下面四人：

陈庭玉《老子疏》。开元二十年上，授校书郎。卷亡⑥。

帅夜光《三玄异义》三十卷。……开元二十年上，授校书郎，直国子监⑦。

《苑咸集》。卷亡。京兆人，开元末上书，拜司经校书、中书舍人⑧。

---

①《新唐书》卷五九，页1518。
②《新唐书》卷五九，页1536。
③《新唐书》卷五九，页1563。
④《新唐书》卷六〇，页1622。
⑤《新唐书》卷六〇，页1625。
⑥《新唐书》卷五九，页1517。
⑦《新唐书》卷五九，页1518。
⑧《新唐书》卷六〇，页1602。《苑咸集》意即"苑咸的文集"，所以《旧唐书》此处没有再重复列出作者的名字。苑咸的"苑"姓很罕见，容易使人错觉这不是人名。他也是《唐六典》的编修者之一。见《新唐书》卷五八，页1477。王维有多首诗赠他，如《苑舍人能书梵字兼达梵音皆曲尽其妙戏为之赠》，可知苑咸精通梵文，在唐士人当中是个才子。见《王维集校注》，陈铁民校注(北京：中华书局，1997)，卷三，页256。

徐浩《广孝经》十卷。浩称四明山人,乾元二年上,授校书郎①。

但以上献书得官的案例,都在开元末到乾元初,不知是此法只施行于那时,还是史料残缺不全。献著述得到的官职,都属太祝、县尉、主簿和校书等小官。

(十)荐举,即由长官直接向皇帝推荐任官。一般而言,荐举所得的官职都比较高,如拾遗和监察御史。例如,中唐有位程昔范,以"试正字"的身份在泾原军任从事(唐制:幕府推官、判官等僚佐皆通称"从事"),"李太师逢吉在相位,见其书,特荐拜左拾遗"②。校书郎虽只是九品小官,也可用以荐举,但不多见,只找到两个案例。第一个是大历(766—779)中的徐岱:

> 徐岱字处仁,苏州嘉兴人也。家世以农为业。岱好学,六籍诸子,悉所探究,问无不通,难莫能屈。大历中,转运使刘晏表荐之,授校书郎。浙西观察使李栖筠厚遇之,敕故所居为复礼乡③。

他后来的官运亨通。"贞元初,迁水部郎中,充皇太子及舒王已下侍读。寻改司封郎中,擢拜给事中,加兼史馆修撰,并依旧侍读。

①《新唐书》卷五七,页 1443。
②《因话录》(上海:上海古籍出版社,1979 年新一版排印本)卷三,页 82—83。此条又为《唐语林》所引。见《唐语林校证》卷三,页 278。
③《旧唐书》卷一三五下,页 4975。不过,从这段引文看,徐岱也有可能只是挂职校书郎,却在刘晏的转运使府任从事。这样的校书郎叫"试"校书郎,详见下一节"中晚唐的'试'校书郎"。

承两宫恩顾,时无与比。……卒时年五十,上叹惜之,赙以帛绢,皇太子又遗绢一百匹,赠礼部尚书。"①

唐代另一个被荐举为校书郎的,是诗人李群玉(约813—861)。此案例最吸引人的是,当年的荐书和任命的敕书,都还很幸运地保存在《李群玉诗集》中,让我们可以看到荐举的实际运作。先看令狐绹的《荐处士李群玉状》,约作于大中八年(854):

> 右。苦心歌篇,屏迹林壑。佳句流传于众口,芳声籍甚于一时。守道安贫,远绝名利,当文明之圣代。宜备搜罗,俾典校于瀛州,伫光志业。臣绹等今日延英已面陈奏状。伏奉圣旨,令与一文学官者。臣等商量,望授宏文馆校书郎,未审可否?谨具奏闻。伏听敕旨②。

状文先一一列举李群玉的种种长处:"苦心歌篇,屏迹林壑。佳句流传于众口,芳声籍甚于一时。守道安贫,远绝名利。"最后才道出主旨:"望授宏文馆校书郎,未审可否?"朝廷也准了此荐。且看当时司勋员外郎知制诰郑处约代皇帝所写的任命敕《李群玉守宏文馆校书郎敕》:

①《旧唐书》卷一三五下,页 4975—4976。
②《李群玉诗集》(台北:商务印书馆影印文渊阁《四库全书》本,1983—1986),卷首;亦收在《全唐文》卷七五九,页 7885。《新唐书》卷六〇,页 1612,"李群玉《后集五卷》"下有小注说:"裴休观察湖南,厚延致之,及为相,以诗论荐,授校书郎。"看来李群玉也曾得到裴休的推荐,但荐状却是以令狐绹的名义写的。

李群玉放怀邱壑,吟咏性情,孤云无心,浮磬有韵。吐妍词于丽则,动清律于风骚。冥鸿不归,羽翰自逸,雾豹远迹,文彩益奇。信不试而逾精,能久处而独乐。念其求志,可以言诗。用示縶维,命之刊校,可守宏文馆校书郎①。

李群玉得官之前,曾经向宣宗皇帝进诗。他的《进诗表》也还保存在他的诗集中:

……谨捧所业歌行古体今体七言今体五言四通等合三百首,谨诣光顺门昧死上进。伏以卿云在天,草木五色,广野之气,烛为祥烟,熙熙含生,尽跻寿域,向日亭午,物无斜阴,而方今风后提衡,庶尹咸乂。言语侍从之列,皆严徐班马之伦。凡在墨客诗人,歌咏声名文物不暇,何议讽刺,兴于笔端。臣所贡前件歌诗,以居住沅湘,宗师屈宋,枫江兰浦,荡思摇情。芜类之余,过于乔野,天津不到,徒窥星汉之高。沧海攸归,岂阻潢污之陋。然则爨桐不爆,俄成曲突之烟。埋剑无光,永作幽泉之铁。巴濮下调,尘触天聪。蝼蚁之微,伏待刑戮。谨拜表陈献以闻,无任焚灼陨越屏营之至。臣群玉诚惶诚恐顿首死罪。谨言②。

宣宗看了他的诗,觉得"异常高雅",又给他写了《进诗赐物敕》,且有"少锦彩器物赐卿":

———————————————

①《李群玉诗集》卷首。又收在《全唐文》卷七九三,页8312。
②《李群玉诗集》卷首。又见于《全唐文》卷七九三,页8317。

> 卿所进歌诗,异常高雅。朕已遍览。今有少锦彩器物赐
> 卿。宜领取。夏热。卿比平安好。①

唐代诗人有此殊荣,似仅李群玉一人而已。他去世后,友人周朴写了一首诗《吊李群玉》,特别追忆他当年进诗受荐举任校书郎的往事:

> 群玉诗名冠李唐,投诗换得校书郎。
> 吟魂醉魄知何处,空有幽兰隔岸香②。

假设李白、杜甫跟李群玉都生在同一个时代,则李群玉"投诗换得校书郎"的事,应当令李白和杜甫羡慕不已,因为李杜这两位大诗人,当年在长安四处干谒,上书投诗,却始终没有什么收获。

除了以上十种得官方法外,校书郎也可当作一种"赏赐",以奖军功。但史料中仅有一例,即李光弼协助平定安史之乱后,他的儿子李汇(757—815)在"提褓之间"便得赐校书郎。晚唐知名文士沈亚之[元和十年(815)进士]所写的《泾原节度李常侍墓志铭》说:

> 府君讳汇,太尉武穆公光弼之少子也,为人俭毅意气。
> 祖楷洛,自匈奴提其属来入,始为唐臣。累迁至将军,赠司
> 徒。武穆既壮,当天宝末,以平燕寇有功,故公于提褓之间,

---

① 《李群玉诗集》卷首。又收在《全唐文·唐文拾遗》卷八,页10453。
② 彭定求等编《全唐诗》(北京:中华书局,1979年繁体排印本)卷六七三,页7704。

得赐校书郎①。

李汇在两《唐书》中无传，但据沈亚之这篇墓志，他于元和十年（815）卒，"行年五十九"，则他当生于至德二年（757）。"平燕寇"（指安禄山）在广德元年（763），李汇那时才七岁。他恐怕是唐史上最年轻的校书郎，虽然他得到的只是赐官。李汇出任泾原节度使时，沈亚之正好在他幕下任掌书记，为我们留下了这一段校书郎可作赏赐的珍贵史料。

李汇的这个案例，也让我们想起唐史上几个年老的校书郎。其中最有名气的一个，当数晚唐诗人韦庄（836—910），即《秦妇吟》的作者。他在昭宗乾宁元年（894）五十九岁时才考中进士，始释褐校书郎②。但他还不是最年老的校书郎。唐昭宗天复元年（901）著名的"五老榜"中，有三个刚及第的老进士，因为"年齿已高"，不需按正常程序"守选"，即特别被授以正字和校书郎。宋洪迈《容斋三笔》卷七《唐昭宗恤录儒士》条，详记此事：

> ……次年天复元年赦文，又令中书门下选择新及第进士中，有久在名场，才沾科级，年齿已高者，不拘常例，各授一官。于是礼部侍郎杜德祥奏："拣到新及第进士陈光问年六十九，曹松年五十四，王希羽年七十三，刘象年七十，柯崇年六十四，郑希颜年五十九。"诏："光问、松、希羽可秘书省正

---

① 《全唐文》卷七三八，页7619。

② 夏承焘《韦庄年谱》，《韦庄词校注》（北京：中国社会科学出版社，1981），页58。

字;象、崇、希颜可太子校书。"①

刘象年七十始授太子校书,当是唐史上最年老的校书郎。不过,
此为特殊案例。清代顾炎武的名著《日知录》对此有一评语:

> 此皆前代季朝之政,当丧乱之后,以此慰寒畯而收物情,
> 非平世之典也②。

唐人任校书郎的一般年龄,多在二十多岁(如李德裕、杜牧)到
三十刚出头(如上引董晋、杜亚,以及晚唐诗人李商隐和白居易等)。
四十岁任校书郎已嫌老。权德舆的《送张校书归湖南序》特别谈到
这点,说这位张校书"其于官名亏成之际,则得之自是,不得自是。
故年过四十,方一命典校,诸生以为屈甚,而张恬然"③。诸生以为
四十岁任校书郎是委屈的,但张校书却"恬然"自得,不以为意。

五、中晚唐的"试"校书郎

古文大家韩愈(768—824)有一个官衔叫"试校书郎",现在恐

---

① 洪迈《容斋随笔》(上海:上海古籍出版社,1978 年校点本)附《容斋三笔》卷七,
页 502。此事亦见于王定保《唐摭言》(上海:上海古籍出版社,1978 年新一版
校点本)卷八,页 90—91,以及《太平广记》(北京:中华书局,1960 年校点本)卷
一七八,页 1326,但都不如洪迈所记详细。王勋成《唐代铨选与文学》,页 71—
72,引此事,作为唐代新及第进士不需"守选"而授官的极少数特例之一。关于
刘象的生平及其诗作,见曹汛《刘象考》,《文史》,第 30 辑(1988),页 108。
② 顾炎武《日知录》(台北:文史哲出版社,1984 年排印本),页 503—504。
③ 《全唐文》卷四九一,页 5017。

怕很少有人注意到。其至连今人替韩愈作年谱,写评传,也没有论及韩愈此官衔的意义①。他此衔出现在他自己的两篇名文中:

(一)在《祭董相公文》开头:"维贞元十五年岁次己卯二月乙亥朔某日。……观察推官守秘书省校书郎韩愈等。"②

(二)在《赠太傅董公行状》结尾:"贞元十五年五月十八日,故史前汴宋亳颍等州观察推官将仕郎试秘书省校书郎韩愈状。"③

两篇文章都作于贞元十五年(799),一在二月,一在五月,仅相隔三个月,但提到自己的官衔时,一说"守秘书省校书郎",一说"试秘书省校书郎"。不过,"守"恐怕是"试"之误,因为"守"的意思是以较低的散官阶,充任较高的职事官,须跟散官阶连用才有意思。比如,诗人陈子昂在武则天朝任职事官麟台正字(正九品下)时,他的散官阶是将仕郎(从九品下)。他以较低的散官阶出任品阶较高的正字官,所以他在一篇奏疏中便这样称自己:"将仕郎守麟台正字臣陈子昂昧死上言。"④因此,像"观察推官守秘书省校书郎"这样实职连在一起的衔署,不论是在文意上,或在唐代的官制上,都是不通的。当然,这不可能是韩愈本人笔误,而很可

<hr />

①如罗联添《韩愈传》(台北:"国家"出版社,1998),页43说:"韩愈以扈从有功,试授秘书省校书郎(虚衔)。"此处的"试授"两字,不知是排印错误未校出,还是作者把唐史料中常见的"授试校书郎"(见下引数例),理解为"试授"?唐人所说的"授试校书郎",文意应当和罗教授所说的"试授校书郎"有分别。Charles Hartman, *Han Yu and the T'ang Search for Unity*(Princeton: Princeton University Press, 1986), p. 35 对韩愈此"试"衔的意义亦未论及。

②《韩昌黎文集校注》外集上卷,页687。近年出版的《韩愈全集校注》,屈守元、常思春校注(成都:巴蜀书社,1996),页1392,同样作"观察推官守秘书省校书郎韩愈等"。

③《韩昌黎文集校注》卷八,页584。

④《全唐文》卷二一二,页2149;又见于卷二一二,页2155。

能是韩集在唐宋传抄刻印之误。

其实,李翱所写的《故正议大夫行尚书吏部侍郎上柱国赐紫金鱼袋赠礼部尚书韩公行状》,早亦明确交代韩愈是个"试校书郎":

> 汴州乱,诏以旧相东都留守董晋为平章事宣武军节度使,以平汴州。晋辟公以行,遂入汴州,得试秘书省校书郎,为观察推官①。

这跟上引韩愈在《赠太傅董公行状》的结衔相同。

像韩愈这样的"试校书郎",在中晚唐的史料中很常见,至少有六十多例以上。他们都跟韩愈一样,顶着一个"试校书郎"的京衔,在外地的幕府任推官和巡官等职,并没有真正在京城书库中校书。所以,历史上从来没有人说韩愈曾任过校书郎。我们甚至忘了他曾经有过"试校书郎"这样的官衔。但值得一提的是,韩愈后来任徐州节度使张建封的幕佐,张建封曾经给他写过一首诗,诗题中直呼韩愈为"校书":《酬韩校书愈打球歌》②。诗中写幕府生活的骑马打球,别有一番情趣:

> 仆本修文持笔者,今来帅领红旌下。

---

① 《全唐文》卷六三九,页6459。
② 张建封在这里当然是省略了"试"字,但这种省略恐怕是有意如此的,而且其实更符合中国人的称谓习惯。举个比喻:现代大学都有"副教授"此衔,但某学生如果写一封私人信件给某位姓李的副教授,恐怕绝不会在信中称他为"李副教授",而是直截了当地称他为"李教授"。若称"李副教授",反而会让人觉得十分怪异。

不能无事习蛇矛，间就平场学使马。

军中伎痒骁智材，竞驰骏逸随我来。

护军对引相向去，风呼月旋朋先开①。

更巧合的是，韩愈的儿子韩昶(798—854)，跟他父亲一样，进士及第后就在幕府任从事，也得到一个"试校书郎"的京衔。据他的《自为墓志铭并序》说：

> 年至二十五，及第释褐。柳公公绰镇邠辟之，试宏文馆校书郎。相国窦公易直辟为襄州从事，校书如前。旋除高陵尉、集贤殿校理②。

唐代史书中的这种"试校书郎"，还可举以下五例(底线为笔者所加)：

> (一)权德舆："德舆生四岁，能属诗；七岁居父丧，以孝闻；十五为文数百篇，编为《童蒙集》十卷，名声日大。韩洄黜陟河南，辟为从事，<u>试秘书省校书郎</u>。"③
>
> (二)袁滋："字德深，陈郡汝南人也。弱岁强学，以外兄

---

①《全唐诗》卷二七五，页3118。《韩昌黎文集校注》卷三，页194有《上张仆射第二书》，内容谏张建封击球事。韩愈又有诗《汴泗交流赠张仆射》，亦劝张建封勿击球，见钱仲联《韩昌黎诗系年集释》(上海：上海古籍出版社，1984)，页103。韩愈此信和诗若和张建封的赠诗合起来读，当更趣味盎然。

②《全唐文》卷七四一，页7666。

③《旧唐书》卷一四八，页4002。

道州刺史元结有重名,往来依焉。每读书,玄解旨奥,结甚重之。无何,黜陟使赵赞以处士荐,授<u>试校书郎</u>。何士干镇武昌,辟为从事。"①

(三)窦牟:"牟字贻周,贞元二年(786)登进士第,<u>试秘书省校书郎</u>、东都留守巡官。历河阳、昭义从事,检校水部郎中,赐绯,再为留守判官。"②

(四)刘涉:"贞元三年,判官郑常及大将杨冀谋逐(吴)少诚以听命于朝,<u>试校书郎</u>刘涉假为手诏数十,潜致于大将,欲因少诚之出,闭城门以拒之。"③

(五)狄兼谟(名相狄仁杰之族曾孙):"元和末,解褐襄阳推官,<u>试校书郎</u>,言行刚正,使府知名。"④

在墓志碑刻史料中,"试校书郎"更是常见。我们可以发现不少这类例子,如下面七例:

(一)《孙君妻墓志》:"再从侄孙前凤翔节度掌书记<u>试秘书省校书郎</u>纡撰。"⑤

(二)《郑当墓志铭》:"外甥前河东节度推官<u>试秘书省校书郎</u>韦□撰。"⑥

①《旧唐书》卷一八五下,页4830。
②《旧唐书》卷一五五,页4122。
③《旧唐书》卷一四五,页3946。
④《旧唐书》卷六九,页2896。
⑤吴树平等编《隋唐五代墓志汇编》(天津:天津古籍出版社,1991—1992),洛阳卷,第15册。
⑥周绍良主编《唐代墓志汇编》(上海:上海古籍出版社,1992),页2196。

（三）《华景洞李珏等题名》："桂管都防御巡官试秘书省校书郎元允。"①

（四）《田故夫人墓志铭》："武宁军节度掌书记试文馆校书郎姚潜撰。"②

（五）《杨汉公墓志》："辟鄜坊裴大夫武府，得试秘书省校书郎。"③

（六）《大唐河中观察支使试秘书省校书郎孙揆季妹墓志铭》④。

（七）《王公墓志》："前原州防御推官将仕郎试秘书省校书郎强道撰。"⑤

　　以上这些案例，史料明确告诉我们，他们的官衔是"试校书郎"，并非"校书郎"。从内文看来，他们也的确不是在京城校书，而是在外地任巡官、推官等职。其中，史书第四例中的"试校书郎刘涉假为手诏数十"，联合同党，公然反叛他的上司节度使吴少诚的事，更可以凸显这些"试校书郎"在外头的所作所为，有时可能是非常暴力的，和真正校书郎温文的校书工作，真是相差很远。

　　诗人贾岛有一首诗《送裴校书》，一开头就很生动地写到他的朋友裴氏，拜官京城的秘书省，却又从事方镇使府的特殊情境。

①陆增祥《八琼室金石补正》（北京：文物出版社，1984 年缩印 1925 年希古楼原刻本）卷七四，页 510—511。
②周绍良、赵超编《唐代墓志汇编续集》（上海：上海古籍出版社，2002），页 1018。"试文馆"似有脱字，当为"试弘文馆"或"试崇文馆"。
③《唐代墓志汇编续集》，页 1037。
④《唐代墓志汇编续集》，页 1139。
⑤《唐代墓志汇编续集》，页 1157。

细读此诗,当知这位"裴校书"显然不是真正在京城校书的,而只是个"试校书郎"而已,因为他"拜官从秘省","署职"却在"藩维"(即方镇):

> 拜官从秘省,署职在蕃维。
> 多故长疏索,高秋远别离①。

两《唐书》提到在外地幕府任官的试校书郎,有时并没有很明确说他们是"试校书郎",而是用"得校书郎"这样的写法,如以下数例:

(一)冯定:"权德舆掌贡士,擢居上第,后于润州佐薛苹幕,得校书郎。"②

(二)郑畋:"畋年十八,登进士第,释褐汴宋节度推官,得秘书省校书郎。"③

(三)裴枢:"枢,字纪圣,咸通十二年(871)登进士第。宰相杜审权出镇河中,辟为从事,得秘书省校书郎。"④

(四)马植:"扶风人。父曛。植,元和十四年(819)进士擢第,又登制策科,释褐寿州团练副使,得秘书省校

---

①《贾岛集校注》卷三,页132。
②《旧唐书》卷一六八,页4390。
③《旧唐书》卷一七八,页4630。郑畋(825—887)后来官至宰相,宦绩不凡,见陈明光《郑畋宦绩考论》,《唐研究》,第3卷(1997),页279—294。
④《旧唐书》卷一一三,页3357。

书郎。"①

（五）陆扆："扆,光启二年(886)登进士第,其年从僖宗
　　　　幸兴元。九月,宰相韦昭度领盐铁,奏为巡官。明
　　　　年,宰相孔纬奏直史馆,得校书郎。"②

以上五人的正式官衔,恐怕也是"试校书郎",只是史书换了
一种写法。像冯定和郑畋,既然已在幕府任官,则不可能又在京
城任校书。至于马植,我们更拥有唐代文献,可以证明他是个"试
校书郎",因为在白居易的文集中,还保存了马植当年任官时,白
居易代皇帝所写的任命书:

　　　杨景复可检校膳部员外郎、郓州观察判官;李绶可监察
　　御史、天平军判官;卢载可协律郎、天平军巡官;独孤泾可监
　　察御史、寿州团练副使;马植可试校书郎、泾原掌书记;程昔
　　范可试正字、泾原判官;六人同制③。

<hr>

①《旧唐书》卷一七六,页4565。不过,团练副使是个高官,马植释褐似不可
　能任此高官。《旧唐书》此处很可能有误。它所根据的,可能即白居易所
　写的任命书(见下引)。据白居易此文,马植释褐乃出任"泾原掌书记"。
　这才是一般人释褐之官。至于任"寿州团练副使"的,应当是独孤泾。因
　两人的官职和名字在白居易文中接续书写,《旧唐书》的编者很可能断句
　不当致误。《新唐书》卷一八四,页5391,显然发现《旧唐书》此处有误,而
　把它改为"第进士,又擢制策科,补校书郎。繇寿州团练副使三迁饶州刺
　史"。但我们细检其他唐史料,未发现有马植任"寿州团练副使"的记载。
②《旧唐书》卷一七九,页4668。一般人都是以在幕府任官得校书郎,但唐末
　的陆扆却以直史馆"得校书郎",比较罕见。
③《白居易集》卷四九,页1038。

可见，两《唐书》在处理"试"衔时，有时是会省略"试"字的。另一个很好的案例是诗人杜牧（803—853?）的弟弟杜颉（807—851）。他四十五岁去世时，杜牧给他写了一篇墓志《唐故淮南支使试大理评事兼监察御史杜君墓志铭》，提到他刚中举后的官职：

> 年二十五，举进士，二十六一举登上第。时贾相国悚为礼部之二年，朝士以进士干贾公不获，有杰强毁嘲者，贾公曰："我只以杜某敌数百辈足矣。"始命试秘书正字、瓯使判官。李丞相德裕出为镇海军节度使，辟君试协律郎，为巡官①。

可证他最初出任的是"试秘书正字、瓯使判官"②。但《新唐书·杜颉传》却说：

> 颉字胜之，幼病目，母禁其为学。举进士，礼部侍郎贾悚语人曰："得杜颉足敌数百人。"授秘书正字。李德裕奏为浙西府宾佐③。

即省略了"试"字，反失其真。杜牧亲自给他弟弟写的墓志铭，应当比《新唐书》可信。杜颉后来还充当过"试协律郎"和"试大理

---

① 杜牧《樊川文集》，陈允吉校点（上海：上海古籍出版社，1978），卷九，页139。
② "瓯使判官"即瓯使院瓯使的判官。详见《唐六典》卷九，页282；《新唐书》卷四七，页1206—1207。这种判官虽在京城，但和驻外的节度使府判官一样，带有"试正字"等试衔。
③《新唐书》卷一六六，页5098。

评事"（前面已提过,诗人岑参在彭原肃宗行在求官,求得的也正是"试大理评事"）,亦可见安史之乱以后,"试"衔极盛,可惜近人几乎毫无研究①。

不过,在实际运作上,以上各人很可能像韩愈一样,是先在幕府任官一段时候,再由其上司节度使等向朝廷奏授为"试校书郎"的。以韩愈为例,他是在贞元十二年（796）七月就到汴州董晋幕任推官,可是一直要到约两年之后,在贞元十四年（798）,他才正式得到朝廷任命："观察推官将仕郎试秘书省校书郎。"皇甫湜所写的《韩文公神道碑》和《韩文公墓铭》都把韩愈入董幕的时间定在贞元十四年,便是根据朝廷的正式授命②。韩愈之所以要迟两年才得到正式任命,显然是因为他先在董晋幕任官,过了一些时

①唐代的"试"衔极复杂,且跟宋代官制中的"试"衔有历史渊源,这里无法细论。笔者正在收集石刻材料,准备撰文《唐代的试衔》专论此课题。较多的讨论见本书第五章《巡官、推官和掌书记》中"幕佐的官衔"一节。顺此一提,李锦绣《唐代"散试官"考》,《唐代制度史略论稿》（北京:中国政法大学出版社,1998）,页198—210,认为"散试官"就是"试散官",带着"试衔"的散官,如"试登仕郎"等。陈志坚《唐代散试官问题再探》,《北大史学》,第8卷（2001）,反对李锦绣的论点,认为"散试官"是"散官和试官"结合体。笔者初步认为,中晚唐其实没有所谓"散试官"这种新的官制。史料中的"散试官"都应当点读为"散、试官"即分别指散官和试官,并非两者的结合,亦非李锦绣所说的"试散官"。杜文玉《论唐代员外官与试官》,《陕西师范大学学报》,1993年第3期,主要讨论武则天时代的员外官和"试官",并非这里所说的"试衔"。过去对"试"官的讨论,见岑仲勉《依唐代官制说明张曲江集附录诰令的错误》,《金石论丛》（上海:上海古籍出版社,1981）,页474;王寿南《唐代文官任用制度之研究》,《唐代政治史论集》（台北:商务印书馆,1977）,页26—27;以及张国刚《唐代阶官与职事官之阶官化》,《唐代政治制度研究论集》（台北:文津出版社,1994）,页219。
②此据卞孝萱、张清华、阎琦合著《韩愈评传》（南京:南京大学出版社,1998）,页71。

日董晋才奏上,而朝廷又需要一段时间才能授他推官加试校书郎的官衔。在这个理解下,上引冯定、马植等人很可能也是先在各幕府"工作"了一段时日,经上司奏授,才"得秘书省校书郎"衔。这正好可以解释"得"字在这里的这种特殊用法。而他们所"得"的校书郎官衔,应当也像韩愈的一样,是个"试校书郎"而已。应当注意的是,唐代史书上经常省略这个"试"字,使我们极易把"试校书郎"和那些真正在京城校书的校书郎混淆。幸好,石刻墓志等材料,一般都还清楚保存这些"试"衔。

六、校书后出为诸使从事[①]

中晚唐还有一批人,既曾经在京城书库中校过书,又曾经在幕府任过官。这批人可以晚唐两个名人李德裕和杜牧为代表。且先看看李德裕在《新唐书》中的传:

> 李德裕字文饶,元和宰相吉甫子也。少力于学,既冠,卓荦有大节。不喜与诸生试有司,以荫补校书郎。河东张弘靖辟为掌书记[②]。

以及杜牧在《旧唐书》中的传:

---

①孙国栋《唐代中央重要文官迁转途径研究》,页7,论校书郎的迁转途径,有"出为诸使从事"一种(共十二人)。笔者此节标题即受此启发,所举案例亦可与孙氏所举相比较。
②《新唐书》卷一八〇,页5327。

牧字牧之,既以进士擢第,又制举登乙第,解褐弘文馆校
书郎,试左武卫兵曹参军。沈传师廉察江西宣州,辟牧为从
事、试大理评事①。

李德裕和杜牧年轻时都任过幕职,史料很清楚,没有问题。
至于李德裕"以荫补校书郎",或杜牧"解褐弘文馆校书郎",到底
那是一种虚衔,还是他们在赴幕之前,真的曾在京城书库中任过
校书郎? 史书上没有清楚交代。幸好他们传世的诗文都明确提
到,他们确曾在长安书库中担任过校书郎,虽然为时短暂,但绝非
虚衔。

李德裕有一首"七言九韵"的长诗,诗题亦长,但很有史料价
值,值得细考:《雨中自秘书省访王三侍御,知早入朝,便入集贤。
侍御任集贤校书,及升柏台,又与秘阁相对,同院张学士亦余特
厚,故以诗赠之》②。据今人的考订,此"王三"应作"王十一",即
王起(760—847)③。他当时在御史台(即诗中所说的"柏台")任
侍御,又任职于集贤院。御史台正好跟李德裕任职的秘书省(即
诗题中的"秘阁")"相对",很方便,两人平日当早有往来。所以,
在晚唐的某个下雨天,年轻的李德裕又从秘书省出发,到南边"相
对"的御史台拜访王起。不料,王起"早入朝,便入集贤"。李德裕
没有见到他,有些失望,所以才写下这首"不遇"诗。

———————————

①《旧唐书》卷一四七,页3986。
②《李德裕文集校笺》,傅璇琮、周建国校笺(石家庄:河北教育出版社,
   2000),别集卷三,页447。诗题中所说"侍御任集贤校书",是指王起年轻
   时曾在集贤校书。李德裕写诗这一年,他已升任殿中侍御史,并以此官入
   兼集贤殿直学士。
③傅璇琮《李德裕年谱》(济南:齐鲁书社,1984),页49。

从诗中所提到这些如此明确的场景看来,李德裕当时的确是在"秘书省"做事的。更无疑问的是,他诗中用了不少校书的典故:

> 顾我蓬莱静无事,玉版宝书藏众瑞。
> 青编尽似汲冢来,科斗皆从鲁室至①。

其中"蓬莱"、"青编"、"汲冢"、"科斗"和"鲁室"等,全都是藏书或校书的用典。值得玩味的是,李德裕说"顾我蓬莱静无事",似乎他的校书工作轻松极了。难怪他在工作时,竟有时间在"雨中"访友。此诗让我们得以一窥晚唐一个年轻校书郎轻松的一面。

王起也写了一首和诗,诗题和李德裕的几乎一样长:《和李校书雨中自秘省见访,知早入朝,便入集贤不遇诗》,并有序如下:"起顷任集贤校书,及升柏台,又与秘阁相对,今直书殿有张学士,尝忝同幕,而与秘书稍远,故瞻望之词多。"②诗题称李德裕为"李校书",可证李德裕确在校书。又提到集贤"与秘书稍远",更可与上引韩愈所说"秘书,御府也。天子犹以为外且远"相参证。王起在诗中更提到他自己任官的"乌府"(即乌台,也就是御史台),以及李德裕在他"对门讨鱼鲁"的校书生涯:

> 忆昨谬官在乌府,喜君对门讨鱼鲁。

把校书工作说成"讨鱼鲁",很传神又有些"无奈",用语十分

---

① 《李德裕文集校笺》,别集卷三,页447。又见于《全唐诗》卷四七五,页5388。
② 此诗收在《全唐诗》卷四六四,页5271;亦见于《李德裕文集校笺》,别集卷三,页448。

生动有趣。"喜君"两字,更点出他和李德裕的亲切友谊,虽然他这一年已五十四岁,比李德裕年长二十七岁。总之,这两首诗足证李德裕当年赴幕之前,的确在京城校书。据近人傅璇琮的《李德裕年表》,李德裕是在元和八年(813)他二十七岁时任校书郎,此诗也作于该年。约四年后,在元和十二年(817)上半年,他始应张弘靖辟,出为河东节度使掌书记①。

跟李德裕同时代的诗人杜牧,经历几乎也和李德裕一样,释褐先任校书郎,约半年左右,才到江西宣州沈传师幕当从事。他是在大和二年(828)三月二十六岁时考中贤良方正制科,立即授官为弘文馆校书郎。到当年十月,沈传师受命为江西观察使,辟他为从事时,他也就随沈传师赴幕府了。换句话说,杜牧在大和二年考中制举后,从三月到十月都还在京城长安,任校书郎。后来他自己在一封写给李德裕的信《上李司徒相公论用兵书》,明确告诉我们他任过校书郎:"某大和二年为校书郎,曾诣淮西将军董重质。诘其以三州之众,四岁不破之由。重质自夸勇敢多算之外,复言其不破之由,是征兵太杂耳。"②

杜牧是唐代诗人当中有名的"军事迷",好谈兵论军,也曾注过《孙子兵法》③。所以,他在任校书郎时,曾特地去拜见淮西将军董重质,"诘其以三州之众,四岁不破之由"。董重质便是当年

①见《李德裕文集校笺》所附的《李德裕年表》,页758—759。傅璇琮早年在《李德裕年谱》页51把李德裕授校书郎的年代订为元和元年(806)他二十岁时。此据傅氏的新考订。戴伟华《唐方镇文职僚佐考》(天津:天津古籍出版社,1994),页189—191,亦有相同的考订可参证。

②《樊川文集》卷十一,页164。这封信写于会昌三年(843),李德裕当宰相,正在应付昭义节度使刘稹之叛时。杜牧那时已升任黄州刺史。

③关于杜牧的军事论,最详细的论著见黄清连《杜牧论藩镇与军事》,《结网编》(台北:东大图书公司,1998)。

淮西之乱(即韩愈在《平淮西碑》中所写的那个"淮西"),节度使吴元济手下的一员大将。平淮西后,董重质竟以降将身份,在京城当起了右领军卫大将军。杜牧就在长安任校书郎时见到他,向他讨教当年叛乱之所以能对抗四年的战略因由①。

唐中叶以后,像李德裕和杜牧这一批人还真不少。他们都是先在京城任校书郎一段时间,然后便为某位节度使看上,被辟召而去。两《唐书》中有多达约三十个这样的例子,但限于本章篇幅,且举以下五例,以见其概:

> (一)于敖:"敖字蹈中,以家世文史盛名,少为时彦所称,志行修谨。登进士第,释褐秘书省校书郎。湖南观察使杨凭辟为从事。"②

> (二)柳仲郢:"字谕蒙,元和十三年(818)进士擢第,释褐秘书省校书郎。牛僧孺镇江夏,辟为从事。"③

> (三)柳公权:"公权字诚悬。幼嗜学,十二能为辞赋。元和初,进士擢第,释褐秘书省校书郎。李听镇夏州,辟为掌书记。"④

> (四)宋申锡:"字庆臣。祖素,父叔夜。申锡少孤贫,有文学。登进士第,释褐秘书省校书郎。韦贯之罢相,出湖南,辟为从事。"⑤

> (五)卢商:"字为臣,范阳人。祖昂,澧州刺史。父广,河

---

①缪钺《杜牧年谱》(北京:人民文学出版社,1980),页21。
②《旧唐书》卷一四九,页4009。
③《旧唐书》卷一六五,页4305。
④《旧唐书》卷一六五,页4310。
⑤《旧唐书》卷一六七,页4370。

南县尉。商,元和四年(809)擢进士第,又书判拔萃登科。少孤贫力学,释褐秘书省校书郎。范传式廉察宣歙,辟为从事。"①

　　以上五人都是进士出身,都是"释褐秘书省校书郎",而且都是在当上校书郎之后,就被某某节度使或观察使"辟为从事",或"辟为掌书记"。他们早年的官历是如此相似,以至《旧唐书》的编者替他们立传时,仿佛是在用一个固定的公式来书写。从史书的行文看来,他们应当也跟李德裕和杜牧一样,的确是在京城书库中任过校书郎的。中晚唐时代的秘书省,仿佛是一个人才储备处,在那里释褐为校书郎的才子,都一个一个被赶赴外镇幕府的诸使高官,辟为他们身边的从事。

　　唐诗中赠某某校书赴方镇从事的送别诗极多,约百首左右,如章孝标的《送陈校书赴蔡州幕》②、马戴的《送韩校书江西从事》③以及郑巢的《送魏校书赴夏口从事》④。这些诗都反映了中晚唐士人频频奔波于京城和方镇之间的生活现实。至于朱庆余的《送韦校书佐灵州幕》,更提到了他的朋友韦氏,既曾任校书,现在又要去方镇当掌书记的经历:

<blockquote>
共知行处乐,犹惜此时分。
职已为书记,官曾校典坟。
寒城初落叶,高戍远生云。
</blockquote>

①《旧唐书》卷一七六,页4575。
②《全唐诗》卷五〇六,页5756。
③《全唐诗》卷五五六,页6444。
④《全唐诗》卷五〇四,页5735。

边事何须问，深谋只在君①。

灵州即今宁夏灵武，当年肃宗便在此即皇帝位。安史之乱以后，它更是防御吐蕃入侵的一个重要方镇。难怪朱庆余要勉励他的朋友："边事何须问，深谋只在君。"

许棠的《送厉校书从事凤翔》，也属这一类的送别诗，但写得不落俗套：

赴辟依丞相，超荣事岂同。
城池当陇右，山水是关中。
日有来巴使，秋高出塞鸿。
旬休随大旆，应到九成宫②。

"赴辟依丞相"点明凤翔是一个由丞相出掌的重要方镇，所以"超荣事岂同"③。它也写出了凤翔的特出地理位置："城池当陇右，山水是关中。"凤翔正好西望陇右，东依长安，位于长安以西约一百五十公里，而且很接近麟游县的九成宫，所以许棠又劝请他的朋友厉校书，在"旬休"时到九成宫去玩玩："旬休随大旆，应到九成宫。"

七、校书郎的三种型态

综合以上所论，我们可以把唐代的校书郎，归纳为三种型态：

---

①《全唐诗》卷五一四，页5867。
②《全唐诗》卷六〇四，页6978。
③关于这首诗中人物的考证，见戴伟华《唐方镇文职僚佐考》，页14。

（一）元稹、白居易型：他们是真正的校书郎。白居易从贞元十九年到元和元年（803—806），整整三年都在秘书省任校书郎，任满才罢校书郎准备考制科①。元稹也是在贞元十九年到元和元年在秘书省校书，和白居易同事，任满也跟白居易一样罢校书准备考制科②。安史乱前的校书郎也都属于这一型。

（二）韩愈、权德舆型：这些都是"试校书郎"。他们一开头就在外地幕府任官，然后"得"到或由幕主替他们"奏授"一个"试校书郎"的京衔。他们从来不曾涉足京城的书库。这是安史之乱后才出现的新型校书郎。

（三）李德裕、杜牧型：这些人先在京城书库校书一段时间，再到幕府任官。但他们不是"试校书郎"。这也是安史乱后才有的新型校书郎。

八、校书郎的"校勘"职务和相关工作

唐代校书郎最主要的职务，正如《通典》等政书所说："掌雠校典籍，为文士起家之良选。"唐诗中也屡屡提到校书郎的工作，如上引王起赠李德裕的诗句："喜君对门讨鱼鲁。"许棠的《送刘校书游东鲁》也说："内阁劳雠校，东邦忽踪游。"③

不过，所谓"雠校"至少有两个层次。一是最普通的校书，也就是现代的所谓"校对"，即把排印出来的校样和原稿对校，更正

①朱金城《白居易年谱》，页 25—35。
②卞孝萱《元稹年谱》（济南：齐鲁书社，1980），页 64—81。
③《全唐诗》卷六〇四，页 6987。

排印的错别字。这是一般读书人都能做的工作。二是比较有学术的校雠，即现代所说的"校勘"（或中国大陆现在常说的"古籍整理"）。这涉及底本善本的选择，多种版本的对校和互校，以求建立一个最可靠、最接近原书的本子。这就需要特别的训练和比较高深的学养，属于比较高层次的校书，非一般读书人所能为。

唐代校书郎（及正字）所做的，到底是第一类的"校对"，还是第二类的"校勘"？史书和政书都没有明确的说明和区分。王起诗中的"讨鱼鲁"，可以指第一类的校对，也可以指第二类的校勘。不过从各种迹象来看，唐代校书郎（及正字）所从事的，应当是第一类的"校对"，非第二类的"校勘"。且列举四点理由如下。

第一，唐代虽然已发明雕版印刷，但仍属草创阶段，使用范围仅止于印刷佛经和历书等，并不普及①。据所知，宫内图书全属手抄本，而且抄书的数量庞大。抄书过程中便难免出现"鱼鲁"，这就需要大量的校对人员。校书郎和正字所做的，便是这一类的低层次"雠校"。《唐会要》有一条资料，让我们得以一窥秘书省抄书和校书的程序：

> 开成元年（836）七月，分察使奏："秘书省四库见在杂旧书籍，共五万六千四百七十六卷，并无文案及新写书文历。自今以后，所填补旧书，及别写新书，并随日校勘，并勒创立案，别置纳历，随月申台，并申分察使。每岁末，课申数并具

---

① 关于唐代的雕版印刷，见宿白《唐宋时期的雕版印刷》（北京：文物出版社，1999）及 Denis C. Twitchett, *Printing and Publishing in Medieval China* (New York: Frederick C. Beil, 1983)。又见潘美月《唐五代时期四川地区的刻书事业》，《王叔岷先生八十寿庆论文集》（台北：大安出版社，1993），页671—684。

状闻奏。"敕旨:"宜依。"①

此条可与《旧唐书·文宗纪》的记载参阅,文意当更清楚:

> [开成元年(836)]秋七月戊辰朔,御史台奏:"秘书省管新旧书五万六千四百七十六卷,长庆二年(822)已前,并无文案。大和五年(831)已后,并不纳新书。今请创立簿籍,据阙添写卷数,逐月申台。"从之②。

《旧唐书·职官志》、《新唐书·百官志》和《通典》,都没有列"分察使"这个官职。它应是安史乱后新立的众多使职之一。幸好《唐会要》有一小段资料提及分察使及其职务:

> 据宝应二年(763)敕,御史台分察使及诸道观察使,访察官吏善恶功过,稍大事当奏闻者,每年九月三十日具状报考功,至校日参验事迹,以为殿最③。

据此,分察使当属御史台(上引《旧唐书·文宗纪》更直接说是"御史台奏"),和"诸道观察使"一样,负责"访察官吏善恶功过",然后向吏部的考功司报告。他们管辖的范围,甚至包括秘书省的"写书"和"校勘"。从上面引文看来,"填补旧书"即书库中旧有书籍破损缺失需填补重写者,"别写新书"即库中原本没有的新书

---

① 《唐会要》卷六五,页 1330。
② 《旧唐书》卷十七下,页 566。
③ 《唐会要》卷八一,页 1783—1784。

需别写者(大和五年以后,已经没有写纳过新书)。所谓"写"即抄写之写,而且写完即"随日校勘",当天就校对。每月还需向御史台和分察使申报工作量。从这种工作程序看来,当天写书当天就要"校勘",很像现代的电脑打字,当天打完,当天校对,跟学术性的校勘工作很不相同,因为学术校勘是以一善本作底本,对校多种其他本子,再重新写成(或重新排版成)一校本①,不可能"随日校勘"。唐人所说的这种"校勘",仅等于今人的"校对"。

第二,唐代有几次比较大规模的校书、修书活动,都需要特别奏请外界学有专长的"儒者"充任,而非动用藏书库现有编制内的校书郎。这可证明一般的校书郎(及正字),不足以胜任学术性古籍整理工作。比如,在开元初,朝廷有一次进行大型的图书撰次整理,可说是清代编修《四库全书》的一个唐代版。《新唐书·马怀素传》说:

> 是时,文籍盈漫,皆炱朽蟫断。……怀素建白:"愿下紫微、黄门,召宿学巨儒就校缪缺。"又言:"自齐以前旧籍,王俭《七志》已详。请采近书篇目及前志遗者,续俭《志》以藏秘府。"诏可。即拜怀素秘书监。乃召国子博士尹知章、四门助教王直、直国子监赵玄默、陆浑丞吴绰、桑泉尉韦述、扶风丞马利徵、湖州司功参军刘彦直、临汝丞宋辞玉、恭陵令陆绍伯、新郑尉李子钊、杭州参军殷践猷、梓潼尉解崇质、四门直

---

① 关于现代古籍校勘的程序及方法,可参看这方面最佳的三本著作:王叔岷《斠雠学》(台北:"中研院"历史语言研究所专刊之三十七,1959;修订本,1995);陈垣《元典章校补释例》(又名《校勘学释例》)(北平:国立中央研究院历史语言研究所,1934);程千帆、徐有富《校雠广义:校勘编》(济南:齐鲁书社,1998)。

讲余钦、进士王惬、刘仲丘、右威卫参军侯行果、邢州司户参军袁晖、海州录事参军晁良、右率府胄曹参军毋煛、荥阳主簿王湾、太常寺太祝郑良金等分部撰次；践猷从弟秘书丞承业、武陟尉徐楚璧是正文字①。

这份详细名单上的"宿学巨儒"，竟无一人是书库"现成"的校书郎或正字，反而有三个是县丞：陆浑丞吴绰、扶风丞马利徽、临汝丞宋辞玉；四个是县尉：桑泉尉韦述、新郑尉李子钊、梓潼尉解崇质、武陟尉徐楚璧；另有国子博士、助教、州府参军、县主簿和太祝等人。其中，桑泉尉韦述后来更成为有名的唐代史官。照说，雠校典籍本来是校书郎、正字的日常工作，但名单上竟无一人是校书郎和正字。由此看来，唐代的校书郎和正字所担任的"雠校"工作，是比较低层次的"校对"而已。朝廷一旦有大型的古籍整理，便得奏请学有专长的他官出任。以上那些县丞、县尉、参军和太祝，正是以他们在书籍整理方面的特殊学识和才干，才被征召入京，参与这次唐代四库书的编纂。

到了安史乱后的中唐，我们又一次看到校书郎（及正字）其实无法胜任现代意义的"校勘"整理工作。《唐会要》载：

> 贞元二年(786)七月，秘书监刘太真上言："请择儒者，详校《九经》于秘书省，令所司陈设，及供食物，宰臣录其课效。"从之。议者谓秘书省有校书正字官十六员，职在校理。今授非其人，乃别求儒者详定，费于供应，烦于官寮。太真之请，失之甚矣。寻阻众

①《新唐书》卷一二四，页 5681。郑伟章《唐集贤院考》，《文史》，第 19 辑（1983），对唐代安史乱前的一系列修书活动有很详细的考证。

议,果寝不行①。（以上小字注为《唐会要》原有）

刘太真(725—792)是古文家萧颖士的入室弟子,曾任礼部侍郎,知贡举②。韩愈的名诗《寄崔二十六立之》写崔立之当年去礼部应考时,"下驴入省门,左右惊纷披",一派目中无人的样子。但他却"升阶揖侍郎"。这位"侍郎"就是刘太真③。看来他的学问不错,连高傲无比的崔立之都很尊敬他。贞元二年他出任秘书监,为秘书省的最高长官时,"请择儒者,详校《九经》于秘书省",正是内行的做法。唐代的《九经》即《易》、《书》、《诗》、《周礼》、《仪礼》、《礼记》、《左传》、《公羊》和《穀梁》九种。刘太真建议"详校"此《九经》,显然是一次学术性的古籍整理校勘,并非简单的抄经校对,所以他要"请择儒者"。他既然身为秘书监,应当很清楚他手下那些校书郎和正字是什么料子。朝廷原本也批准了,但后来却有"外行领导内行",说什么"秘书省有校书正字官十六员,职在校理。今授非其人,乃别求儒者详定,费于供应,烦于官寮。太

①《唐会要》卷六五,页1329。
②刘太真在两《唐书》中的传都太简略,没有卒年等资料,也省略了他的许多官职。幸好裴度给他写的神道碑文《刘府君神道碑铭并序》仍传世,收在《全唐文》卷五三八,页5466—5469。碑文提到他当秘书监的前后事迹:"贞元元年(785)转刑部侍郎,详刑议狱,无复烦累。改秘书监,遗编脱简,有以刊正。三年(787)拜礼部侍郎,天下宾王之士,尚实远名者窃相贺矣。"由此看来,他只当了约一年的秘书监,对秘书省的"遗编脱简,有以刊正"。但刊正"遗编脱简"本是秘书省一般的正常工作。至于他原先"请择儒者"来"详校《九经》"的大计划,碑文未提,极可能没有实现,正如《唐会要》所说:"寻阻众议,果寝不行。"
③《韩昌黎诗系年集释》卷八,页860—865。崔立之,贞元四年(788)进士,也就是韩愈在他那篇名文《蓝田县丞厅壁记》中所描写的那位"可怜"的县丞崔斯立。韩愈有好几首诗赠他,但他却在两《唐书》中无传。

真之请,失之甚矣"。于是,"寻阻众议,果寝不行"。这使得《九经》在唐代失去一次学术整理的机会。但这也说明了,在行家刘太真眼中,他手下的那些校书郎和正字,学问功夫都太浅,不足以"详校《九经》"。以笔者做过正字和校书郎研究所得到的理解,刘太真的看法确是对的。唐代校书郎当中,或许有少数个别人士学有专精,有志于学术校勘,但绝大多数恐怕只是普通的读书人,只能做点简单的校对。他们起家校书郎,不是为了学术或校勘,而是为了入仕任官和将来的升迁。

同样的,在贞元年间,包佶任秘书监时,他也奏请"通儒详定"《礼记·月令》。《册府元龟》载:

> 包佶为秘书监,贞元(七)年上言:"开元中删定《礼记·月令》,改为《时令》,其音及疏并《开元(礼)》有相涉者,并未刊正,请选通儒详定。"从之。会佶卒,其事不行①。

包佶需奏请通儒来详定《礼记·月令》,可见这也是校书郎做不来的。

到了开成年间,又有奏请当时几个知名文士"勘较《经典释文》"的事:

①《册府元龟》卷六〇八,页 7304。《唐会要》卷七七,页 1669,亦收此奏,但文字略有不同,日期为贞元七年(791)十二月,可补《册府元龟》所脱"七"字(《宋本册府元龟》亦脱此"七"字)。关于包佶的行年,见蒋寅《诗人包佶行年考略》,《唐代文学研究》,第 1 辑(太原:山西人民出版社,1988),页263—273。据此文,包佶生年不详,卒于贞元八年(792),去世前一年任秘书监。所以他死后,刊正《礼记·月令》的事也就不了了之。

周墀为起居舍人、集贤殿学士,开成元年(836)正月,中书门下奏墀及监察御史张次宗,礼部员外郎孔温业,兵部员外郎、集贤殿直学士崔球等,同就集贤院勘较《经典释文》①。

文宗朝开成年间刻《九经》石本,为中国石经史上的一件大事,但负责详校这开成石经的,也不是校书郎:

郑覃为门下侍郎平章事兼国子祭酒。初,文宗诏,国子监《九经》石本,所司较勘尚有舛误。传于永久,必在精详,宜令率更令韩泉允详定石经。官就集贤审较勘,仍旋送国子监上石。开成二年(837)十月,覃进石壁《九经》一百六十卷②。

从以上这几个案例看来,校书郎实无法胜任学术性质的古籍校勘。他们只能在经籍抄写后,做些简单的校对,如:

文宗大和三年(829)三月癸亥,集贤院奏:"应较勘宣索书及新添写经籍,令请秘省、春坊、崇文较、正共一十八员,权抽作番次,就院同较勘前件书。其厨料等,请度支准本官例支给。"从之③。

① 《册府元龟》卷六〇八,页 7304。《经典释文》此书今仍传世,有现代学者整理过的一个新校订本,见《新校经典释文》,陆德明撰,黄坤尧校订(台北:学海出版社,1988)。关于此书的研究,见黄坤尧《经典释文动词异读新探》(台北:台湾学生书局,1992)。
② 《册府元龟》卷六〇八,页 7304。
③ 《册府元龟》卷六〇八,页 7304。

这里最为明确地告诉我们，秘书省、春坊（当即指左春坊中的司经局）以及崇文馆的校书郎和正字，如何被"权抽"去"较勘宣索书及新添写经籍"。所谓"宣索"，《资治通鉴》胡三省有注曰："遣中使以圣旨就有司宣取财物，谓之宣索。"①"宣索书"即皇帝降旨向集贤院宣取的书籍。这一类"宣索书"和"新添写经籍"，当属于一般的用书，抄写了只供皇帝阅读或存库，不必太讲究善本异文的校勘，所以也不必奏请"通儒"来做此事，就由秘书省等官署的校书郎和正字来"较勘"，也就是一般抄书后的校对。此事还有下文：

> 大和五年（831）正月，集贤院奏："应校勘宣索书籍等，伏请准前年三月十九日敕，权抽秘书省及春坊、弘文馆、崇文馆见任校、正，作番次就院同校。其厨料请准元敕处分，事毕日停。"从之②。

看来这批"宣索书和新添写经籍"，数量不少，集贤院抄写、校对了几乎两年，到大和五年还未完工，所以又有上引奏疏。文中还提到"弘文馆"的校书郎和正字也参与此事，这是大和三年奏未提或遗漏的。这两条奏文很明确地透露，唐代校书郎和正字的工作为普通的"校对"，不是今人所说的"校勘"。

第三，从唐代的校书郎（及正字）都属年轻人释褐的官职来看，他们也不可能有足够的学养，从事学术性质的古籍整理校勘。像李德裕、杜牧和白居易这一类年轻人，刚出来做官时，学养尚未

---

①《资治通鉴》卷二三三，页7501。
②《唐会要》卷六四，页1324。

精深,任"校对"应不成问题,但要他们从事现代意义的"校勘",恐怕还很成疑问。

第四,唐代的校书郎(及正字)几乎都把此官职仅仅当成一块跳板,等待秩满后即转到畿县尉等官,如白居易等人,或未秩满已被辟为方镇使府从事,如杜牧等人。在这种情况下,他们全都没有长期从事学术性校勘的意愿,也没有像汉代的刘向、刘歆父子那样,愿意长期留在书库校书①。

从以上四点看来,唐代的校书显然不是学术性的工作,而是一种低层次的技术性校对,目的只是让刚释褐的士人,有一些工作的经验,以准备他们将来在官场上的奋斗和升迁。这一类校书,跟读书人所学很有关联,让他们得以一出来做事即学以致用,但又不涉及太复杂的人事关系。秘书省、弘文馆和集贤院等书库,毕竟是比较安逸、受"保护"的工作场所,远比县尉的工作场合和工作性质单纯许多,非常适合刚起家的读书人。杜佑《通典》说校书郎是"文士起家之良选",不但指校书郎的仕宦前景美好,恐怕也隐含他们的工作环境单纯,工作压力不大等意思。

校书郎除了"校雠典籍"之外,有时会有其他和校书相关的职务。比如,唐初贞观二十年(646)诏修《晋书》时,诏令中的修史"分功撰录"名单上,有太史令李淳风、太子舍人薛元超等知名文士,还有一位是校书郎张文恭②。过了十年,在显庆元年(656)七月三日,他又跟史官太尉长孙无忌、左仆射于志宁、中书令崔敦礼、国子祭酒令狐德棻、中书侍郎李义府、崇贤学士刘允之、著作

①钱穆《汉刘向歆父子年谱》(台北:商务印书馆,1927年初版,1980年重印)。
②《唐会要》卷六三,页1288。

郎杨仁卿、起居郎李延寿等名人，"修《国史》成，起义宁尽贞观末，凡八十一卷，藏其书于内府"①。此时他的官职已不再是校书郎，而是比校书郎高好几阶的秘书郎（从六品上），显然早已升官了。不过张文恭屡次被召去修史，应当是因为他个人的史学才华出众。一般校书郎恐怕没有他这种学养。

另一种相关差遣是到外地去搜访图书。唐代安史乱前和乱后，都经常有京官被派往外地搜访图书。唐诗中送别某某人外出访书的诗作也很常见，如司空曙（约活跃于765—788）的《送李嘉祐正字括图书兼往扬州觐省》②、韦应物的《送颜司议使蜀访图书》③、钱起（710—783）的《送集贤崔八叔承恩括图书》④、戴叔伦（732—789）的《送崔拾遗峒江淮访图书》⑤以及卢纶（约活跃于783—798）的《送耿拾遗沣充括图书使往江淮》⑥，都是京官外出搜书的好例子。古文家萧颖士（707—759），在"补秘书正字"后，也曾"奉使括遗书赵、卫间"⑦。校书郎亦在遣派之列。不过在整部《全唐诗》中，只找到一个校书郎出外访书的例子，即储光羲（706—757?）的《送沈校书吴中搜书》：

> 郊外亭皋远，野中歧路分。
> 苑门临渭水，山翠杂春云。

①《唐会要》卷六三，页1289—1290。
②《全唐诗》卷二九三，页3332。
③《韦应物集校注》卷四，页244。
④《全唐诗》卷二三八，页2649。
⑤《全唐诗》卷二七三，页3090。
⑥《全唐诗》卷二八〇，页3184。
⑦《新唐书》卷二〇二，页5768。

秦阁多遣典,吴台访阙文。

君王思校理,莫滞清江渍①。

和正字一样,校书郎出外搜书,应当可说跟他们"雠校典籍"的工作很有关联。

九、校书郎的生活

唐代诗文中所见的校书郎,他们的生活是轻松悠闲的。从上引李德裕的诗"顾我蓬莱静无事"看来,校书是很写意的工作。唐诗中写校书郎生活最有名的一首,莫如白居易的名诗《常乐里闲居偶题……时为校书郎》,写他自己任校书郎时的生活作息,充满年轻人的天真情趣,令人神往:

帝都名利场,鸡鸣无安居。独有懒慢者,日高头未梳。
工拙性不同,进退迹遂殊。幸逢太平代,天子好文儒。
小才难大用,典校在秘书。三旬两入省,因得养顽疏。
茅屋四五间,一马二仆夫。俸钱万六千,月给亦有余。
既无衣食牵,亦少人事拘。遂使少年心,日日常晏如。
勿言无己知,躁静各有徒。兰台七八人,出处与之俱。
旬时阻谈笑,旦夕望轩车。谁能雠校闲,解带卧吾庐。
窗前有竹玩,门外有酒酤。何以待君子? 数竿对一壶②。

---

① 《全唐诗》卷一三九,页1411。"遣典"当为"遗典"之误。
② 《白居易集》卷五,页91。

长安京城是个"名利场",可是他却是个"懒慢者","日高头未梳",似乎可以睡得很迟才起床。自谦"小才难大用,典校在秘书"。但这样的校书郎却可以有"茅屋四五间,一马二仆夫。俸钱万六千,月给亦有余":有房子,有马,有仆夫,有不错的俸钱和月给,恐怕要羡煞许许多多现代的年轻大学毕业生①。要注意的是,白居易任校书郎时,已经是三十二岁了,但诗中心情却像二十来岁小伙子,犹称自己的心为"少年心"。"亦少人事拘"一句,也透露他工作的场合单纯,没有什么人事斗争,所以才能"日日常晏如"。他还跟一班同事一起玩乐欢笑:"兰台七八人,出处与之俱。"旬休的时候,他盼望他们能放下雠校的心情,到他家中来玩,"解带卧吾庐"。而他此"庐"的环境也很雅:窗前有竹子可玩赏,门外有酒可买。整首诗的调子快乐活泼,写的仿佛是仙境一样的地方。

唐代的县尉也是士子释褐的官职之一。但和校书郎相比,县尉的生涯就复杂多了。县尉的世界有时甚至是充满暴力的。最有名的例子,莫如李商隐(812—858)的诗《任弘农县尉献州刺史乞假归京》②。他任弘农尉时,得负责看押刑犯,傍晚时把官印封存,点算刑徒。这也就是他在诗中所说的"黄昏封印点刑徒"。李商隐正是受不了这样的县尉生涯,不久就写了这首诗,"乞假归京"而去。唐代另一个大诗人高适(700—765),五十岁始释褐任

①关于白居易当校书郎时的俸钱等问题,见陈寅恪《元白诗中俸料钱问题》,《陈寅恪集·金明馆丛稿二编》(北京:生活·读书·新知三联书店,2001),页65—80。本书第六章《文官俸钱及其他》也有一节专论俸料钱。唐代的俸料和月给等研究,见胡戟等编《二十世纪唐研究》,页106—107和页410—412对此课题所作的详细学术史回顾。
②《玉谿生诗集笺注》,冯浩笺注(北京:中华书局,1979年标点本),卷一,页143—144。

县尉,也吃尽苦头。他的名诗《封丘县》,把他尉封丘县时的痛苦写得极深刻:

> 我本渔樵孟诸野,一生自是悠悠者。
>
> 乍可狂歌草泽中,宁堪作吏风尘下?
>
> 只言小邑无所为,公门百事皆有期。
>
> 拜迎官长心欲碎,鞭挞黎庶令人悲①。

县尉得看押刑犯、"拜迎官长"、"鞭挞黎庶"。这样的生活的确不如校书郎(及正字)在书库中校校书,闲时写写诗,画画青蝇那么写意。杜甫曾获授官县尉,为河西尉,但他同李商隐等人一样,不喜此职。他后来免河西尉,改为右卫率府兵曹时,写了一首诗《官定后戏赠》,自嘲说:

> 不作河西尉,凄凉为折腰。
>
> 老夫怕趋走,率府且逍遥②。

白居易还有另一首诗《首夏同诸校、正游开元观,因宿玩月》,也写得轻快活泼。"校、正"即校书郎和正字的简称③。白居易和

---

① 《高适诗集编年笺注》,刘开扬笺注(北京:中华书局,1981),页 230。

② 《杜诗详注》卷三,页 244—245。

③ 中华书局顾学颉的校点本《白居易集》卷五,页 92,把"校正"两字连在一起印,好像"校正"是单单一个官名。其实唐代没有"校正"这样的官名,似应改为"校、正"。朱金城的《白居易集笺校》(上海:上海古籍出版社,1988)卷五,页 271,也印作"校正",但朱氏对此诗有系年(805),对这所开元观也有详细的笺释,可参看。

他这一班同事,在永贞元年(805)的初夏,一起到京城的一个著名道观游玩,还因此而留下来住宿赏月,很懂得享受生活情趣,也印证了他在上引《常乐里闲居偶题十六韵》中所说"兰台七八人,出处与之俱"的欢乐:

> 我与二三子,策名在京师。官小无职事,闲于为客时。
> 沉沉道观中,心赏期在兹。到门车马回,入院巾仗随①。

那一晚,他们就在开元观那儿的"终夜清景前,笑歌不知疲"。诗人最后又说:"长安名利地,此兴几人知?"颇有年轻人重及时行乐多于追逐名利的天真。

校书郎和正字一样,都是九品官。在唐代的三十品阶当中,秘书省校书郎排在第二十七阶,正字排在第二十八阶,当然算是"小官"。但要留意的是,唐人提到这些九品官,虽谦称"职卑",或像白居易所说"官小无职事",可是却又如白诗那样,隐隐约约中透露出一种"自负"和"得意",因为校书郎和正字都是流内官,颇清贵,远胜许多未入流的流外官,而且将来的前景不错,可官至宰相,或爬升到中书舍人、给事中、侍郎、郎中等高官。

白居易的《早春独游曲江,时为校书郎》,便很有这种安逸的自得:

> 散职无羁束,羸骖少送迎。朝从直城出,春傍曲江行。
> 风起池东暖,云开山北晴。冰销泉脉动,雪尽草芽生。
> 露杏红初坼,烟杨绿未成。影迟新度雁,声涩欲啼莺。

---

① 《白居易集》卷五,页92。

闲地心俱静,韶光眼共明。酒狂怜性逸,药效喜身轻。

慵慢疏人事,幽栖逐野情。回看芸阁笑,不似有浮名①。

曲江位于长安城东南,从白居易工作的秘书省出发,约有十公里之遥。不过校书郎"散职无羁束",所以他可以"朝从直城出,春傍曲江行",一派"孤云独去闲"的样子。

校书郎的职位优闲,也得到另一位诗人校书郎的证实。刘禹锡的《子刘子自传》,写他任太子校书时,竟说:

> 初,禹锡既冠,举进士,一幸而中试。间岁,又以文登吏部取士科,授太子校书。官司闲旷,得以请告奉温清②。

工作清闲到得以请假"奉温清",恐怕真要羡煞许多忙碌的今人。

若再深一层推敲,校书郎和正字的工作、生活之所以清闲,实际上反映这两种职位都是"养望"之所。朝廷用意主要让任此两职者,有机会接近中枢权贵,并不真正在意他们"校刊典籍"的工作。以此看来,唐代的校书郎和正字,不但无法从事学术校勘的工作,他们可能连"技术性的校对"也不甚着力,所以其生活之"悠闲"得以解释。

从官制演变的角度看,校书即作为高资历子弟释褐之职位,实源于魏晋南北朝士族子弟"门地二品"之遗绪。魏晋南北朝秘书郎、著作佐郎之职,即为"贵游年少"起家之职("梁代尤甚"),以至当时有谚言曰:"上车不落则著作,体中何如则秘书。"③高资

---

① 《白居易集》卷一三,页261。
② 《刘禹锡集》(北京:中华书局,1990年点校本)卷三九,页590—591。
③ 《唐六典》卷一〇,页297。

历子弟幼年即任此职,并非真正对此职着力。唐代校书郎和正字的道理正与魏晋南北朝相同,只是唐代释褐之职降至第九品,制度较前朝合理完善(魏晋南北朝秘书郎为七品),而唐代的秘书郎即演变成为再迁之职,非释褐之官。此外,唐代高资历子弟得以任校书、正字,也反映士族之中的"著房",在唐代仍然是入仕任官的重要因素之一。我们亦不应过于强调进士、制科等科举项目的重要性①。

至于校书郎和正字任官的秘书省,晚唐赵璘的《因话录》有一段生动的描写:

> 秘书省内有落星石,薛少保画鹤,贺监草书,郎余令画凤,时传号为四绝。元和中,韩公武为秘书郎,挟弹中鹤一眼,时谓之五绝。又省之东,即右威卫,荒秽摧毁,其大厅逼校书院,南对御史台,有人嘲之曰:"门缘御史塞,庙(应作"厅")被校书侵。"②

赵璘是大和八年(834)进士,开成三年(838)中书判拔萃,不久即校书秘书省,后任度支郎中、金部郎中等高官,咸通三年(862)官至衢州刺史③。上引他对秘书省的描写,应当是他任校书郎时的亲身经历。尤其难得的是,他提到秘书省隔邻的右威卫"荒秽摧毁"的景象,更让我们对晚唐卫府和秘书省的处境有更深

①本段和上一段论点,大抵采纳本书其中一位匿名审稿专家的意见。承其教示,特此致谢。
②《因话录》卷五,页101。《全唐诗》卷八七二,页9889,引这两句诗,题《右威卫嘲语》,无名氏著。"庙"应作"厅"。
③劳格、赵钺《唐尚书省郎官石柱题名考》,徐敏霞、王桂珍点校(北京:中华书局,1992),卷十五,页736—737,对赵璘的生平和官历有细致的考订。

刻的了解。右威卫原为唐十六卫之一,安史乱后仅存将军而无卫兵,竟沦至"荒秽摧毁"①。"厅被校书侵"应当指它的大厅被秘书省的古木侵入了。晚唐的秘书省处在隔邻这种"荒秽摧毁"的环境中,气氛想来是很有些阴森森的。

写晚唐校书郎生活的,还有一首是林宽的《和周繇校书先辈省中寓直》,写校书郎和其他唐官一样,有时需在工作场所宿夜当直。诗中也提到秘书省的颓败景象:

> 古木重门掩,幽深只欠溪。此中真吏隐,何必更岩栖。
> 名姓镌幢记,经书逐库题。字随飞蠹缺,阶与落星齐。
> 伴直僧谈静,侵霜蛰韵低。粘尘贺草没,剥粉薛禽迷。
> 衰藓墙千堵,微阳菊半畦。鼓残鸦去北,漏在月沉西。
> 每忆终南雪,几登云阁梯。时因搜句次,那惜一招携②。

林宽的生卒年不详,但周繇是咸通十三年(872)的进士,与晚唐诗人段成式和温庭筠有交游③,任校书郎应在此年之后,所以这首诗

---

① 《旧唐书》卷十二《德宗纪》,页354:贞元二年(786)"九月,诏:'左右金吾及十六卫将军,故事皆择勋臣,出镇方隅,入居侍从。自天宝艰难之后,卫兵虽然废阙,将军品秩尤高。此诚文武勋臣出入转迁之地,宜增禄秩,以示优崇。'"杜牧《原十六卫》,《樊川文集》卷五,页89:"然自今观之,设官言无谓者,其十六卫乎。"
② 《全唐诗》卷六〇六,页7004。
③ 陈振孙《直斋书录解题》(清乾隆三十八年即1773年武英殿丛书本)卷一九,叶二十一上著录《周繇集一卷》,下注:"周繇撰,咸通十三年进士。"又参见徐松《登科记考》卷二三,页864;孟二冬《登科记考补正》卷二三,页964有进一步的考证。温庭筠及段成式和周繇的唱和诗见《全唐诗》卷五八三,页6764;卷五八四,页6767—6772。周繇本人的诗收在《全唐诗》卷六三五。

写的当是咸通末年的秘书省。"古木重门掩,幽深只欠溪"这两句,颇可让我们感觉到唐末校书郎工作环境之"幽深"。

"阶与落星齐"中的"落星",应即秘书省四绝之一的"落星石"。"粘尘贺草没,剥粉薛禽迷",用的也是秘书省中贺知章(659—744)写草书和薛稷(约活跃于695—711)画鹤的典故。然而,在咸通末年林宽写这首诗时,则连他所见到的贺知章草书都"粘尘"了,薛稷所画的鹤也"剥粉"了,一派颓废的唐末气象,令人叹息。

十、公卿之滥觞

《全唐诗》中有一首《述怀》诗,由某一个校书郎的少妻崔氏所写,标题下有小注说:"校书娶崔时,年已暮,崔微有愠色,赋诗述怀。"从女性的观点来看一个年老的校书郎,在唐诗中非常罕见,值得全引:

> 不怨卢郎年纪大,不怨卢郎官职卑。
> 自恨妾身生较晚,不及卢郎年少时①。

这位少妻说她丈夫的校书郎"官职卑",然而她并"不怨"反而恨自己生得晚,"不及卢郎年少时"。她说"不怨",其实恐怕还是有些埋怨她的丈夫太老,但全诗却又弥漫着一种"撒娇"式的"幸福感",把一对老夫少妻的校书郎夫妇关系写得极生动有趣。唐人

----

① 《全唐诗》卷七九九,页8990。

说自己的"官职卑"时,大抵都是谦词,不能当真,应放在适当的情境下看,才能看得真切是怎么回事。

白居易也曾在他的《首夏同诸校、正游开元观,因宿玩月》一诗中,说过校书郎"官小无职事"的话。但这恐怕也是谦词。实际上,他在《大官乏人》这篇策中,却把校书郎看得很重,期望很高,并且以他在中唐的亲身经验(他写这篇策时,刚罢校书郎),清楚告诉我们,校书郎(以及正字、畿赤县的主簿和县尉等九品小官),如何可以官至"国家公卿将相":

> 臣伏见国家公卿将相之具,选于丞郎给舍;丞郎给舍之材,选于御史遗补郎官;御史遗补郎官之器,选于秘著校正畿赤簿尉:虽未尽是,十常六七焉。然则畿赤之吏,不独以府县之用求之;秘著之官,不独以校勘之用取之。其所责望者,乃丞郎之椎轮,公卿之滥觞也①。

这里用了连串简称。"丞"指尚书右丞、左丞等。"郎"指侍郎,即尚书六部二十四司中的一系列侍郎。"给舍"即给事中和中书舍人等。"御史"指御史台的御史。"遗补"即左右拾遗和左右补阙。"郎官"指二十四司的郎中和员外郎,如度支郎中、祠部员外郎等。"秘著校正畿赤簿尉"简略得最厉害,即"秘书省、著作局校书郎、正字,畿赤县主簿和县尉"。这篇对策是一个中唐诗人眼中所见到的升官图,是他自称"退居于上都华阳观,闭门累月,揣摩当代之事"写成的,很有时代气息,可以跟上引封演所描写的升

---

① 《白居易集》卷六三,页1326。白居易的《策林》共七十五篇,是他在宪宗元和元年(806)三十五岁时写的。

官途径参照，"虽未尽是，十常六七焉"。它也说明校书郎的地位，在安史乱后一点也不低下。所谓"秘著之官，不独以校勘之用取之"，即是说秘书省、著作局之官（校书郎和正字），不应只为了当校勘取用。"其所责望者，乃丞郎之椎轮，公卿之滥觞也。"白居易这种言论，反映当时人对校书郎、正字期望之高。考张说、元稹、董晋等人都以校书郎出身，后来都官至宰相。他的这一番话，的确不假。

符载（约活跃于794—813）①的《送袁校书归秘书省序》，甚至说校书郎为"黄绶者九品之英"，很有前途："不十数岁，公卿之府，缓步而登之。"符载即以此勉励他的朋友袁校书：

> 国朝以进士擢第为入官者千仞之梯，以兰台校书为黄绶者九品之英。其有折桂枝，坐芸阁，非名声衰落，体命辁轲，不十数岁，公卿之府，缓步而登之②。

这比白居易讲得更明白。符载这篇赠序是写给一个回返秘书省工作的校书郎，所以文中特别就校书郎一职来发挥，说它是"黄绶

①符载在两《唐书》中无传。五代孙光宪《北梦琐言》，贾二强点校本（北京：中华书局，2002），卷五，页118有一小记。南宋晁公武《郡斋读书志》（上海：商务印书馆《四部丛刊》影印宋淳祐袁州本，1933），卷四中，叶二下有一小传："唐符载，字厚之，岐襄人，幼有宏达之志，隐居庐山，聚书万卷，不为章句学。贞元中，李巽江西观察荐其才，授奉礼郎，为南昌军副使，继辟西川韦皋掌书记，泽潞郗士美参谋，历协律郎、监察御史，元和中卒。段文昌为墓志。"又见南宋计有功《唐诗纪事》（上海：中华书局上海编辑所排印本，1965）卷五一，页780。柳宗元有《贺赵江陵宗儒辟符载启》，《柳宗元集》卷三五，页899—901。
②《全唐文》卷六九〇，页7070。

者九品之英"。在他看来,校书郎是个美官:"折桂"中举后,坐芸阁(秘书省代称),只要不是"名声衰落","体命辖轲"(即坎坷),不到十多年就可以登上"公卿之府",说得好不轻松。

我们不妨以校书郎出身的三个唐代知名诗人文士为抽样例子,看看他们的升官图,也看看他们花了多少时间才登上相位①。这三人是盛唐的张九龄、中晚唐的元稹和李德裕。

(一)张九龄(678—740)二十五岁进士及第,在景龙元年(707)三十岁中材堪经邦科,授秘书省校书郎。他当了四年的校书郎后,在三十五岁中道侔伊吕科,迁左拾遗。然后,他当过左补阙、礼部员外郎、司勋员外郎、中书舍人、太常少卿、洪州刺史、桂州刺史、秘书少监、工部侍郎等官,最后在开元二十一年(733)十二月他五十六岁时,当上中书侍郎,同中书门下平章事即宰相②。细考以上官历,张九龄从校书郎起家,历拾遗、补阙,升员外郎等郎官,转中书舍人,外任刺史,再入朝为秘书少监和侍郎,最后官至宰相,大体都很符合封演和白居易所描写的那种升官图。他总共费了二十六年的时间,才从校书郎做到宰相。

(二)元稹(779—831)在贞元十九年(803)二十五岁时以秘书省校书郎起家。他后来出任河南县尉、监察御史、江陵士曹参军、通州司马、膳部员外郎、祠部郎中、中书舍人、翰林承旨学士等官。他在长庆二年(822)二月四十四岁时,以工部侍郎同中书门下平章事当上宰相③。从任校书郎那年算起,他花了约十九年入相。

---

①关于唐代宰相的任期和其他面貌,见王吉林《唐代宰相与政治》(台北:文津出版社,1999)。
②《新唐书》卷六二,页1689。张九龄的官历依杨承祖《张九龄年谱》。
③《新唐书》卷六三,页1718。元稹的官历据卞孝萱《元稹年谱》。

（三）李德裕（787—850）在元和八年（813）二十七岁时以荫补校书郎。接着他当过河东节度使掌书记、监察御史、翰林学士、屯田员外郎、中书舍人、浙西观察使、兵部侍郎、剑南西川节度副使，并于大和七年（833）二月四十七岁时，以兵部尚书守本官同中书门下平章事入相位①。从他初任校书郎算起，他花了约二十年登相。

十一、结论

校书郎是唐代士人释褐最重要的几个官职之一，分布在秘书省、集贤院和东宫几个官署。在编制上，校书郎比另一释褐官正字的定员多约一倍。唐代三十几位主要诗人或知名文士当中，有三人以正字起家，但却有十一人出身校书郎，其中四人（张说、张九龄、元稹和李德裕）后来更从校书郎官至宰相。

校书郎虽九品小官，然而张说、杜佑、封演、白居易和符载等唐人，都说校书郎是个美官，前景美好。其入仕资历要求也很高，需进士、制科或同等条件。流外和视品官出身者不得担任此官。

中晚唐起，校书郎有三种类型：一是真正在京城校书的校书郎，如白居易和元稹等人。二是"试校书郎"，他们顶着一个校书郎的官衔，但却在方镇使府任巡官、推官、掌书记或判官，如韩愈、权德舆等人。三是先在京城校书一段时候，然后才被幕府辟为从事，如李德裕和杜牧等人。

校书郎的职务，据《通典》等政书上说是"雠校"，但从许多方

---

① 《新唐书》卷六三，页1722。李德裕的官历见傅璇琮《李德裕年谱》。

面看来,他们所做的只是低层次的"雠校",即今人所说的"校对",而不是现代意义的"校勘"。唐代的校书郎都把此职位当作跳板,秩满后即迁别官,并无终生或长期从事校勘的打算。除了校书,校书郎可能有其他相关工作,如撰录史书或往外地搜访图书。唐代诗文所呈现的校书郎生活是优闲的,工作环境也是备受"保护"的,远比县尉生涯写意。

第二章　正　字

　　唐刘晏，方七岁。

　　举神童，作正字。

　　彼虽幼，身已仕。

　　尔幼学，勉而致。

　　有为者，亦若是。

——《三字经》①

　　《三字经》这本书，里面提到的唯一唐代官名，就是"正字"。今天的读书人，恐怕没有几个听过"正字"这种官名。然而，从宋到清的一千年左右，在《三字经》广为幼儿启蒙书的年代，唐刘晏（717—780）②

---

①《三字经》的作者，一般说是宋末元初的王应麟（1223—1296）。然而，已故宋史专家刘子健教授有一考证：《比〈三字经〉更早的南宋启蒙书》，《两宋史研究汇编》（台北：联经出版事业公司，1987），页303—306，认为《三字经》可能是宋末元初的区适子所编，但明人刻书却伪托是王应麟所作。刘子健也考出比《三字经》更早的一部南宋启蒙书《启蒙初诵》，由陈淳所编。两书有若干字句相同。

②刘晏的生年有四说：715、716、717和718。详见齐涛、马新《刘晏、杨炎评传》（南京：南京大学出版社，1998），页284—285。本章取717，从齐涛、马新所考。

七岁"举神童,作正字"的故事,应当是所有读书人都很熟悉的。但正字是一种怎样的官?现代学者对此官几乎一无研究。简单地说,正如《三字经》所隐示的,正字常常是唐代士人入仕所任的第一个官职。刘晏"彼虽幼,身已仕"。他所任的首个官职,正是这个正字官。难怪《三字经》的作者,要拿他来当模范童子。科举时代的学子,大概都很羡慕刘晏那么小就当上正字。现代学子则很可能连正字这官名都没听过了。

我们在本书第一章《校书郎》见过,正字这种官和校书郎非常相似。它的入仕资历要求、职务、仕途前景,甚至俸料钱(见本书第六章)都和校书郎相同或大同小异。唐史料也经常把校书郎和正字相提并论。白居易甚至把这两种官简称为"校、正",如他的诗《首夏同诸校、正游开元观,因宿玩月》①等。因此,本书第一章论及校书郎的许多课题,特别是校勘职务,以及仕途美景等,也都全部适用于正字,本章就不再重复论述。至于两官的微小分别,让我们在下一节中,以李商隐和张仲方任过校书郎,才来任正字的经历,作一具体说明。

一、正字和校书郎的比较

晚唐诗人李商隐并非从正字起家,而是从秘书省校书郎出身,但他后来却又回去秘书省任正字。开成二年(837)他考中进士。隔了两年,在开成四年(839),他才得到他的第一个官职:秘书省校书郎。但李商隐任此官不久,就被调为弘农县的县尉。他

_____

①《白居易集》卷五,页92。

任县尉不久,又因为受不了县尉那种"黄昏封印点刑徒"的生活而辞官(见其《任弘农县尉献州刺史乞假归京》①一诗)。会昌二年(842)他又回到京城,参加吏部的书判拔萃科考试登科,得到秘书省的另一个职位:正字。李商隐的这个案例,正好让我们可以更深入探讨正字和校书郎这两官,在唐人眼中究竟有什么不同。

由于正字的职事官阶(以秘书省为例)为正九品下,校书郎则为正九品上(详见本书第一章表 1.1),正字似乎比校书郎低一等。李商隐先任校书郎,后任正字,仿佛是降级,仕途并不得意。现代学者对此也持有两种不同的看法。一种如吴调公所说,李商隐第二次回秘书省,任正字,"不仅寄托了重振家声的愿望,还充满了轩翥文场的自负"②。然而,也有学者认为,这两种官"虽同为清资,却有上、下阶之别",这不能不在李商隐"内心萌发自慰复自怨,希望更失望的复杂感情"③。近年更有人说,李商隐"重新入秘书省,只是比起三年前的秘书省校书郎职位的正九品上阶还降了一等,心里不免有些不是滋味"④。

其实,我们已经在第一章第三节"起家之良选"中,见到唐人都是把正字和校书郎并提的,似乎并不在意两者有上、下阶之分。唐人任官不能单看官品,这也是唐史常识。但最有力的证据,当推杜佑《通典》所说,正字"其官资轻重与校书郎同"。张说在《兵部尚书代国公赠少保郭公行状》,说"时辈皆以校书、正字为荣",也是两官并提。《唐会要》所载的元和诏令和吏部的奏疏,更是不分校书、正字。

①李商隐《玉谿生诗集笺注》卷一,页 143—144。
②吴调公《李商隐研究》(上海:上海古籍出版社,1982),页 16。
③杨柳《李商隐评传》(南京:江苏人民出版社,1981),页 162。
④吴晶、黄世中《古来才命两相妨:李商隐传》(北京:东方出版社,2000),页 191。

除此之外,《新唐书》曾列举晚唐会昌年间"内外官料钱",正字和校书郎的俸料钱都是一样的,即"各十六贯文"(一万六千文)①。白居易任校书郎时,写过一首诗《常乐里闲居偶题》,也说他那时的"俸钱万六千,月给亦有余"②,可证《新唐书》所载的俸钱资料并非虚文。这些史料都可帮助我们了解,李商隐任了校书即又回去当正字,究竟是得意还是失意。至少,他的俸钱是一样的。

李商隐写过一篇《祭徐氏姊文》,曾提到他的早年官历:"三干有司,两被公选;再命芸阁,叼迹时贤。"③其中"再命芸阁"即指他再次回到秘书省任正字。从这几行文字看,他这时候所表现的,应当像吴调公所说,是一种"得意心情"④,并非失意。否则,他也不必在此多提一笔了。

校书郎和正字虽然在职事官阶上有正九品上、正九品下之别,但我们却不应当以为,李商隐重返秘书省任正字必定是失意的。再深一层探究,从唐代的散官制度看,不论是校书郎或正字,其散官阶往往是相同的,即"将仕郎"。这是唐代文散官阶中最低的一级,从九品下⑤。在现有的唐代史料中,可以找到下面几个自

①《新唐书》卷五五,页1404。又见本书第六章第一节"俸料钱"的讨论。
②《白居易集》卷五,页91。
③《李商隐文编年校注》,李商隐撰,刘学锴、余恕诚校注(北京:中华书局,2002),页690;此文又收在《全唐文》卷七八二,页8179。
④吴调公《李商隐研究》,页16。
⑤《旧唐书》卷四二,页1803。《通典》卷三四,页938。关于唐代的散官制度,近年有几篇论著,见黄清连《唐代散官试论》,《"中研院"历史语言研究所集刊》,第58本第1分(1987);黄正建《唐代散官初论》,《中华文史论丛》,1989年第2期;王德权《试论唐代散官制度的成立过程》,《唐代文化研讨会论文集》(台北:文史哲出版社,1991)。其他论文见胡戟等编《二十世纪唐研究》页106的学术史回顾。

述官阶或他人详述某人官阶的例子,分正字和校书郎两种:

（一）"将仕郎守麟台正字臣陈子昂昧死上言"①

（二）"将仕郎守集贤殿正字宗元谨上尚书考功"②

（三）"将仕郎守秘书省正字沈亚之再拜贡书谏议阁
　　　下"③

（四）"冷朝阳,金陵人。大历中进士。兴元时官将仕郎
　　　守太子正字。"④

（五）"将仕郎守太子校书郎王泠然谨再拜上书相国燕公
　　　阁下"⑤

从这五个例子看来,正字的散阶一般都是将仕郎,但校书郎的散
阶也同样可以是将仕郎,如王泠然。因此,我们不能光看正字和
校书郎的职事官阶,就妄下结论,应当也留意他们的散官阶,以及
他们的俸料钱等。可惜,李商隐任校书郎和正字时的散阶是什
么,史料不载,我们不得而知。

　　实际上,任了校书郎又任正字,李商隐并不是唯一的特例。
唐史上至少还有一人的早期官历和李商隐很相似。他就是"历官
二十五"的张仲方。《旧唐书》说:

---

①《全唐文》卷二一二,页2149,又见于卷二一二,页2155。

②《柳宗元集》卷八,页190。

③《全唐文》卷七三四,页7585。

④《全唐文》卷五一三,页5208。

⑤《唐摭言》卷六,页64。《全唐文》卷二九四,页2980,也收王泠然的这封
　信,但显然源自《唐摭言》。

> 张仲方，韶州始兴人。祖九皋，广州刺史、殿中监、岭南节度使。父抗，赠右仆射。仲方伯祖始兴文献公九龄，开元朝名相。仲方，贞元中进士擢第，宏辞登科，释褐集贤校理，丁母忧免。服阕，补秘书省正字，调授咸阳尉。出为邠州从事，入朝历侍御史、仓部员外郎①。

按"集贤校理"即指"集贤殿正字、校书"；两者为不同时期的不同官名（见第一章）。张仲方最后官至秘书省的最高长官秘书监。诗人白居易跟他有交游，给他写过墓志铭《唐故银青光禄大夫秘书监曲江县开国伯赠礼部尚书范阳张公墓志铭》，提到他的早年官历，而且更明确告诉我们，张仲方最初任的是"集贤院校书郎"这个职位：

> 贞元中进士举及第，博学选登科。初补集贤院校书郎。丁内忧，丧除，复补正字。选授咸阳县尉②。

按墓志所根据的，是死者家属所提供的行状等传记资料，在年月和官名方面，常比正史列传精确、可靠。这里白居易说张仲方"初补集贤院校书郎"，应当比《旧唐书》所说"释褐集贤校理"可信。由于集贤殿正字和校书郎在元和二年（807）起都统称"集贤校理"，不再称作校书郎和正字，《旧唐书》可能因而改为"集贤校理"。

白居易用了"集贤院校书郎"这较早的官名，也意味着张仲方很可能是在贞元八年到元和二年（792—807）这段期间担任此官

①《旧唐书》卷一七一，页4442。
②《白居易集》卷七〇，页1482。

的。考张仲方生于大历元年(766),到贞元八年(792)正好是二十七岁,正是释褐校书郎的适当年龄。他先任校书郎,丁母忧后回去做官,任的却是正字,但这看来完全是唐代官制很正常的运作,并没有意味着降级。在本章第三节"任正字的九种方式"中,我们也会见到另有几人是在任过主簿、县尉之后才来任正字的,如孙逖、萧颖士等人,但这全都是他们在仕途上"累迁"、"累转"的结果,同样不表示官场失意。李商隐的案例,应当也如此看待。

二、唐代诗文和唐史上的正字

唐代主要诗人当中,从正字起家的,有隋唐之际的王绩(590—644)、初唐的陈子昂(659—700)①,以及中唐的柳宗元(773—819)。王绩和陈子昂从秘书省正字干起,史料很清楚,没有问题②。至于柳宗元,《旧唐书》说他"登进士第,应举宏辞,授校书郎、蓝田尉"③。《新唐书》也说他"第进士、博学宏辞科,授校书郎,调蓝田尉"④。好像他的第一个官职是校书郎。近人不少论著根据两《唐书》,也说柳宗元是从校书郎出身。但两《唐书》的记载恐怕是错的。

---

① 陈子昂的生卒年有多种说法。此依彭庆生《陈子昂年谱》,《陈子昂诗注》(成都:四川人民出版社,1981),页277—281。
② 张锡厚《王绩年谱》,收在《王绩研究》(台北:新文丰,1995),页296。金荣华《王绩年谱简编》,《王绩诗文集校注》(台北:新文丰,1998),页357;韩理洲《陈子昂评传》(西安:西北大学出版社,1987),页25。
③《旧唐书》卷一六〇,页4213。
④《新唐书》卷一六八,页5132。

柳宗元本人曾经在至少两处提到他担任过正字。一是在贞元十四年(798)九月所写的《与太学诸生喜诣阙留阳城司业书》这封信中。他一开头就写道："二十六日,集贤殿正字柳宗元敬致尺牍,太学诸生足下……"①连他自己写信时都自称为"集贤殿正字",还有什么比这自称更可信的呢? 此条资料常为学者征引,但似乎还没有人注意到另一条相关材料,讲得更明确,连他的散官阶都有。那是在贞元十五年(799)正月,他给他的从祖父柳浑写了一篇行状,叫《故银青光禄大夫、右散骑常侍、轻车都尉、宜城县开国伯柳公行状》,附一篇《谥议》呈上朝廷,自称:"柳公从孙、将仕郎守集贤殿正字宗元谨上。"②这两篇文字的年月和柳宗元的官历完全相符。他正是在贞元十四年到十六年(798—800)间出任正字的。韩愈(768—824)的《柳子厚墓志铭》,也说柳宗元"其后以博学宏词授集贤殿正字"③。这些都是比两《唐书》更早、更原始,也更可靠的记载,当以之为准。

　　实际上,柳宗元从来没有任过校书郎。两《唐书》之所以误为"校书郎",恐怕是因为在唐代,校书郎和正字原就是性质相同的官职,都涉及校正典籍的工作,只是在官阶上有上、下之别④。

　　至于名气较小的唐诗人,从正字出身或任过正字的就更多

①《柳宗元集》卷三四,页867。
②《柳宗元集》卷八,页190。
③《韩昌黎文集校注》卷七,页511。参见孙昌武《柳宗元传论》(北京:人民文学出版社,1979),页42—44和页56注8。关于柳宗元,陈弱水的英文专书有专章讨论其生平和思想史上的地位:Jo-shui Ch'en, *Liu Tsung-yuan and Intellectual Change in T'ang China* (Cambridge:Cambridge University Press, 1992).
④两《唐书》经常混淆或弄错某些官名,如主簿和县尉常不分,巡官和推官也常混用,即因这几种官性质相近易错乱。

了,如作品收入《全唐诗》中的李嘉祐、綦毋诚、章孝标、唐廪、徐黄、王希羽、曹松和乔舜等人。

唐代的正字,一般指京城长安秘书省里的正字。他们的职务,主要是"掌雠校典籍,刊正文章"①。秘书省的首长是秘书监,下面还有秘书少监、秘书丞、秘书郎和校书郎。正字是秘书省中最低的一个品官。在隋代是从九品。唐代高些,为正九品下。

应当注意的是,除了秘书省有正字外,唐代的其他官署如著作局、集贤殿书院、太子府司经局,也都有正字的职位(见第一章表1.1)。虽然史料中所见的正字,绝大部分是秘书省正字,但我们还是不应忽略其他官署的正字。如柳宗元的"集贤殿正字",就可说是比较罕见的。

除了不少唐诗人从正字起家外,唐史上也有不少政治人物从秘书省正字干起或任过此官,后来都名列青史,如魏元忠、王无竞、裴耀卿、裴冑、刘晏、于休烈、李廙、柳批、赵晔、高子贡、苏牟、王翰、吴通玄、王质(五世祖王通)、卢钧、卢知犹、孙倚相以及古文家萧颖士。此外,从太子正字干起的有至少六人:杨绾、常衮、刘滋(史学家刘知几之孙)、卢迈、王式和赵骅。从司经局正字起家的,有名列《孝友传》中的王友贞。释褐著作局正字的有任敬臣。他们大多是唐史上赫赫有名的人物,好些后来甚至官至宰相,如魏元忠、裴耀卿、裴冑、刘晏、杨绾、卢迈和卢钧等人。这当中最有名的,可能要算裴耀卿和刘晏这两个杰出的理财专家(唐史上这些人任正字的详细出处,见下面"任正字的九种方式"一节)。

或许正因为正字是士人当中很常见的一种基层文官,唐诗中寄赠、酬答、送别某某正字的诗篇,更是随处可见。这里且举几个

①《新唐书》卷四七,页1215。

例子以见一斑，如孟浩然的《寄是正字》①，李白的《酬坊州王司马与阎正字对雪见赠》②，韦应物的《咏徐正字画青蝇》③，岑参的《送王伯伦应制授正字归》④，李嘉祐的《送王正字山寺读书》⑤，杜甫的《夏日杨长宁宅送崔侍御常正字入京》⑥，以及司空曙的《送李嘉祐正字括图书兼往扬州觐省》⑦等。

在《全唐文》中，也可见到不少正字。他们通常是赠序的对象，如宋之问的《春夜令狐正字田子过弊庐序》⑧，任华的《送杜正字暂赴江陵拜觐叔父序》⑨，于邵的《送谭正字之上都序》⑩，权德舆的《送马正字赴太原谒相国叔父序》⑪等。

孟浩然（689—740）寄诗的对象"是正字"，是个很有趣的例子。"是"是一个很罕见的姓，以致这位正字的姓，早在宋代就引起误会。宋蜀本《孟浩然诗集》的刻印者，大概以为"是"乃错字，结果把这正字的姓删去，把这首诗的诗题刻印成"寄正字"⑫。明

①佟培基笺注《孟浩然诗集笺注》（上海：上海古籍出版社，2000）卷上，页152。
②安旗主编《李白全集编年注释》（成都：巴蜀书社，2000 年新版），页 136—137。
③《韦应物集校注》，拾遗，页 602。
④《岑参诗集编年笺注》，页 155。
⑤《全唐诗》卷二〇六，页 2149。
⑥《杜诗详注》卷二一，页 1892。
⑦《全唐诗》卷二九三，页 3332。
⑧《全唐文》卷二四一，页 2439。
⑨《全唐文》卷三七六，页 3820。
⑩《全唐文》卷四二七，页 4350。
⑪《全唐文》卷四九三，页 5028。
⑫《孟浩然诗集》（上海：上海古籍出版社，1982 年影印北京图书馆藏宋蜀本）卷上，页 14。

清的版本则多作"寄赵正字",想是编者以"是"、"赵"形近而臆改①。近人从敦煌唐诗残卷伯 2567 号,才发现他原来姓"是"②。《新唐书·艺文志》:

> 是光乂《十九部书语类十卷》。开元末,自秘书省正字上,授集贤院修撰,后赐姓齐③。

可证孟浩然寄诗的对象,正是这个"是光乂"。从他后来又被"赐姓齐"看来,则这个是正字似曾立下某种功劳。他后来的仕途不错,官至秘书少监,秘书省的第二把交椅。

三、任正字的九种方式

正字虽是九品小官,任官资历要求却很高,和校书郎一样,需有进士、明经及第或相等条件。以唐人文集、两《唐书》、墓志和行状中所能找到的正字为例,任正字的方式,可归纳为九种,比校书郎的入仕门路十种略少,主要少了"荐举"和"献著述"两种,但多了"童子科"一种。

(一)门荫。用此法当上正字的,史料中可见者,有以下两人:

> 刘滋:"少以门荫,调授太子正字。"④

---

① 《孟浩然诗集笺注》卷上,页 152。
② 徐俊纂辑《敦煌诗集残卷辑考》(北京:中华书局,2000),页 48—49。
③ 《新唐书》卷五九,页 1563。
④ 《旧唐书》卷一三六,页 3751。

王式:"以荫为太子正字。"①

(二)制举(也称"制科"),即由皇帝下诏亲自面试。制科名目繁多,常见的有孝悌廉洁、贤良方正等。考中即可授官,如诗人王绩等人:

王绩:"举孝悌廉洁,除秘书省正字。"②
胡秀:"武后时以文材征为麟台正字。"③
倪若水:"应八道使举……授秘书正字。"④
李史鱼:"开元中以多才应诏,释褐授秘书省正字。"⑤

(三)中童子科或神童科入仕。这种童子科专供十岁或以下的童子应考,也是众多科举考试科目的一种。唐代有好几个名臣以此入官:

裴耀卿:"数岁解属文,童子举,弱冠拜秘书正字。"⑥
刘晏:"年七岁,举神童,授秘书正字。"⑦

---

①《新唐书》卷一六七,页5119。
②《新唐书》卷一九六,页5594。
③韩愈《唐故中散大夫少府监胡良公墓神道碑》,《韩昌黎文集校注》卷七,页467。
④《大唐故尚书右丞倪公墓志铭并序》,《唐代墓志汇编续集》,页471。
⑤梁肃《侍御史摄御史中丞赠尚书户部侍郎李公墓志铭》,《全唐文》卷五二○,页5289。
⑥《旧唐书》卷九八,页3079。
⑦《旧唐书》卷一二三,页3511。《三字经》说"唐刘晏,方七岁。举神童,作正字"很可能即根据此《旧唐书》的记载。《新唐书·刘晏传》卷一四九,页4793则说:刘晏"八岁"始"授太子正字"。郑处海《明皇杂录》,田廷柱点校(北京:中华书局,1994),卷上,页13更说是"十岁"。关于这些不同记载的讨论,见齐涛、马新《刘晏、杨炎评传》,页8,以及吴企明《〈明皇杂录〉记事有误》,《唐音质疑录》(上海:上海古籍出版社,1986),页82—83。

吴通玄："幼应神童举,释褐秘书正字。"①

（四）以进士入仕,最常见,案例太多不胜举,且举数例如下：

杨绾："举进士,调补太子正字。"②

常衮："天宝末举进士,历太子正字。"③

苏弁："少有文学,举进士,授秘书省正字。"④

王质："苦劝以仕,乃举进士,中甲科,隶秘书省正字。"⑤

徐申："举进士上第,调补秘书正字。"⑥

陈京："举进士,为太子正字、咸阳尉……"⑦

严绶："始以大历八年举进士……不数年,补太子正字。"⑧

吴丹："以进士第入官,官历正字、协律郎……"⑨

高元裕："擢进士上第,调补秘书省正字。"⑩

---

①《旧唐书》卷一九〇下,页5057。

②《旧唐书》卷一一九,页3429。

③《旧唐书》卷一一九,页3445。

④《旧唐书》卷一八九下,页4976。

⑤《新唐书》卷一六四,页5052。

⑥权德舆《赠太子少保徐公墓志铭》,《全唐文》卷五〇二,页5108。又见李翱《唐故金紫光禄大夫徐公行状》,《全唐文》卷六三九,页6458。

⑦柳宗元《唐故秘书少监陈公行状》,《柳宗元集》卷八,页192。

⑧元稹《故金紫光禄大夫检校司徒兼太子少保赠太保郑国公食邑三千户严公行状》,《元稹集》,冀勤点校（北京：中华书局,1982）,卷五五,页591。

⑨白居易《故饶州刺史吴府君神道碑铭》,《白居易集》卷六九,页1447。

⑩萧邺《大唐故吏部尚书赠尚书右仆射渤海高公神道碑》,《全唐文》卷七六四,页7941。

鲍防:"举进士高第,调太子正字。"①

郑高:"进士高第……调补太子正字。"②

林嵩:"登乾符二年(875)进士,除秘书省正字。"③

徐寅:"第进士,授秘书省正字。"④

(五)以明经或两经入仕,如:

卢迈:"举明经及第,补太子正字。"⑤

柳玭:"应两经举,释褐秘书正字。"⑥

高子贡:"明经举,历太子正字……"⑦

泸溪县令赵公:"明经登科,补太子正字,又改射
洪尉。"⑧

韦冰:"一举明经上第……受太子正字。"⑨

(六)在进士及第后,再考制举,如陈子昂等人:

---

①穆员《鲍防碑》,《全唐文》卷七八三,页8190。
②《大唐故侍御史江西道都团练副使郑府君墓志并序》,《唐代墓志汇编续
　集》,页792。
③《全唐文》卷八二九,页8741。
④《全唐文》卷八三〇,页8744。
⑤《新唐书》卷一五〇,页4815。
⑥《旧唐书》卷一六五,页4308。
⑦《旧唐书》卷一八九下,页4960。
⑧张九龄《故辰州泸溪令赵公墓碣铭并序》,《曲江集》,页663。赵公的名字
　待考。
⑨《唐故同州录事参军京兆韦府君墓志铭并序》,《唐代墓志汇编续集》,页
　880。

陈子昂：进士及第，又武后召殿试策问，"拜麟台正字"①。

于休烈："第进士，又擢制科，历秘书省正字。"②

（七）以博学宏词或书判拔萃科等吏部科目选入仕，如以下各例：

卢知猷："中进士第，登宏辞，补秘书省正字。"③

卢钧："举进士中第，以拔萃补秘书正字。"④

李鄘："大历中举进士，又以书判高等，授秘书正字。"⑤

郑群："以进士选吏部，考功所试判为上等，授正字。"⑥

李虚中："进士及第，试书判入等，补秘书正字。"⑦

柳宗元：进士及第，"其后以博学宏词授集贤殿正字"⑧。

康僚："三举进士登上第。……得博学宏词，授秘书正字。"⑨

---

①《旧唐书》卷一九〇中，页5021。

②《新唐书》卷一〇四，页4007。

③《新唐书》卷一七七，页5283。

④《新唐书》卷一八二，页5367。

⑤《旧唐书》卷一五七，页4147。

⑥韩愈《唐故朝散大夫尚书库部郎中郑君墓志铭》，《韩昌黎文集校注》卷七，页517。

⑦韩愈《殿中侍御史李君墓志铭》，《韩昌黎文集校注》卷六，页440。

⑧韩愈《柳子厚墓志铭》，《韩昌黎文集校注》卷七，页511。

⑨孙樵《唐故仓部郎中康公墓志铭》，《全唐文》卷七九五，页8335。康公名字的考订，见劳格、赵钺《唐尚书省郎官石柱题名考》卷一七，页794。康公名"僚"，依岑仲勉《郎官石柱题名新著录》，《金石论丛》（上海：上海古籍出版社，1981），页379。

（八）以"上封事"得正字。两《唐书》中仅有一例：

> 魏元忠："仪凤中，吐蕃频犯边，元忠赴洛阳上封事，言命将用兵之工拙……帝甚叹异之，授秘书省正字。"①

上封事可以得官，比较罕见，但封演的《封氏闻见记》已提到这种任官的方法：

> 常举外，复有通五经、明一史，及献文章并著述之辈，或附中书考试，亦同制举②。

魏元忠上封事所献的是三篇文章，论用兵事，今仍保存在新旧《唐书》他的传中。

（九）以"累迁"、"累转"得正字，即先任别的官（如主簿、县尉等）后，才来任正字，如：

> 王无竞："解褐授赵州乐城县尉，历秘书省正字。"③
>
> 孙逖："开元初，应哲人奇士举，授山阴尉，迁秘书正字。"④
>
> 王翰："调昌乐尉，方（张）说辅政，故召为秘书正字。"⑤

①《旧唐书》卷九二，页2945—2951。
②《唐语林校证》卷八，页717。
③《旧唐书》卷一九○中，页5026。又见孙逖《太子舍人王公墓志铭》，《全唐文》卷三一三，页3180。
④《旧唐书》卷一九○中，页5043。
⑤《新唐书》卷二○二，页5759。王翰即《旧唐书》卷一九○中的王瀚。

萧颖士:"进士擢第,历金坛尉、桂州参军、秘书正字……"①
裴冑:"解褐补太仆寺主簿。……贼平,授秘书省正字。"②

任正字可以有这九种方式,正可说明唐代任官之途不仅仅限于进士而已,也应了《新唐书·选举志》所说:"唐取人之路盖多矣。"③以门荫、制举或明经任正字也不失为好办法。不过总的来说,从进士入仕的人还是占了多数。而且,应当注意的是,正字并不一定只是士人起家的第一个官职,它也可以是迁转的第二、甚至第三个官职,如上引古文家萧颖士等人的例子。

四、正字的职务和生活

本书第一章考校书郎的校勘职务,已连带涉及正字。正字的所谓"校勘"工作,和校书郎一样,仅等于今人所说的"校对"罢了。这里不赘述,只想补充一些细节。

唐人小说对正字的工作,描写不同于正史典志。从以下刘晏的故事,可以看出当时人对正字一般的理解:

> 时刘晏以神童为秘书正字,年方十岁,形状狞劣,而聪悟过人。玄宗召于楼上帘下,贵妃置于膝上,为施粉黛,与之巾

①李华《扬州功曹萧颖士文集序》,《全唐文》卷三一五,页3197。
②《旧唐书》卷一二二,页3507。
③《新唐书》卷四五,页1180。

栉。玄宗问晏曰:"卿为正字,正得几字?"晏曰:"天下字皆正,唯'朋'字未正得。"①

　　唐诗中所见到的正字生活,也和校书郎一样,有一种悠闲的意味。比如,韦应物的《咏徐正字画青蝇》,便让我们看到正字比较轻松的一面:

　　　　误点能成物,迷真许一时。笔端来已久,座上去何迟。
　　　　顾白曾无变,听鸡不复疑。证劳才子赏,为入国人诗②。

正字除了校勘图书,闲暇时分,也可以去画画"青蝇",生活仿佛很写意。韦应物给这幅青蝇画写的这首咏画诗,几乎句句用典,而

----

① 《明皇杂录》卷上,页13。按杨贵妃生于开元七年(719),刘晏生于开元五年(717),她比刘晏还小两岁,不可能像文中所说"贵妃置于膝上,为施粉黛,与之巾栉"。而且,刘晏十岁时,杨贵妃才八岁,还未入宫为贵妃。此细节颇难令人置信。齐涛、马新《刘晏、杨炎评传》,页286—287说:"贵妃当为惠妃之误。"似亦可能。最近吴丽娱《试析刘晏理财的宫廷背景》,《中国史研究》,2000年第1期,页68—81,提一新解,认为此"杨贵妃"当为玄宗的元献皇后杨氏,即肃宗的生母"杨妃"之误。《唐语林》有一类似记载,未提杨贵妃,仅说是"杨妃":"是时彭城刘晏年八岁,献东封书,上览而奇之,命宰相出题,就中书试。张说、源乾曜咸相感慰荐。上以晏间生秀妙,引于内殿,纵六宫观看。杨妃坐于膝上,亲为画眉总髻,宫人投花掷果者甚多。拜为秘书正字。张说问曰:'居官以来,正字几何?'刘晏抗颜对曰:'他字皆正,独"朋"字未正。'说闻而异之。"见周勋初《唐语林校证》卷三,页309—310。齐涛、马新《刘晏、杨炎评传》,页8,对刘晏所说"唯'朋'字未正得"有一解:"'朋'字无论隶书,还有楷书,都倾斜于右侧,故刘晏有此言。"
② 《韦应物集校注》,拾遗,页602。

且全是和青蝇有关的典故。如开头两句，用的便是三国孙权叫吴兴人曹不兴画屏风的典故。当时，曹不兴"误落笔点素，因就成蝇状"。孙权看了，误以为是真的青蝇，竟用手去弹。这位徐正字画的青蝇，可惜没有和韦诗一样流传下来，但想来应当很细腻生动，否则韦应物也不会用上这个妙典。

岑参的《送王伯伦应制授正字归》，用了一个"科斗"的意象，把正字的日常工作，写得更灵活，生动许多：

> 当年最得意，数子不如君。战胜时偏许，名高人总闻。
> 半天城北雨，斜日岭西云。科斗皆成字，无令错古文①。

这位王伯伦应制科得到一个正字归乡，心情当然是"得意"的。"当年"在这里指"丁年"，丁壮之年，用的是《汉书·司马迁传》的典故。

杜甫的《夏日杨长宁宅送崔侍御常正字入京》，则让我们得以一窥正字的交游圈子：

> 醉酒扬雄宅，升堂子贱琴。不堪垂老鬓，还对欲分襟。
> 天地西江远，星辰北斗深。乌台俯麟阁，长夏白头吟②。

杜甫这首诗大约是在大历三年（768）夏写于江陵（今湖北江陵）。那年夏天，有一位杨长宁，在他的家中设宴送别即将赴京城长安的崔侍御和常正字。杜甫当陪客，写下这首送别诗。长宁是个县

---

① 《岑参诗集编年笺注》，页155。
② 《杜诗详注》卷二一，页1892。

名,属江陵府①。这位杨长宁应当是杨辙②。

侍御是唐人对殿中侍御史(从七品下)和监察御史(正八品上)的通称,官位远在正字之上,但崔的名字不详。杜甫当时已五十七岁。杨长宁能当宴会主人,身份地位显然最高,年龄应当和杜甫相若,在五六十岁之间。崔能当上侍御,当经历了不少宦海浮沉,年龄应不轻。然而,正字却是年轻人起家的官位。常正字看来正是刚出道不久,官位最低,年龄应当也是会上四人当中最小的。这一个年轻的正字,当时却能和杜甫、杨长宁、崔侍御等年龄比他大许多、辈分比他高的长者长官交游宴乐,可知他颇有一些分量。唐代宴会的与会者,当然并无官位高低或年龄的限制。像杜甫,当时已无任何官职,想是以诗名为主人所邀。常正字官位虽低,同样也在受邀之列。杜甫很看得起这个常正字,把这正字和侍御并提:"乌台俯麟阁。"乌台指侍御史,麟阁指正字。

正字的这种社会地位,他之能够和比他官高的长官交往,也见于诗人柳宗元和他上司的关系上。柳宗元于贞元十四年到十

---

① 《唐会要》卷七一,页1498:"长宁县,上元元年(760)七月二十三日,析江陵置,为赤县。二年(761)六月十四日,废枝江县,隶入长宁县。大历六年(771)十月七日,废长宁为枝江县。"《新唐书》卷四〇,页1028,所记略同,但无月日。杜甫此诗写于大历三年,正好在长宁改为枝江之前。

② 《读杜心解》,浦起龙撰(北京:中华书局,1961年排印本),卷三,页575:"韦苏州有《答长宁县令杨辙》诗,岂其人欤?"近人陶敏和王友胜的《韦应物集校注》卷五,页311,已确定此杨长宁即杨辙。此外,刘长卿有《夏口送长宁杨明府归荆南因寄幕府诸公》诗,见《刘长卿诗编年笺注》,储仲君笺注(北京:中华书局,1996),页332。戴叔伦亦有《同辛兖州巢父卢副端岳相思献酬之作因抒归怀兼呈辛魏两院长杨长宁》,见《全唐诗》卷二七四,页3113,都可证此杨长宁即杨辙。又见邓绍基《杜诗别解》(北京:中华书局,1987),页246论此诗,很有新意。

六年(798—800)在集贤院任正字,当时他的上司是"判集贤院事"的陈京(大历元年即766年进士)。五年之后,贞元二十一年(805)陈京病逝时,柳宗元给他写了一篇行状叫《唐故秘书少监陈公行状》。这当中透露了他和老上司不寻常的密切关系。

当年陈京在官场上的地位显赫,很有影响力,以至至少有两位中唐著名文人,在成名之前都曾向他"投卷"干谒。韩愈给他写过那封很有名的干谒信《与陈给事书》,今仍传世。在此信中,韩愈不但对陈京毕恭毕敬,又赞又捧,一副低声下气求人的口吻。他同时也把自己所写的文章,做成卷轴送请陈京过目,希望得到他的荐引①。同样的,白居易未中进士之前,也曾给陈京写过干谒信《与陈给事书》(篇名同韩愈),而且"谨献杂文二十首、诗一百首"②,希望获得陈京的推介。但柳宗元和陈京的关系,却显然不是这样的。

柳宗元为陈京写行状时,才不过三十三岁,可说非常年轻。陈京去世时,则应已年过六十③。两人的年纪相差了一大截。照唐代的习惯,行状和墓志等文章,一般都请德高望重的长者来撰

①《与陈给事书》,《韩昌黎文集校注》卷三,页189—191。据卞孝萱、张清华和阎琦合著的《韩愈评传》所附《韩愈年表》,页542,韩愈此信写于贞元十九年(803)他三十六岁那年,即陈京去世前两年,和柳宗元写陈京行状差不多同时。

②《白居易集》卷四四,页950。白居易的投书对象陈给事即陈京,见朱金城《白居易年谱》,页21。更详细的考证见雷绍锋《陈给事中名京》,载《全唐文职官丛考》,陈国灿、刘健明编(武汉:武汉大学出版社,1998),页344—346。白居易此信写于约贞元十六年(800)。

③可惜柳宗元的《唐故秘书少监陈公行状》,只说陈京在贞元二十一年(805)去世,未提他享年若干。但我们知道,陈京是大历元年(766)的进士。假设他中进士那年是二十五岁(算年轻,也算合理的年龄),那他应当生于742年,死时应当已六十四岁,至少比柳宗元大三十岁。

写。柳宗元这么年轻，却有此殊荣，为当时的一位显官写行状，意义不可说不重大，也可见他的正字出身，一点也没有妨碍他和陈京的交往。

实际上，柳宗元在这篇行状中，就特别提到他当年在集贤院和陈京的关系：

> 宗元，故集贤吏也，得公之遗事于其家，书并授公之友，以志公之墓①。

在状文的第一段，柳宗元也交代了他写此文的缘起：

> （陈京）无子。伯兄前监察御史珦，仲兄前大理评事苌，以公文行之大者，告于尝吏于公者，使辞而陈之②。

所谓"尝吏于公者"，即点出他从前在集贤院陈京手下任正字的往事。陈京的伯兄和仲兄，"以公文行之大者"，来请柳宗元写此行状，亦可见柳和陈家的关系应当很密切，在他任正字时就有往来。陈家也没有因为他比陈京年轻许多，或因他当年只是陈京手下一个小小的正字而排斥他。

司空曙（约活跃于765—788）的《送李嘉祐正字括图书兼往扬州觐省》，则出人意表地提到正字的另一种工作：出外括访图书。这种任务不见于政书上的记载。从诗题上看，李嘉祐（天宝七年即748年进士）到扬州去，"括图书"显然才是他此行的主要

---

①《柳宗元集》卷八，页196。
②《柳宗元集》卷八，页192。

目的,而到"扬州觐省"探亲,只是"兼往"罢了。他启程之前,司空曙郑重其事地给他写诗送别,提到他此行的使命:

> 不事兰台贵,全多韦带风。儒官比刘向,使者得陈农。
> 晚烧平芜外,朝阳叠浪东。归来喜调膳,寒笋出林中①。

正字李嘉祐出外"括图书",乍看好像一种不寻常的任务。实际上,至少还有另一个很有名的正字,也做过同样的事。他就是古文家萧颖士(707—759)。《新唐书》说,萧颖士在"补秘书正字"后,曾"奉使括遗书赵、卫间"②。萧颖士自己在《登临河城赋并序》,也提到此事:"天宝元年(742)秋八月,奉使求遗书于人间。越来月,届于临河之旧邑,览物增怀,泫然有赋。"③亦自称"奉使"。然而,他"淹久不报,为有司劾免"④。从这两个例子看,正字出外"括图书",即使不是他们正常的"任务",恐怕也是一种"义务"。"奉使"两字也点明萧颖士出外"括遗书",是一次特别差遣,并非随兴而去,顺道帮忙。只是,萧颖士没有把这件差事办好⑤。

当然,唐史上并非只有正字才出外"括图书"。《全唐诗》中还有几首诗,写其他比正字更高层的官员,也在做这件事,如韦应物的《送颜司议使蜀访图书》⑥,钱起(710—783)的《送集贤崔八

---

①《全唐诗》卷二九三,页3332。
②《新唐书》卷二〇二,页5768。
③《全唐文》卷三二二,页3262。
④《新唐书》卷二〇二,页5768。
⑤关于萧颖士,见潘吕棋昌《萧颖士研究》(台北:文史哲出版社,1983)。
⑥《韦应物集校注》卷四,页244。

叔承恩括图书》①，戴叔伦（732—789）的《送崔拾遗峒江淮访图书》②，以及卢纶（约活跃于783—798）的《送耿拾遗沣充括图书使往江淮》③。这几首送别诗里提到的司议和拾遗，官阶都比正字高。唐皇室看来颇留意图书的采访，特别是在安史之乱后，皇室图书几乎荡然无存之时，经常派遣正字、拾遗这些文官外出搜求图书。访书的地点主要集中在江淮、蜀和赵卫。

此外，唐史上还出现过两个很有个性、敢怒又敢言的正字：陈子昂和于休烈。他们在唐史上所扮演的角色，就重要多了，远远不是画画青蝇、刊正图书、括访图书可比。

武则天垂拱元年（685），诗人陈子昂上疏，以为"朝廷遣使巡察四方，不可任非其人，及刺史、县令，不可不择。比年百姓疲于军旅，不可不安"。他又对刺史、县令的之所以为"陛下之手足"，对"百姓安则乐其生"，对"隋炀帝不知天下有危机"，发表了一番议论。《资治通鉴》也慎重其事，大段引用了陈子昂这篇疏文，恍若他是则天朝中的要员④。

我们若细考陈子昂这时的官职，他只不过是个"小小"的九品官，一个麟台（即秘书省）正字罢了，那年他才不过二十七岁。但他却勇敢地在洛阳武则天的殿廷上，上疏论时事，远远超越了一个正字"刊正典籍"的职务。

隔一年，垂拱二年（686）春天三月，陈正字又来上疏，这次是论武则天皇后"大开诏狱、重设严刑"的事。《资治通鉴》引了一

①《全唐诗》卷二八八，页2649。
②《全唐诗》卷二七三，页3090。
③《全唐诗》卷二八〇，页3184。
④司马光《资治通鉴》（北京：中华书局，1956年校点本）卷二〇三，页6436。

大段疏文之后说:"太后不听。"①

过了两年,垂拱四年(688),陈子昂还在正字的任上,又上疏论武则天想利用蜀人去"出击西羌,因袭吐蕃"的事。他认为,"蜀人……不习兵战,山川阻旷,去中夏远,今无故生西羌、吐蕃之患,臣见其不及百年,蜀为戎矣"。这一次,武则天倒是听了他的话。《资治通鉴》说:"既而役不果兴。"②战争没有爆发。

陈子昂一生最风光的时期,正是在他任正字的时候。他后来升任右卫胄曹参军和右拾遗,反而没有像他任正字时那样言论锋利激昂。由此可见,任正字的,不只是校正典籍而已,还可以亲近皇帝,更可以上疏论国策,甚至可以有效地阻止一场战争的爆发。蜀川的老百姓,要是知道他们的老乡陈子昂帮他们避开了一场流血的战役,当会感激这个原本应在书库里埋首校书的书生。

同样的,玄宗朝的正字于休烈(692—772)也没有单单安于校书的工作。他的高祖是于志宁,唐初任仆射,为唐太宗的十八学士之一。开元十九年(731)的春天,吐蕃派使者来说,嫁到吐蕃的唐金城公主,"求《毛诗》、《春秋》、《礼记》"。不料,正字于休烈竟上疏反对:"东平王汉之懿亲,求《史记》、《诸子》,汉犹不与。况吐蕃,国之寇仇,今资之以书,使知用兵权略,愈生变诈,非中国之利也。"好在后来宰臣裴光庭说:"吐蕃聋昧顽嚚,久叛新服,因其有请,赐以诗书,庶使之渐陶声教,化流无外。"玄宗这才答应吐蕃的请求③。这可说是一个正字参与外交事务的例子。

值得注意的是,于休烈任正字的这一年,已经是四十岁了(相

---

① 《资治通鉴》卷二〇三,页6440—6441。
② 《资治通鉴》卷二〇三,页6455—6456。
③ 《资治通鉴》卷二一三,页6794。

比之下,王绩初任正字是二十四岁;陈子昂和柳宗元都是二十六岁;李商隐则三十一岁)。如果照某些唐代文学研究者所说,正字是个没有前途的闲差事,那么于休烈到四十岁还在任正字,似乎很没有出息。但我们细考他后来的官历,却发现他下半生的仕途非常显赫,任过集贤殿学士、工部待郎、修国史,最后官至工部尚书。"在朝凡三十余年,历掌清要。"①他在大历七年(772)九月乙未以八十一高龄去世这件事,还记录在《旧唐书·代宗纪》里②,极尽殊荣。于休烈的案例,足以证实张说、杜佑等人所说,正字为起家之良选。

有趣的是,过了二十一年,到天宝十一载(752)时,于休烈已从正字升迁至尊贵的集贤院学士。这一年,诗人杜甫向唐明皇献赋三篇求官,明皇奇之,召在集贤院试文章。这是杜甫一生中最得意的事。他晚年有诗追忆,还很自豪:"集贤学士如堵墙,观我落笔中书堂。"③当时他的两个考官之一,就是这位反对赐书给吐蕃的于休烈。另一人是崔国辅。杜甫后来还写过一首诗献给这两人:《奉留赠集贤院崔于二学士》④。

五、中晚唐的"试"正字

唐史上还有一种正字,并非在京城书库中校正典籍,而是带着一个正字的京官衔,在外充当其他职务。这样的正字叫"试正

①《旧唐书》卷一四九,页4009。
②《旧唐书》卷一一,页300。
③杜甫《莫相疑行》,《杜诗详注》卷一四,页1213。
④《杜诗详注》卷二,页130。

字",性质和"试校书郎"一样。唐代文献和石刻中这一类"试正字"非常之多,至少有五十个以上。限于篇幅,这里只举数例,其中两个见于白居易所写的制诰中:

> 京兆府司录参军孙简可检校礼部员外郎、荆南节度判官;浙东判官、试大理评事韩伙可殿中侍御史;巡官、试正字晁朴可试协律郎、充推官,同制①。
>
> 杨景复可检校膳部员外郎、郓州观察判官;李绶可监察御史、天平军判官;卢载可协律郎、天平军巡官;独孤泾可监察御史、寿州团练副使;马植可试校书郎、泾原掌书记;程昔范可试正字、泾原判官;六人同制②。

晁朴先以试正字在某节度幕府任巡官,后来又以试协律郎任推官,但他后来的官位不显,两《唐书》无传。程昔范倒是很受韩愈"称叹"的才子。赵璘的《因话录》有一段关于他的生动记载:

> 广平程子齐昔范,未举进士日,著《程子中谟》三卷,韩文公一见大称叹。及赴举,言于主司曰:"程昔范不合在诸人之下。"当时下第,大屈振声。庾尚书承宣知贡举,程始登第,以试正字,从事泾原军。李太师逢吉在相位,见其书,特荐拜左拾遗。竟因李公之累,湮厄而没③。

---

① 《白居易集》卷五三,页1117。
② 《白居易集》卷四九,页1038。
③ 《因话录》卷三,页82—83。此条又为《唐语林》所引。见《唐语林校证》卷三,页278。

中晚唐时期,各地的藩镇节度使纷纷设立军府,不少士人也到这些军府来求职①。程昔范所从事的"泾原军",治所在今甘肃省泾川,离长安西北大约只有二百五十公里,也正是李商隐暂往依泾原节度使王茂元时待过的地方。正字虽是小官,竟也成了可以授予这些士人的京官衔。从晁朴和程昔范这两个案例看,当时刚登第的士人在幕府任官,他们所带的京官衔都不会太高,只是正字、校书郎、协律郎等。

在杜牧的文集《樊川文集》里,也可找到两个当过"试正字"的人,可提供进一步的资料。一个是杜牧的弟弟杜颛(807—851)。他的墓志《唐故淮南支使试大理评事兼监察御史杜君墓志铭》,是由杜牧所写,里面提到他刚中举后的官职:

> 年二十五,举进士,二十六一举登上第。时贾相国𫗧为礼部之二年,朝士以进士干贾公不获,有杰强毁嘲者,贾公曰:"我秪以杜某敌数百辈足矣。"始命试秘书正字、瓯使判官。李丞相德裕出为镇海军节度使,辟君试协律郎,为巡官②。

可证杜颛中举后,先是以"试秘书正字"任瓯使的判官③。

另一个"试正字"是杜牧的好友和恩人周墀(793—851)。他

①关于唐代诗人、士人和方镇幕府的关系,详见戴伟华《唐代幕府与文学》(北京:现代出版社,1990)、《唐方镇文职僚佐考》(天津:天津古籍出版社,1994)以及《唐代使府与文学研究》(桂林:广西师范大学出版社,1998)。
②杜牧《樊川文集》卷九,页139。
③关于瓯使院、理瓯使和知瓯使,见《唐六典》卷九,页282;《新唐书》卷四七,页1206—1207。

去世后,杜牧为他所写的墓志《唐故东川节度检校右仆射兼御史大夫赠司徒周公墓志铭》说:

> 公少孤,奉养母夫人以孝闻。举进士登第,始试秘书正字、湖南团练巡官①。

周墀"试秘书正字"这个官历,不见于他在两《唐书》的传中,幸赖杜牧所写的墓志铭得以保存下来。他后来官位显赫,官至宰相和东川节度使。在唐代文学史上,周墀也小有名气。开成三年(838)春,李商隐二十七岁考博学宏词科,周墀就正好是两位主考官之一,原已录取了李商隐,不料复审时却被某一位"中书长者"否决②。李商隐三十岁时辞去弘农县尉,也曾经到过周墀在华州的幕府暂时依靠他,并且代他写过许多表奏③。周墀去世的消息传来,宣宗皇帝还为他"废朝三日"④。早年他以"试秘书正字"任湖南团练巡官,看来一点也没有妨碍他后来仕途的显达。

唐大历(766—779)中期,有一个侯总也任过"试正字"。他写过一篇碑文叫《刺史兼殿中侍御史薛公敬造石阿弥像赞并序》,志期大历十三年(778)二月二十一日,曾刻于石,录文收在《八琼室金石补正》。可惜我们对侯总几乎一无所知,只能从此序中的署衔,知道他当时任"团练判官将仕郎前试秘书省正字"⑤。

---

①《樊川文集》卷七,页120。
②《玉谿生年谱会笺》卷二,页52—53。
③《玉谿生年谱会笺》卷二,页81—82。
④《樊川文集》卷七,页121。
⑤陆增祥编《八琼室金石补正》卷六四,页446。此碑文也收在《全唐文》附《唐文续拾》卷四,页11215。

在会昌五年（845），也有一位"试正字"张元孙，为他的从兄写了一篇墓志，叫《唐故仗内教坊第一部供奉赐紫金鱼袋清河张府君墓志铭并序》。他自己的结衔是"从弟将仕郎前义武军节度巡官试太子正字元孙撰并书"①。

从以上几位"试正字"的官历，我们可以看到，唐代基层的官员在外军府任巡官、推官和判官等幕职，都带着一个京官衔，而这京官衔通常也就是正字、协律郎这一类士人释褐常见的官职，跟外官的品阶正好相配合。

这一类"试正字"，明显不同于武则天时代那种"收人心"的所谓"试官"：

> 初，试选人皆糊名，令学士考判，武后以为非委任之方，罢之。而其务收人心，士无贤不肖，多所进奖。长安二年，举人授拾遗、补阙、御史、著作佐郎、大理评事、卫佐凡百余人。明年，引见风俗使，举人悉授试官，高者至凤阁舍人、给事中，次员外郎、御史、补阙、拾遗、校书郎。试官之起，自此始②。

近人岑仲勉说"试，即后世的试用"③，只是望文生义，无从解释以上的"试正字"。他们明显不是"试用的正字"，而是顶着正字的京衔，在外地幕府任巡官等职。"试"在此不可能是"试用"，

①《唐代墓志汇编续集》，页961。
②《新唐书》卷四五，页1175—1176。
③岑仲勉《依唐代官制说明张曲江集附录诰令的错误》，《金石论丛》，页474。

反而比较接近"检校"的意思①。

见过了以上杜颜、周墀等人"试正字"的例子，我们回过头去看韩愈的古文名篇《送湖南李正字序》，应当会有新的"领悟"。韩愈在文中交代了他写此文的原因：

> 贞元中，愈从太傅陇西公平汴州。李生之尊府以侍御史管汴之盐铁，日为酒杀羊享宾客。李生则尚与其弟学读书、习文辞，以举进士为业。愈于太傅府年最少，故得交李生父子间。公薨军乱，军司马、从事皆死，侍御亦被谗为民日南。其后五年，愈又贬阳山令。今愈以都官郎守东都省，侍御自衡州刺史为亲王长史，亦留此掌其府事。李生自湖南从事请告来觐。于时，太傅府之士惟愈与河南司录周君独存，其外则李氏父子，相与为四人。离十三年，幸而集处，得燕而举一觞相属。此天也，非人力也。侍御与周君，于今为先辈成德。李生温然为君子，有诗八百篇，传咏于时。惟愈也业不益进，行不加修，顾惟未死耳。往拜侍御，谒周君，抵李生，退未尝不发愧也。往时侍御有无尽费于朋友，及今则又不忍其三族之寒饥，聚而馆之，疏远毕至，禄不足以养。李生虽欲不从事于外，其势不可得已也。重李生之还者皆为诗。愈最故，故又为序云②。

---

① 戴伟华《唐代使府与文学研究》，页36："幕职带台省官，例加'检校'；带卿监官，例加'试'；带御史台官，例加'兼'。"除"试正字"外，唐代文献上也经常可见到"试校书郎"、"试协律郎"、"试大理评事"等官职。这是个复杂问题，进一步的讨论见本书第五章《巡官、推官和掌书记》中"幕佐的官衔"一节。

② 《韩昌黎文集校注》卷四，页277—278。

太傅陇西公指宣武节度使董晋(724—799)。当年韩愈在董晋幕下做事,结识了侍御史李仁钧和他的儿子李正字(即李础)。他们十三年不见。后来韩愈以"都官郎守东都省"(即洛阳),李侍御史也以衡州刺史为亲王长史,亦留在洛阳掌其府事。"李生自湖南从事请告来觐",即请假来洛阳探视他父亲。等到他要回湖南时,"重李生之还者皆为诗"。韩愈和他是最要好的故交,所以又写了这篇序,记叙他们从前的交往①。

此序最值得注意的,是"李生自湖南从事请告来觐"这一句话。韩愈此序题为《送湖南李正字序》(有些版本更清楚,作《送李础判官正字归湖南》)②,但文中却完全没有提到李础的正字工作,反而说他是"自湖南从事请告来觐"的。我们不禁要问:正字不是应当在京城中校正典籍的吗?为什么李础却跑到湖南去当"从事"?(唐制:幕府推官、判官等僚佐皆通称"从事")历代注韩文者似乎也没有提过这问题。

从我们所考察过的"试正字"看来,李础显然和杜牧笔下的杜颙和周墀一样,是个"试正字"而已,挂着一个京衔在湖南任从事,并非那种真正在京城校书的正字。韩愈直呼他为"李正字",看来唐人在某些场合,也不怎样理会"正字"和"试正字"微妙分别。杜牧在杜颙的墓志中称他弟弟为"试正字",是因为墓志是一种正式、庄重的文体,需要如此明确的称谓,但《新唐书·杜颙传》却仅称他为"正字"罢了。赠序不算一种庄重的文类,所以韩愈可能因而省略了"试"字,也更符合中国人的称谓习惯,即在言谈和非正

---

① 关于唐代的这种赠序,见梅家玲《唐代赠序初探》,《"国立"编译馆馆刊》,13卷1期(1984),页194—214。

② 《韩昌黎文集校注》卷四,页277。

式的文字中，会把"林副院长"或"陈副教授"等正式称谓，简化为
"林院长"或"陈教授"等。

六、正字的仕途前景

本书第一章《校书郎》中"公卿之滥觞"一节已涉及校书郎和
正字的一般升迁前景。这里补充几个细节。

正字的仕途前景极佳。唐史上有不少人从正字干起，官至宰
相，如魏元忠、刘晏和裴耀卿等人。德宗时，也有人以正字这个九
品官去出任翰林学士，如张聿（约活跃于804—821）。这件事还隆
重记录在《旧唐书·德宗纪》里，成了唯一出现在唐帝王本纪中的
正字①。当时跟张聿一起被选为翰林学士的，还有监察御史李程
和蓝田县尉王涯②。张聿后来官至尚书工部员外郎、衢州刺史，仕
途相当不错。他和白居易有诗书往来。白居易在《岁暮，枉衢州
张使君书并诗，因以长句报之》，更无意间透露张聿"曾应万言登
科"③，即制举登科。或许他就是以此当上正字的，更以正字出任
翰林学士。他后来受命为衢州刺史，任命书也是白居易当中书舍
人时所写的，叫《张聿可衢州刺史制》④。

―――――――――

① 《旧唐书》卷一三，页400。
② 《新唐书》卷四六，页1184提到翰林学士的选拔："自诸曹尚书下至校书
郎，皆得与选。"似遗漏了正字。从张聿这个案例看来，正字不但可以"与
选"，还可出任翰林学士。
③ 《白居易集》卷二〇，页438。
④ 《白居易集》卷四八，页1014。据罗联添《白居易中书制诰年月考》，《唐代
文学论集》（台北：台湾学生书局，1989），下册，页651；白居易的《张聿可衢
州刺史制》写于长庆元年（821）六七月。

隋唐之际的诗人王绩,在大业九年(613)二十四岁那年中孝悌廉洁举制科,立刻就当上秘书正字这个"美职",可说是个幸运儿,也可说是个美好的开始(白居易要到三十二岁才当上校书郎)。然而,不少唐代文学研究者,对隋唐官制常常理解不够精准,而往往"看低"正字这种九品官。比如,有人说,王绩早年有远大的"政治抱负","自小就对仕途期望甚高",但皇帝却只给了他秘书正字这种小官,因此申论:"这样位低职微的官职当然会使王绩大失所望,所以他索性闭门轰饮,不乐在朝。"[1]

其实,正如我们在上面所考,一个唐代读书人,及第登科后从正字干起,完全是很正常的。像刘晏、裴耀卿等"神童",也得从正字起家,后来才逐步官至宰相。杜牧的好友周墀,也以"试正字"官至宰相和节度使。正字也可以被选为翰林学士,如上面提到的张叀。这一切,在在可以证明,正字并非像某些唐代文学研究者所"理解"的那么"卑微"无用。王绩应当明白他那时代官制的运作,知道一切都得从基层逐步往上爬,没有捷径。当时他才二十来岁,毫无官场经验,即使有很伟大的政治抱负,朝廷也不可能一开头就给他诸如刺史那样的高官[2]。看来,经常抱怨"达不到伟大

---

[1]杜晓勤《初唐诗歌的文化阐释》(北京:东方出版社,1997),页175。
[2]笔者研究唐代职官制度,经常察觉唐朝廷在授官方面,非常严格遵守"按部就班"的程序。即使很有才华的进士,又考中制科、博学宏词或书判拔萃的精英,也得从九品小官如校书郎和正字干起,像白居易、元稹、陆贽等人,未发现有例外。"超资越序"授官的情况,仅有两种,但都有其原因:一是授予驸马都尉等皇室亲近要员,或以奖军功等;另一则授予像李林甫、鱼朝恩、杨国忠、郑注等"乱臣"。王叔文和王伾也是"超资越序"授官。顺宗一上台,不到几个月,他们两人就从低微的翰林待诏立刻升为翰林学士、散骑常侍、侍郎等高官。韩愈《永贞行》已有诗嘲讽:"夜作诏书朝拜官,超资越序曾无难。"(《韩昌黎诗系年集释》卷三,页333)不(转下页注)

政治抱负"的,其实不是唐代诗人本人,而是不了解唐代官制的文学研究者。

七、结论

正字是和校书郎性质相同的校勘官。其入仕途径、职务、仕途前景和俸料钱等,都和校书郎相同或大同小异,只是在官阶上,正字比校书郎低一阶。但唐人显然并不在意此官阶上的微小差别。考李商隐和张仲方任过校书郎,才任正字,都属正常迁转,无降级之意。

《三字经》中有唐刘晏方七岁"举神童,作正字"的故事,但现代学子恐怕很少有人知道唐代有正字这种官。唐代文学研究者普遍对正字这种小官存有误解,以为这是九品官,没有出息。但本章考得唐史上有不少重要人物从正字干起,然后逐步登上中、上层的官职,更有好几位官至宰相,在在可以证明正字是个美官,不应看低。

(接上页注)少唐代文学研究者同情二王,因而说韩愈有"偏见"。二王"超资越序"授官是很明显的历史事实。韩愈只是点破这事实,并无"偏见"。因此笔者不同意许多唐代文学研究者的说法,最近也从唐代待诏制度的角度,探讨了二王的待诏背景,重估两人的角色。详见拙文《唐代待诏考释》,《中国文化研究所学报》(香港中文大学),新第 12 期(2003)。黄永年《所谓"永贞革新"》,《唐代史事考释》(台北:联经出版事业公司,1998),也反对"永贞革新"这种提法。

第三章　县　尉

只言小邑无所为，公门百事皆有期。

拜迎官长心欲碎，鞭挞黎庶令人悲。

——高适《封丘县》①

不作河西尉，凄凉为折腰。

老夫怕趋走，率府且逍遥。

——杜甫《官定后戏赠》②

黄昏封印点刑徒，愧负荆山入座隅。

却羡卞和双刖足，一生无复没阶趋。

——李商隐《任弘农县尉献州刺史乞假归京》③

　　高适、杜甫和李商隐这三首诗，不巧都写到唐代县尉比较辛酸的一面：不是"鞭挞黎庶"，就是"拜迎官长"，趋走折腰，或在黄昏时封县印点算刑徒。这三首诗都很有名，流传很广，结果造成县尉在唐代文学中的形象不佳。可惜唐诗中没有赞美县尉的诗，

---

① 《高适诗集编年笺注》，页 230。
② 《杜诗详注》卷三，页 244—245。
③ 《玉谿生诗集笺注》卷一，页 143—144。

无以抗衡这三位大诗人所建构的这种负面形象。但从唐史上看，县尉其实是个非常多元化的群体：有地位崇高的赤、畿县尉，也有低贱的中下县尉；有管刑徒的司法尉，也有比较"清高"、专管户曹的司户尉。赤、畿县尉甚至常是士人出任过校书郎后的第二个官职，也是封演所说的"八隽"之一。唐代也有人从县尉官至宰相。三位大诗人所写的，只是县尉的某一辛酸侧面，不是全貌。

将近三十年前，日本学者砺波护写过一篇很有名的论文《唐代の縣尉》，对唐代县尉如何分判各曹司、分掌职务，以及他们的升迁途径等有很精辟的考证①。1992 年，北京大学历史系刘俊文教授，在日本文部省基金会的赞助下，主编了一套《日本学者研究中国史论著选译》，从秦汉到清代分十大册。有论文入选的都是日本年长一辈的学者，如日野开三郎、谷川道雄等人。砺波护此文也被选入其中的第四卷《六朝隋唐》②。据此看来，这不单表示它是日本汉学界研究唐史的最重要成果之一，同时也应当可说是砺波护本人最有代表性的论文之一。这三十年来，一直到今天，这篇论文依然是研究唐代县尉的经典之作，而且是这领域唯一的一篇论文，没有其他论文可比。近年来，论唐代县级官员（特别是县令）的论文还有一些，但专论县尉的，据笔者所知，一篇皆无，只有四川师范大学黄修明教授在他的《论唐代县政官员》中，有一小章节论及县尉而已③。可以说，县尉是我们唐史学界几乎一无研

---

① 砺波护《唐代の縣尉》，《史林》，第 57 卷(1974)。后收入氏著《唐代政治社會史研究》(京都：同朋舍，1986)。

② 此文由黄正建中译，收在刘俊文主编《日本学者研究中国史论著选译》第四卷《六朝隋唐》(北京：中华书局，1992)，页 558—585。

③ 黄修明《论唐代县政官员》，《大陆杂志》，第 101 卷第 3 期(2000)，页 97—108。其他主要相关论文有王寿南《论唐代的县令》，《政治大（转下页注）

究的唐代基层官员。

砺波护主要以制诰和厅壁记作材料，其分析和论述都很清晰。笔者读后，深受启发，也很赞同他的论点。但三十年过去了，唐代史料多有新的整理，新出土或新发表的唐代墓志尤其丰富，得以让我们开拓许多新的研究领域。然而，可能限于当年的研究条件，砺波护除了引李白的两篇碑文，清王昶的《金石萃编》和陆增祥的《八琼室金石补正》外，没有再利用其他唐代石刻文字。本章拟探讨砺波护从前没有触及的若干课题，大体采用"详其所略、略其所详"的写法，以就教于砺波护和其他唐史专家。

一、唐县的等级和县尉的官品与人数

关于县尉的起源、历代的变革和唐初的设置，《通典》有一段简要的说明：

> 尉：汉诸县皆有。长安有四尉，分为左右部。后汉令、长、国相亦皆有尉。大县二人，小县一人，主盗贼，案察奸宄，应劭汉官曰："大县丞、左右尉，所谓命卿三人。小县一丞一尉，命卿二人。"署

（接上页注）学学报》，第 25 期（1972），页 177—194；张荣芳《唐代京兆府领京畿县令之分析》，《隋唐史论集》，黄约瑟、刘健明编（香港：香港大学亚洲研究中心，1993）；黄修明《唐代县令考论》，《四川师范学院学报》，1997年第 4 期，页 13—20。其他中、日、韩文论著见胡戟等编《二十世纪唐研究》，页 103—105 所作的详细学术史回顾。英文论文主要有 P. A. Herbert, "Perceptions of Provincial Officialdom in Early T'ang China", *Asia Major*, 3rd Series, 2.1（1989）：25—57.

诸曹掾史。边县有障塞尉,掌禁备羌夷犯塞。洛阳有四尉,东南西北四部,曹公为北部尉是也。魏因之。晋洛阳、建康皆置六部尉。宋、齐、梁、陈并因之。余县如汉制。诸县道尉,铜印黄绶,朝服,武冠。江左止单衣介帻。北齐邵县置三尉。隋改为正,后置尉,又分为户曹、法曹。……大唐初,因隋制。武德元年,万年县法曹孙伏伽上表论事,后为尚书右丞。武德中,复改为正。七年三月,复改为尉。赤县置六员,他县各有差,分判诸司事。上县二员,万户以上者增一员;中县一员。四千户以上者增一员;中下县一员。佐史以下各有差①。

可知唐初武德年即因隋制,设置县尉,有一小段时间改称"县正",但从武德七年(624)起到唐末,便一直称县尉。

唐县的长官是县令,其下依次有县丞、主簿和县尉。县尉是唐县最低层的品官,也是士人释褐最常出任的一种官。这四者都是直接由中央除授的九品三十阶流内职事官。县尉之下还有一系列县录事、县司功佐、县司户佐、典狱等,但这些都不是流内官,而是更低层的吏员。由于县尉的官品、编制人员数和一县的等级息息相关,我们需先理解唐县的等级制度。

唐代地方行政中,全国划分为三百多个州,一千五百多个县。州县都有等级,依地理位置、土地美恶、人口多寡等条件分等。这些州县的等级有几种,历来众说纷纭。有些唐史教科书和许多中国通史之类的通论,都说唐县仅分上、中、下三等。一位美国汉学家在一份提供给唐史学界参考用的"基本数据"材料中,也沿袭此

①《通典》卷三三,页921—922。小字注为原文所有。

说，没有再深考①。唐人自己的说法也不一样。杜佑《通典》②、陆贽③和欧阳詹④，都说唐县有七等之差。但《元和郡县图志》和《新唐书·地理志》，则又清楚地把全国各县划分为十个等级。

据笔者所见，近人在这方面最出色的研究，当数翁俊雄的《唐代的州县等级制度》。此文详细探讨了唐州县等级划分的标准和意义，得出的结论是，州分八等：府、辅、雄、望、紧、上、中、下；县分十等：赤（或"京"）、次赤（或"次京"）、畿、次畿、望、紧、上、中、中下、下⑤。这是最齐全的划分，也是最符合《元和郡县图志》和《新唐书·地理志》所记载的。杜佑等人的"七等"说，可视为一种简略的说法，即把"赤"和"次赤"合为"赤"，把"畿"和"次畿"合为"畿"，把"中下"和"下"合为"下"。在这方面，欧阳詹的《同州韩城县西尉厅壁记》是最好例证。它说："赤县仅二十，万年为之最。"⑥其实唐赤县不论前期或后期，都只有六个。欧阳詹生卒年不详，但他活跃期间约在758年到801年之间⑦。他这个"赤县仅二十"的说法，应当包含了唐后期十四个次赤县，加上原有的六个赤县（详见表3.2），才能凑足二十个。这亦可证欧阳詹等人的唐县"七等"说，实际上是把赤县和次赤县混合在一起的。

翁俊雄此文还有一个重要意义，即他所做的是动态的研究，

①Paul W. Kroll, "Basic Data on Reign-Dates and Local Government", *T' ang Studies* 5(1987):102—103.

②《通典》卷三三，页919—920。

③陆贽《论朝官阙员及刺史等改转伦序状》，《全唐文》卷四七五，页4855。

④欧阳詹《同州韩城县西尉厅壁记》，《全唐文》卷五九七，页6039—6040。

⑤翁俊雄《唐代的州县等级制度》，《北京师范学院学报》，1991年第1期，页9。

⑥欧阳詹《同州韩城县西尉厅壁记》，《全唐文》卷五九七，页6039。

⑦见罗联添《欧阳詹》，《韩愈研究》（台北：台湾学生书局，1977），页140—145。

追考了唐州县等级的升降变化。唐州县等级并非都一成不变。如唐前期（即安史乱前），只有三府：京兆府、河南府、太原府。后期（安史乱后）增多五个，总府数达到八个。翁文并指出升为府的原因："有三个是因皇帝驻跸（凤翔、成都、兴元府）；一个是因地势险要（河中府）；一个是由于民户猛增（江陵府）。"①唐前期只有一个次赤县（奉先），唐后期即因增设这五府，而多了七个次赤县（天兴、成都、华阳、河东、河西、江陵），而且唐后期由于皇帝陵增多，有六个皇陵所在县都先后升为次赤（醴泉、云阳、奉天、富平、三原、缑氏）②。这些都是前人所未言者，深具启发意义。

虽然唐县实际上分十等，可惜的是，在《唐六典》、《旧唐书》和《新唐书》等史料中，却只有其中六个等级县的县官资料，如下面表3.1。为了显现县尉在整个县官体制中的位置，以及整个县的县官总人数，表3.1除了县尉外，也列了县令、县丞和主簿的官品和人数。

至于另四个等级县，即次赤县、次畿县、望县和紧县，它们的县官人数和官品又如何呢？史料不载，难以详考。王寿南引《唐会要》的一条材料"其赤、畿、望、紧等县，不限户数，并为上县"，而说："其实，赤、畿、望、紧均是上县。"③单就户口数而论，这是对的。《唐会要》所说，也只针对户数而言，未及其他。但在县官人数和官品方面，赤、畿、望、紧显然不等同于上县。如赤县，其县官的官品都比上县的高好几阶；其县官总数十一人，也比上县的五人多出一倍以上。

---

① 翁俊雄《唐代的州县等级制度》，页12。
② 翁俊雄《唐代的州县等级制度》，页14—15。
③ 王寿南《论唐代的县令》，页178。

表 3.1　唐代六个等级县的县官人数和官品

	县令	县丞	主簿	县尉	县官总人数
赤县	1人 正五品上	2人 从七品上	2人 从八品上	6人 从八品下	11人
畿县	1人 正六品上	1人 正八品下	1人 正九品上	2人 正九品下	5人
上县	1人 从六品上	1人 从八品下	1人 正九品下	2人 从九品上	5人
中县	1人 正七品上	1人 从八品下	1人 从九品上	1人 从九品下	4人
中下县	1人 从七品上	1人 正九品下	1人 从九品上	1人 从九品下	4人
下县	1人 从七品下	1人 正九品下	1人 从九品上	1人 从九品下	4人

　　材料出处:《唐六典》卷三〇、《旧唐书》卷四四《职官志》和《新唐书》卷四九下《百官志》。除《旧唐书》把赤县县丞列为"从七品"（脱"上"字?），又把畿县县令列为"正六品下"外，三书所列的县官人数和官品都相同。又据《通典》卷三三，页922，县尉"上县二员，万户以上增一员;中县一员，四千户以上增一员"。

　　黄修明在《论唐代县政官员》一文中，也引《唐会要》的同一材料，说"我们可以把望县、紧县设员置官的状况与上县等同看待"[1]。这恐怕是在史料缺载下不得已的办法。笔者也认为，把望县和紧县"设员置官的状况与上县等同看待"，问题不大，相当合理，但次赤县和次畿县恐怕就不能等同于上县了。在这方面，笔者甚赞同王寿南的看法："次赤县和次畿县可能分别属于赤县和畿县，望县和紧县则同为上县。"[2]

―――――――――

[1]黄修明《论唐代县政官员》，页98。
[2]王寿南《论唐代的县令》，页179。

从表 3.1 看来,县尉显然是唐代地方官当中人数最多的一群。虽然唐县废置无常,一般而言,唐县约有一千五百多个,我们可以粗略计算出唐代全国所需要的县尉人数,表 3.2:

表 3.2　唐前后期各级县的数目和所需的县尉

	唐前期	所需县尉	小计	唐后期	所需县尉	小计
赤县	6	6×6	36	6	6×6	36
次赤县	1	1×6	6	14	14×6	84
畿县	82	82×2	164	69	69×2	138
次畿县	0	0	0	34	34×2	68
望县	85	85×2	170	148	148×2	296
紧县	111	111×2	222	111	111×2	222
上县	446	446×2	892	410	410×2	820
中县	296	296×1	296	276	276×1	276
中下及下县	554	554×1	554	539	539×1	539
总计	1581		2340	1607		2479

材料出处:唐代前后期各级县的数目根据翁俊雄《唐代州县等级制度》一文。

据此,唐代前后期的数字有所升降,但可以粗略地说,假设中央都遵照《唐六典》和两《唐书》所规定的委派各地县尉,则全国每年约需 2400 个县尉。唐立国二百八十九年。县尉的平均任期是四年(详见下)。如此则唐代担任过县尉的,共有约 17.34 万人次,是所有唐代官员当中人数最大的一批。

当然,实际的施政往往会和《唐六典》等政书上的规定有所出入。例如,唐宣州溧阳县属紧县,照规定原本只能有两个县尉。但李白的《溧阳濑水贞义女碑铭》,作于天宝十三载(754),却列了该县四个县尉的名字:

有若主簿扶风窦嘉宾，县尉广平宋陟，丹阳李济，南郡陈然，清河张昭，皆有卿才霸略，同事相协①。

又如宋州虞城县，属上县，本该只有两个县尉。但李白的《虞城县令李公去思颂碑并序》，作于天宝九载（750），却列了该县三个县尉的名字：

乃咨群寮，兴去思之颂。县丞王彦暹，员外丞魏陟，主簿李诜，县尉李向、赵济、卢荣等，同德比义，好谋而成②。

可证实际的运作可能很有些弹性。不过，也有实际运作符合典志规定的例子。如海州东海县，属上县，规定该有两个县尉。日本国求法僧人圆仁在《入唐求法巡礼行记》，写他在开成四年（839）四月八日，来到海州东海县时，即有县令、县丞、主簿和两个县尉一同"来看"他的情景：

早朝，吃粥之后，押衙入县，少时归来。县令通直郎守令李夷甫，县丞登仕郎前试太常寺奉礼郎摄丞崔君原，主簿将仕郎守主簿李登，县尉文林郎尉花达，捕贼官文林郎尉陆僚等，相随押衙来看，共僧等语话。主人与县令等设酒食，吃饭即归……③

---

① 《李白全集编年注释》，安旗主编（成都：巴蜀书社，2000年新一版），页1748。
② 《李白全集编年注释》，页1740。以上李白两例最先为砺波护所引用，页566。
③ 圆仁《入唐求法巡礼行记》，顾承甫、何泉达点校（上海：上海古籍出版社，1986），卷一，页42。

"县尉文林郎尉花达,捕贼官文林郎尉陆僚"即东海县的两个县尉。清陆增祥《八琼室金石补正》收有一《郁林观东岩壁纪》,上有东海县开元七年(719)两个县尉的题名——"尉苟抱简"和"尉上官崇素"[1],可证该县在圆仁到来的一百二十年前,也只有两个县尉,很符合典志的规定。

但总的来说,唐代中央政府绝非处处遵照典志上的规定来办事。我们在史料中经常可以发现,中央主要关注的是京畿附近的大县,或成都、扬州、淮南等富饶地区的财赋要县。至于其他不重要的偏荒小县,有阙员至数十年不补的记载。最有名的一个案例,当数宰相张延赏所说:"臣在荆南,所管州县阙官员者,不下十数年。吏部未尝补授,但令一官假摄,公事亦治。"[2]所谓"州县阙官员",应当包括县尉。同时,又有士人不愿往中、下县就任县尉的事(详见下)。安史之乱后,国力不济,为了节省支出,也曾几次大规模省减州县官员(包括县尉)[3]。此外,中晚唐各地遍设节度或观察使府。这些使府又常有奏请"表授"县尉的举动(见下),颇夺中央直接委派县尉之权。所以上表所列的唐县所需县尉人数,只是典志上规定的理论数字,并非一成不变,仅供参考。实际情况恐怕远比这复杂许多。

二、县尉的来源和入仕方式

上一节我们见到,唐代全国大约有一千五百多个县,理论上

---

① 陆增祥《八琼室金石补正》卷五一,页347。
② 《唐会要》卷六九,页1449。
③ 详见《唐会要》卷六九,页1448—1454所列的诏敕和奏疏等原始材料。

需要大约二千四百个县尉来管理。即使把阙员不补、省减县尉以及使府自己奏请县尉等情况考虑在内，打个五折，县尉的员额恐怕还是在一千人以上。这数字占了全国地方官相当大的部分。我们不禁要问：数量如此庞大的官员，从何而来？唐代的科举制度，每年只产生大约二十五到三十个进士，及大约一百多个明经。而且，这些登科及第者，并非每个都从县尉干起。显然，科举制远远无法满足唐代所需的县尉人数。他们的来源应不只一端。科举制只能提供甚少量的县尉，其余的应当来自其他源流。

实际上，唐代县尉可以按地区分为好几种等级。赤县和畿县的县尉，由于地处京城大邑，地位最崇高。唐史料也常称京畿县尉为美官，为士人竞求的对象，一般不是士人的第一个官职，而是再任或累迁才能得到的职位，或需要更高资历，如进士及第后又再中制科或博学宏词者。其次是望县、紧县和上县的县尉，比京畿县尉低一级，但还不算太坏，一般为士人进士或明经及第后释褐起家的官职。至于中县和下县，所在地偏远、户数较少，其县尉品级最低下，任县尉者恐怕有许多并非有科第功名者，而是从流外出身者，即先在县中充当令史一类的小吏，再由此转"入流"，进入流内官的九品三十阶。唐武宗的《加尊号后郊天赦文》中有一段话，当是最好的例证：

> 其远处县邑，多是中、下县。其县丞、簿、尉等，例是入流令史。苟求自利，岂知官业？其中下县丞、中县簿（当脱一"尉"字）等，自今已后，有衣冠士流，经业出身，经五选如愿授者，每年便许吏部投牒，依当选人例，下文书磨勘注拟[1]。如

---

[1] "磨勘"是唐代铨选的一个专用名词，指审查选人的证件，看看是否符合铨选条件。详见王勋成《唐代铨选与文学》，页152—161。

到任清白干能,刺史申本道观察使。每年至终,使司都为一状申中书门下。得替已后,许使上县簿、尉选数赴选,与第二任好官①。

这段话清楚透露,唐代中、下县的"县丞、簿、尉等,例是入流令史"。朝廷也认为他们水平不高,素质不佳,"苟求自利,岂知官业?"所以,武宗此敕文的用意,便是希望有"衣冠士流,经业出身"者,即有科第功名的士人,能够去充当"其中下县丞、中县簿(尉)等"。看来,"衣冠士流"平时对这些中、下县的县丞、主簿和县尉都看不上眼。

"经五选如愿授者"涉及唐代的"守选"制度。"五选"指五年。唐人刚中进士或明经,还不能马上做官,除非再考中制举,或博学宏词,或书判拔萃等,否则需"守选"等候好几年。而且,唐人每任一官,都有年限,一般为四年。任满后亦需"守选",即在家等候若干年后才能到吏部赴选求另一官②。然而,许多时候,官少员多,有些条件比较差的,等了十年也未必有官做。此即《新唐书·选举志》所说"士人二年居官,十年待选"③的窘境。武宗皇帝正想利用这批"经五选如愿授者",即经五年待选犹无官做的"衣冠士流"。如果他们愿意屈就,可以到吏部去"下文书"、"磨勘"、"注拟"这些偏僻中、下县的县丞和簿尉。将来任满,还可以获授"第二任好官"。这也算是一种优待办法和奖励,好比现代中央政府若要医生和老师到偏荒的外岛、乡下服务,得给他们一些"优

---

① 《全唐文》卷七八,页819。
② 王勋成《唐代铨选与文学》,对此制度的运作有详细的论析。
③ 《新唐书》卷四五,页1179。

惠"一样。

从这个实例，可看出唐代偏远中、下县的县尉（以及县丞和主簿），"例是入流令史"，非"衣冠士流"。据上面表 3.2，唐的中、下县，前期多达 850 个，后期也有 815 个，都占了全国总县数的一半以上。中、下县的县尉也在八百个以上，占全国县尉总人数的大约三分之一，但他们许多恐怕"例是入流令史"而已。

上引武宗《加尊号后郊天赦文》，可以和差不多同时代开成五年（840）十一月，岭南节度使卢钧的奏章合起来看，当知偏远州县官，因"道途遥远，瘴疠交侵"和"俸入单微"等原因，如何不吸引人：

> 岭南节度使卢均（当作"钧"）奏："当道伏以海峤，择吏与江淮不同，若非谙熟土风，即难搜求民瘼。且岭中往日之弊是南选，今日之弊是北选。臣当管二十五州，唯韶、广两州官寮，每年吏部选授，道途遥远，瘴疠交侵，选人若家事任持，身名真实，孰不自负，无由肯来。更以俸入单微，每岁号为比远。若非下司贫弱令史，即是远处无能之流，比及到官，皆有积债，十中无一，肯识廉耻。臣到任四年，备知情状。其潮州官吏，伏望特循往例，不令吏部注拟，且委本道求才。若摄官廉慎有闻，依前许观察使奏正。事堪经久，法可施行。"敕旨依奏①。

据此可知岭南许多州县官（当包括县尉），"若非下司贫弱令史，即是远处无能之流"，而且"比及到官，皆有积债，十中无一，肯识廉

---

① 《唐会要》卷七五，页 1624。

耻"。这些流外入流的"令史"和"无能之流",负债到岭南做官,当然要大括民脂,不知廉耻。所以节度使卢钧干脆奏请朝廷"且委本道求才",由他来包办当地的州县官的选择和委任。《唐会要》还有一道敕,则涉及另一个偏远地区黔州,时代则为唐前期开元四年(716)七月:

> 其年七月敕:"如闻黔州管内州县官员多阙,吏部补人,多不肯去。成官已后,或假解,或从征,考满得资,更别铨选。自余管蛮獠州,大率亦皆如此。宜令所司,于诸色选人内,即召补,并驰驿发遣。至州,令都府勘到日申所司。如有迟违,牒管内都督决六十,追毁告身,更不须与官。"①

由此看来,偏远州县官非常不受人欢迎,其县尉的委派和来源也跟京畿或户口多的江淮富县不同,应当分开来看。

除了从令史"入流"外,县尉又还有什么其他入仕方式呢?我们在唐史料和石刻墓志中爬梳,可以发现下面另几种入仕途径:

(一)用荫。例如:

> 杨损:"损字子默,以荫受官,为蓝田尉。"②
> 张昕:"取父荫出身,解褐授泾州鹑觚县尉。"③

这是两个明显以荫入仕为尉的例子。史书中还有数人,虽以

---

① 《唐会要》卷七五,页1611。
② 《旧唐书》卷一七六,页4560。
③ 《大唐故京兆府美原县尉张府君墓志铭》,《全唐文》卷九九五,页10309。

荫入官,但他们的释褐官似乎不是县尉。史书所用的写法是"累官"、"累授"等,如下面数例:

> 窦参:"少以门荫,累官至万年尉。"①
> 孙成:"字退思,以父荫累授云阳、长安尉。"②

(二)制举入仕。史料中以制举任县尉的例子不少,有十多例,且举五例如下:

> 刘幽求:"圣历年,应制举,拜阆中尉。"③
> 解琬:"少应幽素举,拜新政尉,累转成都丞。"④
> 严善思:"高宗封泰山,举销声幽薮科及第,调襄阳尉。"⑤
> 孙逖:"开元初,应哲人奇士举,授山阴尉。"⑥
> 王无竞:"初应下笔成章举及第,解褐授赵州乐城县尉。"⑦

(三)以进士及第入仕。史料中这种入仕为县尉的方式远比上两种常见,约有三十多例,且举六例如下:

> 苏颋:"少有俊才,一览千言。弱冠举进士,授乌程尉。"⑧

---

①《旧唐书》卷一三六,页3745。
②《旧唐书》卷一九〇中,页5044。
③《旧唐书》卷九七,页3039。
④《旧唐书》卷一〇〇,页3112。
⑤《新唐书》卷二〇四,页5807。
⑥《旧唐书》卷一九〇中,页5043。
⑦《旧唐书》卷一九〇中,页5026。
⑧《旧唐书》卷八八,页2880。

崔日用："滑州灵昌人……进士举,初为芮城尉。"①

赵涓："幼有文学。天宝初,举进士,补郾城尉。"②

萧颖士："进士擢第,历金坛尉、桂州参军……"③

皇甫冉："天宝中,踵登进士,授无锡尉。"④

(四)进士及第后又考中制举,或博学宏词或书判拔萃科。史料中以此法仕为县尉也颇常见,约有二十多例,而且以此法任县尉,常会是畿尉等美职,且举五例如下:

马怀素："举进士,又应制举,登文学优赡科,拜郿尉。"⑤

崔邠："少举进士,又登贤良方正科。贞元中授渭南尉。"⑥

王涯："贞元八年进士擢第,登宏辞科。释褐蓝田尉。"⑦

牛僧孺："进士擢第,登贤良方正制科,释褐伊阙尉。"⑧

罗让："以文学知名,举进士,应诏对策高等,为咸阳尉。"⑨

(五)明经(包含两经和五经)或明法及第。唐代明经及第

---

①《旧唐书》卷九九,页3087。

②《旧唐书》卷一三七,页3760。

③李华《扬州功曹萧颖士文集序》,《全唐文》卷三一五,页3197。

④《新唐书》卷二〇二,页5771。

⑤《旧唐书》卷一〇二,页3163。郿属次畿县见《元和郡县图志》,李吉甫撰,贺次君点校(北京:中华书局,1983),卷二,页43。

⑥《旧唐书》卷一五五,页4117。渭南属畿县,见《元和郡县图志》卷一,页15。

⑦《旧唐书》卷一六九,页4401。蓝田属畿县,见《元和郡县图志》卷一,页15。

⑧《旧唐书》卷一七二,页4469。又见杜牧《牛公墓志铭》,《樊川文集》卷七,页114。伊阙属畿县,见《元和郡县图志》卷五,页134。

⑨《旧唐书》卷一八八,页4937。咸阳属畿县,见《元和郡县图志》卷一,页12。

的,每年约有一百人,而进士及第者只有约二十五到三十人,但在现有史料中,以明经或明法当上县尉的人,反而没有进士那么多,只有二十多例,且举五例:

> 杨再思:"郑州原武人也。少举明经,授玄武尉。"①
> 张嘉贞:"弱冠应五经举,拜平乡尉,坐事免归乡里。"②
> 李朝隐:"京兆三原人也。少以明法举,拜临汾尉。"③
> 贾耽:"以两经登第,调授贝州临清县尉。"④
> 元季方:"举明经,调楚丘尉。"⑤

(六)明经及第后,又中制举,或吏部科目选如宏词、书判拔萃、开元礼等。明经及第后去考制举或吏部科目选者不常见,但史料中也有下面四例。值得注意的是,这四人所任的县尉都不错,属京尉(长安尉)、畿尉(鄠尉、华原尉)或望县尉(夏县尉),应当和他们明经及第后,又考中制举或科目选有关:

> 王纬:"举明经,又书判入等,历长安尉,出佐使府……"⑥
> 卢从愿:"应明经,常从五举,制策三等,授夏县尉。"⑦
> 李季卿:"亦能文,举明经、博学宏辞,调鄠尉。"⑧

---

① 《旧唐书》卷九〇,页2918。
② 《旧唐书》卷九九,页3090。
③ 《旧唐书》卷一〇〇,页3125。
④ 《旧唐书》卷一三八,页3782。
⑤ 《新唐书》卷二〇一,页5745。
⑥ 《旧唐书》卷一四六,页3964。
⑦ 《明皇杂录》卷下,页28。夏县属望县,见《元和郡县图志》卷六,页159。
⑧ 《新唐书》卷二〇二,页5748。

辛秘："贞元年中，累登五经、开元礼科，还授华原尉。"①

（七）献著述。这是一种比较特殊的入仕方法，并不常见。但我们在前面见过，唐代封演的《封氏闻见记》已提到这种求官的方式。在《新唐书·艺文志》中，便列有十三人以献著述得官②，其中四人得县尉：

冯中庸《政录》十卷。开元十九年上，授汜水尉③。
辛之谔《叙训》二卷。开元十七年上，授长社尉④。
卜长福《续文选》三十卷。开元十七年上，授富阳尉⑤。
裴杰《史汉异义》三卷。河南人，开元十七年上，授临濮尉⑥。

这四例的年代都在开元十七年到十九年之间（729—731），看来以献著述入仕，乃非常之法。不过以此法所得的县尉，都还不错，为望或紧县尉。

（八）荐举。此法一般用于比较高的官职上，最常见于荐举拾遗或监察御史的场合。像校书郎和县尉这种九品小官，也有可能

---

①《旧唐书》卷一五七，页 4150。华原属畿县，见《元和郡县图志》卷二，页 28。
②这十三人献著述所得之官，包括校书郎、太祝、正字等。详细名单见本书《校书郎》一章。
③《新唐书》卷五九，页 1513。汜水属孟州，为望县。见《新唐书》卷三九，页 1009。
④《新唐书》卷五九，页 1536。长杜属许州，为望县。见《新唐书》卷三八，页 988。
⑤《新唐书》卷六〇，页 1622。富阳属杭州，为紧县。见《新唐书》卷四一，页 1059。
⑥《新唐书》卷六〇，页 1625。临濮属河南濮州，也是紧县。见《新唐书》卷三八，页 993。

以荐举入仕,但很少见。校书郎的例子可找到两个①。县尉则仅找到一个,即晚唐徐晦(？—838)的案例:

> 徐晦,进士擢第,登直言极谏制科,授栎阳尉,皆自杨凭所荐。及凭得罪,贬临贺尉,交亲无敢祖送者,独晦送至蓝田,与凭言别②。

其实,徐晦进士及第,又中制举直言极谏制科,原已具备任县尉的资格。栎阳属京兆府,为畿县③。以徐晦的资格,任此畿县尉亦甚恰当。但从上引文看来,他的确是受京兆尹杨凭所荐者。按徐晦自言,他在"布衣时",即受知于杨凭④。或许杨凭荐举他出任自己管区内的栎阳县尉,亦顺理成章之事。徐晦和杨凭的关系极亲密。杨凭被贬为临贺尉时⑤,无亲人敢去送行,仅有徐晦一人相送。杨凭的好友故相权德舆还因此事"嘉其真恳,大称之于朝。不数日,御史中丞李夷简请为监察"。徐晦可说升官极快。他后来更官至福建观察使、工部侍郎等高官⑥。

---

①见本书《校书郎》一章。
②《旧唐书》卷一六五,页4324。
③《元和郡县图志》卷二,页27。
④《旧唐书》卷一六五,页4324;《新唐书》卷一六〇,页4971。在《新唐书》,徐晦传附于杨凭传之后。
⑤杨凭被贬为临贺尉,事在元和四年(809),见其《旧唐书》本传,卷一四六,页3967。张籍的《伤歌行》,写杨凭赴贬所前的一幕,有"出门无复部曲随,亲戚相逢不容语。辞成谪尉南海州,受命不得须臾留。身着青衫骑恶马,东门之外无送者"等句,极生动。见《全唐诗》(北京:中华书局,1979年排印本)卷三八二,页4283。
⑥俱见其《旧唐书》本传,卷一六五,页4325。

（九）诏授。这也是特殊的入仕方式。史料中有三例。一是孔巢父的侄子孔戣：

> 戣字方举，戡母弟也。以季父巢父死难，德宗嘉其忠，诏与一子正员官，因授戣修武尉。以长兄戡未仕，固乞回授①。

有趣的是，孔戣又把此县尉职，转让给他的长兄孔戡，自己反而"举明经登第，判入高等，授秘书省校书郎、阳翟尉，入拜监察御史，转殿中，分司东都"。他后来官至京兆尹②。至于另外两例，都是唐初功臣的后裔。一为褚遂良的五世孙："文宗时，诏以遂良五世孙虔为临汝尉。"③二为张柬之的四世孙：文宗开成三年（838），诏"柬之四世孙憬寿安尉"④。

（十）奏授或表授。唐代某些高官，如宰相、京兆尹、河南尹、刺史、节度使、观察使、盐铁使等，有奏授或表授州县官员的权力。如王绍，"太师颜鲁公（真卿）守吴兴，特器之，表授武康尉"⑤。又如《唐通直郎越州诸暨县尉天水赵公墓志铭》记这位赵公，因"妙于运筹"，受到盐铁转运使刘晏的赏识，"由是奏公尉灵昌、蕲春二县，末授诸暨"⑥。另一墓志《唐故饶州余干县尉郭公墓志铭》则说，这位郭克勤，因受知于某使府，而被"奏授饶州余干县尉"⑦。

---

① 《旧唐书》卷一五四，页4099。
② 《旧唐书》卷一五四，页4099。
③ 《新唐书》卷一〇五，页4029。
④ 《新唐书》卷一二〇，页4325。
⑤ 李绛《兵部尚书王绍神道碑》，《全唐文》卷六四六，页6544。
⑥ 《唐代墓志汇编续集》，页738。
⑦ 《唐代墓志汇编续集》，页1104。

县尉入仕的这十一种方式,可以再简化为主要三种:一是从流外的令史"入流"当上县尉,用于偏远的中、下县;二是"门荫";三是以各种科举门径入仕,多用于上县以上的县。至于"献著述"、"荐举"和"诏授",都是特殊之法,不常见。"奏授"或"表授",则多用于中晚唐使府奏请州县官的场合①。

三、赤畿县尉的特殊地位

从官品上看,赤县尉为从八品下,地位最高。其次依秩是畿县尉、望县尉、紧县尉、上县尉、中县尉、中下县尉和下县尉。从上一节所考的入仕途径看,赤、畿尉所要求的资历也最高,一般需进士,加宏词或制科等,才能释褐为赤畿尉。若只有明经、进士,一般只能充当望、紧、上县尉。没有科第功名者,则只能在中、下县任县尉。

县尉除了是个释褐官职,并且有以上十一种任官方法之外,它实际上也是个士人迁转常见的职位,即先任别官后再来任县尉。作为士人再任的迁转官,赤、畿县尉也明显高于其他等级县尉,都是美职,其身份地位,在唐代二千多个县尉当中,特别崇高,其他等级县尉难以望其项背。

赤畿尉不同于其他县尉,赤尉又高于畿尉,可从以下四点来考察。第一,畿县尉、畿县主簿或畿县丞迁官时,可迁入为万年、

①"奏授"也即"奏荐"。关于此制度的更详细说明,见王勋成《唐代铨选与文学》,页212—219。又见石云涛《唐代幕府制度研究》(北京:中国社会科学出版社,2003),页339—343。

长安两赤县任县尉,而这两个赤县,其地位又比其他四个赤县(洛阳、河南、太原和晋阳)紧要。第二,畿县约八十多个,其中又有十多个常出现在史料,最为紧要的计有蓝田、渭南、咸阳、鄠县、醴泉、美原、盩厔等,临近长安,其县尉常是校书郎、正字和州参军等迁官的美职。第三,流外和视品官出身者被禁止充任赤尉。第四,唐人小说常描写士人把这些赤畿尉列为竞求的理想美职。

关于第一点,史料中的证例很多。先看畿县尉或畿县簿丞迁入为万年和长安赤尉的例子:

> 韦颛:"自鄠县尉判入等,授万年尉。"①
> 郑珣瑜:"授大理评事,调阳翟丞,以拔萃为万年尉。"②
> 李乂:"特授蓝田尉,又策高第,累迁乾封万年尉。"③
> 程行谋:"入为鄠尉……授万年尉。"④
> 王琚:"及进士第,应制科,迁蓝田尉。以拔萃擢长安尉。"⑤
> 裴宽:"为润州参军事。举拔萃,为河南丞,迁长安尉。"⑥
> 辛秘:"选授华原尉,判入高等,调补长安尉。"⑦

以上几个畿县丞、簿、尉升为万年、长安两赤县尉的例子,可证万年、长安两赤县,地位高,远在各赤畿县之上。如上引第六例中的

---

① 《旧唐书》卷一○八,页3728;《新唐书》卷一一八,页4269。
② 《新唐书》卷一六五,页5064。
③ 苏颋《唐紫微侍郎赠黄门监李乂神道碑》,《全唐文》卷二五八,页2609。
④ 苏颋《御史大夫赠右丞相程行谋神道碑》,《全唐文》卷二五八,页2614。
⑤ 《旧唐书》卷一一一,页4136。
⑥ 《新唐书》卷一三○,页4488—4489。
⑦ 《旧唐书》卷一五七,页4150。《新唐书》卷一四三,页4696。则说最初"授华原主簿"。

裴宽,他先前所任的河南丞,已经是个赤县丞,官品为从七品上,而他所"迁"的长安尉,官品反而较低,为从八品下(俱见上表3.1)。但唐人迁官不能单看官品,这已是唐史学界的常识。裴宽从河南丞转为长安尉,显然是一次升迁,足见京师所在的长安,虽跟河南同为赤县,但在唐人眼中却并不同等。

又如上引第二例的郑珣瑜,他先前任县丞的阳翟,是个畿县,属河南府①。畿丞的官品为正八品下,也比他所升的万年尉官品(从八品下)来得高,但万年是京师长安两个赤县之一,地位远非阳翟可比。此外,应当注意的是,县丞为一县的次官,一般来说地位都在县尉之上,但在某些场合,万年、长安县尉却可能高于某些畿县丞(如郑珣瑜例),甚至在某些赤县丞(如裴宽例)之上。

要之,万年、长安两赤县为京师所在地,不同于其他四个赤县。《新唐书·食货志》列了唐代官员的俸料钱,这"两赤县主簿、尉"的俸钱也比较高,而且是分立出来另列②。东都洛阳两个赤县(洛阳和河南)的县尉,在史料中还常可见到。至于北都太原两个赤县(太原和晋阳)的县尉,可说默默无闻,在史料中难得一见。以《新唐书》的《宗室世系表》为例,李唐宗室中有一人曾任万年尉③,一人任长安尉④,但却无一人任其他四个赤县尉。在《宰相世系表》中,宰相后代任万年尉的有八人⑤,任长安尉的有

①《元和郡县图志》卷五,页138。
②《新唐书》卷五五,页1404;参见《唐会要》卷九一,页1967。
③《新唐书》卷七〇上,页2019:李书。
④《新唐书》卷七〇上,页2001:李丰器。
⑤《新唐书》卷七二上,页2432、2569;卷七二下,页2779;卷七四上,页3123;卷七五上,页3307、3318、3319;卷七五下,页3404。按万年县在总章元年(668)到长安二年(702)之间改名为明堂县,见《新唐书》卷三七,页962。有一宰相后人曾任明堂尉,见《新唐书》卷七二上,页2488。

六人①；其次是任洛阳尉的有十一人②，任河南尉的有三人③；最少的是任太原尉，只有两人④，晋阳尉也是两人⑤。

唐代韩琬的《御史台记》，记录了一段趣事：

> 唐姚贞操云："自余以评事入台，侯承训继入，此后相继不绝，故知拔茅连茹也。"韩琬以为不然："自则天好法，刑曹望居九寺之首，以此评事多入台。迄今为雅例。岂评事之望，起于贞操耶？"须议戏云："畿尉有六道，入御史为佛道，入评事为仙道，入京尉为人道，入畿丞为苦海道，入县令为畜生道，入判司为饿鬼道。故评事之望，起于时君好法也，非贞操所能升降之。"⑥

这条材料常为人引用，作为畿尉升官途径的重要指标。其中畿尉"入京尉（即赤尉）为人道"，但"人道"该作何解，历来引用者皆无进一步的解说和申论。本文上引几个畿尉入京尉的例子，或可为韩琬所谓"人道"作一注解。依他的用法，"人道"不如"佛道"和

---

① 《新唐书》卷七一下，页2362；卷七二中，页2638、2648、2656；卷七二下，页2820；卷七五下，页3307。
② 《新唐书》卷七一上，页2199；卷七二上，页2482；卷七二下，页2718、2723、2817；卷七四上，页3102；卷七五上，页3298、3304、3357、3366；卷七五下，页3384。
③ 《新唐书》卷七一上，页2270；卷七三上，页2914；卷七五上，页3379。
④ 《新唐书》卷七三上，页2898；卷七三下，页2949。
⑤ 《新唐书》卷七二上，页2475、2478。
⑥ 韩琬的《御史台记》已失传，今无传本，但常为《太平广记》引用。上引文见《太平广记》卷二五〇，页1939。王谠的《唐语林》，把此段引文割裂，仅剩后半段"戏云"部分，颇失其真。见《唐语林校证》卷五，页447。关于韩琬和他的《御史台记》的研究，见池田温《论韩琬〈御史台记〉》，黄正建译，收在池田温《唐研究论文选集》（北京：中国社会科学出版社，1999），页336—364。

"仙道",但又胜于"苦海道"和"畜生道",似乎介于不好、不坏之间,平稳升迁而已。但上引几个例子,从畿尉升赤尉,又似比韩琬所说的"人道"要好一些。其中王珣、辛秘、韦颛三人,都考过难度高的书判拔萃科①才能迁长安尉或万年尉;李乂也得考过制科("又策高第")才能迁万年尉,足证此两赤县尉都是重要的美职,不轻授,得来不易。第五例的郑珣瑜,更从大理评事,转阳翟丞,再迁万年尉。若照韩琬的说法,他岂不是从"仙道"跌到"苦海道",再转回"人道"?其实,郑珣瑜后来官至宰相。他这早年官历应当是不错的,不可能是韩琬所说的"苦海道"。韩琬的说法正如他自己所说,"戏云"而已,不宜太认真看待。

万年尉和长安尉职位崇高,还可见于下面几个例子:

> 崔器:"举明经,历官清谨。天宝六载,为万年尉。"②
> 韦平:"斩朱泚使者,间走奉天上功,擢万年尉。"③
> 李芃:"解褐上邽主簿。严武为京兆尹,荐补长安尉。"④
> 张荐:"授岐王府参军。八以制举皆甲科,再调长安尉。"⑤

以上四例,都可证万年尉和长安尉为"历官清谨"、奖军功、荐补或"八以制举皆甲科"才能授的美官。代宗大历八年(773),甚至有某美原尉(畿尉)为了更上一层楼,得到赤县长安尉,而有串通"冒优拟官"之举。此事在《资治通鉴》记载最详:

---

① 关于书判拔萃科,见王勋成《唐代铨选与文学》,页295—304。
②《旧唐书》卷一一五,页3373。
③《新唐书》卷一五八,页4937。
④《新唐书》卷一四七,页4756。
⑤《新唐书》卷一六一,页4979。

吏部侍郎徐浩、薛邕,皆元载、王缙之党;浩妾弟侯莫陈
怤为美原尉,浩属京兆尹杜济虚以知驿奏优,又属邕拟长安
尉。怤参台,御史大夫李栖筠劾奏其状……①

此即《新唐书·李栖筠传》所说"华原尉侯莫陈怤以优补长安
尉"②的事。其实侯莫陈怤并非真的"知驿"优,而是冒优,以求得
长安尉,亦可见长安尉此官颇美,令人垂涎,不惜冒优,结果遭到
御史大夫李栖筠的弹劾。

欧阳詹的《同州韩城县西尉厅壁记》说:"赤县仅二十,万年为
之最。"③只提万年县,不及长安县,初看之下似乎偏万年。不过,
欧阳此说倒很能反映了一个历史事实,即万年县的确比长安县高
尚且重要。长安以朱雀门大街为界。街以东属万年县,街以西属
长安县。然而,街东万年县一向是大官要人的住宅区,街西长安
县则多平民和西域商贾,以致万年县的声望和地位,高于长安县,
虽然两者同是赤县④。《元和郡县图志》和《新唐书·地理志》等
书,在列举京兆府属县时,也是先列万年,后列长安⑤。然而,长安

①《资治通鉴》卷二二四,页7220。
②《新唐书》卷一四六,页4737。
③《全唐文》卷五九七,页6039。
④关于街东万年县和街西长安县的对比,详见妹尾达彦《唐代長安の街西》,
《史流》,25(1984),页1—31;及其《唐長安城の官人居住地》,《東洋史研
究》,55卷2期(1996),页35—74;王仲殊《试论唐长安城与日本平城京及
平安京何故皆以东半城(左京)为更繁荣》,《考古》,2002年第11期,页
69—84;Heng Chye Kiang(王才强),*Cities of Aristocrats and Bureaucrats*:*The
Development of Medieval Chinese Cityscapes*, pp. 26—27;Victor Cunrui Xiong
(熊存瑞),*Sui-Tang Chang'an*:*A Study in the Urban History of Medieval Chi-
na*, pp. 122—123.
⑤《元和郡县图志》卷一,页3—4;《新唐书》卷三七,页962。

县因有外国人聚居,国际色彩更为浓厚,而且西市比东市更繁华,所售卖的物品也比东市更为多样①。

关于第二点,畿县约八十多个当中,并非个个同等,而以临近长安城的约十个畿县最为紧要,计有渭南、蓝田、咸阳、鄠县、盩厔等。这几个畿县的县尉,常是校书郎、正字和州参军等迁官的美职。孙国栋在《唐代中央重要文官迁转途径研究》中,考出唐代有二十个校书郎,任满后即"迁京畿簿尉"。这竟成了校书郎最重要的一条迁转途径,人数最多。其他迁拾遗的只十一人、迁监察御史的只三人,出为诸使从事的有十二人,迁其他官五人②。不过,在孙国栋所举的这二十个"迁京畿簿尉"的人当中,有一人赵宗儒,迁陆浑畿县主簿,不在本章的论述范围。另有三人为错列:薛播迁万年丞(非孙氏所说的万年尉)③;崔郾仅为校书郎,并未迁鄠县尉④;房琯所迁的同州冯翊尉,实际上是望尉,非畿尉⑤。另外冯定佐润州薛苹幕所得校书郎,应为"试"校书郎,非实职⑥。陆扆为宰相孔纬奏直史馆,得校书郎,也应为"试"校书郎,非实职⑦。除开这六人不算,其余十四人,竟有十三人全迁畿县尉,一人迁赤尉(见下引)。孙书也仅列这些校书郎的本传卷数,未列迁

①妹尾达彦《唐代后期的长安与传奇小说》,宋金文译,收在《日本中青年学者论中国史·六朝隋唐卷》,刘俊文主编(上海:上海古籍出版社,1995),页509—553,对此有详细论述。
②孙国栋《唐代中央重要文官迁转途径研究》,页7和页257—259的注释。
③见《旧唐书》卷一四六,页3955;《新唐书》卷一五九,页4952。
④见《旧唐书》卷一五五,页4118;《新唐书》卷一六三,页5017。
⑤同州冯翊属望县,见《新唐书》卷三七,页965。
⑥《旧唐书》卷一六八,页4390—4391。关于"试校书郎"的详细讨论,见本书《校书郎》一章。又见本书第五章《巡官、推官和掌书记》中"幕佐的官衔"一节。
⑦《旧唐书》卷一七九,页4668。

官详细资料。这里且把这十四人的迁官资料列举如下：

韦贯之："为校书郎，擢贤良方正异等，补伊阙、渭南尉。"①
崔损："登博学宏词科，授秘书省校书郎，再授咸阳尉。"②
刘从一："中宏词，授……校书郎，以调中第，补渭南尉。"③
裴佶："弱冠举进士，补校书郎，判入高等，授蓝田尉。"④
白居易："授秘书省校书郎。……授盩厔县尉。"⑤
李绛："登宏辞科，授秘书省校书郎。秩满，补渭南尉。"⑥
韦温："调补秘书省校书郎。……调授咸阳尉。"⑦
韦处厚："授秘书省校书郎。……改咸阳县尉。"⑧
柳公绰："授秘书省校书郎，复应制举……授渭南尉。"⑨
柳宗元："登进士第，应举宏辞，授校书郎、蓝田尉。"⑩
郑絪："登宏词科，授秘书省校书郎、鄠县尉。"⑪
裴度："擢进士第，以宏辞补校书郎……调河阴尉。"⑫

---

①《新唐书》卷一六九，页5153。
②《旧唐书》卷一三六，页3754—3755。
③《旧唐书》卷一二五，页3550。
④《旧唐书》卷九八，页3083。
⑤《旧唐书》卷一六六，页4340。
⑥《旧唐书》卷一六四，页4285。
⑦《旧唐书》卷一六八，页4377。
⑧《旧唐书》卷一五九，页4182—4183。
⑨《旧唐书》卷一六五，页4300。
⑩《旧唐书》卷一六〇，页4213。按柳宗元释褐集贤院正字，非两《唐书》所说的"校书郎"，详见本书《正字》一章。但正字和校书郎两官性质相近，都是唐人释褐的美职。
⑪《旧唐书》卷一五九，页4180。
⑫《新唐书》卷一七三，页5209。

郑澣:"自秘书省校书郎迁洛阳尉,充集贤院修撰……"①

卫次公:"补崇文馆校书郎,改渭南尉。"②

以上十四人从校书郎迁赤畿尉,其中竟有五人迁渭南尉,二人迁蓝田尉,三人迁咸阳尉,另外迁洛阳尉(赤尉)、鄠县尉、盩厔尉、河阴尉的,都各有一人。除了河阴属河南府外,其余各县全属京兆府,全是京师长安附近最重要的大县。五人迁渭南尉,也印证了欧阳詹所说:"畿县仅于百,渭南为之最。"③这十多人都是资历极佳的士人,当中不少不但是进士及第,而且后来还考中高难度的博学宏词科或书判拔萃科。校书郎本身已是释褐的美官。他们出任过校书郎后又再迁这些畿尉,可以想见畿尉又是一种怎样令人称羡的美职。至于从校书郎迁赤尉(以上郑澣例),当然又更比迁畿尉高一等。

孙国栋所研究的重要文官范围,不包括太子校书和正字官④。其实,这也是两种清望官,也有好些人从此迁赤、畿县尉。且举数例:

姚南仲:"授太子校书,历高陵、昭应、万年三县尉。"⑤

---

①《旧唐书》卷一五八,页4167。郑澣其实没有去当洛阳尉,只是以洛阳尉的本官去充任集贤修撰。这里"洛阳尉"是作为一种阶官使用。详见下面"以县尉作阶官充馆职"一节的讨论。

②《旧唐书》卷一五九,页4179。

③《全唐文》卷五九七,页6039。

④孙国栋《唐代中央重要文官迁转途径研究》,页1,特别声明他的研究不包括"东宫僚属",即太子校书等官。孙氏也未研究正字官的迁转途径。

⑤《旧唐书》卷一五三,页4081。姚南仲此例很有意义。高陵为畿县、昭应为次赤(京)县、万年是赤(京)县。换句话说,姚南仲三任县尉,正可说是步步高升。

卢迈："两经及第,历太子正字、蓝田尉。"①

张仲方："释褐集贤校理 …… 补秘书省正字,调授咸阳尉。"②

吕刚："任太子校书郎,历华原县尉,终大理评事。"③

除了上举的校书郎、正字外,其他资历条件良好的士人,在任满参军、他县县官,或在幕府当过从事等初任官后,也常转为赤畿尉。这样的例子甚多,不胜举,且引数例如下:

韦钧："解褐授绵州魏城丞 …… 以尤异擢授雍州长安尉。"④

李峤："始调安定尉。举制策甲科,迁长安。"⑤

①《旧唐书》卷一三六,页 3753。
②《旧唐书》卷一七一,页 4443。
③《唐代墓志汇编续集》,页 873。
④ 韩休《赠邠州刺史韦公神道碑》,《全唐文》卷二九五,页 2990。
⑤《新唐书》卷一二三,页 4367。"迁长安"之后似脱一"尉"字。但李峤
    (645—714)极可能并非迁长安尉,而是迁三原尉,或先任三原尉始迁长安
    尉。三原位于长安以北只有大约五十公里,为唐高祖献陵所在地,在李峤
    任县尉时,还是个畿县,唐贞元四年(788)始升为次赤县,见《唐会要》卷七
    〇,页 1460 及《新唐书》卷三七,页 962。李峤任三原尉,两《唐书》均失载,
    但李峤本人所写的两封信《上雍州高长史书》以及《与雍州崔录事司马录
    事书》,《全唐文》卷二四七,页 2498—2499,开头都清楚自称"三原县尉赵
    国李峤谨再拜 ……"可证他曾任三原尉。李峤在唐代文学史上也小有名
    气,常和苏味道(648—705)等人被尊称为"唐代律诗体制的完成者"之一,
    在圣历元年(698)曾任宰相,见《新唐书》卷六一,页 1661。关于李峤的生
    平考证,见《唐才子传校笺》,傅璇琮主编(北京:中华书局,1987),卷一,页
    119—129 傅璇琮的考释。

萧嵩:"嵩调补洺州参军。……景云元年,为醴泉尉。"①

张弘靖:"少以门荫授河南府参军,调补蓝田尉。"②

高郢:"授华阴尉。……见称于时,由是授咸阳尉。"③

李宪:"以礼法修整,起家太原府参军、醴泉县尉。"④

裴枢:"杜审言镇河中,奏署幕府,再迁蓝田尉。"⑤

以上所举的例子,都是赤县,或长安附近的畿县,足可说明这些赤畿尉的优越地位。

关于第三点,流外和视品官出身者被禁止充任赤尉事,这见于唐初神功元年(697)的一道诏令。它规定"从流外和视品官出身者",不得任"赤县簿、尉",即赤县的主簿和县尉,以及校书、正字、主簿、长史等流内官:

八寺丞,九寺主簿,诸监丞、簿,城门符宝郎,通事舍人,大理寺司宣、评事,左右卫、千牛卫、金吾卫、左右率府、羽林卫长史,太子通事舍人,亲王掾属、判司、参军,京兆、河南、太原判司,赤县簿、尉,御史台主簿,校书、正字,詹事府主簿,协律郎,奉礼、太祝等,出身入仕,既有殊途,望秩常班,须从甄

---

①《旧唐书》卷九九,页3094。醴泉为唐太宗昭陵所在地,是个次赤(京)县,见《新唐书》卷三七,页962。

②《旧唐书》卷一二九,页3610。

③《旧唐书》卷一四七,页3975。按华阴是望县,咸阳为畿县。见《新唐书》卷三七,页964及页962。

④《旧唐书》卷一三三,页3685。

⑤《新唐书》卷一四〇,页4647。

异。其有从流外及视品官出身者,不得任前官①。

以上所列,都是所谓的"流内"官,唐制九品三十阶内的官职。这道诏令很能凸显"赤县簿、尉"等流内官的"清望"地位,因为此诏的目的,正是要阻止那些身份比较低微、没有科第功名的流外官和视品官,"玷染"了这类流内官的"清流"。

神功元年此诏只明确提到"赤县簿、尉",没有提及畿簿尉,似乎流外出身人和视品官,若入流可以担任畿簿尉。实情是否如此?可惜史料上没有任何记载,我们不得而知。但从此诏看来,赤县主簿和县尉,其地位又更在畿县簿尉之上。

至于最后第四点,赤畿县尉的崇高地位,在唐人小说中也常有反映。例如,在著名的《枕中记》中,那个做黄粱一梦的卢生,他所梦见的美事之一,便是"明年,举进士,登甲科,解褐授校书郎。应制举,授渭南县尉"②。释褐校书郎,又迁畿尉(特别是畿县之"最"的渭南县尉),应是不少唐代士人的美梦。在《梦游录·樱桃青衣》中,也有一个卢生,梦见自己"又登甲科,授秘书郎(应为"校书郎"之误)。姑云:'河南尹是姑堂外甥,令渠奏畿县尉。'数月,敕授王屋尉"③。

①《唐会要》卷七五,页 1610。
②《太平广记》(北京:中华书局,1960 年校点本)卷八二,页 527。关于《枕中记》的作者和此篇小说的研究,中、日、英文论著甚多,不俱引,但最重要的有王梦鸥《枕中记作者及其作品》,《唐人小说研究二集》(台北:艺文印书馆,1973),页 37—45;王梦鸥《读沈既济〈枕中记〉补考》,《中国文哲研究集刊》,创刊号(1991),页 1—10;及周绍良《〈枕中记〉笺证》,《唐传奇笺证》(北京:人民文学出版社,2000),页 83—93。
③《太平广记》卷二八一,页 2243。关于《樱桃青衣》,最深入详细的研究见孙国栋《从〈梦游录〉看唐代文人迁官的最优途径》,《唐宋史论丛》(香港:商务印书馆,2000 年增订版),页 17—36。

王屋属河南府,也是个畿县。在《续定命录》中,还有一则故事:

> 故殿中侍御史李稜,贞元二年(786)擢第,有别业在江宁,其家居焉。是岁浑太师瑊镇蒲津,请稜为管记从事。稜乃曰:"公虽爱稜甚,然奈某不闲检束,夙好蓝田山水,据使衔合得畿尉。虽考秩浅,如公勋望崇重,特为某奏请,必谐矣。某得此官,江南迎老亲,以及寸禄,即某之愿毕矣。"浑遂表荐之。德宗令中书商量,当从浑之奏。稜闻桑道茂先生言事神中,因往诣焉,问所求成败。茂曰:"公求何官?"稜具以本末言之。对曰:"从此二十年,方合授此官,如今则不得。"稜未甚信。经月余,稜诣执政。谓曰:"足下资历浅,未合入畿尉。如何凭浑之功高,求侥幸耳?"遂检吏部格上。时帝方留意万机,所奏遂寝。稜归江南,果丁家艰。已近七八年,又忽得躄疾,殆将一纪。元和元年(806)冬,始入选,吏曹果注得蓝田县尉。一唱,忻而授之。乃具说于交友①。

此条写李稜如何梦想得到蓝田畿尉,如何求浑瑊为他"奏请",但因"资历浅,未合入畿尉",二十年后始如愿的事,很能反映畿尉在唐代士人心目中的位置。在唐人小说《续定命录》中,有一则记载:

> 员外郎樊系……自校书郎调选。吏部侍郎达奚珣深器之,一注金城县尉。系不受。达奚公云:"校书得金城县尉不

---

① 《太平广记》卷一五一,页1084。

作,更作何官?"系曰:"不敢嫌畿尉,但此官不是系官。"①

　　按金城即兴平县,因"中宗送金城公主降吐蕃至此,改曰金城"②,属京兆府,是个畿县。樊系当年选官,得此畿尉美缺,竟不愿就,难怪主持选事的吏部侍郎达奚珣要责问他:"校书得金城县尉不作,更作何官?"足见从校书郎迁官为畿尉,是唐代士人理想的升官途径之一。樊系当然"不敢嫌畿尉",但他之所以不愿任金城县尉,则是因为他有一次做梦,"梦官合带'阳'字"。在小说中,他后来果然得泾阳尉③。

　　以上四点,皆可证赤畿县尉的特殊优越地位,远非其他等级县尉可比。顺此可以一提的是,两《唐书》中所收的,大体都是高官的传记。这些高官因出身条件好,年轻时若曾任县尉,则多数也是任赤畿尉,以致两《唐书》中所出现的县尉,亦绝大部分是赤畿尉。至于其他等级县的县尉,他们绝大多数终生都在外任县尉、主簿或县丞等小官,没有机会在京城朝中任京官,以致他们一生都默默无闻,在两《唐书》中无传,死后名字也只保留在墓志上。在近世出土的大量唐人墓志中,就有不少这一类的县尉④。

---

①《太平广记》卷二七七,页2200。
②《新唐书》卷三七,页962。
③《太平广记》卷二七七,页2200。泾阳属京兆府,也是个畿县。见《新唐书》卷三七,页962。
④详见周绍良主编《唐代墓志汇编》和《唐代墓志汇编续集》。不过据笔者的初步考察,这些墓志中所见的县尉,主要又以望、紧和上县县尉为主。中、下县尉很少见到。

四、释褐为上、紧、望、畿及赤尉

砺波护在《唐代的县尉》文中,引欧阳詹的《同州韩城县西尉厅壁记》说:"上县以下的'尉'是初任官的职位,而紧县以上的'尉'很难授与初任官。它是要经两任官以后才能就任的职位。"紧接着,他又引用欧阳詹的《送常熟许少府之任序》,以及王鸣盛《十七史商榷》说:"据此,紧县尉也是初任官的职位。但似乎畿县尉等不能用作初任官。"①不过,砺波护没有列举释褐为紧县尉(或紧县以上县尉)的例子。

所谓"初任官",即唐代史料常说的"释褐"之官。其实,据笔者的考察,不但上县和紧县尉可用作初任官,甚至望县尉、畿县尉和赤县尉,都同样可用作初任官。先看释褐为上、紧、望县尉的例子。在这方面,两《唐书》中有一些案例,但唐人墓志中的例证更多,如下引。

(一)释褐为上县尉的:

李曙:"释褐授朝议郎行宣城郡太平县尉……"②
马浩:"释褐任易州遂城尉……"③
李述:"以明经擢第……释褐授汉州金堂县尉。"④

---

①砺波护《唐代の縣尉》,页563。
②《唐代墓志汇编续集》,页645。太平属宣州,为上县,见《新唐书》卷四一,页1066。
③《唐代墓志汇编续集》,页765。遂城为上县,见《新唐书》卷三九,页1019。
④《唐代墓志汇编续集》,页522。金堂为上县,见《新唐书》卷四二,页1081。

（二）释褐为紧县尉的，史料中案例最多，最常见，笔者找到十多例，且引四例：

> 许景先：“景先由进士第释褐夏阳尉。”①
> 独孤季膺：“弱冠乡贡进士擢第，解褐濮阳郡临濮县尉。”②
> 卢嗣冶：“一举孝廉上第，释褐汴州封丘尉。”③
> 李正则：“由明经入仕，始为宋州单父县尉……”④

（三）释褐为望县尉的：

> 张鷟：“年十九，明法擢第，解褐饶阳尉。”⑤
> 谭德：“释褐任苏州吴县尉……”⑥
> 王逊之：“明经及第，解褐，调补襄州襄阳尉……”⑦

接下来，砺波护说“似乎畿县尉等不能用作初任官”。他的措词相当谨慎，不失为学者应有的稳重态度。但从现有的材料看，

①《新唐书》卷一二八，页4464。夏阳属紧县，见《元和郡县图志》卷二，页39。
②《唐代墓志汇编续集》，页739。临濮为紧县，见《新唐书》卷三八，页993。
③《唐代墓志汇编续集》，页669。封丘为紧县，见《新唐书》卷三八，页989。
　唐代盛唐诗人高适，五十岁时始释褐，亦初任此封丘尉。见周勋初《高适年谱》（上海：上海古籍出版社，1980），页58—59。
④《唐代墓志汇编续集》，页945。单父为紧县，见《新唐书》卷三八，页990。
⑤张说《府君墓志铭》，《全唐文》卷二三二，页2345。饶阳为望县，在河北道深州，属望县，见《新唐书》卷三九，页1016。
⑥《唐代墓志汇编续集》，页277。苏州吴县为望县，见《新唐书》卷四一，页1058。
⑦《唐代墓志汇编续集》，页514。襄阳为望县，见《新唐书》卷四〇，页1030。

畿县尉其实也可以用作初任释褐官职,如下面数例:

> 于士恭:"释褐好畤县尉。……亦当时之荣选也。"①
> 王涯:"贞元八年进士擢第,登宏辞科。释褐蓝田尉。"②
> 牛僧孺:"进士擢第,登贤良方正制科,释褐伊阙尉。"③
> 杜让能:"咸通十四年(873)登进士第,释褐咸阳尉。"④

以上四例,都用了"释褐"两字,无疑是畿尉可作初任官的好例子。王涯和牛僧孺考中进士,再中博学宏词或制举,才能释褐蓝田和伊阙畿尉,这似乎表示要当畿尉,除了要进士出身外,还要有宏词或制科,本身条件得高人一等才行。王涯的情况没有更多的材料可以说明,但牛僧孺的确如此。杜牧所写的牛僧孺墓志《唐故太子少师奇章郡开国公赠太尉牛公墓志铭并序》,已交代原因:

> 公登进士上第。元和四年应贤良直谏制,数强臣不奉法,忧天子炽于武功,诏下第一,授伊阙尉⑤。

即牛僧孺在元和三年(杜牧文中作"四年"误)⑥的贤良方正制科中考中"第一",所以才被授以伊阙尉。此事在《太平广记》所引

---

① 《肤施令于士恭墓志》,《八琼室金石补正》卷五三,页363。好畤属畿县,见《新唐书》卷三七,页963。
② 《旧唐书》卷一六九,页4401。蓝田属畿县,见《元和郡县图志》卷一,页15。
③ 《旧唐书》卷一七二,页4469。伊阙属畿县,见《元和郡县图志》卷五,页134。
④ 《旧唐书》卷一七七,页4612。
⑤ 《樊川文集》卷七,页114。
⑥ 《旧唐书》卷一四《宪宗纪》,页425说:元和三年三月乙巳,"御宣政殿试制科举人"。《资治通鉴》卷二三七,页7649也系此事于元和三年。

的一段记载中,还有更清楚的说明:

> 韦乾度为殿中侍御史,分司东都。牛僧孺以制科敕首除伊阙尉。台参,乾度不知僧孺授官之本,问:"何色出身?"僧孺对曰:"进士。"又曰:"安得入畿?"僧孺对曰:"某制策连捷,忝为敕头。"僧孺心甚有所讶,归以告韩愈。愈曰:"公诚小生,韦殿中固当不知。……"①

敕首、敕头都指制科"第一",可知畿尉不轻授。但杜让能的案例却又是个反证。他只登进士第,也能"释褐咸阳尉",颇让人感觉意外。咸阳就在京师长安附近,属京兆府,地位和蓝田相当,犹在伊阙(位处洛阳附近,属河南府)之上。这四位释褐畿尉者,除了第一例于士恭只官至肤施(上县,属延州)县令外,其他三人后来都官位显赫,两《唐书》中都有传。

史书中还有数例,很可能也属于释褐畿尉的例子,但因为没有明确说是"释褐",亦有可能是"累调"、"累补"的结果,暂且列于下面存疑,以待他日有新墓志出土时再来详考:

> 李程:"擢进士、宏辞……士流推之。调蓝田尉。"②
> 沈询:"又能文辞,会昌初进士,补渭南尉。"③
> 罗让:"举进士,应诏对策高等,为咸阳尉。"④

---

①《太平广记》卷四九七,页 4080。
②《新唐书》卷一三一,页 4511。
③《新唐书》卷一三二,页 4541。
④《旧唐书》卷一八八,页 4937。

有趣的是,五代宋初徐铉(917—992)的《送张佖、郭贲二先辈序》,还特别提到"进士擢第,畿尉释褐",在他那时仍是件十分荣耀的事:

> 君子所以章灼当时焜耀来裔者,必曰进士擢第,畿尉释褐,斯道也。中朝令法,虽百王不移者也。自圣历中兴,百度渐贞,能兴此美者,今始见张、郭二生矣①。

最后,不但畿尉可作释褐官职,连赤尉也同样可作释褐初任官,如下面二例:

> 殷楷:"高宗朝四岳举高第,释褐拜雍州新丰尉。"②
> 令狐滈:"滈既及第,释褐长安尉、集贤校理。"③

《唐文拾遗》中收有一篇《唐贞士韦君墓志》,提到贞士韦某,释褐赤县尉,竟不屑为之,归隐南山的妙事:

> 於虖,此有唐贞士韦君栖真之所也。贞士讳士逸字士逸。万年杜陵人也,举进士,释褐为赤县尉,不屑焉,遂弃去,躬耕南山。家室睦如,入其庭,知其为隐君子。韦为京兆望姓……贞士独澹如也,不以门第相竞④。

---

① 《全唐文》卷八八二,页9217。
② 冯宿《天平军节度使殷公家庙碑》,《全唐文》卷六二四,页6303。按雍州即京兆府,新丰即昭应,属次赤县,见《新唐书》卷三七,页961—962。
③ 《旧唐书》卷一七二,页4469。
④ 《全唐文》附《唐文拾遗》卷六七,页11120。

此韦贞士以"中和四年（884）七月"去世，但他在两《唐书》无传，生平事迹不详。墓志的撰者亦阙名，其内容及行文语气，也不像传统墓志。"释褐为赤县尉"，也没有说明是何赤县。所以此韦君"释褐为赤县尉，不屑焉，遂弃去，躬耕南山"的事，颇令人生疑，姑且引如上，聊备谈助。此墓志如果是伪作，伪者竟称韦君"释褐为赤县尉"，亦可反映解褐赤县尉是极光彩之事，值得伪冒。韦君释褐赤尉后又"不屑"为之，更能显出他清高无比。

总的来说，士人释褐为畿尉和赤尉的案例不多。笔者只找到上述寥寥数例。综合以上所引，我们或可总结说：出身条件非常好的士人，可以释褐为赤、畿尉，但这恐怕还是比较特殊的案例，并非常例。一般上，赤、畿尉还是士人迁转的第二任、甚至第三任官，如上引十多位校书郎、参军等任满后始迁畿尉的例子。一般明经、进士出身者，以释褐紧县尉最常见，望县尉和上县尉次之。《唐会要》有一条材料颇可反映此点：

> 会昌二年（842）四月敕文："准大和元年（827）十二月十八日敕，进士初合格，并令授诸州府参军及紧县尉。……"[1]

这显示进士出身者，所得的县尉官不会太低，至少会有个"紧县尉"可做。笔者在两《唐书》和墓志材料中爬梳，也还没有发现明经或进士及第者，有出任中、下县尉的案例。这或可印证上引武宗《加尊号后郊天赦文》所说，这些中、下等级县的县尉，"例是入流令史"，非明经或进士出身者的官职。

---

[1]《唐会要》卷七五，页 1620。

五、县尉的仕途前景

我们在前面见过,唐代封演的《封氏闻见记》曾列举唐人从初仕到升为宰相的"八隽"升官图:

> 仕宦自进士而历清贯,有八隽者:一曰进士出身、制策不入;二曰校书、正字不入;三曰畿尉(、赤尉)不入;四曰监察御史、殿中(侍御史)不入;五曰拾遗、补阙不入;六曰员外郎、郎中不入;七曰中书舍人、给事中不入;八曰中书侍郎、中书令不入。言此八者尤加隽捷,直登宰相,不要历绾余官也。朋僚迁拜,或以此更相讥弄①。

白居易在《大官缺人》这篇策文中,从另一个角度来论校书郎、正字和赤畿簿尉的升迁,所得的结论和封演所记极为相似,都可证明校书郎、正字和赤畿尉这些八九品的小官,仕途前景非常辉煌,可官至监察御史、拾遗、补阙、郎官(郎中和员外郎)、中书舍人、尚书左右丞、侍郎,甚至宰相等高官:

> 臣伏见国家公卿将相之具,选于丞郎给舍;丞郎给舍之材,选于御史遗补郎官;御史遗补郎官之器,选于秘著校正畿赤簿尉:虽未尽是,十常六七焉。然则畿赤之吏,不独以府县之用求之;秘著之官,不独以校勘之用取之。其所责望者,乃

----

① 《唐语林校证》卷八,页717。

丞郎之椎轮,公卿之滥觞也①。

我们在上面第四节"赤畿县尉的特殊地位"中,已经见到十多位从进士或制科出身的校书郎和正字,任满后即迁畿尉。他们的迁转途径,可说完全符合封演所记录的前三"隽",也和白居易所说相合。照封演的记载,唐人任畿尉、赤尉之后,下一个官职最好是任监察御史或殿中侍御史。这一点,史料中的例证极多,但本章不作统计分析,纯以举例论述,故不拟全引这些赤畿尉迁御史的例子。这里且举七例如下,以见其概:

> 刘宪:"擢进士,调河南尉,累进左台监察御史。"②
> 马怀素:"进士第……补郿尉。积劳,迁左台监察御史。"③
> 王无竞:"右武卫仓曹、洛阳县尉,迁监察御史,转殿中。"④
> 裴度:"应制举贤良方正……授河阴县尉。迁监察御史……"⑤
> 韦颙:"自鄠尉判入等,授万年尉。历御史、补阙……"⑥
> 韦绳:"……乃历长安尉,威行京师。擢监察御史……"⑦
> 元稹:"出为河南县尉。丁母忧,服除,拜监察御史。"⑧

---

①《白居易集》卷六三,页1326。
②《新唐书》卷二○二,页5753。
③《新唐书》卷一九九,页5680。
④《旧唐书》卷一九○中,页5026—5027。
⑤《旧唐书》卷一七○,页4413。
⑥《新唐书》卷一一八,页4269。
⑦《新唐书》卷一一八,页4270。
⑧《旧唐书》卷一六六,页4331。

孙国栋的《唐代中央重要文官迁转途径研究》，对文官如何迁入为监察御史，又如何从监察逐步攀升，已有极详细的研究和统计，本章就不重复申论了。据孙氏的研究，初、中唐从县尉升为监察御史的人数最多，有三十例；晚唐较少，只有三例①。这可印证《通典》在卷二四《职官六》"监察侍御史"条下所说："职务繁杂，百司畏惧，其选拜多自京畿县尉。"②

监察御史虽只是八品官，但极清要，是唐人迁升中很关键的职位之一。此外，此官八品阶却不由吏部铨选（吏部掌六品以下官的拟注），例由皇帝敕授，亦可见其重要③。"能入为监察，就列入清要，前途可以出人头地了。"④所以，在唐人小说《樱桃青衣》和《枕中记》中，那两位卢生都在发白日梦，梦见自己从畿尉转入中央任监察御史。至于监察御史的升迁，据孙氏的研究，"以迁殿中侍御史最多，迁侍御史和员外郎次之"⑤。

值得注意的是，封演只提"畿、赤尉"的升迁，白居易也只提"赤畿簿尉"，多一"主簿"，但他们都完全不提其他等级县的县尉。我们在上面也详考了赤畿尉的优越地位。他们将来可以在中央朝廷升任高官，甚至宰相，非其他等级县的县尉可以比拟。这是否意味着，望、紧、上、中和下县的县尉，他们的仕途前景都不佳，或没有前途？

这问题相当复杂，可作为另一篇专题论文的题目来进一步研

①《唐代中央重要文官迁转途径研究》，页128—130。名单见页564—567。
②《通典》卷二四，页675。砺波护，前引文，页577最先引《通典》此条，并引《文苑英华》中另几个畿尉升监察御史的案例，可参看。
③王勋成《唐代铨选与文学》，页194—195。
④孙国栋《从〈梦游录〉看唐代文人迁官的最优途径》，《唐宋史论丛》，页21。
⑤《唐代中央重要文官迁转途径研究》，页130。

究,非本章所能细论。但这里可以提几点初步的观察,供学界参考。第一,如前所说,中、下县尉"例是入流令史",没有科第功名。他们一生多在各中、下县转迁,无法到京城任京官①。他们默默无闻,两《唐书》中无传,名字甚至在近世出土的唐墓志中也不多见。从这个角度看,这一批县尉的确是比较平庸的一群,没有什么仕途前景。而且,他们的人数最多,可能占唐代二千四百多个县尉的大部分。第二,那些有明经或进士科第功名者,初入仕途时可能被派往望、紧、上等县任县尉。他们将来若能累迁至赤畿尉,或累转到中央任监察御史等京官,则仕途前景也不错,将来可官至五品以上的高官,甚至宰相,名列两《唐书》列传。我们不妨以唐代的三个名相为例,看看他们怎样从县尉起家,后来又怎样都官至宰相。这三人是唐前期的娄师德和唐后期的贾耽及陆贽。

娄师德(630—699)②是武则天朝有名的功臣。他从进士出身,曾任监察御史,后又任武官,长期在黄河河套地区的丰州(今内蒙古五原)一带任营田大使,晚年两度被召回任宰相,可说是唐代所谓"出将入相"的典型人物。他在北边营田的业绩十分辉煌,

①《新唐书·宰相世系表》中有不少荫任者从事县尉之职,但这些县全都是良好的赤、畿、望、紧及上县,如洛阳县、咸阳县、密县、江都县、浚仪县等。笔者尚未发现有荫任者出任中、下县之县尉。按唐代中、下县都是偏远穷县,而荫任者皆属仕宦条件不错者。他们有更好的仕途和出路,似乎不可能愿意前往这些没有什么前途的偏远穷县当县尉。赵超编著《新唐书宰相世系表集校》(北京:中华书局,1998),对《新唐书·宰相世系表》中所收人物的世系和背景有精细的考证。关于唐代荫任的研究,见毛汉光《唐代荫任研究》,《"中研院"历史语言研究所集刊》,第55本第3分(1983)。

②《旧唐书》卷九三,页2976说娄师德死于"圣历二年"(699),但《新唐书》卷一〇八,页4093则说是"圣历三年"(700)。考圣历无三年,且《新唐书》卷六一,页1662,及《资治通鉴》卷二〇六,页6541,都说娄师德死于圣历二年。《新唐书》的"圣历三年"当为"二年"之误。

令武则天皇后都不禁赞叹,"欣悦良深",曾给他"降书"写信慰劳。这封信的内容片断,今仍收在《旧唐书·娄师德传》中,让我们现仍得以见到武则天皇后对他毫无保留的赞美。然而,我们若细考娄师德的官历,会发现这么一位精彩的人物,却只不过是从一个望县的县尉干起:

> 娄师德,郑州原武人也。弱冠,进士擢第,授江都尉①。

江都即扬州的七个县之一,属望县(即今江苏江都)②。娄师德"弱冠"即大约二十岁就中进士,可说非常年轻难得,但他也只是被派到一个望县去当九品县尉罢了。到了上元初(674—675),他大约四十五岁时,始"累补监察御史",回到朝廷当京官。至于他二十多岁到四十五岁的官历如何,史书不载,不得而知,但从"累补"两字看来,他可能除了任江都尉之外,还担任过其他官职,很可能是其他州县的地方官。在他任监察御史时,吐蕃犯边,朝廷"募猛士以讨之"。娄师德这个进士出身的文官,竟"抗表请为猛士",令"高宗大悦,特假朝散大夫,从军西讨,频有战功,迁殿中侍御史,兼河源军司马,并知营田事"③。在边疆苦干了约十五年后,他终于在天授(690—691)初约六十岁时,"累授左金吾将军"这个正三品的武职高官。正因为他的营田事绩十分出色,他曾经两次入相。第一次在长寿二年(693)他六十四岁时;第二次在神功元

---

① 娄师德在《旧唐书》卷九三,页 2975—2976 的本传,和他在《新唐书》卷一〇八,页 4092—4093 的本传,各有不同的细节。下文引自《旧唐书》。
② 《新唐书》卷四一,页 1052。
③ 《太平御览》(四部丛刊三编本;台北:台湾商务印书馆据日本藏南宋蜀刻本影印),卷二七七,页 1420,把娄师德列为"儒将",和著名的薛仁贵并列。

年（697）他六十八岁时①。这便是一个望县的县尉，一步步升迁到宰相的过程。

同样的，中唐著名的地理学家和德、顺两朝的宰相贾耽（730—805），也是从一个望县的县尉起家。其《旧唐书》本传说：

> 贾耽字敦诗，沧州南皮人。以两经登第，调授贝州临清县尉。上书论时政，授绛州正平尉②。

郑余庆的《左仆射贾耽神道碑》，则明确交代贾耽早年任县尉的时间：

> 公天宝十载（751）明经高第，乾元（758—759）中授贝州临清尉。州县之职，与公非宜。兵戈甫兴，时不韬才。公诣阙献书，授绛州太平尉③。

贝州临清县在唐河北道，属望县④。绛州正平县在河东道，也是个望县⑤。贾耽最初的两任官，都是望县尉，比紧县尉高一级。两经

①《新唐书》卷六一，页1657及页1660。

②《旧唐书》卷一三八，页3782。

③《全唐文》卷四七八，页4887。绛州有正平县，又有太平县，极易混淆。太平属紧县，见《新唐书》卷三九，页1001。但贾耽先前已任临清望县尉，看来不可能降级任紧县尉。《新唐书》卷一六六，页5083，以及权德舆的《唐故金紫光禄大夫检校司空兼尚书左仆射同中书门下平章事上柱国魏国公赠太傅贾公墓志铭并序》，《全唐文》卷五〇五，页5137，都作"太平"。但《旧唐书》作"正平"，看来较合理可信。此从《旧唐书》。

④《新唐书》卷三九，页1013。

⑤《新唐书》卷三九，页1001。唐代还有另一个正平县，在岭南道的环州，属下县，见《新唐书》卷四三上，页1105。

属明经科。唐人一般认为明经不如进士，但贾耽的明经出身，看来并没有妨碍他后来的仕途及登相。他做过县尉后，出任河东节度使的判官及汾州刺史，可说升官极快，"在郡七年，政绩茂异"。很可能正因为他表现如此出色，他跟着被召回京师长安任鸿胪卿。

鸿胪卿是鸿胪寺的首长，而鸿胪寺则是一个外交机构，掌管外国来唐使者和宾客①。贾耽很可能是在这时候，"凡四夷之使及使四夷还者，必与之从容，讯其山川土地之终始"②，因而他获得许多珍贵难得的地理资料，得以完成他那些地理著作。鸿胪卿此官虽属从三品的高官，但却不是唐人认为的清望官，也不在封演所说的"八隽"之内。两《唐书》亦都未说明贾耽何时出任鸿胪卿，但《旧唐书·德宗纪》大历十四年（779）十一月辛未条下说，"以鸿胪卿贾耽为梁州刺史、山南西道节度观察使"，可知他在大历十四年之前已当上鸿胪卿，并在这一年出为节度使。这年他正好五十岁。

接下来的十多年，贾耽任山南东道和义成节度使。贞元九年（793）他六十四岁时，又被召回长安，这次是出任宰相③。他一直任宰相到他在永贞元年（805）十月他七十六岁时去世为止，前后长达十三年。此即其《旧唐书》本传所说："自居相位，凡十三年。"唐宰相一般任期很短，只有一到三年左右。贾耽的十三年可说是少见的。

和贾耽差不多同个时候任宰相，又在同年去世的中唐名相陆贽（754—805），也和贾耽一样从望县尉起家。其《旧唐书》本传说：

①关于鸿胪寺的研究，见黎虎《汉唐外交制度史》（兰州：兰州大学出版社，1998），页310—347。
②《旧唐书》卷一三八，页3784。
③《新唐书》卷六二，页1706。参《旧唐书·德宗纪》卷一三，页376。

年十八登进士第,以博学宏词登科,授华州郑县尉①。

郑县在关内道,是华州属下的四个县之一,为望县②。欧阳詹说:"望县出于百,郑县为之最。"③指的就是陆贽起家的这个县。陆贽十八岁即考中进士,可说非常年轻而杰出。他后来又考中更高难度的博学宏词,入仕条件可说十分优越,但他却只获授一个望县的县尉而已,很可能跟他太年轻有关,亦可知赤、畿尉不易得,得望县尉应已非常不错。据《旧唐书》本传,陆贽稍后"又以书判拔萃,选授渭南县主簿,迁监察御史。德宗在东宫时,素知贽名,乃召为翰林学士,转祠部员外郎"。按书判拔萃和博学宏词科一样,属于吏部的所谓"科目选"考试,难度很高。唐史上这两科皆考中的人不多见;大诗人白居易和李商隐是其中两个。陆贽又考中书判拔萃后,始得以任畿县之最的渭南县主簿(据《新唐书》说是"渭南尉")④,后又迁监察御史,回到京城中央当京官。

　陆贽当上翰林学士,是在德宗建中四年(783),这年他才不过三十岁,是唐史上最年轻的翰林学士之一。九年之后,在德宗贞

---

①《旧唐书》卷一三九,页3791。《新唐书》卷一五七,页4911同。关于陆贽,近年最详细的专书是Josephine Chiu-Duke, *To Rebuild the Empire: Lu Chih's Confucian Pragmatist Approach to the Mid-T'ang Predicament* (Albany, N. Y. : State University of New York Press, 2000)。

②《新唐书》卷三七,页964。

③《同州韩城县西尉厅壁记》,《全唐文》卷五九七,页6039—6040。

④《新唐书》卷一五七,页4911。史书上常"簿、尉"并举,同属县官,以致主簿和县尉也常混淆。如初唐四杰之一的骆宾王,曾任武功主簿和长安主簿,不曾任畿尉,见杨柳、骆祥发《骆宾王评传》(北京:北京出版社,1987),页131—138,但《新唐书》卷一二三,页4367《李峤传》却说:"时畿尉名文章者,骆宾王、刘光业,峤最少,与等夷。"即把骆宾王视为"尉"。

元八年(792)他三十九岁时,即被召为中书侍郎、门下同平章事,登上相位。唐代宰相的年龄一般都在五十岁以上。陆贽三十九岁入相,可说非常杰出且年轻。可惜他在三年后,贞元十一年(795)春,因受裴延龄的谤毁,被贬为忠州司马,长流在外,长达十年。永贞元年(805),顺宗即位,他被诏征还,但"诏未至而贽卒,时年五十二"。他死时也异常年轻。

以上笔者详考了三个出身望县县尉者,一步步登相的过程,有几个目的。第一,可以证明望县尉也跟赤畿尉一样,仕途前景其实也很不错,可由此入相。第二,以上三人任相的过程,几乎和封演所记载的"八隽"途径完全不同,特别是娄师德和贾耽二人,可知"八隽"并非绝对,只能视为一种比较常见的升官图。第三,娄师德、贾耽和陆贽三人先在外当县尉,但他们后来都曾回到京城中央任京官,由此腾达。这是他们一生中最重要的一个转折点。如果他们像其他平庸的县尉一样,一生只能在京畿以外的望、紧、上县迁转,而且只任县尉、主簿或县令等县官,无法回转到中央,则他们最终也将沦为平凡的一群,名字顶多只见于出土墓志上①。因此,我们或许可以这样总结说:县尉有没有仕途前景,能不能继续爬升到高官,端看他们能否当上赤、畿尉(最佳),或望、紧、上县尉(其次),但更重要的是能否累迁至中央任京官。至于中、下县尉,"例是入流令史",没有科第功名,只能在各县迁转,过平凡一生,绝大多数连名字也没有留下。不少京官被贬,也常是到这些中、下县当县尉②。

_____

①笔者正搜集墓志材料,准备研究这一批平凡的县尉、主簿、县丞和县令。
②辻正博《唐代贬官考》,《东方学报》(京都),63卷(1991),页265—390,对此有详细研究,特别参看页384—388京官被贬为县尉的名单。

六、县尉的职务和别称

砺波护大文中最主要的部分,在于考察县尉的职掌和他们如何"分判六曹"。在这方面,砺波护的论述已极详尽、清晰,本章在此课题上也就无须重复申论,只想概述他的主要论点,并补充几个细节和案例。

唐代中央最重要的机构尚书省,掌管全国所有事务,分六部:吏部(管文官、学校等)、户部(管户籍赋税等)、礼部(管礼乐贡举考试等)、兵部(管兵事武选等)、刑部(管司法刑罚等)、工部(管工程营造如城池桥梁等)。六部之下又细分为二十四司(等于二十四个部门,另有总管这二十四司的左右司二个),如吏部有考功(管文官的考核),户部有仓部(管仓储等),工部有屯田(管边要地区的屯田)等。这六部架构一直沿用到清末。

到了地方行政,也有类似相对应的六曹之分。在州的这一级,刺史是长官,下来有别驾、长史和司马等僚佐,再下来就是一系列的州诸曹参军,依次为:司功参军、司仓参军、司户参军、司兵参军、司法参军和司士参军。这些就是唐史料上常说的"判司",即实际执行事务的部门。

到了县一级,长官是县令,下来是县丞和主簿,最低层的是执行县事的县尉。县事也分六曹,即六个部门:功(掌官吏考课、礼乐、学校等)、仓(掌租赋、仓库、市肆等)、户(掌户籍、婚嫁等)、兵(掌武官、军防、传驿等)、法(掌刑法、盗贼等)、士(掌桥梁、舟车、舍宅等),对应州的六判司。在最高一级的赤县,如长安京师万年县和长安县,各有六个县尉,看来便是一个县尉管一曹,不成问题。中、下县的县尉名额只有一个，看来是一人兼管六曹，也没有问题。但畿县、望县、紧县及上县，却都有两个县尉的名额，那么他们如何分判这六曹呢？砺波护大文的重点之一，就是探讨这问题。他考察了欧阳詹的《同州韩城县西尉厅壁记》等材料，最后得到的结论是：

> ……在定员为两个"尉"的县即畿县以下一直至上县，很多情况下是由一个尉来担任功、户、仓职务，由另一个尉担当兵、法职务，士曹则有时由担当兵法的尉兼掌，有时又由担当仓曹的尉兼掌①。

这是很有意义的一大新发现，也驳斥了内藤乾吉从考察敦煌文书所得的推论（司户之尉兼掌司兵事务）。换句话说，唐代畿县至上县的县尉，又可分为两大类：第一类专管功、户、仓。这三曹管理的是官吏、学校、户籍、租赋和仓储等事务，都属一般文书行政，不涉及捕贼捉盗等治安工作，或可说比较"轻松"易为。第二类专管兵、法事务，那就牵涉到捕贼捉盗等剧务，不易为。所以第二类管捕贼的县尉，在唐史料中也有个别称叫"捕贼官"和"捕贼尉"。这第二类捕贼尉的地位，又在第一类司户尉之下。砺波护引沈亚之的《栎阳兵法尉厅记》所说"尉之曹，兵法居末"，以资证明。

　　砺波护也考出诗人白居易当年在盩厔县担当的是司户尉，而另一个诗人李商隐在弘农县所任的，却是低下的兵法尉（证据见于他著名的诗句"黄昏封印点刑徒"），以致李商隐终于闷闷不乐，乞假求去。砺波护又推论："如果李商隐被任命的弘农县尉不是

----

① 砺波护《唐代の縣尉》，页 566—567。

担当司法之尉,而是担当司户之尉的话,诗人的命运也可能会有变化,或许会走一条完全不同的道路。"①这样的发现对我们研究唐代诗人和士人的官历,也极有启发性。今后我们当可留意细考,某诗人任县尉时所担当的,究竟是地位较高的司户尉,还是"居末"的司法"捕贼尉"。这当很有助于了解他当时的工作、生活状况。

在过去,学界对县尉职务的了解,往往是片面的。如金性尧那本流通甚广的《唐诗三百首新注》,在注释王昌龄《同从弟南斋玩月忆山阴崔少府》中"少府"一词时便说:"少府,官名,这里指县尉,主缉捕盗贼。唐代科第出身的士人也任之。"②事实上,王昌龄这首诗中的"崔少府",是否担任"捕贼"的县尉,恐怕很成疑问。他任县尉的山阴属越州(今浙江绍兴),是个紧县③。照唐志规定,紧县应当有两个县尉,一主功户仓,另一管兵法等。这位崔少府(可能是崔国辅)究竟掌何曹,诗中并未明说,不宜径直把他当成捕贼尉。把县尉主要的职务说成"捕盗贼",至今仍是唐诗和唐史学界相当普遍的说法。但砺波护已证明"捕盗贼"只不过是县尉的职务之一,未必"主要";像白居易所任的司户尉,甚至跟捕盗贼毫无关联。严格说来,县事分六曹,也意味着县尉的职务包含了这六曹的所有事务,不单是捕盗贼。英文唐史论著,习惯把县尉译成 Marshal(英美地方上的一种"武警"),也是偏向捕贼县尉的译法。笔者建议,不如把此官名译为 County Administrator(县的判官),当更能涵盖县尉在唐史上各方面的职责。

①砺波护《唐代の縣尉》,页 568。
②《唐诗三百首新注》(上海:上海古籍出版社,1980)卷一,页 24。
③《新唐书》卷四一,页 1061。

砺波护文中已引用了一些"捕贼官"的史料。这里笔者想补充几条关于"捕贼尉"的材料，作进一步讨论。第一是《旧唐书·黎干传》写京兆尹黎干当年和同党刘忠翼被诏长流在外，他们离开长安时的一幕：

　　　　既行，市里儿童数千人噪聚，怀瓦砾投击之，捕贼尉不能止，遂皆赐死于蓝田驿①。

这个"捕贼尉"当是管法纪，维持秩序的，但他制止不了数千儿童的"噪聚"和掷"瓦砾"。

　　第二个案例涉及诗人元稹：

　　　　初，狱未具，京兆刘遵古遣吏罗禁稹第，稹诉之，帝怒，责京兆，免捕贼尉，使使者慰稹②。

这里可看出京兆尹如何连同他属下某县（万年县或长安县）的司法尉，"罗禁稹第"，以致遭到谴责和罢免的下场。

　　第三个案例是晚唐叛将朱泚手下的源休，如何命令"万年尉贼曹尉"杀害李唐宗室子孙的事：

　　　　又劝(朱)泚锄翦宗室，以绝人望，命万年县贼曹尉杨倢专其断决，诸王子孙遇害不可胜数③。

---

① 《新唐书》卷一一八，页3426。
② 《新唐书》卷一七四，页5229；又见《旧唐书》卷一六六，页4334。关于此案的讨论，见卞孝萱《元稹年谱》(济南：齐鲁书社，1980)，页411—412。
③ 《旧唐书》卷一二七，页3576。

这里又多了一个别称"贼曹尉",和上引"捕贼官"、"捕贼尉"稍有不同。管司法的县尉,平日即经常处于暴力世界中。源休命令他来负责翦杀"诸王子孙",或许正觉得他比较"合适"。其实,"贼曹"一词在汉代是正式官名。《汉书》和《后汉书》中常见,如《后汉书·百官志》说:"贼曹主盗贼事。决曹主罪法事。兵曹主兵事。"①魏晋仍沿用,如陶渊明的诗《和胡西曹示顾贼曹》②,所用即当时正式官名。但到了唐代,"贼曹"已非正式官名,不见于《唐六典》和两《唐书》职官志或百官志,仅用作司法之县尉的绰号或别称。唐人小说中亦有用例。如《前定录》所说:"(薛)少殷寻以丁母忧,服除,选授万年县尉。时青淄卒吏与驸马家僮斗死。京兆府不时奏。德宗赫怒。时少殷主贼曹。一日,乃贬高州雷泽县尉。"③《原化记》也说:"顷有仕人为畿尉,常任贼曹。"④从上下文看,这些"贼曹"都很清楚指县之法曹,即司法之县尉。

但"贼曹"有时可能亦指州的司法参军。如著名的唐人小说《李娃传》中,有两凶肆(殡仪馆)在天门街较技,互争胜负,"士女大和会,聚至数万",好不热闹,"于是里胥告于贼曹,贼曹闻于京尹"⑤。由于这个贼曹"闻于京尹",他似乎是京尹(即京兆尹)属下的司法参军,而非县的司法县尉⑥。按京兆尹属州府级官员。

---

① 《后汉书》(北京:中华书局,1965年校点本)卷二四,页3559。
② 《陶渊明集》,逯钦立校注本(北京:中华书局,1979),页68。
③ 《太平广记》卷一五二,页1094。
④ 《太平广记》卷一九五,页1466。
⑤ 《唐人小说》,汪辟疆校录(1930年初版;香港:中华书局,1985年重印),页103。
⑥ 周绍良《唐传奇笺证》,页247—248,引《通典》卷三三,页914所云"司法参军:两汉有决曹贼掾,主刑法。历代皆有,或谓之贼曹,或为法曹,或为墨曹",认为此"贼曹"指州(即长安京兆府)的司法参军。

长安设有京兆府，又有万年县和长安县。照常规，州府级长官当和州诸曹参军一起行事，但他们似乎也可以直接和县级官员如县尉接触，有行政上的牵连。如上引《新唐书》元稹被京兆尹遣吏"罗禁"，最后导致京兆尹被责，县尉被免；《前定录》薛少殷为万年县尉，县里发生"青淄卒吏与驸马家僮斗死"事，"京兆府不时奏"，结果薛少殷被贬官。本节下引《纪闻》，也有洛州长史和县尉合力捕贼事。这些都是京兆尹或长史和县尉有行政关系的例证。所以《李娃传》此"贼曹"，究竟指州的司法参军，还是县的司法之尉，暂时不易判定，且录此存疑。

司法尉有"捕贼尉"和"贼曹尉"等别称，那么司户尉是否也有类似别称呢？宋人赵彦卫的《云麓漫钞》有一段话，颇可留意：

> 汉，县有廷掾监乡五部，春夏为劝农掾，秋冬为制度掾。隋改尉为县正。唐置七司，一如郡制；丞为副贰，如州上佐；主簿上辖，如录事参军，其曹谓之录事司；司功以下，有六曹尉分掌之，如州判司，总为七曹。今江西尚有呼县尉为户尉者，沿唐故也[1]。

据此，江西唐人有俗称县尉为"户尉"者。从名称来看，此"户尉"又似专管司户之尉。司户尉处理户籍、仓储、租赋等事，看来跟民间老百姓的关系，比司法尉更为密切，以致"江西尚有呼县尉为户尉者，沿唐故也"。

唐代窦从直所写的《唐故河南府司录卢公夫人崔氏墓志铭》，提到卢夫人崔氏有男一人任县尉时，用了"万户尉"这别称：

---

[1]《云麓漫钞》，傅根清点校本（北京：中华书局，1996），卷五，页80。

夫人有男一人,女二人。女则组纴禀训,婉娩承华,结褵从夫,荣耀他族。男曰从雅,顷岁辟召,制有成命,参佐戎律,换万户尉①。

这可能是司户尉的一个别称。顺此一提,"户尉"到宋时更成了门神之一。宋代陈元靓写的《岁时广记》有一段小考证:

《荆楚岁时记》岁旦绘二神,披甲持钺,贴于户之左右,谓之门神。又吕原明《岁时杂记》云:除夕图画二神形傅于左右扉,名曰门丞、户尉②。

可知县尉和民间生活的关系紧密。唐县百姓最常见到的一个中央派来的官员,极可能就是县尉。

综上所说,唐代县尉掌管户口、赋税、仓储、兵法、工程等六曹事。赤县有六县尉,可能是一尉管一曹。中、下县只有一尉,则一尉总判六曹。畿县至上县都各有二尉名额,则分判六曹:可能一尉掌功户仓,另一尉掌兵法士;也可能第一尉管功户仓士四曹,第二尉只管兵法两曹。如果人口多,一县有三个或三个以上的县尉时,则各尉的职掌也会有所变化转整,恐无定律,端视各县的情况

①《全唐文》卷四三八,页4467。
②《岁时广记》(宋代笔记小说丛刊;石家庄:河北教育出版社,1995)卷五,页188—189。关于此书的考证,见《四库全书总目》(上海:商务印书馆《万有文库》排印本,1933)卷六七,页592。吕原明即吕希哲(约活跃于1060年)。他的《岁时杂记》今无传本,但有四库馆臣从《永乐大典》中辑出的《吕氏杂记》,现收在台北商务印书馆《景印文渊阁四库全书》,第863册,1983。

而定。但不管怎样，最主要的两种尉，始终是司户尉和司法尉，而司户尉的地位又在司法尉之上。

最后，笔者想讨论一个无人触及的问题，即司法尉（"捕贼尉"和"贼曹尉"）负责"捕贼"，这是否意味着他们需"亲自"出马前去捕贼？在上县以上县任县尉者，几乎都是读书的士人。他们是否有足够的能力和训练去亲身"捕贼"，恐怕不无疑问。唐代著名学者和注《汉书》的大儒颜师古（581—645），年仅约二十一二岁时，在隋朝曾任县尉。当时的大臣杨素看到他这么年轻，"年弱貌羸"，很不放心：

> 师古少传家业，博览群书，尤精诂训，善属文。隋仁寿（601—604）中，为尚书左丞李纲所荐，授安养尉。尚书左仆射杨素见师古年弱貌羸，因谓曰："安养剧县，何以克当？"师古曰："割鸡焉用牛刀。"素奇其对。到官果以干理闻①。

安养即邓城，属襄州，在唐朝是个紧县②，隋应相当。颜师古说"割鸡焉用牛刀"，不免有些吹嘘。其实，我们知道，唐县除了由县尉等县官治理之外，还有许多当地的吏卒在帮忙。像捕贼、催税这等麻烦事，恐怕不需由县尉亲自去做，大可以委派吏卒前去。可惜，正统史书没有记载捕贼等事的执行过程，我们不得知详情。但唐人小说《纪闻》中，曾写过县尉捕贼的细节。虽是小说，应能反映当时实情，或可帮助我们认清历史。文略长，但趣味益然，值得全引：

---

① 《旧唐书》卷七三，页2594。
② 《新唐书》卷四〇，页1030。

天后时,尝赐太平公主细器宝物两食盒,所直黄金千镒。公主纳之藏中。岁余取之,尽为盗所将矣。公主言之,天后大怒,召洛州长史谓曰:"三日不得盗,罪。"长史惧,谓两县主盗官曰:"两日不得贼,死。"尉谓史卒游徼曰:"一日必擒之。擒不得,先死。"吏卒游徼惧,计无所出。衢中遇湖州别驾苏无名,相与请之至县。游徼白尉:"得盗物者来矣。"无名遽进至阶,尉迎问故。无名曰:"吾湖州别驾也,入计在兹。"尉呼吏卒:"何诬辱别驾?"无名笑曰:"君无怒吏卒,抑有由也。无名历官所在,擒奸擿伏有名。每偷,至无名前,无得过者。此辈应先闻,故将来,庶解围耳。"尉喜,请其方。无名曰:"与君至府,君可先入白之。"尉白其故,长史大悦。降阶执其手曰:"今日遇公,却赐吾命。请道其由。"无名曰:"请与君求见对玉阶,乃言之。"于是天后召之,谓曰:"卿得贼乎?"无名曰:"若委臣取贼,无拘日月。且宽府县,令不追求。仍以两县擒盗吏卒,尽以付臣。臣为陛下取之,亦不出数十日耳。"天后许之。无名戒吏卒,缓则相闻。月余,值寒食,无名尽召吏卒,约曰:"十人五人为侣,于东门北门伺之。见有胡人有与党十余,皆衣缞绖,相随出赴北邙者,可踵之而报。"吏卒伺之,果得,驰白无名。往视之,问伺者:"诸胡何若?"伺者曰:"胡至一新冢,设奠,哭而不哀。一撤奠,即巡行冢旁,相视而笑。"无名喜曰:"得之矣。"因使吏卒,尽执诸胡,而发其冢。冢开割棺视之,棺中尽宝物也。奏之,天后问无名:"卿何才智过人,而得此盗?"对曰:"臣非有他计,但识盗耳。当臣到都之日,即此胡出葬之时。臣一见即知是偷,但不知其葬物处。今寒节拜扫,计必出城,寻其所之,足知其墓。贼既设奠而哭不哀,明所葬非人也。奠而哭毕,巡冢相视而笑,喜墓无损伤也。向若陛下迫促府县捕贼，计急，必取之而逃。今者更不追求，自然意缓，故未将出。"天后曰："善。"赐金帛，加秩二等①。

据此可知县尉捕贼是怎样一回事。他并不需亲身出马，只要在幕后策划，自有"吏卒"帮忙。文中洛州长史所说的"主盗官"，明确指县尉。这也可算是县尉的另一绰号。

七、以县尉作阶官充馆职

两《唐书》中经常可见到某某人以县尉"充集贤校理"、"直史馆"或"直弘文馆"的个案。且先各举两例如下：

（一）（杜）让能，字群懿，擢进士第，从宣武王铎府为推
　　　官，以长安尉为集贤校理。②
（二）（冯）宿弟定字介夫……权德舆掌贡士，擢居上第，
　　　后于润州佐薛苹幕，得校书郎，专为鄠县尉，充集贤
　　　校理。③
（三）（蒋）系，大和初授昭应尉，直史馆。④
（四）宇文籍字夏龟。……登进士第，宰相武元衡出镇西
　　　蜀，奏为从事。以咸阳尉直史馆，与韩愈同修《顺宗

①《太平广记》卷一七一，页1258—1259。
②《新唐书》卷九六，页3864。
③《旧唐书》卷一六八，页4390—4391。
④《旧唐书》卷一四九，页4028。

实录》,迁监察御史。①

（五）（郑覃）子裔绰,以荫授渭南尉,直弘文馆。②

（六）陆扆字祥文……宰相孔纬奏直史馆,得校书郎,寻
　　丁母忧免。龙纪元年冬,召授蓝田尉,直弘文馆,迁
　　左拾遗……③

这些都是唐代士人以县尉(而且是名望崇高的赤、畿尉)去出任集
贤校理,或直史馆和弘文馆的个案。从上下文看,他们真正的工
作,不是当县尉,而是以县尉的官位去充任集贤校理或直史馆和
直弘文馆工作。这种以他官任某官的例子,在唐代和唐以前都很
常见(宋代的情况较复杂,暂且不论)。如汉代有名的目录学家刘
向及汉赋大家扬雄,都曾以光禄大夫的官位,在汉代的天禄阁藏
书楼充当校书的工作,因为当时还没有"校书郎"这样的职位④。
魏晋南北朝也有类似情况。《唐六典》即说:"自汉、魏历宋、齐、
梁、陈,博学之士往往以佗官典校秘书。"("秘书"指秘书省,即皇
室的藏书楼)⑤

　　唐初诗人王绩(590—644)的个案更特殊。他是"以前扬州六
合县丞待诏门下省"⑥。按王绩是在隋朝任扬州六合县丞。到了
唐初,朝廷竟承认他在隋朝所得的官资,竟要他以隋官去任唐官。
这也可证明以"他官任某官"时,即表示那人只担任"某官",不是

①《旧唐书》卷一六〇,页4209。
②《旧唐书》卷一七三,页4492。
③《旧唐书》卷一七九,页4668。
④《唐六典》卷一〇,页298。
⑤《唐六典》卷一〇,页298。
⑥吕才《王无功文集序》,《王绩诗文集校注》,页11。

兼任两官。像王绩,"以前扬州六合县丞待诏门下省",他即只能出任唐初的门下省待诏。他不可能再"时光倒流",回到隋朝去兼任扬州六合县丞。他的隋朝官资只是秩品位、寄俸禄之用,即作为一种"阶官"来使用,因为门下省待诏是一种暂时编派的非正统官职,也没有品位①。

唐代以"他官任某官",主要即用在那些没有品位的所谓"馆职"上,包括集贤院、史馆、弘文馆,及翰林院中的一系列职位。如最常见的翰林学士,即例必带一个职事官衔。白居易任此职时,即以"左拾遗"这个职事官衔,"充翰林学士"②。他自己也常以此两官并提,如在《曲江感秋二首并序》即说:"元和二年、三年、四年(807—809),予每岁有《曲江感秋》诗,凡三篇,编在第七集卷。是时予为左拾遗、翰林学士。"③他又在《香山居士写真诗并序》中说:"元和五年(810),予为左拾遗、翰林学士。"④在那些年代,白居易始终都在翰林院工作,并没有担当左拾遗的职务。上引六个带县尉官衔而充任集贤校理,或直史馆和弘文馆者,应当也和白居易一样,都在集贤、史馆和弘文馆任职,不是充当县尉。他们所带的县尉衔,只是用作阶官,以秩品位、寄俸禄而已。

然而,砺波护在其大文中对此有不同的看法。他引常衮的《授荀尚史馆修撰制》(任命处士荀尚为华州下邽县尉,充史馆修撰),以及杜牧所撰的另三篇任命书(任薛途为泾阳县尉充集贤校理、任崔滔为栎阳县尉充集贤校理、任薛延望为美原县尉直弘文

①关于王绩此案以及门下省待诏和翰林待诏的问题,详见笔者的《唐代待诏考释》。
②朱金城《白居易年谱》,页41。
③《白居易集》卷一一,页224。
④《白居易集》卷三六,页824。

馆)之后说:"'史馆修撰'与'集贤校理'、'直弘文馆'属于名誉职位,没有品阶,单单是加官,因而在任命国都附近特别是畿县尉时,同时就将这些加官授与他们了。"[1]换句话说,砺波护显然认为这几人是去担任县尉,并得到史馆修撰等"加官"。但笔者的看法正好和砺波护相反,认为这几人其实不是去任县尉,而是担当史馆修撰、集贤校理和直弘文馆,但由于这三个职位都没有品秩,所以他们要带一县尉官衔,作为阶官以秩品位。

砺波护说史馆修撰等职"没有品阶"是对的,但把它们说成是"名誉职位"和"加官",恐怕很成疑问。他在此似乎是以宋代的"帖职"制度来看唐制[2]。事实上,唐代史馆修撰、集贤校理和直弘文馆都是实职,非"名誉职位",唐史料中例证很多。如韩愈所写的古文名篇《送郑十校理序》:

> 秘书,御府也。天子犹以为外且远,不得朝夕视,始更聚书集贤殿,别置校雠官,曰"学士"、曰"校理",常以宠丞相为大学士。其他学士皆达官也。校理则用天下之名能文学者;苟在选,不计其秩次,惟所用之。由是集贤之书盛积,尽秘书所有不能处其半;书日益多,官日益重。四年(指元和四年,即809),郑生涵始以长安尉选为校理……[3]

这是韩愈饯别他的朋友郑涵回集贤院任校理所写的一篇序。文中一开头即详细描写集贤院及其藏书。这应当就是郑涵的工作

---

①砺波护《唐代の縣尉》,页575。

②关于宋代的"帖职",见李昌宪《宋代文官帖职制度》,《文史》,第30辑(1988)。

③《韩昌黎文集校注》卷四,页288。

场所,否则韩愈也不必如此花费笔墨。文中也提到郑涵"始以长安尉选为校理",但郑涵显然不是去出任长安尉(韩文中完全未提县尉事),而是在集贤院任校理。韩愈另一古文《集贤院校理石君墓志铭》,写他的朋友石洪,"征拜京兆昭应尉,校理集贤御书",也明确说是"校理集贤御书",不是去任县尉。晚唐诗人李商隐为白居易所写的墓志《刑部尚书致仕赠尚书右仆射太原白公墓碑铭并序》,一开头就提到白居易兄之次子"景受,大中三年(849)自颍阳尉典治集贤御书"①,很清楚点明他的工作,为"典治集贤御书"。颍阳属河南府,是个畿县②。

唐史料中涉及以县尉充集贤校理等职的任命书,除了砺波护所引用的那四篇之外,还有另外好几篇。细读这些任命书的内容,也可以帮助我们了解唐代如何以县尉等官充任馆职。如薛廷珪所写的《授前京兆府参军钱珝蓝田县尉充集贤校理;乡贡进士崔昭纬秘书省秘书郎充集贤校理制》:

> 敕。具官钱珝等。儒术可以厚风俗,人文可以化天下。帝王兴创,不能异之。粤我皇祖肇基,丕阐兹道。……良重集贤藏书之府,故用丞相司之,得选官属,将慎废坠。……尔宜穷四部之多,正五体之别,无使我集贤殿不及汉兴之东观秘书也。勉矣哉! 可③。

①《李商隐文编年校注》,页1807。按白居易无子。此碑文中所说的"子景受",据后人的考证,应当是指他兄长"幼文之次子"。见《李商隐文编年校注》,页1812—1813的讨论。
②《新唐书》卷三八,页984。
③《全唐文》卷八三七,页8815。

这份文件任命钱珝以蓝田县尉充集贤校理，以及崔昭纬以秘书省秘书郎充集贤校理，但细读其内容，完全没有提到县尉或秘书省之事，反而明确提到"集贤藏书之府"，以及"无使我集贤殿不及汉兴之东观秘书"，可知钱珝和崔昭纬的真正职务，是出任集贤校理。

集贤校理最主要的职务，是校雠院内图书。《旧唐书·职官志》说集贤"修撰官，校理官，并无常员，以官人兼之"①。《新唐书·百官志》说："（开元）八年（720）加文学直，又加修撰、校理、刊正、校勘官。"②可知集贤院从开元初年间即有"校理"官，但无常员。到了德宗贞元八年（792），"判院事官陈京始奏停校理，分校书郎四员，正字两员"。到了元和二年（807），又罢校书、正字为校理③。换言之，集贤院只在 792 到 807 年的十六年期间，才设有校书、正字的官职，其他时间统称为集贤校理④。

集贤校理所带的阶官，以县尉最常见（而且都是赤畿尉），如钱珝此例和上引数例。但校理也可能带其他职事官衔，如上引崔昭纬的秘书省秘书郎。唐史上也有人以州参军去充任校理，如李磎的《授李縠河南府参军充集贤校理制》所说：

> 敕。李縠。书府皆以丞相为大学士，盖理化之本在焉。而集贤尝鄙仙殿之称，时之论者亦以为尤重。今大学士谓尔縠儒学贤相之后，以进士擢科。今典籍散亡，编简残缺。縠绍儒学之业，实进士之名，傥能讨筹质正，请使校群书焉。予嘉而听之。参军府庭，则序官然耳。河南京兆，大何足论。

①《旧唐书》卷四三，页 1852。
②《新唐书》卷四七，页 1213。
③《唐会要》卷六四，页 1323。
④关于集贤校理和校书郎及正字的关系，见本书第一章《校书郎》。

噫,苟能副大学士之委,谏官御史,岂吝汝迁。可依前件①。

文中明确提到集贤院为李毂的工作场所。"今典籍散亡,编简残缺",也正有待李毂去"校群书"。至于他的参军职,"则序官然耳",即用作一种阶官而已。杜牧《唐故太子少师奇章郡开国公赠太尉牛公墓志铭并序》,提到牛僧孺有一女"嫁河南府士曹、集贤校理常山张希复"②,这位张希复即以河南府士曹参军为阶官,充集贤校理。除县尉和参军外,亦有人以主簿充校理。如权德舆所写的《故朝议大夫守太子宾客上轻车都尉赐紫金鱼袋赠太子太傅卢公行状》,曾提及这位卢公(卢迈),初入仕时"转河南主簿,寻有诏充集贤校理"③。

唐人除了以县尉充集贤校理外,亦常以县尉直史馆和直弘文馆。本节开头已引了两个新旧《唐书》中以县尉直史馆的例子。类似的案例在两《唐书》中还有十多个,且再引三个:

(一)(柳)芳自永宁尉、直史馆,转拾遗……④

(二)(沈)传师……授太子校书郎、鄠县尉,直史馆,转左拾遗……⑤

(三)(崔)元受登进士第,高陵尉,直史馆。⑥

---

①《全唐文》卷八〇三,页8435。

②《樊川文集》卷七,页119。

③《全唐文》卷五〇七,页5155。《旧唐书·卢迈传》卷一三六,页3753可参看:"两经及第,历太子正字、蓝田尉。以书判拔萃,授河南主簿,充集贤校理。"

④《旧唐书》卷一四九,页4030。

⑤《旧唐书》卷一四九,页4037。

⑥《旧唐书》卷一六三,页4263。

以上三人直史馆所带的县尉衔，都属畿尉。直史馆负责修史，属于比较低层的史官，地位低于史馆修撰。《旧唐书·职官志》对两者作了清楚的界说："贞观已后，多以宰相监修国史，遂成故事也。……天宝已后，他官兼领史职者，谓之史馆修撰，初入为直馆也。"①《新唐书·百官志》也说："贞观三年，置史馆于门下省，以他官兼领，或卑位有才者亦以直馆称。"②元和六年，有宰相奏称："登朝官领史职者为修撰，以官高一人判馆事；未登朝官皆为直馆。"③

　　据此可知直史馆为"初入"职位，为"卑位有才者"所任。所以唐代的直史馆，绝大多数都带县尉这个低层职事官衔，或校书郎这种九品小官，如晚唐的陆扆，"宰相孔纬奏直史馆，得校书郎"④。两《唐书》中只有一人即杨嗣复，以官位较高的右拾遗，出任直史馆："嗣复七八岁时已能秉笔为文。年二十，进士擢第。二十一，又登博学宏词科，释褐秘书省校书郎。迁右拾遗，直史馆。"⑤但此例仅此一见，恐怕属于特殊例子，非常例。拾遗是个清要官，地位远在县尉之上。一般以此官已可担任较高级的史馆修撰，如蒋系，"大和初，授昭应尉，直史馆。明年，拜右拾遗、史馆修撰，与沈传师、郑澣、陈夷行、李汉参撰《宪宗实录》"⑥。他最初以县尉任直史馆，后升右拾遗即改任史馆修撰。蒋系的父亲蒋乂也以右拾遗任史

①《旧唐书》卷四三，页 1853。
②《新唐书》卷四七，页 1214。
③《新唐书》卷四七，页 1214。关于唐代的史馆和史官，见张荣芳《唐代的史馆和史官》）；Denis C. Twitchett, *The Writing of Official History under the T'ang*, pp. 13—20.
④《旧唐书》卷一七九，页 4668。
⑤《旧唐书》卷一七六，页 4556。《新唐书》卷一七四，页 5238 说他"进右拾遗，直史馆"，亦同。
⑥《新唐书》卷一三二，页 4534。

馆修撰:"贞元九年,擢右拾遗、史馆修撰。"①至于"登朝官",指那些需参加朝会的高官和监察御史等"常参官"。县尉不参朝会,属"非登朝官",因此县尉充任史官,一般只能担当直史馆这个比较低层的史官。有学者认为直史馆是唐代所谓"直官制"的一环②。

这样看来,砺波护所引常衮撰《授荀尚史馆修撰制》,是个很特殊的案例。先看他的任命书怎么说:

> 敕。处士荀尚。昔荀卿荀悦,并有著书。而尚远承儒史之业,深得述作之意。思精大体,经通王道,慨然论事,来自山东。灼见古今之宜,熟数理安之策。嘉乐贤俊,副于怀人,《春秋》一字,使之润色。结绶京辅,进而录之。行成乎身,不患无位。可华州下邽县尉,充史馆修撰③。

我们前面见过许多例子,县尉只充任直史馆。因此荀尚以"华州下邽县尉,充史馆修撰"可说很特殊。史馆修撰为比较高层的史官,因此也需要比较高的职事官衔来配合,如拾遗等。唐史上不少史馆修撰甚至由侍郎等高官充任,如张荐,任史馆修撰时已官至"尚书工部侍郎兼御史大夫"等高官④;又如顺宗朝的卫次公,"由中书舍人充史馆修撰"⑤。中书舍人是中书省极清望的高官⑥。但笔者在两

---

① 《新唐书》卷一三二,页4531。
② 李锦绣《唐代直官制初探》,《国学研究》,第3卷(1995),页412—413。
③ 《全唐文》卷四一二,页4223。
④ 权德舆《唐故中大夫守尚书工部侍郎兼御史大夫史馆修撰上柱国……张公墓志铭并序》,《全唐文》卷五〇六,页5144。
⑤ 《新唐书》卷一六四,页5045。
⑥ 孙国栋对中书舍人做过专门研究,见其《唐代中书舍人迁官途径考释》,《唐宋史论丛》,页37—79。

《唐书》和《全唐文》中爬梳，发现以县尉充史馆修撰，荀尚是唯一的案例，应当可算是例外。或许正如他的任命书所说，他"远承儒史之业，深得述作之意"，有特殊的史才，所以朝廷才破例授予他史馆修撰。一般以县尉只能充任直史馆。前引张荐，据其《旧唐书》本传说，"母丧阕，礼部侍郎于邵举前事以闻，召充史馆修撰，兼阳翟尉"①。由此看来，张荐最初似乎也以县尉充史馆修撰，但文中用了"兼"字，情况有些不明，故笔者存疑，不把它当成荀尚以外的另一案例。

至于县尉充任直弘文馆的案例，在两《唐书》中也有十多例。除了本节开头所引的两例外，这里再引三例如下：

（一）（裴枢）再迁蓝田尉，直弘文馆。②
（二）（孔纬）历观察判官。宰相杨收奏授长安尉，直弘文馆。③
（三）（刘）崇望，入为长安尉，直弘文馆，迁监察御史。④

这些都是以赤畿尉充直弘文馆的例子。弘文馆为唐宫城中的文馆之一，原为修文馆，设有藏书阁和学校。初唐即有人以他官直弘文馆，但不是以县尉，而是以参军、著作佐郎、县丞等官。如诗人王绩的好友吕才，精通阴阳方伎和音乐，唐太宗"即召才直弘文馆，参论

---

① 《旧唐书》卷一四九，页4024。
② 《旧唐书》卷一一三，页3357。中华书局校点本此处的断句原为"再迁蓝田尉。直弘文馆"。以句号把两个原有关联的官名分开，校点者似乎不了解唐代以县尉作阶官的制度。笔者上引文将此句号改为逗号。
③ 《旧唐书》卷一七九，页4649。
④ 《旧唐书》卷一七九，页4664。

乐事"①。在武则天朝,年轻时王义方(初唐四杰之一卢照邻的老师)即"授晋王府参军,直弘文馆"②。开元十七年(729),宰相裴光廷"引寿安丞李融、拾遗张琪、著作佐郎司马利宾等,令直弘文馆,撰《续春秋传》"③。则天朝的几个著名文士,也曾直昭文馆(弘文馆当时的名称):"(刘)祎之少与孟利贞、高智周、郭正一俱以文藻知名,时人号为刘、孟、高、郭。寻与利贞等同直昭文馆。"④

集贤校理的职务是校书,直史馆为修史,但直弘文馆的工作却不很清楚,需再细考。《旧唐书·职官志》说:弘文馆为"著撰文史,鸠聚学徒之所也"⑤。弘文馆本身有图书,也有校书郎,但藏书不及集贤院和秘书省,不算是唐代主要的藏书所。它最主要的特色,在于它跟东宫的崇文馆一样,设有一所皇亲贵族学校,学生维持在三十人左右,需皇亲和高官三品以上子孙始能入学⑥。从上引数例看来,直弘文馆的工作,似主要为论学、撰述和教授生徒等项。吕才直弘文馆为"参论乐事"。李融和张琪等人,在弘文馆即从事撰述。王义方是唐初有名的经学家,除了教过卢照邻这个初唐诗人外,他还曾经在海南岛教南蛮读经⑦。他直弘文馆期间,最可能的任务是教授那里的皇室贵族学生。开元十六年(728),原本在国子学教授的大儒尹子路,也

---

① 《新唐书》卷一〇七,页 4062。
② 《旧唐书》卷一八七上,页 4874。
③ 《旧唐书》卷八四,页 2807。
④ 《旧唐书》卷八七,页 2846。
⑤ 《旧唐书》卷四三,页 1847。
⑥ 《唐六典》卷八,页 255。又见刘海峰《唐代教育与选举制度综论》,页 71—74 的讨论。
⑦ 见其《旧唐书》本传,卷一八七上,页 4874;《新唐书》卷一一二,页 4159。笔者有一长文《唐代县丞考释》(有待发表),其中有一节专论这位教南蛮读经的三任县丞王义方。

被召"直弘文馆教授"①。这些例子大约可以说明直弘文馆的职务。

最后,笔者想引一个县尉直崇文馆的案例。李华的《扬州司马李公墓志铭》说,这位李并"少孤,以经明行修登第,直崇文馆,授雍邱尉"②。这是笔者所能找到以县尉直崇文馆的唯一事例。崇文馆属太子东宫,可说是弘文馆的东宫版,规模较小,地位较次。李并直崇文馆,只获授"雍丘尉",也很能反映东宫官比较低下。雍丘在汴州,属望县③。所以李并所授的雍丘尉只是个望县尉,不像其他人直弘文馆,所获都是赤尉或畿尉。

近年已有学者注意到,唐代职事官有阶官化的倾向④。以县尉作阶官充馆职,正是这种趋势的一环。换句话说,唐代不只以散官来秩品位,它还以职事官作为某些无品位馆职及方镇使府幕职(如推官、巡官和掌书记)的阶官。翰林学士以及翰林待诏,也都带有这种秩阶的职事衔⑤。但此课题牵涉面甚广,这里不能细论。笔者准备将来另撰一文专论此制。

八、结论

《元和郡县图志》和《新唐书·地理志》,都把唐代的县分为

---

①《旧唐书》卷一八五下,页4820。

②《全唐文》卷三二一,页3252。

③《新唐书》卷三八,页989。

④张国刚在《唐代官制》(西安:三秦出版社,1987),页160—161,最先提到唐代职事官的"阶官化"。他后来在《唐代阶官与职事官的阶官化》,《唐代政治制度研究论集》(台北:文津出版社,1994),有更深入的讨论。

⑤关于翰林待诏所带的这种秩阶的职事官衔,见拙文《唐代待诏考释》及《唐代的翰林待诏和司天台:关于〈李素墓志〉和〈卑失氏墓志〉的再考察》,《唐研究》,第9卷(2003)。

十等:赤、次赤、畿、次畿、望、紧、上、中、中下、下。但实际上,唐人常简化为七等:赤、畿、望、紧、上、中、下。县尉也可按此分为七个等级,其高低地位相去甚远。地位最高的是赤、畿尉,多为入仕条件极佳士人的第二或第三任官。其次是望、紧和上县之县尉,多由进士或明经出身刚释褐者担任。地位最低的是中、下县的县尉,例由令史等流外官入流充任。县尉的仕途前景也据此分级而定。赤畿尉最佳,常为士人中的精英,可官至宰相等高官。但望县尉当中,也有人官至宰相的。中、下县之尉一般是平庸的一群,终生在外地州县浮沉,无法转至中央任官。

唐县有六曹,对应中央的尚书六部,或州的六判司。县尉即分判此六曹事:功(掌官吏考课、礼乐、学校等)、仓(掌租赋、仓库、市肆等)、户(掌户籍、婚嫁等)、兵(掌武官、军防、传驿等)、法(掌刑法、盗贼等)、士(掌桥梁、舟车、舍宅等)。在最高一级的赤县,如长安京师万年县和长安县,各有六个县尉,看来便是一个县尉管一曹。中、下县的县尉名额只有一个,看来是一人兼管这六曹。但畿县、望县、紧县及上县,却都有两个县尉的名额。在这种情况下,很可能是两人分判六曹:一人担任功、户、仓职务,另一人担当兵、法职务。士曹可能由其中某一人分担。因此,把县尉职务说成是主盗贼,是一种过于简化的说法。

县尉可作为一种阶官使用。唐代的集贤校理、直弘文馆和直史馆,都带有县尉的官衔,但他们并不担任县尉工作,仅以县尉作为阶官,以秩品阶,寄俸禄。这是唐代职事官阶官化的现象之一。

第四章　参军和判司

诏授户曹掾,捧诏感君恩。感恩非为己,禄养及吾亲。
弟兄俱簪笏,新妇俨衣巾。罗列高堂下,拜庆正纷纷。
俸钱四五万,月可奉晨昏。廪禄二百石,岁可盈仓囷。
喧喧车马来,贺客满我门。不以我为贪,知我家内贫。

——白居易《初除户曹喜而言志》①

　　白居易这首诗,是他在任翰林学士期间,获授京兆府户曹参军时写的。喜悦之情跃然纸上。这一年他三十九岁,"俸钱四五万",比起七年前,他三十二岁任校书郎的"俸钱万六千",多了好几倍,难怪他这么高兴。亲友也来相贺。他更有一种感皇恩的心情:"捧诏感君恩。"我们对唐人初除官的心情所知极少。这首诗让我们可以一窥其中奥妙;另一首是元稹的《初除浙东妻有阻色,因以四韵晓之》②。诗中所说的"户曹掾",也正是本章所要讨论的一种"判司"。

_____

①《白居易集》卷五,页98—99。
②《元稹集》卷二二,页252。此诗末云"我有主恩羞未报,君于此外更何求?"亦堪玩味。

近人对参军和判司的研究寥寥无几。最早的一篇论文是严耕望先生的《唐代府州僚佐考》①，为开创之作，范围和本章不相同，包含所有"府州"僚佐，甚至涉及州军院的僚佐和军将，但未及京城十六卫府、太子率府和王府的参军和判司。其后，张荣芳有《唐代京兆府僚佐之分析——司录、判司与参军》②，专研长安京兆一府的僚佐。近年，李方发表一系列关于西州上佐和判司的考证③。本章则专论各类型参军和判司，不管他们是在京城卫、率府、王府或外地州府。

一、参军的起源和种类

参军即"参谋军事"的简称，原本是军事组织中的一种职位。《通典》在追述此官的起源时说：

> 后汉灵帝时，陶谦以幽州刺史参司空车骑张温军事。……晋时军府乃置为官员。……历代皆有。至隋为郡官，谓之书佐。大唐改为参军，掌直侍督守，无常职，有事则出使④。

①现收在严耕望《唐史研究丛稿》（香港：新亚研究所，1969），页103—176。
②张荣芳《唐代京兆府僚佐之分析——司录、判司与参军》，《东海学报》，第30卷（1989），页85—94。
③李方《唐西州功曹参军编年考证》，《周绍良先生欣开九秩庆寿文集》（北京：中华书局，1997）；《唐西州仓曹参军编年考证》，《首都师范大学学报》，2000年第4期；《唐西州户曹参军编年考证》，《敦煌学辑刊》，1997年第2期。又见李方《唐西州行政体制考论》（哈尔滨：黑龙江教育出版社，2002）。
④《通典》卷三三，页914。

可知到唐代时,此官已逐渐脱离原先的军事色彩,而演变为州府最常见的文官。军事意味较浓厚的机构,如京城十六卫、东宫太子率府、羽林军、折冲府及军镇,仍有一些参军职位,如录事参军、仓曹参军、兵曹参军、骑曹参军、胄曹参军等数种。但州府参军的名目反而更多,如表4.1所示。

在《唐六典》和《通典》等政书上,参军的正式称谓是"参军事",但在两《唐书》列传和墓志中,却经常省略为"参军"。为免累赘,本章一概沿用"参军"此省称。

参军名目虽多,但主要可分为两类。一类未冠任何职名,就单叫"参军";另一类冠以各种职名,如司功参军、司户参军、功曹参军、户曹参军、录事参军等。唐史料常统称他们为"判司"。未冠职名的"参军",是最低层的一种参军,也是士人释褐最常任的一种官。在唐史料中,这种参军又以州府参军和王府参军最常见,如张惜,"以荫授虢州参军"①;韦见素,"解褐相王府参军"②。至于判司,其官品和地位都比参军高,一般是士人的第二或第三任官,但也有人一起家即出任这些职位。

表4.1　唐代参军和判司的分布、人数和官品

	上州	中州	下州		京兆河南等府	亲王府	卫率府	大都督府
参军	4人 从八品下	3人 正九品下	2人 从九品下	参军	6人 正八品下	2人 正八品下		5人 正八品下
司功参军	1人 从七品下	1人 正八品下		功曹参军	2人 正七品下	1人 正七品上		1人 正七品下

<hr>

① 《旧唐书》卷一四〇,页3832。
② 《旧唐书》卷一〇八,页3275。

	上州	中州	下州		京兆河南等府	亲王府	卫率府	大都督府
司仓参军	1人 从七品下	1人 正八品下	1人 从八品下	仓曹参军	2人 正七品下	1人 正七品上	1到2人 从八品下	1人 正七品下
司户参军	2人 从七品下	1人 正八品下	1人 从八品下	户曹参军	2人 正七品下	1人 正七品上		1人 正七品下
司田参军	1人 从七品下	1人 正八品下	1人 从八品下	田曹参军	2人 正七品下			1人 正七品下
司兵参军	1人 从七品下	1人 正八品下		兵曹兵军	2人 正七品下	1人 正七品上	1人 从八品下	1人 正七品下
司法参军	2人 从七品下	1人 正八品下	1人 从八品下	法曹参军	2人 正七品下	1人 正七品上		1人 正七品下
司士参军	1人 从七品下	1人 正八品下		士曹参军	2人 正七品下	1人 正七品上		1人 正七品下
				骑曹参军		1人 正七品上	1人 从八品下	
				胄曹参军			1人 从八品下	

材料出处:《新唐书·百官志》。中下都督府未列,其参军和判司人数比大都督府少,官品一般略低。都护府亦未列,其人数比大都督府略少,官品也略低。详见《新唐书·百官志》。羽林军、折冲府和镇,也有一些判司如兵曹参军,不甚重要,从略。

至于录事参军或司录参军,是个中层的职位。史料中没有士人释褐为录事参军或司录的记载。在上中下州,录事参军往往是州长官刺史手下最主要的一个僚佐①。亲王府中的咨议参军、记室参军也属中层官职,但唐史上出任过此两官的人不多见,非要

①详见严耕望《唐代府州上佐与录事参军》,《清华学报》,新 8 卷第 1—2 期合刊(1970),页 284—305。后收入氏著《唐史研究丛稿》(香港:新亚研究所,1969),页 105—139。又见张荣芳《唐代京兆府僚佐之分析——司录、判司与参军》,页 85—94。

职,亦非基层文官,不属本书范围。故本章主要讨论州府参军,以及州府和十六卫、太子率府等军事组织中的各判司。至于羽林军、折冲府和镇的兵曹参军等少数判司,较不重要,史料亦短缺,本章略而不论。

据严耕望的研究,以上表4.1所示典志上所规定的参军和判司名额,并非一成不变。中晚唐时,名额经常减省,"有愈后愈省之趋势"。比如,在德宗朝,张延赏做宰相时,便大刀省减"诸州参军一半"[1],可说相当剧烈。判司方面,"大抵仅京府官俱六曹,其余府州多仅置户法两曹,且或仅置司户一员通判诸曹者。盖自唐中叶以来,一般府州政事渐为方镇所夺,至'州官事闲',故曹司员额逐渐省废也"[2]。因此,以上表4.1仅供参考,并不表示整个唐代都有那么多的参军和判司员额。

二、州府参军

本节的"府"指京兆、河南、太原府,以及唐后期从州升级为府的凤翔、兴元、成都、河中和江陵等府。这些府实际上属州级单位,只是比一般的州高一等[3],所以这里把这八府的参军和州参军放在一起讨论。州府参军是两《唐书》列传和墓志中很常出现的

---

[1]《唐会要》卷六九,页1449。此类省减甚常见,见《唐会要》卷六九"州府及县加减官"下各条。

[2] 严耕望《唐史研究丛稿》,页144。

[3] 关于唐代州府的分级和演变,最详细的论著见翁俊雄《唐代的州县等级制度》,《北京师范学院学报》,1991年第1期。

一种官职。唐诗中亦甚常见,如卢照邻有《送梓州高参军还京》①,权德舆有《送少清赴润州参军》②。州府参军和州诸司参军很容易混淆,需小心分辨。唐诗中这些单称"参军"的,都指州府参军。若指诸司参军或录事参军,则都有清楚标明。如卢照邻的《送郑司仓入蜀》③,即指明这位郑司仓是担任司仓参军的。杜甫的《送韦讽上阆州录事参军》④,也明确指韦讽出任的是"录事参军"。

严耕望已指出,州参军是士人初出仕之官,即释褐、起家之官⑤。两《唐书》和墓志中这些材料极多,除了严氏所引用过的之外,还有不少。从这些材料,可看出唐人入仕为州府参军的途径,可分为用荫、斋郎和挽郎、明经、进士、制科、博学宏词及其他方式等七种。

(一)以用荫入仕:

萧定:"定以荫授陕州参军、金城丞,以吏事清干闻。"⑥

张弘靖:"少以门荫授河南府参军……"⑦

杜式方:"以荫授扬州参军事。再迁太常寺主簿……"⑧

杜铨:"公以岐公荫,调授扬州参军、同州冯翊县丞……"⑨

①《卢照邻集校注》,李云逸校注(北京:中华书局,1998),卷二,页119。

②《全唐诗》卷三二三,页3631。

③《卢照邻集校注》卷三,页125。

④《杜诗详注》卷一三,页1156—1158。

⑤严耕望《唐史研究丛稿》,页158—160。

⑥《旧唐书》卷一八五下,页4826。

⑦《旧唐书》卷一二九,页3610。

⑧《新唐书》卷一六六,页5090。

⑨杜牧《唐故复州司马杜君墓志铭并序》,《樊川文集》卷九,页142。

郑埏:"以荫补左卫三卫,解揭授金州参军。"①

李锜:"淄川王孝同五世孙。以父国贞荫调凤翔府参军。"②

（二）从斋郎、挽郎出身,主要见于墓志。从斋郎、挽郎出身,其实属于用荫的一种③,但为了更明确,这里和用荫分开列:

周履洁:"十八……附庙斋郎……廿三,解褐鼎州参军。"④

陈祎:"弱冠以斋郎擢第,解褐任睦州参军事。"⑤

于尚范:"皇后玉匣升舆……擢为挽郎,解褐益州参军。"⑥

韦皋:"京兆人。大历初,以建陵挽郎调补华州参军……"⑦

（三）以明经起家,案例最多,且举八例:

张文瓘:"贞观初,举明经,补并州参军。"⑧

杜暹:"举明经,补婺州参军。"⑨

_____

①阙名《大唐故襄阳郡襄阳县令荥阳郑府君墓志铭并序》,《全唐文》附《唐文拾遗》卷一五,页 11339。
②《新唐书》卷一二四,页 6381。
③关于唐代斋郎和挽郎的研究,见黄正建《唐代的斋郎与挽郎》,《史学月刊》,1989 年第 1 期。
④《唐代墓志汇编续集》,页 399。
⑤《唐代墓志汇编续集》,页 624。
⑥《唐代墓志汇编续集》,页 454。
⑦《旧唐书》卷一四〇,页 3821。
⑧《旧唐书》卷八五,页 2814。
⑨《旧唐书》卷九八,页 3075。

尹思贞："京兆长安人也。弱冠明经举,补隆州参军。"①

李巽："少苦心为学,以明经调补华州参军。"②

陆孝斌："举国子明经,选绛州参军、始州司法。"③

岑植："调补修文生,明经擢第。……解褐同州参军事。"④

郑约："擢明经,调太原府参军。"⑤

郑孝本："始以明经高第,解褐润州参军。"⑥

（四）以进士出身,且举四例：

王仲堪："大历七年进士擢第。……解褐授太原府参军事。"⑦

李宗闵："擢进士,调华州参军事。"⑧

杨令一："年十九,举进士高第,授潞州参军。"⑨

崔泳："进士擢第,调同州参军、陆浑尉。"⑩

（五）以制科入仕,且举三例：

①《旧唐书》卷一〇〇,页3109。

②《旧唐书》卷一二三,页3521。

③张说《唐故赠齐州司马陆公神道碑》,《全唐文》卷二三〇,页2326。

④张景毓《县令岑君德政碑》,《全唐文》卷四〇五,页4146。

⑤穆员《河南府洛阳县主簿郑君墓志铭》,《全唐文》卷七八五,页8211。

⑥孙逖《沧州刺史郑公墓志铭》,《全唐文》卷三一三,页3180。

⑦王叔平《唐故监察御史里行太原王公墓志铭并序》,《全唐文》卷六一四,页6203。

⑧《新唐书》卷一七四,页5235。

⑨张说《大周故宣威将军杨君碑并序》,《全唐文》卷二二六,页2287。

⑩穆员《陆浑尉崔君墓志铭》,《全唐文》卷七八五,页8212。

李迥秀:"及进士第,又中英才杰出科,调相州参军事。"①

陆象先:"象先器识沈邃,举制科高第,为扬州参军事。"②

崔圆:"开元中……以钤谋对策甲科,历京兆府参军……"③

(六)以博学宏词入仕,只找到一例:

齐映:"映登进士第,应博学宏辞,授河南府参军。"④

(七)其他方式,如以学究一经等。史料中有些人入仕州府参军的途径不明,如下面数例,均附此:

贾潭:"以学究一经……释褐京兆府参军事。"⑤

陆广秀:"唐解褐朝散郎,行忠州参军事。"⑥

汤华:"以晨昏是切,仕不择禄,释褐衡州参军。"⑦

和正字、校书郎入仕方式有些不同的是,史料中没有州府参军以上书、献著述或荐举得到官位。更可留意的是,从正字、校书郎和赤畿县尉出身者,有许多后来都成为唐史上有名的人物,如

---

①《新唐书》卷九九,页3913。

②《新唐书》卷一一六,页4236。

③《新唐书》卷一四〇,页4641。

④《旧唐书》卷一三六,页3750。

⑤徐铉《大唐故中散大夫检校司徒使持节泰州诸军事兼泰州刺史御史大夫洛阳县开国子贾宣公墓志铭》,《全唐文》卷八八二,页9217。

⑥《唐代墓志汇编续集》,页344。从上下文看,陆广秀似以军功入仕。

⑦林琨《福州侯官县丞汤府君墓志铭并序》,《全唐文》卷七九一,页8284。

刘晏、裴耀卿、张说、张九龄、贾耽、陆贽等，但从州府参军起家者，却没有类似的名人可比。唐代三十多个主要诗人当中，出身或出任过正字、校书郎和县尉的，都有不少，但出任过州府参军，可考者仅有一人，即初唐的王勃①。他最初任沛王府修撰。"诸王斗鸡，互有胜负，勃戏为《檄英王鸡》文。高宗览之，怒曰：'据此是交构之渐。'即日斥勃，不令入府。久之，补虢州参军。"②看来州府参军这官职，不论是在仕途前景上，或在唐人眼中，都不如正字、校书郎和赤畿县尉。封演和白居易所描绘的升官图，也完全未提州府参军。

《通典》说州参军"无常职，有事则出使"。从府州的属官编制上来看，京兆、河南、太原等府以及上、中州，都有功、仓、户、兵、法、士等六曹参军，下州也有司仓（兼管司功）、司户（兼管司兵），以及司法（兼管司士）参军③，可说已包办了府州内所有事务。州府参军不属此六曹，故"无常职"，有事才"出使"。《新唐书·李泌传》记载了德宗和李泌讨论"冗官"的一段话，曾特别提到"州参军无职事"，可省减。这不但可证实《通典》所说"州参军无常职"，更可帮助我们理解唐代需复吏员、减冗官的问题：

　　初，张延赏减天下吏员，人情愁怨，至流离死道路者。泌请复之，帝未从，因问："今户口减承平时几何？"曰："三之二。"帝曰："人既凋耗，员何可复？"泌曰："不然。户口虽耗，

①有学者说晚唐诗人李商隐曾任京兆府参军。但刘学锴和余恕诚已考出李的"参军"，实为判司"法曹参军"。见刘余两氏编注《李商隐文编年校注》，页2179。
②《旧唐书》卷一九〇上，页5005。
③此兼管职务仅见于《唐六典》卷三〇，页747。

而事多承平十倍。陛下欲省州县则可,而吏员不可减。今州或参军署券,县佐史判案。所谓省官者,去其冗员,非常员也。"帝曰:"若何为冗员?"对曰:"州参军无职事及兼、试额内官者。兼、试,自至德以来有之,比正员三之一,可悉罢。"帝乃许复吏员,而罢冗官①。

沈亚之的《河中府参军厅记》,记州府参军这种"职官之本",也提到这是一种没有职事的任命。全文极具时代意义,值得全引:

> 国朝设官,无高卑皆以职授任。不职而居任者,独参军焉。观其意,盖欲以清人贤胄之子弟,将命试任,使以雅地任之耳。不然,何优然旷养之如此。其差高下,则以五府、六雄为之次第②。蒲河中界三京,左雍三百里,且以天子在雍,故其地益雄,调吏者必以其人授焉。噫!今之众官多失职。不失其本者,亦独参军焉。长庆二年(822),余客蒲河中府,某参军某族,世皆清胄,又与始命之意不失矣,乃相与请余记职官之本于其署③。

---

① 《新唐书》卷一三九,页 4635。关于此次省减州县冗官的细节,见《唐会要》卷六九,页 1449—1450。
② 唐前期有三府(京兆、河南和太原),后期增五府(凤翔、成都、兴元、河中、江陵),共八府。唐前期有六雄州(陕、郑、怀、汴、魏、绛),后期又增四州(苏、洋、汝、虢)为雄州,共十个。见翁俊雄《唐代的州县等级制度》,页 12。沈亚之这里说"五府六雄",不尽符事实,可能是一种概略的说法。
③ 《全唐文》卷七三六,页 7601—7602。

"何优然旷养之如此"，即点明州府参军的闲散无差事。

文宗大和四年（830），宰相裴度（765—839）出任山南东道节度使。其时他已年老，高龄六十六岁。他的儿子裴让正担任京兆府参军。裴度为了携子赴任，特地上奏请求皇帝的恩准。他所举的理由竟是参军"官无职事"，可证上引杜佑、李泌和沈亚之等人所言不虚。此事见于《旧唐书·裴度传》①。裴度的奏疏更保存在《册府元龟》中，可以让我们看到晚唐一个父亲想和儿子团聚的亲情：

> 京兆府参军裴让是臣男，年甚幼小，官无职事。今准近敕，须令守官。伏以臣男之官，无虑数人，悉是资荫授官，所以置之散冗。守官既无功事，离任从无妨阙，伏乞天恩依前令在臣所任②。

州府参军虽"无常职"，但我们在史料中爬梳，还是可以约略看出他们所为何事。其中最主要者，即代理州中诸曹事。比如唐代著名建筑大师阎立德的曾孙用之，"初为彭州参军，尝摄录事，一日纠愆谬不法数十事，太守以为材"③。独孤及《唐故左金吾卫将军河南阎公墓志铭》，提供更多的细节，很可能即《新唐书》所本：

> 初仕彭州参军，常摄督邮。一日纠案本州愆谬不法数十

---

①《旧唐书》卷一七〇，页4434。
②《册府元龟》卷四四七，页5303。
③《新唐书》卷一〇〇，页3942。阎用之在《旧唐书》无传。

事,太守徐知人以为材。后有诏择舍人,以公魁伟爽悟有酝藉,乃登其选①。

可知阎用之当彭州参军时"常摄督邮",又有"纠案本州愆谬不法数十事",深受太守的赏识,后来更因此而被选为通事舍人,回到京城任京官。又如裴济,据穆员《河南少尹裴公墓志铭》说:

> 襄阳节度使来瑱表襄州参军事。属有势胜而理负与人争官者,州府畏之。公时摄功曹掾,守文与直,不为之挠。瑱嘉其所执,升之宾介②。

这是一个州参军"摄功曹"的例子。又如赵博齐《大唐故朝议郎河南府登封县令上柱国赐绯鱼袋崔公墓志铭并序》,提到这位崔蕃:

> 早以门荫补□文馆学生,试经高第,授华州参军,历摄诸曹③。

则是个州参军"历摄诸曹"的案例。看来这是州参军最常见的职掌。史料中可见的其他职责,相当琐杂多变,有被派到属下县去"推按"的,如尹思贞:

> 补隆州参军。时晋安县有豪族蒲氏,纵横不法,前后官

①《全唐文》卷三九二,页3985。
②《全唐文》卷七八四,页8199。
③《唐文拾遗》卷二九,页10705。

吏莫能制。州司令思贞推按，发其奸赃万计，竟论杀之，远近称庆，刻石以纪其事，由是知名①。

有"使知市事"的，如路随：

> 以通经调授润州参军，为李锜所困，使知市事，随翛然坐市中，一不介意②。

有"使教婢"的，如唐初宫廷诗人宋之问的弟弟之悌：

> 之悌为连州参军，刺史闻其善歌，使教婢，日执笏立帘外，唱吟自如③。

此事在《朝野佥载》中有更详细的记载，可能为上引《新唐书》所本：

> 洛阳县令宋之逊性好唱歌，出为连州参军。刺史陈希古者，庸人也，令之逊教婢歌。每日端笏立于庭中，呦呦而唱，其婢隔窗从而和之，闻者无不大笑④。

有"领租船赴都"的，如《朝野佥载》所记的杭州参军独孤守忠：

① 《旧唐书》卷一〇〇，页 3109；又见《新唐书》卷一二八，页 4459。
② 《旧唐书》卷一五九，页 4191。《新唐书》卷一四二，页 4677 略同，唯路随的名字作路隋。
③ 《新唐书》卷二〇二，页 5751。
④ 张鷟《朝野佥载》卷一，页 21—22。

> 杭州参军独孤守忠领租船赴都,夜半急追集船人,更无他语,乃曰:"逆风必不得张帆。"众大哂焉①。

甚至有参军被派去检验泉水的,如凤翔府参军郭镑:

> 当府岐山县凤栖乡周公祠,旧有泉水,枯竭多年。去冬十一月十七日,忽因大风,其泉五处一时涌出,深一尺已来,又有七处见出。臣差府参军郭镑专就泉所检验得状……②

更有一个京兆府参军薛景宣,被派去"修筑京城罗郭城"③。以上数例,大抵都是州府参军在州府的指命下,从事各种特别任务,亦符合《通典》所说,"有事则出使"。要之,州府参军没有特定的"常职",可摄州府六曹事务,或出任随时委派的杂务。

三、亲王府参军

和州府参军相比,亲王府参军在唐史料中比较少见。以《全唐诗》为例,寄酬州府参军的诗作,比比皆是,但寄酬王府参军的,笔者只发现寥寥两首:韩翃的《送王府张参军附学及第东归》④,以及皮日休的《二游诗》(此诗有序,注明赠恩王府参军徐修矩)⑤。两

---

①《朝野佥载》卷二,页48。
②崔珙《周公祠灵泉奏状》,《全唐文》卷七四一,页7658。
③张荣芳《唐代京兆府僚佐之分析——司录、判司与参军》,页87所引。
④《全唐诗》卷二四五,页2754。
⑤《全唐诗》卷六〇九,页7029。

《唐书》和《全唐文》中也有类似情况。这一方面固然是因为亲王府的数目太少,通常只有十多二十个,而州府则有三百多个,所以州府参军在史料中远比王府参军常见。

不过,和州府参军一样,王府参军一般也是士人的释褐官,入仕途径亦非常相似,有用荫及从挽郎、明经和进士起家等数种,如下面数例:

> 陆元感:"始以资宿卫,解褐韩王府参军事。"①
>
> 段文绚:"府君荫第出身……元和中,释褐授均王府参军。"②
>
> 王府君:"初以门子选马孝敬皇帝挽郎,解巾相王府参军。"③
>
> 韩慎:"以父任为建陵挽郎,累调授王府参军……"④
>
> 王义方:"初举明经……俄授晋王府参军,直弘文馆。"⑤
>
> 窦兢:"字思慎,举明经,为英王府参军……"⑥
>
> 韦见素:"质性仁厚。及进士第,授相王府参军。"⑦
>
> 杜鸿渐:"敏悟好学,举进士,解褐王府参军。"⑧

---

①靳翰《大唐故朝散大夫护军行黄州司马陆府君墓志铭》,《全唐文》卷二七九,页2825。此例中的"资"指"门资",即"门荫"。

②《唐代墓志汇编续集》,页983。

③张九龄《故太仆卿上柱国华容县男王府君墓志铭并序》,《曲江集》,页633。

④柳宗元《故温县主簿韩君墓志》,《柳宗元集》卷一一,页281。

⑤《旧唐书》卷一八七上,页4874。

⑥《新唐书》卷一〇九,页4101。

⑦《新唐书》卷一一八,页4267。

⑧《旧唐书》卷一〇八,页3282。

与州府参军不同的是，王府参军有以国子生和宏文生入仕的，如下面三例：

> 宇文玚："初任国子生，擢第授道王府参军兼郑州参军事。"①
> 王府君："国子生，其中射策甲科，解褐补吴王府参军事。"②
> 徐齐聃："公始以宏文生通五经大义，发迹曹王府参军……"③

王府参军的地位，一般而言不如州府参军，唐后期更有日趋低下之势。其中最引人注目的是，在元和、宝历年间，诸王府竟无办公署：

> 宝历三年(应为二年，826)六月，琼王府长史裴简永状："请与诸王共置王府一所。伏见诸王府本在宣平坊东南角，摧毁多年，因循不修。至元和十三年(818)七月十三日，庄宅使收管。其年八月二十五日，卖与邠宁节度使高霞寓。伏以在城百官，皆有曹局，惟王府寮吏，独无公署。每圣恩除授，无处礼上。胥徒散居，难于管辖。遂使下吏因兹弛慢，王官为众所轻，虽蒙列在官班，皆为偷安散秩。伏以府因王制，官列府中，府既不存，官司虚设。伏乞赐官宅一区，俾诸府合而

---

① 杨炯《唐同州长史宇文公神道碑》，《杨炯集》，徐明霞点校(北京：中华书局，1980)，卷六，页93。
② 陈子昂《申州司马王府君墓志》，《全唐文》卷二一五，页2180。
③ 张说《唐西台舍人赠泗州刺史徐府君碑》，《全唐文》卷二二七，页2289。又见《新唐书》卷一九九《徐齐聃传》，页5661。

共局,庶寮会而异处。如此则人吏可令衔集,案牍可见存亡,都城无废阙之曹,道路息是非之论。"敕旨:"宜赐延康坊阎令琬宅一所,仍令所司检计,与量修改,及逐要量约什物。"①

宋人洪迈甚至形容"唐王府官猥下",并有一段评论:

> 唐自高宗以后,诸王府官益轻,惟开元二十三(735)年,加荣王以下官爵,悉拜王府官属。浸又减省,仅有一傅一友一长史,亦但备员,至与其府王不相见②。

王府参军的职务,据《唐六典》、《通典》等政书,都说是"掌出使及杂检校事"③,看来跟州府参军一样,没有特定的常职,而以"出使"和"杂检校事"为主。唐史料中的王府参军,所行使的"杂检校"多与文墨工作相关,有出掌文翰的,如则天朝的韦承庆:

> 弱冠举进士,补雍王府参军。府中文翰,皆出于承庆,辞藻之美,擅于一时④。

有被召去画图的,如武后时代相王府参军阎玄静:

---

① 《唐会要》卷六七,页 1386。赐延康坊宅一所为诸王府司局事,亦见于《旧唐书》卷一七上《敬宗纪》,页 520 宝历二年六月条下,可证《唐会要》的"宝历三年"为"二年"之误。按宝历仅有两年,无三年。
② 洪迈《容斋随笔》(上海:上海古籍出版社,1978 年校点本),附《容斋四笔》卷一一,页 747。
③ 《唐六典》卷二九,页 732;《通典》卷三一,页 871。《旧唐书·职官志》和《新唐书·百官志》皆同。
④ 《旧唐书》卷八八,页 2862—2863。

（李嗣真）尝引工展器于廷，后奇其风度应对，召相王府参军阎玄静图之，吏部郎中杨志诚为赞，秘书郎殷仲容书，时以为宠①。

唐代知名的《文选》学者公孙罗，曾任沛王府参军。他任此职时，极可能在从事《文选》注释或教学的工作②。

四、都督府和都护府参军

都督府参军见于《新唐书·宰相世系表》的有三人：（一）张弘矩，曾任洪州都督府参军；（二）张景重，亦任洪州都督府参军；（三）唐践贞，任扬州都督府参军③。这三人在新旧《唐书》都没有传。除了姓名和官职，我们只知道他们是宰相的后代。

除此之外，关于都督府参军的材料，主要的只有两条，都护府参军则只有一条，非常稀少，无法作入仕途径等分析。不过这三条材料属行状或神道碑，内容很丰富，作者又是杨炯、张说和颜真卿等名家，可以让我们详考一个从都督府或都护府参军出身的人，将来的仕途如何。现就这三条材料作一些观察。

杨炯的《左武卫将军成安子崔献行状》④，记载了崔献（615—681）颇为精彩的一生事迹。他的父亲崔万善，"皇朝左监门将军、持节隆州诸军事守隆州刺史、上护军成安县开国男，谥曰信"。官

①《新唐书》卷九一，页3797。
②《旧唐书》卷一八九上，页4946；《新唐书》卷一九八，页5640。
③《新唐书》卷七二下，页2682、2689；卷七四下，页3219。
④《杨炯集》卷一〇，页164—170。

位相当高，所以崔献可以用父荫入仕，在"贞观九年（635）起家太穆皇后挽郎，十六年（642）授营州都督府参军事"。由此看来，他是在二十一岁时才以荫任挽郎，经过约七年挽郎的磨练，到二十八岁才任参军。唐人一般也正是在约三十岁上下第一次任官（挽郎不算正式官职）。营州位于河北道，离长安数千里，所以崔献一释褐，就得宦游（详见本书第六章《文官俸钱及其他》第四节"宦游"），到一个遥远的地方去做一个小官。贞观二十三年（649）他"迁除王府西合祭酒"，永徽六年（655）授晋州司士，龙朔三年（663）迁岐州司户。这都涉及长途的远行，也是唐代士人做官不可避免的正常命运。不过，崔献后来却从文官转任武将，官至相当高层的左武卫将军。

张说的《河州刺史冉府君神道碑》①，记载志主冉实（625—695），祖上几代都做官。他父亲曾任"泾、浦、澧、袁、江、永凡六州刺史"，宦绩不凡。他"弱冠太学生，进士擢第……调并州大都督府参军事"。他以进士及第才能任并州大都督府参军事，可知都督府参军的入仕资历要求也相当高。接着，他"应八科举，策问高第，授绵州司户参军，转扬州大都督府仓曹参军，又举四科……除益州导江县令"。他后来任鄜州长史、婺州司马、恒州长史、凉州都督府长史、赤水军兵马河西诸军支度使、使持节河州诸军事、河州刺史、知营田使。从这样的官历看来，冉实几乎一生都在宦游，从东南的婺州到西北的河州，横跨半个中国，走了不少路。他"享年七十有一，证圣元年（695）二月十日，寝疾终于官舍"。

起家都护府参军的，只有一例，见于颜真卿所写的《游击将军左领军卫大将军兼商州刺史武关防御使上柱国欧阳使君神道

---

① 《全唐文》卷二二八，页 2309—2310。

碑铭》①。这位欧阳使君(697—761),祖上几代都做官。高祖纥,在陈朝任开府仪同三司、左屯卫大将军、交广等十九州诸军事、广州刺史,官位最为显赫。他父亲欧阳机,任汉州什邡令。他"精于诗易春秋,尤明吏术"。开元十八年(730)他三十四岁时,始"解褐安西大都护府参军,充汤嘉惠节度推勾官"。他以什么方式释褐,可惜碑文没说,不得而知。安西大都护位于今新疆省,离长安数千里。他正像许多唐代基层文官一样,一出来做官就得远游。他后来丁忧去职。服阕,补北庭大都护府户曹参军,节度使盖嘉运奏授金满令,充营田判官。"二十九年,河西节度使奏授晋昌郡户曹参军,摄晋昌令,转张掖郡张掖令,摄司马知郡事"。接着,他从大西北回到内地,任岳州长史、知三峡转运、衡阳郡长史,行走过大半个中国。天宝末安史之乱期间,他以军功官至左领军大将军,从文官转到武将,仕途非常特殊。

以上三个从都督府或都护府出身的参军,有几个共同点很可留意。第一,他们都出生在一个官宦家庭,祖上几代都做过官。这其实也正是绝大部分唐代官员的家庭特征。第二,三人一释褐,都得离开故乡宦游在外,到很遥远的地方去出任参军这样的小官,特别是第一例崔献(到营州)和第三例欧阳(到安西)。第三,他们后来大半生也都在四处飘泊做官。这又是唐代许许多多官员的例常经历和命运。

五、判司用作释褐官和再任官

"判司"指州的司功、司仓等各司参军,亦指京兆府、亲王府、

①《全唐文》卷三四三,页3485。

都督府、都护府的功曹参军、仓曹参军等各曹参军。此即《通典》所说："在府为曹，在州为司。府曰功曹、仓曹，州曰司功、司仓。"①据严耕望的考证，这种区分始于开元初年②。唐史料一般确有如此区分。但笔者也发现，即使是开元初年以后的史料，州的司功等"司"，有时也可能被称为某"曹"。例如，《新唐书·宰相世系表》一般依规定把州的参军称为某"司"，如称裴思温为"洛州司功参军"③，称李钧为"泗州司仓参军"④；但有时又称他们为某"曹"，如称刘缮经为"幽州功曹参军"（照《通典》的说法，本应称"幽州司功参军"）⑤，称李万为"莱州仓曹参军"（本应称"莱州司仓参军"）⑥，有混用现象。唐诗中也有此混用情况，如中唐欧阳詹写的《送潭州陆户曹之任户曹自处州司仓除》⑦。这位陆户曹，显然正准备启程到潭州任司户。欧阳詹的赠诗却称他为"户曹"，但后面的小注却又说他"自处州司仓除"，可见"司"、"曹"混用不分。

唐史料一般常称这类参军为"判司"。如《旧唐书·宪宗纪》说："镇冀观察使王承宗奏镇冀深赵等州，每州请置录事参军一员，判司三员……"⑧此"判司"即指州的诸曹参军。此例也清楚显示，录事参军自成一类，不属判司。诗人元稹曾贬官江陵士曹参军，所以他在一篇上表中便自叙："因以他事贬臣江陵判司。"⑨白居易诗

---

①《通典》卷三三，页910。
②《唐史研究丛稿》，页141。
③《新唐书》卷七一上，页2231。
④《新唐书》卷七二上，页2511。
⑤《新唐书》卷七一上，页2260。
⑥《新唐书》卷七二上，页2558。
⑦《全唐诗》卷三四九，页3903。
⑧《旧唐书》卷一五，卷471。
⑨《旧唐书》卷一六六，页4334。

《同微之赠别郭虚舟炼师五十韵》说："我为江司马，君为荆判司。"①
此"荆判司"即指任江陵士曹的元稹。唐人笔记小说也常见"判司"，如《广异记》说②："开元中，州判司于寺门楼上宴会，众人皆言金刚在此，不可。"《报应记》说："唐王令望……曾任安州判司，过扬子江，夜风暴起，租船数百艘，相接尽没，唯令望船独全。"③

这些判司，和上文讨论的参军有三点不同：（一）判司有明确、固定的职务，如功曹参军掌管考课、祭祀、学校等，职掌很清楚，但参军却"无常职"；（二）判司的分布，比参军更广，如上面表4.1所示，不单州府、亲王府、都督、都护等府有判司，甚至京城十六卫、太子率府、折冲府、各地军镇等，都有某些类别的判司，如仓曹参军、兵曹参军，而且这些卫、率府还有其他官署所无的骑曹参军和胄曹参军；（三）判司的官品一般比参军高。

就官品而言，判司最高的可达七品，如州府和亲王府中的某些判司；最低的却只有从八品下，如卫、率府中仓曹参军、兵曹参军、胄曹参军和骑曹参军。七品官可说已算中层官员，所以州府判司通常不是士人释褐之官，而是第二甚至第三任官。但卫府、率府中的判司，由于品位较低，却又常是士人出身起家的首个职位。

以两《唐书》、《全唐文》和墓志中的材料为例，在判司当中，从太子率府兵曹、胄曹起家的人最常见，其中包括盛唐著名的边塞诗人岑参。入官途径主要为用荫、进士和明经三种：

---

①《白居易集》卷二一，页457。荆州在肃宗上元元年（760）升为江陵府。
②《太平广记》卷一〇〇，页670。
③《太平广记》卷一〇三，页698。

窦觎:"以亲荫,释褐右卫率府兵曹参军。"①

李说:"以荫补率府兵曹参军。"②

柳潭:"周太保敏之五代孙……解褐左内率府胄曹。"③

岑参:"天宝三载,进士高第,解褐右内率府兵曹参军。"④

张锐:"以门荫宿卫,解褐授右司御率府兵曹。"⑤

杜行方:"以明经擢第,释褐任右司御率府胄曹参军。"⑥

李吉甫:"以荫补左司御率府仓曹参军。"⑦

　　从卫府各判司起家的也有一些:

裴行俭:"贞观中,举明经,拜左屯卫仓曹参军。"⑧

张镒:"以门荫授左卫兵曹参军。"⑨

高瑀:"少沉邃,喜言兵。释褐右金吾胄曹参军……"⑩

韩滉:"少贞介好学,以荫解褐左威卫骑曹参军……"⑪

---

①《旧唐书》卷一八三,页4749。

②《新唐书》卷七八,页3532。

③颜真卿《和政公主神道碑》,《全唐文》卷三四四,页3490。

④杜确《岑嘉州诗集序》,《岑参诗集编年笺注》,页893;又见《全唐文》卷四五九,页4692。

⑤钱庭籛《唐故太中大夫太常寺丞兼江陵府仓曹张公墓志铭并序》,《唐文拾遗》卷二二,页10618。

⑥郑瀚《唐故同州司兵参军上柱国京兆杜府君墓志铭并序》,《唐文拾遗》卷二六,页10658。

⑦《新唐书》卷一四六,页4738。

⑧《旧唐书》卷八四,页2801。

⑨《旧唐书》卷一二五,页3545。

⑩《新唐书》卷一七一,页5193。

⑪《旧唐书》卷一二九,页3599。

崔隐甫:"解褐左玉钤卫兵曹参军……"①

至于释褐为亲王府和州府判司的,有以下几例,但不常见:

郑元果:"公起家文德皇后挽郎,解褐曹王府兵曹……"②
张承休:"初以南郊斋郎补兖州兵曹。"③
姚崇:"仕为孝敬挽郎,举下笔成章,授濮州司仓参军。"④
吴少诚:"少诚以父勋授一子官,释褐王府户曹。"⑤
齐澣:"弱冠以制科登第,释褐蒲州司法参军。"⑥
韦凑:"永淳元年解褐授婺州司兵参军。"⑦
王仁政:"……解褐思州司仓参军事。"⑧
裴炎:"举明经及第。补州濮司仓参军……"⑨

在这些释褐州府判司者当中,又以斋郎和挽郎起家者居多。
更多时候,州府判司常常是士人迁转的再任官。史料中最常见到

①《新唐书》卷一三〇,页4497。
②《大唐故右卫中郎将兼右金吾将军同安郡开国公郑府君墓志铭并序》,《唐文拾遗》卷六五,页11102。
③张说《恒州长史张府君墓志铭》,《全唐文》卷二三一,页2340。
④《新唐书》卷一二四,页4381。
⑤《旧唐书》卷一四五,页3945。
⑥《旧唐书》卷一九〇中,页5036。《新唐书》卷一二八,页4468则说他"圣历初,及进士第,以拔萃调蒲州司法参军"。
⑦阙名《唐太原节度使韦凑神道碑》,《全唐文》卷九九三,页10287。
⑧刘待价《朝议郎行兖州都督府……君碑铭并序》,《全唐文》卷二七八,页2824。
⑨《新唐书》卷一一七,页4247。

州府参军升迁为州府判司,案例甚多,且举十例如下:

王旭:"旭解褐鸿州参军,转兖州兵曹。"①

狄仁杰:"举明经,调汴州参军。……荐授并州法曹参军。"②

窦希瑊:"既调授潞州参军,寻迁常州司兵参军事。"③

封君:"解褐守恒州参军。秩满,补许州司法参军"。④

杨令一:"举进士高第,授潞州参军,转千牛胄曹。"⑤

王仁皎:"初以翊卫调同州参军,换晋州司兵。"⑥

李元祐:"举进士,调补同州参军,换瀛州司户参军。"⑦

王尚宾:"历原州参军事、定远城兵曹参军。"⑧

李楚金:"明经出身,初授卫州参军,又授贝州司法参军。"⑨

裴佐:"仕润州参军、杭州司田。"⑩

正字和监察御史也有迁官为判司的,如下面数例:

---

① 《旧唐书》卷一八六下,页4853。

② 《新唐书》卷一一五,页4207。

③ 滕王湛然《太子少傅窦希瑊神道碑》,《全唐文》卷一〇〇,页1024。

④ 陈子昂《临邛县令封君遗爱碑》,《全唐文》卷二一五,页2172。碑文中云封君"名某,字某,渤海蓨人也"。姓名待考。

⑤ 张说《大周故宣威将军杨君碑并序》,《全唐文》卷二二六,页2287。

⑥ 张说《赠太尉益州大都督王公神道碑奉敕撰》,《全唐文》卷二三〇,页2325。

⑦ 张九龄《故瀛州司户参军李府君碑铭并序》,《全唐文》卷二九二,页2961。

⑧ 侯冕《同朔方节度副使金紫光禄大夫试太常卿兼慈州刺史王府君神道碑》,《全唐文》卷四四三,页4515。

⑨ 李翱《皇祖实录》,《全唐文》卷六三八,页6441。

⑩ 穆员《裴处士墓志铭》,《全唐文》卷七八五,页8213。

王无竞:"历秘书省正字,转右武卫仓曹。"①

吴通玄:"幼应神童举,释褐秘书正字、左骁卫兵曹……"②

郑宠:"至德二年拜监察御史,徙太原户曹。"③

萧直:"授监察御史,历河南府户曹、京兆府司录参军。"④

　　要之,卫率府的各判司仍属下层职位,常用作释褐官。州府的各判司大体却稍高一等,虽有时用作释褐官,但多为士人迁转的再任官。

六、判司职掌

　　《唐六典》、《通典》、《旧唐书·职官志》和《新唐书·百官志》都列举判司的职掌,但以《唐六典》所记最详。现以《唐六典》所记列表如下,如表4.2所示:

表4.2　判司职掌

州府都督府判司	职掌
功曹、司功参军	掌考课、假使、选举、祭祀、祯祥、道佛、学校、表疏、书启、医药、陈设。《新唐书》补"礼乐、禄食、卜筮、丧葬"。

---

①《旧唐书》卷一九〇中,页5026。

②《旧唐书》卷一九〇下,页5057。

③独孤及《唐故尚书库部郎中荥阳郑公墓志铭》,《全唐文》卷三九二,页3983。

④独孤及《唐故给事中赠吏部侍郎萧公墓志铭》,《全唐文》卷三九二,页3989。

仓曹、司仓参军	掌公廨、度量、庖厨、仓库、租赋、征收、田园、市肆。
户曹、司户参军	掌户籍、计帐、道路、逆旅、田畴、六畜、过所、蠲符、婚姻。
兵曹、司兵参军	掌武官选举、兵甲、器仗、门户管钥、烽候、传驿。
法曹、司法参军	掌律、令、格式，鞫狱定刑，督捕盗贼，纠逖奸非。
士曹、司士参军	掌津梁、舟车、舍宅、百工众艺。
田曹、司田参军	掌园宅、口分、永业及荫田。（此据《新唐书》田曹实际上分户曹之职另立，但不常置。）
十六卫判司	职掌
仓曹参军	掌五府文官勋阶、考课、假使、禄俸、公廨、财物、田园、食料。《新唐书》补"医率、过所"。
兵曹参军	掌五府武官宿卫番第上下，簿书名数，皆受而过大将军以配焉。
骑曹参军	掌外府马及杂畜之簿帐。
胄曹参军	掌戎仗器械、公廨兴造、决罚。
太子率府判司	职掌
仓曹参军	文官之勋阶、考课、假使、禄赐及公廨、财物、田园、食料等。
兵曹参军	掌武官及卫士之名簿，及其番上、差遣之法式，兼知公私马及杂畜之簿账等。
胄曹参军	掌器械、分廨缮造等。
亲王府判司	职掌
功曹参军	掌文官簿书、考课、陈设、仪式等事。
仓曹参军	掌廪禄请给、财物市易等事。《新唐书》补"畋渔"等。
户曹参军	掌封户、田宅、僮仆、弋猎。《新唐书》补"过所"。
兵曹参军	掌武官簿书、考课、仪卫、假使等事。

骑曹参军	掌厩牧、骑乘、文物、器械等事。
法曹参军	掌推按欺隐、决罚刑狱等事。
士曹参军	掌公廨舍宇、缮造工徒等事。

从上表可知,州府的功、仓和户三曹职务最剧要,包办了地方租赋、人口、户籍、婚姻、丧葬等民生要事。州府六曹(田曹为户曹分立)实际上类似中央的尚书省六部,也对应县尉的六曹工作。十六卫和太子率府,皆无功曹和户曹,所以这两曹的工作,由仓曹兼判。在无仓曹的某些太子率府,如左右监门率府和左右内率府,则由兵曹兼判仓曹①。

以上政书上所列的职掌,不免抽象模糊。如以唐史上的实例来说明,当更能让人明了这些判司的具体工作。可惜这方面的材料不多,这里只能举几个例子,以见其概。比如功曹职掌之一管祭祀,所以张说任荆州大都督府长史时,便派遣他手下的功曹去拜祭荆州二神。他在《祭殷仲堪羊叔子文并序》说:

> 维开元六年岁次戊午正月日,荆州大都督长史燕园公范阳张某,谨遣功曹参军吴兴沈从训,敢昭告于晋羊殷二荆州之神②。

韩思复在梁府任仓曹参军时,利用他职权之便,开仓济饥民:

> 会大旱,辄开仓赈民,州劾责,对曰:"人穷则滥,不如因

---

① 《唐六典》卷二八,页719—721。
② 《全唐文》卷二三三,页2358。

而活之，无趣为盗贼。"州不能诎①。

韩皋为京兆尹时，"奏署郑锋为仓曹参军"，用他的计谋取悦皇帝：

> 锋苛敛吏，乃说皋悉索府中杂钱，折籴粟麦三十万石献于帝，皋悦之，奏为兴平令②。

可知仓曹参军如何可以利用职掌，滥用"府中杂钱"。但白居易《唐扬州仓曹参军王府君墓志铭》，叙述了一个仓曹王士宽的杰出课绩：

> 天宝中应明经举及第，选授婺州义乌县尉，以清干称。刺史韦之晋知之，署本州防御判官。无何。租庸转运使元载又知之，假本州司仓，专掌运务。岁终课绩居多，遂奏闻真授。永泰中，敕迁越府户曹。属邑有不理者，公假领之，所至必理③。

这是仓曹掌漕运的事例。王士宽最后官至扬州仓曹。他的两个儿子王播和王起，都从集贤殿校书郎出身，后来在唐史上都很有名。

户曹方面，有京兆府户曹参军韦正牧贪赃事例：

---

① 《新唐书》卷一一八，页 4271—4272。
② 《新唐书》卷一二六，页 4438。
③ 《白居易集》卷四二，页 927。

韦正牧专知景陵工作,刻削厨料充私用,计赃八千七百
贯文……宜决重杖处死①。

景陵为宪宗的陵墓。韦正牧可能负责户曹职掌"杂徭"部分,管的
是营景陵杂徭的"厨料",所以他得以"刻削厨料充私用",结果遭
到处死。

至于兵曹,也有出人意表的事例,如杀人。武后时曾派人往
南方杀流人,其中两个是兵曹参军,杀人竟高达数百:

有上封事言岭南流人谋反者,太后遣摄右台监察御史万
国俊就按,得实即论决。国俊至广州,尽召流人,矫诏赐自
尽,皆号哭不服,国俊驱之水曲,使不得逃,一日戮三百余人。
乃诬奏流人怨望,请悉除之。于是太后遣右卫翊府兵曹参军
刘光业、司刑评事王德寿、苑南面监丞鲍思恭、尚辇直长王大
贞、右武卫兵曹参军屈贞筠,皆摄监察御史,分往剑南、黔中、
安南等六道讯鞫,而擢国俊左台侍御史。光业等亦希功于
上,惟恐杀人之少。光业杀者九百人,德寿杀七百人,其余亦
不减五百人。太后久乃知其冤,诏六道使所杀者还其家。国
俊等亦相踵而死,皆见有物为厉云②。

不过也有正派的兵曹,如《旧唐书·颜真卿传》所云:

无几,禄山果反,朔尽陷;独平原城守具备,乃使司兵参

①《旧唐书》卷一六,页480。
②《新唐书》卷七六,页3482。

军李平驰奏之。玄宗初闻禄山之变,叹曰:"河北二十四郡,岂无一忠臣乎!"得平来,大喜,顾左右曰:"朕不识颜真卿形状何如,所为得如此!"①

颜真卿派遣他的司兵向玄宗报军情,令皇帝"大喜"。但司兵也不一定只管兵事,有时也可能有别的任务,如张说《为留守奏瑞禾杏表》云:

> 北岸有瑞杏三树,再叶重花,嘉禾三本,同茎合穗。臣谨差司兵参军郑味元检覆皆实②。

司法参军管刑法事,所以删定律令格式,自然便是他们的工作,如太宗朝蜀王府法曹参军裴弘献驳律令事:

> 蜀王法曹参军裴弘献又驳律令不便于时者四十余事,太宗令参掌删改之。弘献于是与玄龄等建议,以为古者五刑,刖居其一。及肉刑废,制为死、流、徒、杖、笞凡五等,以备五刑。今复设刖足,是为六刑。减死在于宽弘,加刑又加烦峻。乃与八座定议奏闻,于是又除断趾法,改为加役流三千里,居作二年③。

在玄宗朝,瀛州司法参军阎义颙,连同其他官员,"删定格式令,至

---

①《旧唐书》卷一二八,页3590。
②《全唐文》卷二二二,页2242。
③《旧唐书》卷五〇《刑法志》,页2135—2136。

（开元）三年三月奏上，名为开元格"①。然而，删定律令格式的工作，也可由其他判司出任。如则天朝，有一个左卫率府仓曹参军罗思贞，和其他人"删定格式律令。太极元年（712）二月奏上，名为《太极格》"②。开元七年（719），有"幽州司功参军侯郢珊"等九人，"删定律令格式，至七年三月奏上，律令式仍旧名，格曰《开元后格》"③。开元二十二年（734），户部尚书李林甫受诏改修格令。这回他和两个"明法之官"前左武卫胄曹参军崔见、卫州司户参军直中书陈承信等其他人，"共加删缉旧格式律令及敕，总七千二十六条"④。这些事例都说明，只要有专长学识，非法曹判司亦可删定律合格式。到了晚唐宣宗朝，更有一个左卫率府仓曹张戣，"集律令格式条件相类一千二百五十条，分一百二十一门，号曰《刑法统类》，上之"⑤。

天宝年间，杨慎矜、慎余、慎名三兄弟因被人诬告叛唐，被玄宗赐自尽。"监察御史颜真卿送敕至东京"，而"宣敕"的是"河南法曹张万顷"⑥。东京即洛阳，河南府也在洛阳。由河南法曹来宣示赐杨氏兄弟自尽的圣敕，足见法曹职掌，常跟刑罚有关。

关于士曹，可举的事例有李勣的孙子敬业在扬州起兵反武则天时，利用扬州士曹参军去召"丁役、工匠"充军：

（敬业）自称扬州司马，诈言"高州首领冯子猷叛逆，奉密

①《旧唐书》卷五〇，页2150。
②《旧唐书》卷五〇，页2149。
③《旧唐书》卷五〇，页2150。
④《旧唐书》卷五〇，页2150。
⑤《旧唐书》卷一八下，页631。
⑥《旧唐书》卷一〇五，页3228。

诏募兵进讨"。是日开府库,令士曹参军李宗臣解系囚及丁
役、工匠,得数百人,皆授之以甲①。

其中"丁役、工匠"当属士曹参军所管,所以李敬业要命令士曹去
办这件事。

除了负起各州府的曹务外,判司也可能被召出任某特别任
务。比如开元年间,御史宇文融括收逃户,为唐代经济史上一件
要事②,他便奏请好些基层官员任其助手,称为"劝农判官"。这
当中主要是些县尉,但也有三个是判司:"太原兵曹宋希玉"、"同
州司法边仲寂"和"河南府法曹元将茂","皆当时名士"③。这显
示有名望的判司可能会被派去执行一些艰难使命,如括收逃户,
以增加国家税收。

唐代判司大抵皆读书人,其中有文词才学者,不管当时充任
何曹判司,也都有可能被召去从事修撰。比如,唐初魏王李泰编
修《括地志》时,功曹参军谢偃等人即就府修撰④。唐代知名史学
家刘知几,在出任定王府仓曹时,曾经跟张说等人,"同修《三教珠
英》"⑤。这是武则天朝编修的一本大型类书。武后时,有一位周
王府户曹参军范履冰,跟元万顷、苗神客、周思茂、胡楚宾等"北门
学士",同撰《列女传》、《臣轨》、《百寮新戒》、《乐书》等九千余篇。
其中"思茂、履冰、神客供奉左右,或二十余年"。看来范履冰长期

①《旧唐书》卷六七,页2490。
②关于宇文融括户的最新研究,见孟宪实《宇文融括户与财政使职》,《唐研
　　究》,第7卷(2001)。
③《唐会要》卷八五,页1851—1852。
④《旧唐书》卷七六,页2653。
⑤《旧唐书》卷一〇二,页3175。

在禁中撰修,并没有充当周王府户曹的工作①。可惜这些书今天都已失传。开元年间丽正殿展开大规模的修书活动时,参与其事的,除了县尉、县丞等基层文官之外,还有好几位是参军和判司,如湖州司功参军刘彦直、杭州参军殷践猷、邢州司户参军袁晖、右率府胄曹参军毋煛等人②。

唐代三十多个主要诗人当中,有三个曾经担任过京城卫、率府的胄曹或兵曹。初唐的陈子昂,曾任右卫胄曹参军③,掌"戎仗器械、公廨兴造、决罚"等事。盛唐的岑参释褐任右内率府兵曹参军④,掌"武官及卫士之名簿"等事。大诗人杜甫的第一个官职是右卫率府兵曹参军⑤。他在一首诗中说此官"逍遥"⑥,但此官管武官和卫士名簿及番上事,"逍遥"固"逍遥",恐怕亦很琐碎,和杜甫的诗人个性不甚相配。这三位诗人出任这些判司职位时,他们所接触到的现实,看来跟写诗的风雅相去甚远。

七、京兆河南等大府判司

我们在第三章《县尉》中见过,赤畿尉的地位最崇高、望紧尉次之。至于偏远中下县的县尉,地位最低,有科第功名者皆不愿

①《新唐书》卷二〇一,页 5744。
②《新唐书》卷一九九,页 5681。关于这些修书活动,见郑伟章《唐集贤院考》,《文史》,第 19 辑(1983)。
③韩理洲《陈子昂评传》,页 49。
④刘开扬《岑参年谱》,《岑参诗集编年笺注》,页 8。
⑤陈贻焮《杜甫评传》,上册,页 193。
⑥杜甫《官定后戏赠》,《杜诗详注》卷三,页 244—245。

就任。州判司是否也有这种情况呢？照常理推断，应当也是如此，但史料不全，我们只能说，京兆等大府的判司，的确不同于其他州的判司。这可从几个事例来看。

第一，初唐神功元年（697）有一道诏令，规定"从流外和视品官出身者"，不得充任一系列比较清要的官职，其中便包括"京兆、河南、太原判司"：

> 八寺丞，九寺主簿，诸监丞、簿，城门符宝郎，通事舍人，大理寺司直、评事，左右卫、千牛卫、金吾卫、左右率府、羽林卫长史，太子通事舍人，亲王掾属、判司、参军，京兆、河南、太原判司，赤县簿、尉，御史台主簿，校书、正字，詹事府主簿，协律郎，奉礼、太祝等，出身入仕，既有殊途，望秩常班，须从甄异。其有从流外及视品官出身者，不得任前官①。

但此诏并未提其他州判司，可知京兆等大府判司，地位比较优越。更可留意的是，以上所列举的一系列官职，几乎全属京官，外官就只有"京兆、河南、太原判司"和"赤县簿、尉"等寥寥数种，足见这几个官位不同于其他州县的判司和簿尉。

第二，开耀元年（681）十一月有敕曰：

> 县令有声绩可称，先宜进考。员外郎、侍御史、京兆河南判司，及自余清望官，先于县令内简择②。

---

①《唐会要》卷七五，页1610。
②《唐会要》卷八一，页1777。

这里只提京兆、河南两府判司，不及太原，或许是因为太原远离唐代政治中心。唐史料中也常有"两府判司"的说法，指京兆、河南两府。这里把这两府判司和员外郎及侍御史等清要官并列，可证京兆、河南府的判司不同于其他地方的判司。那些有"声绩可称"的县令，可以迁入为此两府判司，或员外郎和侍御史。

第三，在开元十一年（723）有加官阶事，特别提到京兆、河南判司：

> 其殿中侍御史、补阙、詹事、司直、京兆河南府判司、太常博士应入品，并同六品官例①。

殿中侍御史、补阙、詹事等都是清要的京官。京兆河南判司也跟他们一起进阶，可以说很荣耀。

第四，在广德二年（764），京兆尹魏少游奏请台省高官的某些亲人，不得任"京兆府判司、畿令、赤县丞、簿、尉"：

> 三月诏："中书、门下两省五品已上，尚书省四品已上，御史台五品已上，诸司正员三品以下，诸王、驸马中要周亲上亲及女婿、外甥，不得任京兆府判司、畿令、赤县丞、簿、尉。"②

据张荣芳的研究，此诏最主要的目的，"即在避免中央政府重要官员利用权势，安置亲戚出任京兆府僚佐，影响京兆尹的人事权力

---

①《唐会要》卷八一，页1769。
②《册府元龟》卷六三〇，页7555。

以及干预京兆府施政行事"①。据此也可证京兆府判司位处津要，非其他州府判司可比。二十多年后，此诏在贞元二年(786)仍有效，因为在那一年，另一位京兆尹还特地就此事上奏请示皇帝：

> 贞元二年二月，京兆尹鲍防奏状："准广德二年敕，中书门下及两省官五品已上，尚书省四品以上，诸司正员三品已上官，诸王、驸马等周亲已上亲及女婿、外甥等，自今已后，不得住京兆府判司及畿县令、两京县丞、簿、尉等者。今咸阳县令贾全，是臣亲外甥，恐须停罢。"诏曰："功劳近臣，至亲子弟，既处繁剧，或招过犯，宽容则挠法，耻责则亏恩，不令守官，诚为至当。贾全等十人，昨缘畿内凋残，亲自选择，事非常制，不合避嫌。"②

可知此事的实际施行状况。上文诏曰"贾全等十人"，显示此事牵涉甚广，不光只涉及县令贾全一人，当中或有些是京兆判司。过了三十六年，在长庆二年(822)，中书门下又再奏请同一件事，而且得到批准③。

然而，京兆判司到底还是属于州官外官系统，不如某些京官台省官清贵。最能说明此点的，当是《新唐书·上官仪传》中的一个有趣事例：

> 上官仪字游韶，陕州陕人。……贞观初，擢进士第，召授

①张荣芳《唐代京兆府僚佐之分析》，页87。
②《唐会要》卷六九，页1441—1442。
③《唐会要》卷六七，页1404—1405。

弘文馆直学士。迁秘书郎。太宗每属文,遣仪视稿,宴私未尝不预。转起居郎。高宗即位,为秘书少监,进西台侍郎、同东西台三品。时以雍州司士参军韦绚为殿中侍御史,或疑非迁,仪曰:"此野人语耳。御史供奉赤墀下,接武夔龙,籍羽鹓鹭,岂雍州判佐比乎?"时以为清言①。

此事又见于《唐会要》,有明确的日期,文字略为不同,或即《新唐书》所本:②

> 龙朔三年(663)五月,雍州司户参军韦绚除殿中侍御史,或以为非迁。中书侍郎上官仪闻而笑曰:"此田舍翁议论。殿中侍御史赤墀下供奉,接武夔龙,籍羽鹓鹭,奈何以雍州判佐相比?"以为清议③。

雍州即后来的京兆府,改称于开元元年(713),"判佐"即"判司",其司士(和司户同)参军为正七品下。单就官品而言,殿中侍御史为从七品上④,反在此判司之下,难怪韦绚"或疑非迁"。上官仪责其作"野人语"(或"田舍翁议论")⑤,又给他点醒,御史侍奉皇

① 《新唐书》卷一〇五,页4035。
② 按此事不见于《旧唐书·上官仪传》。《新唐书》的编者很可能从《唐会要》取材。
③ 《唐会要》卷六〇,页1240。
④ 此据《唐六典》卷一三,页381。《旧唐书》卷四四,页1863和《新唐书》卷四八,页1239,都作"从七品下",官品更低。
⑤ "田舍翁"乃唐代骂人语,又作"田舍汉"、"田舍子"等,详见庄申《唐代的骂人语》,《第二届国际唐代学术会议论文集》(台北:文津出版社,1993),页403。

帝,非判司可比,极生动,更可证唐代官职之高低,绝不可单看官品。

八、"试"参军和"试"判司

我们在前面几章见过,京城有校书郎、正字,幕府则有人挂"试校书郎"、"试正字"等官衔而充任幕职僚佐。那么参军和判司是否可用作"试"衔? 答案是肯定的,而且在中晚唐相当普遍,在墓志中尤其常见。

试衔是一种检校官,授予在外地使府任职的人,或予在京城任无品阶馆职的人,作为他们秩品阶、寄俸禄之用①。晚唐诗人杜牧在江西团练任巡官时,他就有这样一个试衔叫"试左武卫兵曹参军",见于他的《自撰墓志铭》:

> 牧进士及第,制策登科,弘文馆校书郎,试左武卫兵曹参军、江西团练巡官……②

因为团练巡官无品阶,所以杜牧要带一个京中朝衔"试左武卫兵曹参军",以秩品阶,作为他将来官历迁转的凭借。这类官衔都冠以"试"字,并非表示"试用"。唐代中叶以后,在方镇使府当判官、掌书记、推官和巡官的士人,全都带有这种试衔(若官阶高,带

---

①不少唐代文学研究者把这种"试衔"理解为"试用的官职",皆望文生义,或沿用岑仲勉的旧说,不确。
②《樊川文集》卷一〇,页160。

郎中、员外郎等官,则称"检校某某郎中或员外郎")。我们在下一章论使府幕职时,将更详细全面探讨这种试衔。简单地说,中晚唐的幕府都有自辟请人的权力,称"辟署"制,不需经过吏部的铨选。士人到这些幕府任巡官等职,称为"应辟"。幕主会为他们向朝廷"奏授"或"表授"一个朝衔,此即试衔的由来。

冯宿的《天平军节度使殷公家庙碑》,在追述节度使殷侑的父亲殷怿早年的事迹时说:

> (殷怿)少负志气,博学善属文。弱冠游太学,籍甚于公卿间。天宝末,知天下将乱,乃促装东归,侍太夫人版与徙居吴郡。吴中士大夫得从府君游者,乡党以为荣。本道采访使李希言辟为从事,奏授试昆山尉。浙东节度使薛兼训请为(参)谋,奏授试右卫兵曹参军,并不就①。

殷怿虽"并不就"此两官,但据此还是可以看出这种辟署制和奏授试衔的运作。"奏授"即由节度等使上奏请皇帝授官。

白居易所写的《姚元康等授官充推官掌书记制》,更让我们看到朝廷怎样授这些试衔给方镇使府从事:

> 敕:朝散郎、行秘书省秘书郎姚元康、儒林郎、试太常寺协律郎郑懿等:益部、浮阳,皆大征镇也。文昌、全略,皆贤将相也。而能以礼聘士,以职任才;多闻得人,咸乐为用。况尔等筹谋文藻,各负所长,苟能赞察廉,掌奏记,孜孜不息,翩翩有声;慰荐褒升,其则不远。元康可试左武卫仓曹参军,充剑

①《全唐文》卷六二四,页6304。

南西川观察推官,散官如故;懿可试左金吾卫兵曹参军,充横海军节度掌书记,散官如故①。

这是两个在幕府任职者,获授试京城卫府某曹判司的好例子。他们的散官("朝散郎"和"儒林郎")皆"如故"(照旧),可知中晚唐任幕职者,不但有散官,还有试衔。

应当注意的是,唐史料经常省略试衔中的"试"字,不知情者常误以为某人真的在京城任某曹判司。本书前面论试校书郎和试正字时,已列举一些省略"试"字的例子。这里且就参军的案例,再举数则。比如许志雍《唐故江南西道观察判官监察御史里行太原王公墓志铭》有一段话,即省略了"试"字,极易令人误解:

> 郡举进士,才及京师,动目屈指,倾益结辙,为礼部侍郎刘太真深见知遇。再举而登甲科,浃辰之间,名振寰宇。俄为山南东道嗣曹王皋辟为从事。丁太夫人忧,服阕,调补右卫率府兵曹参军。环卫望高,以优贤也。未几,为岭南连帅韦公丹举列上介,表迁左金吾卫兵曹参军。莲府才雄,军门瞻重。每下徐孺之榻,独夺陈琳之笔②。

这位王判官讳叔雅。他登第后应辟往山南东道节度任从事。丁母忧后出来任官,"调补右卫率府兵曹参军"。从上下文看,这显然不表示他到长安京师的右卫率府出任兵曹参军,而是说他获授了一个"试右卫率府兵曹参军"的官衔,只是碑文略去"试"字。

---

① 《白居易集》卷五一,页1080。
② 《全唐文》卷七一三,页7322。

接着,他又为岭南幕府韦丹所辟("为岭南连帅韦公丹举列上介")。韦丹"表迁"他为"左金吾卫兵曹参军"。"表"即上表,为朝臣上书皇帝的专用语。这意味着韦丹曾上表奏请皇帝授予王叔雅一个"左金吾卫兵曹参军"的试衔,让他得以升迁。

王叔雅从先前的"右卫率府兵曹参军",升为"左金吾卫兵曹参军",的确是个升迁,因为左金吾卫府的地位不单高于右卫率府,而且其兵曹参军为正八品下,也高于率府兵曹的从八品下①。据此可见此两衔明显都是"试衔",碑文略"试"字,但从下文"莲府才雄,军门瞻重"等语来看,王叔雅一直都在岭南幕府任职,不曾到京,意思还是很清楚。

这种省略"试"字的写法在唐史料中很常见。如《旧唐书》说诗人高适,"客游河右,河西节度哥舒翰见而异之,表为左骁卫兵曹,充翰府掌书记"②,便是个好例子。左骁卫在长安,属十六卫之一,但高适任掌书记,却远在千里之外的河西凉州。他怎么可能又同时兼管左骁卫兵曹的职务?所以他的这个兵曹参军,其实是个试衔,无实职。

韩愈的《崔评事墓志铭》,也有这种用例:

> 贞元八年(792),君生四十七年矣。自江南应节度使王栖曜命于鄜州。既至,表授右卫胄曹参军,实参幕府事,直道正言,补益宏多。既去职,遂家于汝州。汝州刺史吴郡陆长源引为防御判官,表授试大理评事③。

---

①官品据《唐六典》卷二五,页639;卷二八,页716。
②《旧唐书》卷一一一,页3328。又见周勋初《高适年谱》,页81。
③《韩昌黎文集校注》卷六,页349。

这位崔君讳翰,是韩愈在汴州董晋幕府时的同事。文中说他从江南到鄜州(今陕西富县)应节度使王栖曜之辟,"既至,表授右卫胄曹参军,实参幕府事"。"表授"的用法和上引"表迁"类似,即节度使王栖曜上表请皇帝授予崔翰一个"右卫胄曹参军"的官衔,但崔翰却"实参幕府事",可见他并没有到长安的右卫去任胄曹参军,实际职务是参佐鄜州幕府。"右卫胄曹参军"只不过是他的"试"衔,但韩愈略去"试"字。接着,崔翰又到汝州去出任刺史陆长源的防御判官;陆长源"表授"他为"试大理评事"。这回韩愈倒保留了这个"试"字(然而墓志标题中的"崔评事"又是省略写法)。这篇墓志的这种写法,可证试衔中的"试"字常常可有可无。唐人大约都很清楚,方镇使府僚佐所带的这些朝衔,都属试衔,所以往往也就不必特别注明为"试",反而是现代读者,一时不察,或会误以为这些人在长安任京官。

明白了唐代试衔制度,我们阅读唐代墓志,碰到这些试衔时,当知是怎么回事。就各种"试参军"和"试判司"而言,他们的出现频率远比"试校书郎"和"试正字"来得高,为我们研究唐代试衔,提供许多珍贵的材料。这当中若再细分,有试王府参军或判司,如:

《李府君墓志》:"长男曰君感,朝请郎、试恩王府参军。"[1]
《唐故将仕郎试恒王府兵曹参军兼充大内上阳宫医博士城阳郡成公墓志铭》[2]

---

[1]《唐代墓志汇编续集》,页865。
[2]《唐代墓志汇编续集》,页904。此例显示,不但方镇使府僚佐可以带试卫,而且就连长安宫中的某些无品位的官员也可能带有试衔。

《宋府君夫人蔡氏合祔墓志铭》:"从侄登仕郎试泾王府参军文裕撰"[1]

《太子洗马崔载墓志》:"承务郎试蜀王府参军成表微撰"[2]

有试太子率府兵曹参军,如:

《宗府君墓志铭》:"府君有子,一曰敬仲,文林郎试左率府兵曹参军。"[3]

《伍府君墓志铭》:"公讳钧,试左率武卫兵曹参军事。"[4]

有试卫府各曹参军,如:

《王氏墓志铭》:"有子一人,试左领军卫仓曹参军曰辅□。"[5]

《刘氏墓志铭》:"将仕郎试左监门卫兵曹参军张申约撰并书"[6]

《赵氏墓志铭》:"前延州防御衙推文林郎试左骁卫兵曹参军王俦。"[7]

---

[1]《唐代墓志汇编续集》,页1021。
[2]《八琼室金石补正》卷七〇,页483。
[3]《唐代墓志汇编续集》,页830。
[4]《唐代墓志汇编续集》,页950。太子府无"左率武卫",可能是"左卫率"之误。或指"左威卫","率"字衍。
[5]《唐代墓志汇编续集》,页706。
[6]《唐代墓志汇编续集》,页790。
[7]《八琼室金石补正》,页511。

但最多最常见的,却是试左卫、试左武卫和试左金吾卫的兵曹或他曹参军,显示这三个卫的判司,常用作试衔。这方面的材料在唐墓志中有好几百例,不胜枚举,且列下面数则:

《骆府君墓志铭》:"将仕郎试左卫兵曹参军郭琼撰"①

《李府君墓志铭》:"通直郎试左卫兵曹参军上柱国李易从撰"②

《周府君墓志铭》:"将仕郎试左武卫兵曹参军李玄述撰"③

《骆夫人墓志铭》:"将仕郎试左武卫兵曹参军邵宗刻字"④

《张府君墓志铭》:"朝议郎试左金吾卫兵曹参军张据撰并书"⑤

《刘公墓志》:"前山南西道节度随军儒林郎试左金吾卫胄曹参军龚师鲁撰"⑥

由此看来,试衔并非像许多学者常说的"虚衔",而是一种相当正式的官衔,可以列入唐人的整套官衔里,或作为他的身份标志,堂堂正正地刻在墓志上。如此地位的官衔,似不宜草率称之为"虚衔"。

---

①《唐代墓志汇编续集》,页891。
②《唐代墓志汇编续集》,页930。
③《唐代墓志汇编续集》,页1088。
④《唐代墓志汇编续集》,页1093。
⑤《唐代墓志汇编续集》,页786。
⑥《唐代墓志汇编续集》,页949。

以上这些试参军或试判司,都是正史上无传者,许多竟以替人撰书墓志而得以名传后世。以上所引只是极小部分,笔者未引用者的材料还有许多。相比之下,试校书郎或试正字替人撰书墓志,便寥寥无几,很少见。这现象显示,唐代的试参军和试判司人数极多,分布也极广,而且常受邀替人撰作墓志。

最后一点,以上所举,都是京城亲王府或卫率府的试参军或试判司。笔者至今还没有发现州府、都督府和都护府的参军或判司,有用作试衔者。

九、参军和判司用作阶官

我们在第三章《县尉》中见过,县尉可用作阶官作馆职。参军和判司也可以作阶官使用,而且很常见。这种阶官又和"试参军"和"试判司"有些不同。

现在恐怕很少有人注意到,永贞事件的主角王叔文,就有一个阶官叫"苏州司功参军"。这见于《旧唐书·顺宗纪》:"以前司功参军、翰林待诏王叔文为起居舍人,充翰林学士。"[1]韩愈的《顺宗实录》更进一步透露:"苏州司功王叔文可起居舍人翰林学士。"[2]清楚告诉我们他的"司功"是"苏州"的,但这还不是王叔文完整的官衔。他最齐全的整套官衔,保存在《太平御览》中:"以将

---

[1]《旧唐书》卷一四,页406。
[2]《顺宗实录》卷一,收在《韩昌黎文集校注》,马其昶校注(上海:上海古籍出版社,1987),页699。

仕郎前苏州司功参军翰林待诏王叔文为起居舍人充翰林学士。"①
可知顺宗刚上台时，王叔文还有一个散官衔叫"将仕郎"，文散官
的最低一阶。他从前是以"苏州司功参军"在翰林院任"待诏"，
现在皇帝要让他以起居舍人去充任翰林学士。这里"苏州司功参
军"和"起居舍人"都是当作阶官使用，因为翰林待诏和翰林学士
一样，没有官品，都得带一个职事官（常称为"本官"）以秩阶和寄
俸禄，类似宋初的"寄禄官"②。王叔文是个下棋好手，他以"苏州
司功参军"任翰林棋待诏时，一直都在唐宫中陪皇太子李诵下棋，
长达十八年之久，并未曾离宫远赴苏州去出任司功，所以他这个
司功实际上是个阶官，非实职③。

　　学界常沿袭成说，也称这种阶官为"虚衔"。可惜今人对此又
几乎一无研究，了解非常不足。限于本书的范围，笔者在此也无
法深论，但有一论点想提出：即这种阶官恐非单纯的"虚衔"。它
至少有一功用，那就是用来计算俸钱。最好的例证，莫如诗人白
居易当年任翰林学士时，从拾遗升为京兆府户曹参军的事。且先
看《旧唐书·白居易传》的记载：

---

①《太平御览》（《四部丛刊三编》本；台北：台湾商务印书馆据日本藏南宋蜀
　刻本影印），卷一一三，页768，引《唐书》，但这句引文不见于今本两《唐
　书》，可能引自今已失传的某一唐实录或唐国史。
②关于宋初的寄禄官制，见梅原郁《宋初的寄禄官及其周围》，原载《东方学
　报》（京都）第48册（1975），中译本见《日本学者研究中国史论著选译》，
　第五册（北京：中华书局，1993），页392—450。
③关于王叔文的翰林待诏出身，以及翰林待诏的官衔结构及意义，详见笔者
　的长文《唐代待诏考释》，《中国文化研究所学报》（香港中文大学），新第
　12期（2003），以及笔者的《唐代的翰林特诏和司天台：关于〈李素墓志〉和
　〈卑失氏墓志〉的再考察》，《唐研究》，第9卷（2003）。

（元和）五年（810），当改官，上谓崔群曰："居易官卑俸薄，拘于资地，不能超等，其官可听自便奏来。"居易奏曰："臣闻姜公辅为内职，求为京府判司，为奉亲也。臣有老母，家贫养薄，乞如公辅例。"于是，除京兆府户曹参军①。

再看白居易求官的《奏陈情状：翰林学士、将仕郎、守左拾遗臣白居易》：

右，今日守谦奉宣圣旨：以臣本官合满，欲议改转。知臣欲有陈露，令臣将状来者。臣有情事，不敢不言，伏希圣慈，俯察愚恳。臣母多病，臣家素贫；甘旨或亏，无以为养；药饵或阙，空致其忧。情迫于中，言形于口。伏以自拾遗授京兆府判司，往年院中，曾有此例：资序相类，俸禄稍多。傥授此官，臣实幸甚。则及亲之禄，稍得优丰；荷恩之心，不胜感激！辄敢尘黩，无任兢惶。谨具奏陈，伏在圣旨②。

以及他得官后所写的《谢官状：新授京兆府户曹参军、翰林学士（臣）白居易》：

右，伏奉恩制，除臣前件官。今日守谦奉宣圣旨，特加慰谕，兼赐告身者。……臣叨居近职，已涉四年；自顾庸昧，无裨明圣；尘忝岁久，忧惭日深。况于官禄之间，岂敢有所选择？但以位卑俸薄，家贫亲老，养阙甘馨之费，病乏药石之

①《旧唐书》卷一六六，页4344。
②《白居易集》卷五九，页1257。

资：人子之心，有所不足。昨蒙圣念，虽许陈请；敢望天恩，遽从所欲。况前件官，位望虽小，俸料稍优；臣今得之，胜登贵位……①

从这些材料看来，白居易以左拾遗充翰林学士，"已涉四年"，"当改官"。皇帝知他"俸薄"，叫他自选喜欢的官，"可听自便奏来"。结果白居易选了京兆户曹，因为此官"位望虽小，俸料稍优"。他原先的"本官"拾遗属京官，也是清官，但俸料钱却只有"三万"②。京兆户曹属州县官，但俸钱却比拾遗高，每月有"四五万"之多（详见下文），难怪白居易要说它"位望虽小，俸料稍优"。他得了此官，俸钱增多了，更足以照顾年老的母亲，可证此官的一大作用是寄俸禄。为此他还特地写了一首诗《初除户曹喜而言志》，来表达他的喜悦。诗中提到他的"俸钱四五万"和得官后"贺客满我门"的事。这题材在唐诗中罕见，值得全引：

> 诏授户曹掾，捧诏感君恩。感恩非为己，禄养及吾亲。
> 弟兄俱簪笏，新妇俨衣巾。罗列高堂下，拜庆正纷纷。
> 俸钱四五万，月可奉晨昏。廪禄二百石，岁可盈仓囷。
> 喧喧车马来，贺客满我门。不以我为贪，知我家内贫。
> 置酒延贺客，客容亦欢欣。笑云今日后，不复忧空樽。
> 答云如君言，愿君少逡巡。我有平生志，醉后为君陈。
> 人生百岁期，七十有几人？浮荣及虚位，皆是身之宾。

---

① 《白居易集》卷五九，页 1257—1258。
② 《新唐书》卷五五《食货志》，页 1403。

唯有衣与食，此事粗关身。苟免饥寒外，余物尽浮云①。

有一个问题是，白居易得了此京兆户曹，他有没有真正去执行此户曹的工作？朱金城的《白居易年谱》说："改官京兆府户曹参军，仍充翰林学士。"②笔者也认为白居易得京兆户曹后，他其实仍然继续在翰林院担任学士，并没有去负起京兆户曹的曹务，但他却每月领取京兆户曹的"俸钱四五万"。此即阶官的主要功用。

我们以王叔文的事例和许多翰林待诏的整套官衔，亦可证明这些都属阶官，非实职。比如晚唐有一位翰林待诏刘讽，因为负责书写石碑，在石刻材料中留下他的两段结衔，让我们可以考见他如何以判司职位作为他的阶官：

翰林待诏儒林郎守常州司仓参军骑都尉刘讽书（大和三年 829）③

翰林待诏儒林郎守汴州司户参军骑都尉刘讽书（大和九年 835）④

这两段结衔显示，刘讽从大和三年到九年都在长安担任翰林院的待诏。在这六年当中，他的散官衔"儒林郎"没有改变，勋官衔"骑都尉"也没变，仅一改变的是，他从"常州司仓参军"升为"汴州司户参军"。但常州和汴州都远在长安千里之外，刘讽在担任翰林

①《白居易集》卷五，页 98—99。
②《白居易年谱》，页 4。
③《唐代墓志汇编续集》，页 898。
④《唐代墓志汇编续集》，页 921。

待诏期间,不可能又到这些遥远的州去兼任判司,所以他这两个判司衔,应当都属阶官,和王叔文的"苏州司功参军"一样,亦可证翰林待诏的升迁,可以用这种作为阶官的职事官衔来表示,正如白居易任翰林学士,要改官升迁时,他便从拾遗升为他自己所选的京兆户曹。又如另一个翰林待诏毛伯良的结衔,也出现同样的情况:

> 朝议郎行吉州司功参军上柱国翰林待诏毛伯贞撰并书(开成元年 836)①
>
> 翰林待诏朝请大夫行舒州长史上柱国赐绯鱼袋毛伯贞撰并篆(大中五年 851)②
>
> 翰林待诏朝请大夫守襄州长史上柱国赐绯鱼袋毛伯贞篆盖(大中十二年 858)③

毛伯贞从开成元年到大中十二年都在长安任翰林待诏,长达二十二年,不可能到外地去兼任那些司功参军和长史的职位,所以这些职事官全都属阶官。在这段时间,他的散官衔从"朝议郎"升为"朝请大夫"。他的勋官"上柱国"已经是最高一转,不能再升了。他用作阶官的职事官衔,则先从"吉州司功参军"升为"舒州长史",再升为"襄州长史"。长史为一州刺史以下的第二长官,地位和官阶都远比司功参军高。襄州属望州,舒州属上州,襄州长史地位又比舒州长史为高。

---

①《唐代墓志汇编续集》,页 927。
②《唐代墓志汇编续集》,页 991。
③《唐代墓志汇编续集》,页 1015。此例中的"侍诏",应当是"待诏"之误。

像这类以职事官作阶官以示升迁的案例,在唐史料和墓志中极多,不胜枚举①。可以补充的是,不但翰林学士和翰林待诏带有这种阶官,唐史上经常也有人以参军或判司作阶官,去充任某些无品阶的馆职。比如,前面提过的殷践猷,在丽正殿修书时,"寻改曹州司法参军、丽正殿学士"②。他这个"曹州司法参军"也只是阶官。本书第三章《县尉》中提过一位李毅,便是以"河南府参军充集贤校理"③。牛僧孺女儿的丈夫张希复,以河南府士曹充任集贤校理,也属此例④。丽正殿(即后来的集贤院)学士、集贤校理和翰林待诏、翰林学士一样,都是馆职,本身无品阶,故需以一职事官充阶官。

　　此外,判司也可能当加官作为奖励之用。如独孤及《唐故商州录事参军郑府君墓志铭》所记的这位郑密,在安史之乱后因政绩佳获一加官:

　　　　二京返正,天子选贤守相令长,将苏疮痍之人。殿中侍御史王政以公充赋,拜商州洛南令。数月,讼平赋均。监察御史李椅、殿中侍御史王延昌、御史中丞元公载,并表言其状。诏书褒称,加公寿王府户曹参军,洛南如故⑤。

---

①更多的例证和更详细的讨论,见笔者的《唐代待诏考释》和《唐代的翰林待诏和司天台》。
②颜真卿《曹州司法参军秘书省丽正殿二学士殷君墓碣铭》,《全唐文》卷三四四,页3497。
③李礁《授李毅河南府参军充集贤校理制》,《全唐文》卷八〇三,页8435。
④《樊川文集》卷七,页119。
⑤《全唐文》卷三九二,页3987。

郑密获得加官"寿王府户曹参军"后，"洛南如故"，即表示他继续担任他先前的商州洛南县令，并未到京去出任寿王府的户曹。这种加官也是阶官的一种。

十、判司卑官不堪说？

唐人任官，有"清"和"要"的观念。《旧唐书·李素立传》有一段记载，涉及本章所论的判司，颇能道出个中奥妙：

> 素立寻丁忧，高祖令所司夺情授以七品清要官，所司拟雍州司户参军，高祖曰："此官要而不清。"又拟秘书郎，高祖曰："此官清而不要。"遂擢授侍御史，高祖曰："此官清而复要。"①

从这段记载和其他史料，可知只有某些中央台省官才能谓之"清"，至于是否"要"，则要看该官的剧闲而定。秘书郎属秘书省官，负责管理图书典籍，不算剧要，故高祖说它"清而不要"。侍御史既属御史台，又为皇帝耳目，当然"清而复要"。雍州即后来的长安京兆府，它的司户参军管理户籍、赋税等，固然重要，但非台省官，所以高祖犹以为它"要而不清"。

我们在前面几章见过，校书郎和正字虽然只是九品小官，但唐人却甚重视此两官，正如张说所说，"时人以校书、正字为荣"。唐代主要诗人当中，也有许多从这两官出身。县尉则以赤畿尉为

① 《旧唐书》卷一八五上，页 4786。

上选,望紧尉次之,其余的颇不足观。至于参军和判司,在唐人眼中又如何呢?

晚唐诗人杜牧曾给他"未得三尺长"的小侄写过一首诗,叫《冬至日寄小侄阿宜诗》①,题材新颖,写得十分生动有趣,为唐诗中的杰作。诗中专就读书和做官这点来发挥,可说充满"官宦意识"。一开头写这个阿宜,"去年学官人,竹马绕四廊",又写他"今年始读书",写杜家"万卷书满堂"。然后,杜牧笔锋一转,写出他的期望:

> 愿尔一祝后,读书日日忙。一日读十纸,一月读一箱。
> 朝廷用文治,大开官职场。愿尔出门去,取官如驱羊。

好个"取官如驱羊"!接着,杜牧突然出人意表地提到唐代的两种官"参军和县尉",但对两官都没有说一句好话:

> 参军与县尉,尘土惊劻勤。一语不中治,笞箠身满疮。

他显然不要他的小侄阿宜将来去当"参军与县尉",可知此两官在唐人心目中的地位。当然,诗人写诗,不免有些夸张之处。不过,把参军和县尉说成"尘土惊劻勤",亦当有几分事实根据,但恐怕是指偏远中小州县那些地位低下的参军和县尉,非指京兆、河南等大府参军或赤畿尉。至于"一语不中治,笞箠身满疮",历来有两种解释。一说唐时参军和县尉,官职低,若犯错不免仍得受长

---

① 《樊川文集》卷一,页9—10。

官杖打①;一说参军县尉鞭笞有罪者②。但不论哪一说,他们让人和"笞箠身满疮"联想在一起,形象到底欠佳。

武后朝的知天官(即吏部)郎中石抱忠,也曾经写过一首谐诗嘲笑县尉和参军,可与上引杜牧诗合起来看:

> 抱忠在始平,尝为谐诗曰:"平明发始平,薄暮至何城。库塔朝云上,晃池夜月明。略彴桥头逢长史,棂星门外揖司兵。一群县尉驴骡骡,数个参军鹅鸭行。"③

本书论县尉一章已引过唐代韩琬的《御史台记》,有一段记载也提到判司:

> 唐姚贞操云:"自余以评事入台,侯承训继入,此后相继不绝,故知拔茅连茹也。"韩琬以为不然:"自则天好法,刑曹望居九寺之首,以此评事多入台。迄今为雅例。岂评事之望,起于贞操耶?"须议戏云:"畿尉有六道,入御史为佛道,入评事为仙道,入京尉为人道,入畿丞为苦海道,入县令为畜生道,入判司为饿鬼道。故评事之望,起于时君好法也,非贞操所能升降之。"④

---

①严耕望曾列举判司被刺史鞭打的例子,并说:"唐制诚有不可解者。判司职重禄丰如此,然长官得杖笞之。"见《唐史研究丛稿》,页156。
②见《樊川诗集注》,冯浩注(上海:上海古籍出版社,1978年校点本),卷一,页63。
③原出《御史台记》,见《太平广记》卷二五五,页1982。
④《太平广记》卷二五〇,页1939。

如前所说，县尉对应州府之判司，两者都是执行实务的官员。从县级升为州府级，本来应属喜事。但韩琬却"戏云"县尉"入判司为饿鬼道"，而且这是他所说县尉升迁六道中最恶劣的一道。然而，韩琬没有举例说明，意思不很清楚。唐史料中亦无足以佐证的事例。我们或许只好当此为"戏"言，正如他自己所说"戏云"，认真不得。

韩愈的《八月十五夜赠张功曹》，是他在前往江陵府任法曹参军时写的，但韩愈对此官却一无好感，对他自己即将出任此官，摆出一副无可奈何的样子：

> 判司卑官不堪说，未免捶楚尘埃间①。

江陵府即荆州，已属冲要大府。韩愈在另一首诗《赴江陵途中》中，也说"此府雄且大"②，但他犹觉得判司"卑官不堪说"。如果他出任的是中下州的判司，那岂不让他更觉难堪？他稍后在《赴江陵途中》又说：

> 栖栖法曹掾，何处事卑陬？

表达了他对法曹此判司的惶恐不安。接着，他对法曹的工作有一段生动的描写：

> 何况亲奸狱，敲榜发奸偷。悬知失事势，恐自罹罝罘。

①《韩昌黎诗系年集释》卷三，页 257。
②《韩昌黎诗系年集释》卷三，页 288—289。

这是说法曹要亲临监狱,鞭打犯人才能揭发"奸偷"事。他害怕有一天审案不当,连自己也进了牢狱。

州府的法曹和县的司法尉一样,由于涉及刑徒和罪案,恐怕都不为文士型官员如韩愈和李商隐所喜好。所以韩愈形容"判司卑官不堪说",应当放在这角度来看。他称判司为"卑官","不堪说",看来顶多只能指法曹,不能涵盖所有诸曹参军。他此时也在贬谪期间。当时顺宗刚即位,他原想有机会回到长安京师,不料却被派到江陵任判司,他当然更不易对此官生出好感。

韩愈得法曹判司毫无喜色,只有忧虑和恐惧,但上文我们见过,白居易得到另一种判司(京兆府户曹参军),却有亲友登门祝贺,"贺客满我门"。全诗弥漫着一种感皇恩和得意之情,和上引韩诗相比,真如天地之别,可证判司并不全属韩愈所谓的"卑官不堪说"。当年白居易获京兆户曹时,他的诗人好友元稹也写了一首诗《和乐天初授户曹喜而言志》祝贺:

> 王爵无细大,得请即为恩。
> 君求户曹掾,贵以禄奉亲。
> 闻君得所请,感我欲沾巾。① ……

可证白居易得此官是件大好喜事,令元稹都说"感我欲沾巾"。

唐代大诗人杜甫也曾经充任过判司,并且认为此官好过县尉,而且"逍遥"。且看他的《官定后戏赠》:

> 不作河西尉,凄凉为折腰。

---

①《元稹集》卷六,页65。

老夫怕趋走,率府且逍遥①。

诗题下有原注:"时免河西尉,为右卫率府兵曹。"此为杜甫夫子自道,应当最真实可靠。然而,这一年杜甫四十四岁,步入中年,却仍只能充任率府兵曹参军这种基层文官,虽曰"逍遥",对他来说恐怕并不是什么得意事。

十一、结论

参军和判司极易混淆。最简便的鉴别法是:参军不冠以职名,就叫"参军",如汉州参军、太原府参军;判司则冠以职名,如汉州司功参军、太原府仓曹参军等。两者的官品和地位大有差别。参军通常是士人释褐之官。判司则一般只有京城卫府和太子率府的判司才用作释褐官。州府的判司有些达到七品(如京兆、河南等大府),一般不用作初任官,多用作士人的迁转官,虽然也有例外的情况,但不多见。

参军分布在京城亲王府、外州、京兆等大府、都督府和都护府,但无固定职掌,没有校书郎和正字那么清贵,也比不上赤、畿尉。

判司的分布和参军相似,但更广泛,甚至连京城的卫府和率府都有此官。这虽然不是清要官,但大体上还是很不错的官职,比参军高一级,其官阶在七、八品之间。判司本身便有高低之别,视任官州府或官署而定。例如有些判司如京兆等大府判司,甚至

---

① 《杜诗详注》卷三,页 244—245。

接近中层官员。判司月俸亦比校书郎、县尉等释褐官为高。韩愈说"判司卑官不堪说",是个极端的个案,涉及他遭贬谪等个人因素,不可据以推论所有判司皆"卑官不堪说"。相比之下,白居易得户曹判司即充满欢乐感恩之情。杜甫则认为他所得的率府兵曹"逍遥"。

参军和判司都可以用作试衔,正如校书郎和正字可作为试衔一样。中晚唐在幕府任职的幕佐,都带有这种试衔,以秩品阶和官资。唐代官员任集贤校理、翰林学士、翰林待诏等无品阶职位时,也可能带有参军或判司官衔,以充作他们的阶官。

第五章　巡官、推官和掌书记

仆射南阳公，宅我睢水阳。

箧中有余衣，盎中有余粮。

闭门读书史，窗户忽已凉。

——韩愈《此日足可惜赠张籍》①

　　韩愈这首诗是他在三十二岁那年写的。当时，他刚任过汴州董晋幕的推官。董晋病逝，韩愈护丧到洛阳，把妻女留在汴州。途中，他听说汴州军队作乱，杀了好些人，非常担心妻女的安全，在此诗中有详细的描绘。幸好，他妻女后来都逃过军乱，到了徐州。韩愈护丧完毕，也赶到徐州和家人会合。这是贞元十五年（799）二月春天的事。徐州节度使便是诗中所说的"仆射南阳公"张建封，是韩愈的故旧，把他一家人安置在睢水的北岸（"宅我睢水阳"）。这时，韩愈还没有新的工作。一直要到那年秋天，张建封才辟他为推官。他此时刚逃过军乱，有一种难得的宁静，又有

---

① 《全唐诗》卷三三七，页 3772。"窗户忽已凉"一句，在某些韩集版本作"清风窗户凉"或"窗户风已凉"，笔者觉得都太平板，不如《全唐诗》的"窗户忽已凉"那么有悠远的韵味。

闲暇,于是便"闭门读书史,窗户忽已凉"。有趣的是,他说他此时"箧中有余衣,盎中有余粮"。我们不禁要问:他还没有新工作,"余衣"和"余粮"从何而来?在我们的印象中,韩愈似乎经常都在闹穷,特别是在年轻时,难得他这时却好像非常富足,不但有"余衣"和"余粮",而且还有空闲时间读书读史。由此看来,这"余衣"和"余粮"应当是他在董晋幕府任观察推官时积存下来的。原来,唐代观察推官每月的俸钱,多达三万文(见本书第六章),比白居易任校书郎的"万六千"多了约一倍,难怪韩愈会有"余衣"和"余粮"。董晋幕观察推官是他的第一个官职。

唐代校书郎、正字、县尉、参军和判司等官鲜有人研究,但方镇使府僚佐历来却吸引了不少学者的注意,论述不少。严耕望的《唐代方镇使府之文职僚佐》最先问世,可说是这方面的开山之作①。后来的专书有王寿南、张国刚、戴伟华数家②。最近,石云

①此文最先发表在《新亚学报》,第7卷第2期(1966),后收入严耕望《唐史研究丛稿》(香港:新亚研究所,1969)。
②王寿南《唐代藩镇与中央关系之研究》(台北:嘉新水泥,1969),是最早研究藩镇的中文书,附有几个很有用的图表。张国刚《唐代藩镇研究》(长沙:湖南教育出版社,1987),为他的博士论文,其中对藩镇的几种类型、藩镇的进奏院以及藩镇使府的辟署制度,有深入的考释。戴伟华《唐方镇文职僚佐考》(天津:天津古籍出版社,1994),则从墓志和唐史料中,挖掘出曾经担任过文职僚佐的大约三千多人次,按任职方镇排列,是一项重要的基础研究,为后来学者提供不少方便。此书出版后新出的墓志材料,见戴伟华《〈唐方镇文职僚佐考〉订补》,《唐代文学研究丛稿》(台北:台湾学生书局,1999),页131—147。戴伟华另有《唐代幕府与文学》(北京:现代出版社,1990)以及《唐代使府与文学研究》(桂林:广西师范大学出版社,1998),就文人入幕风气、幕府文学与唐代文学的发展作了深入研究。敦煌的情况比较特殊,详见荣新江《归义军史研究:唐宋时代敦煌历史考索》(上海:上海古籍出版社,1996);冯培红《敦煌文献中的职官史料与唐五代藩镇官制研究》,《敦煌研究》,2001年第3期;冯培红《20世纪(转下页注)

涛出版《唐代幕府制度研究》,总结了过去约半个世纪来的研究成果①。虽然这些专书的重点在藩镇体制和中央的关系,但或多或少都涉及幕府中的文职僚佐。单篇论文方面,毛汉光、黄清连、卢建荣和王德权都发表过重要论述②。日本和西方学者也有过不少论著③。本章拟在前人这些研究基础上,作进一步的申论,特别想从唐代基层文官和官制的角度,探讨一些过去为人所忽略的课

（接上页注）敦煌吐鲁番官制研究概况》,《中国史研究动态》,2001 年第1 期。

①石云涛《唐代幕府制度研究》(北京:中国社会科学出版社,2003),对幕府的历史渊源和演变,有动态的研究,同时对幕府的辟署和迁转制度,也有极详细和深入的探讨。

②毛汉光《魏博二百年史论》,《"中研院"历史语言研究所集刊》,第 50 本第2 分(1979)以及黄清连《忠武军:唐代藩镇个案研究》,《"中研院"历史语言研究所集刊》,第 64 本第 1 分(1993),都属难得的藩镇个案详细研究。卢建荣《中晚唐藩镇文职幕僚职位的探讨——以徐州节度区为例》,《第二届国际唐代学术会议论文集》(台北:文津出版社,1993),页 1237—1271,也是个案研究,视角新颖,主要讨论幕府的大小和声誉对其僚佐将来仕宦前途的影响。王德权《中晚唐使府僚佐升迁之研究》,《中正大学学报》,第5 卷第 1 期(1994),页 267—302,研究幕职的迁转途径,附有几个很有用的图表。关于藩镇问题的其他论文和学术史回顾,见胡戟等编《二十世纪唐研究》,页 50—58。

③日文的论著极多,无法全引,最主要的有日野开三郎《支那中世の軍閥》(东京:三省堂,1942);砺波护《唐代使院の僚佐と辟召制》,收在他的《唐代政治社会史研究》(京都:同朋舍,1986)。最近的研究有渡边孝《唐后半期の藩鎮辟召制についての再検討》,《東洋史研究》,第 60 卷(2001),页30—68,以及他的《唐代藩鎮における下級幕職官について》,《中國史學》,第 11 卷(2001),页 83—107。英文论著主要有 Denis C. Twitchett, "Provincial Autonomy and Central Finance in Late T'ang", *Asia Major* 11 (1965):211—232; Denis C. Twitchett, "Varied Patterns of Provincial Autonomy in the T'ang Dynasty", *Essays on T'ang Society*, ed. by John Perry and Baldwell Smith(Leiden:Brill, 1976), pp. 90—109。

题,准备先泛论幕职的演变、辟署、礼聘、仕宦前景和官衔结构等,然后才专论巡官、推官和掌书记这三种最重要的使府基层幕佐。

一、使府的由来和幕职的演变

唐代最早的一种使职,可以用唐初常见的军事统帅为代表①。这些军将有各种名目,有行军大总管、安抚大使、招讨使、讨击使、按察使等,大体皆因唐初的各种战事随时编制。朝廷委任一个将领出任某使时,通常也委派副使等高职,由这些高层将领去"开府",组织一个班子从事征战。此即"使府"的由来,一般也称"幕府"。这种使府除府主和副使之外,主要文职干部包括行军司马、管记(或"管室",即后来的掌书记)、判官(管兵仓骑胄等曹)、行军参谋、随军要籍等。这些文职僚佐都由府主自行"辟署",通常在现职官员中选拔,或由府主自行招聘亲属或故友充任。战争结束后,府即解散,将领和僚佐回到原先的岗位。这是唐初行军性质使府的大略情况。

唐初这些行军僚佐,今可考者已不多。石云涛的研究发掘出六十多人。他们当中,有因过免职者,有低层京官,有州佐及县官,有丁忧服阕者,有府兵军将,有科举入第未及除授者,有考满待选官,甚至还有隐居退闲者。此时,卑官应辟从征是"惯例和风气","因为幕府为他们提供了进身的机遇"。其中苏味道、娄师德

----

① 关于唐代的使职,论著不少,主要有陈仲安和王素《汉唐职官制度研究》(北京:中华书局,1993)中的讨论,见页 98—129 和 217—231。较新的研究有宁志新《唐朝使职若干问题研究》,《历史研究》,1999 年第 2 期,页53—71。

和郭元振三人,由科第出身,后来也都因为从军而回到朝中官至宰相等高官①。

从高宗朝开始,唐室在西北和蜀边区派驻了好几支常驻大军,至开元、天宝年间大盛,形成十大节度方镇。这些方镇使府的僚佐,也跟初期行军使府一样,由府主自行辟署。不同的是,由于这时军队已常驻,屯田耕战,各方镇僚佐幕职已不再是唐初行军的临时编派制,而演变成固定职位,需长驻边区。

石云涛的最新研究,把开元、天宝时期这些边区长驻军队的幕府称为"边镇幕府"。这时期边境幕府的僚佐,今可考者约有七十余例②,亦不算太多。此时的幕职有两大特色:一是幕主多辟当地州县官员;二是边镇偏远,士人多不愿从军。开元十七年(729)三月,玄宗甚至下诏说:

> 边远判官,多有老弱。宜令吏部每年于选人内,简择强干堪边任者,随阙补授。秩满,量减三两选与留,仍加优奖③。

此"判官"当为广义,泛指所有幕府僚佐,非仅指狭义的"判官"专名职称④。盛唐诗人高适在天宝十三载(754)安史之乱前,远赴河西节度哥舒翰幕任掌书记⑤。岑参走得更远,先在安西四镇节

---

① 详见石云涛《唐代幕府制度研究》,页 65—75。
② 见石云涛《唐代幕府制度研究》,页 127—132。
③《唐会要》卷七五,页 1612;又见《全唐文》卷三〇,页 336。
④ 关于"判官"一词的广义和狭义区分,见严耕望《唐代方镇使府之文职僚佐》,页 57;戴伟华《唐代使府与文学研究》,页 49,引李商隐所写的两篇公文,有更进一步的讨论。
⑤ 周勋初《高适年谱》,页 81。

度高仙芝幕任掌书记，后又到北庭节度封常清幕任判官①。但他们都是在"正常仕途不得意"之下，才走向边幕的②。他们诗中常流露对中原的强烈思慕，他们都想回到朝中任官。边境幕职远离京师中原，比较不为士人所喜。幕主得多辟当地官员。皇帝也得下诏，提供减选等奖励办法，鼓励士人远赴边地任幕职。

在安史之乱期间，为了平定叛乱，有各种临时性的行军元帅幕府、行营都统和招讨使幕府。此时，最主要的特征是，幕府和幕僚的那种"宾主"观念已经形成。僚佐常被称为"幕宾"、"宾佐"和"宾僚"，得到幕主的尊敬和礼遇，有别于一般官员。他们是以一种"宾"的身份，应幕府之"辟"，到幕府工作，来去自由③。

安史乱后，全国各地开始设立大小不等的方镇，盛时达到约五十个，直到唐亡。这些方镇的名目不一。有的称节度使，管当地军政，有的称观察使，有的称团练使。南方容管和东北一带则称经略使。许多节度使也兼任观察等使。此时，士人入幕的风气远远超越开元、天宝时期。戴伟华的《唐方镇文职僚佐考》，从史书和墓志材料中，发掘出多达三千多个幕府僚佐的名字和事迹，绝大部分是安史乱后的。这时期的幕职大增，对士人来说多了一条出路。幕主常为僚佐奏请各种中央官衔，对唐代官制造成新的变化。朝廷对幕府的辟署，也多了一些规定。不少士人在幕府任职后，可以回到朝中仕至高官。幕职变成一种尊贵职位。

综上所论，从唐初到唐末，幕职对士人的吸引力不尽相同。最鲜明的对比是，安史乱前，士人多不愿远赴边疆幕府任职，皇帝

①刘开扬《岑参年谱》，页10—15。
②戴伟华《唐代使府与文学研究》，页115—116。
③石云涛《唐代幕府制度研究》，页194—196。

不得不下诏奖励。安史乱后,安西、河西、陇右等边区相继被吐蕃占领。此后,幕府主要设于内地,甚至在东南沿海富饶地区。幕职俸钱等待遇丰厚,将来的出路也很好,结果变成了士人竞求的要津。

这些方镇使府文职僚佐,以节度使为例,主要有副使、行军司马、判官、掌书记、推官、巡官、衙推、要籍、随军等。其他使职如观察使、团练使、防御使和经略等使属下的僚佐,亦大同小异。在唐代史料中,这些僚佐常被统称为"从事"。从事甚至可以当动词使用,如《旧唐书·庾敬休传》说:"敬休举进士,以宏词登科,授秘书省校书郎,从事宣州。"①又如《新唐书·食货志》说:"建中初,宰相杨炎请置屯田于丰州,发关辅民凿陵阳渠以增溉。京兆尹严郢尝从事朔方,知其利害,以为不便,疏奏不报。"②除了这些文职外,节度使还有一系列武将,如各种兵马使等。对方镇来说,这些武职应当远比文职重要。但武职研究目前几乎还停留在草创期③,且不属本书范围,这里略而不论。

在文职当中,副使和行军司马属于比较高层的职位。判官为重要执行干部,一般来说约为中层官员。参谋不常设。它在史料中的排位,有时在掌书记之上,有时又在其下。支使起源于采访使时代,盛行于后来的观察府,一直到唐末仍存在,但支使这种

————————

① 《旧唐书》卷一八七下,页4913。
② 《新唐书》卷五三,页1372。
③ 见严耕望《唐代方镇使府军将考》,《庆祝李济先生七十岁论文集》(台北:清华学报社,1965),亦收在氏著《唐史研究丛稿》。张国刚《唐代藩镇军将职级考略》,《唐代政治制度研究论集》(台北:文津出版社,1994),页157—174,有进一步的研究;王永兴《关于唐代后期方镇官制新史料考释》,《陈门问学丛稿》,页394—411,主要以《房山石经题记汇编》中所收的幽州卢龙地区武官官名,考唐代方镇的武职制度。

幕职,在使府中远不如巡官、推官、掌书记常见,也远不如掌书记那么重要和清贵。至于衙推、要籍和随军,都是非正式幕职,职位卑下,通常由没有功名科第或无出身者担任[1]。一般士人到方镇使府任职,通常先出任巡官、再升任为推官和掌书记。这是使府中最常见也最重要的三种基层文官,所以本章所论,主要即此三种,必要时也涉及判官。涵盖的时代为安史乱后的中晚唐,但有时也会以唐初或安史乱前的事例来做比较。

二、幕佐的辟署和礼聘

《旧唐书·郑从谠传》有一段记载,颇能用以说明中晚唐方镇使府的辟署制度,以及幕职的尊贵特质。僖宗时,沙陀都督李国昌入据振武、云朔等州。河东节度使康传圭为三军所杀,朝廷引以为忧,于是下诏令当时的一个宰相郑从谠充河东节度等使,镇守太原:

> 僖宗欲以宰臣临制之,诏曰:"开府仪同三司、门下侍郎、兼兵部尚书、充太清宫使、弘文馆大学士、延资库使、上柱国、荥阳郡开国公、食邑二千户郑从谠,自处钧衡,屡来麟凤,才高应变,动必研机。朕以北门兴王故地,以尔尝施惠化,尚有去思。方当用武之时,暂辍调元之职,伫歼凶丑,副我忧勤。可检校司空、同平章事、太原尹、北都留守、河东节度,兼行营招讨等使。"制下,许自择参佐。乃奏长安令王调为副使,兵

---

①石云涛《唐代幕府制度研究》,页 103、141、249 和 282。

部员外郎、史馆修撰刘崇龟为节度判官，前司勋员外郎、史馆修撰赵崇为观察判官，前进士刘崇鲁充推官，前左拾遗李渥充掌书记，前长安尉崔泽充支使。开幕之盛，冠于一时。时中朝瞻望者，目太原为"小朝廷"，言名人之多也①。

这段记载最可留意的一点是，郑从谠到太原充任节度等使，朝廷允许他"自择参佐"。用现代的话来说，就是"自选自己的班子上任"。这是一种自己请人用人的权力，不须通过中书门下的委任，或吏部的铨选，但程序上仍须向皇帝"奏"请批准。所以郑从谠便"奏"请当时的长安县令王调等人，做他的副使、判官、推官、掌书记和支使。这些幕职也就是一个方镇使府最主要的"班子"。王调等人不是通过吏部的铨选得到这些幕职（实际上，这些幕职的委任，也不属于吏部的事），而是应郑从谠之"辟"，前去当他的幕僚。这便是"辟署"制的大略情况。

近人对辟署制的考论已详，这里不必再细考。简言之，从两汉到隋初，州郡有自辟官吏的权力。但到了隋文帝时，州郡官员已由吏部委任。"唐前期中央派使次数频繁，凡使臣所需副佐，或由中央指派，或自行奏请，被奏之人多为京诸司在职官员，使罢即回原任，彼此没有隶属关系。"②开元年间设采访等使，使府自辟幕僚的制度才开始固定下来，直到唐末和五代。中晚唐辟署制的施行，对郑从谠等节度、观察等使来说，意味着他们也像吏部一样，

①《旧唐书》卷一五八，页4170。又见《新唐书》卷一六五，页5062—5063。
②宁欣《唐代选官研究》第四章《唐代的辟署制》，页102。宁欣此书从唐代选官的角度讨论辟署制，观点又跟其他从幕府制论辟署的论著有些不同。又见翁俊雄《安史乱后"仕家"的南迁——兼论"辟署"制度的形成》，《唐代人口与区域经济》（台北：新文丰，1995），页249—256。

拥有聘人的权力。对士人来说,这无疑也等于多了一条做官的路。

辟署的过程有几个步骤。第一,府主需自己去物色人才。在没有征聘广告的中古唐代,府主最方便的办法,莫如"辟"自己身边的亲朋故吏,或同僚朋友所推荐的知名人士,或在毛遂自荐者当中挑选。第二,选定对象后,便需准备聘钱和马匹,派遣使者前去受辟者的家里延请,礼仪相当隆重,即使所辟者只是基层的巡官、推官和掌书记都如此。第三,幕佐受辟后,要上奏朝廷,请求批准,并为幕佐奏请朝中官衔。从这三个步骤看来,使府幕职和一般的官职很不一样。幕职远比同等级的正规京外官职来得崇高,是一种"可遇不可求"的机会,需要一定的名望、才学和人脉关系才能得到。

实际上,郑从谠此例亦清楚反映了这几点。他一被任命为河东节度等使,即能奏请长安县令等人出任他的僚佐,显然他和这些人早有一定的关系。我们从其他材料可以知道,这种关系一般是门生故吏,或亲属故友。郑从谠所辟者,名望都很好,都是当时的在职官员,有出身,才学应当不错,为当时"名人",所以这整个班子被时人目为"小朝廷",有开幕之"盛",可见他这些幕僚,绝非泛泛之辈。唐代使府的名望有大小高低之别,当然并非个个都是"小朝廷",但一般说来,幕僚都经过幕主的特别挑选,素质远在普通官员之上。平庸之辈即使想投靠幕府,恐怕还没有门路。

以上记载没有提到郑从谠如何礼聘他的幕僚。不过,我们从韩愈的详细描写,以及李商隐所写的许多谢启,可以知道使府辟聘幕僚之礼,相当隆重。韩愈的《送石处士序》说:

河阳军节度御史大夫乌公为节度之三月,求士于从事之贤者,有荐石先生者。公曰:"先生何如?"曰:"先生居嵩邙瀍谷之间。冬一裘,夏一葛,食朝夕饭一盂,蔬一盘。人与之钱则辞,请与出游,未尝以事辞,劝之仕,不应。坐一室,左右图书。……"大夫曰:"先生有以自老,无求于人,其肯为某来耶?"从事曰:"大夫文武忠孝,求士为国,不私于家。方今寇聚于恒,师环其疆,农不耕收,财粟殚亡,吾所处地,归输之涂,治法征谋,宜有所出。先生仁且勇,若以义请而强委重焉,其何说之辞!"于是撰书词,具马币,卜日以授使者,求先生之庐而请焉①。

这位石处士名洪,拓跋后裔,当时正是以他的名望和不凡的修养,为人引荐到河阳节度乌重胤的幕府当幕僚,可知幕职可遇不可求,极尊贵。从其他材料可知,石洪当时只不过受辟为幕府参谋。这不算很高的幕职,仅和掌书记不相上下②。然而,府主还深怕他不愿屈就,最后写了聘书("撰书词"),准备了马和聘钱,占卜选了吉祥日子,才派使者到他家里去请他,礼仪十分隆重,远非朝廷委派官员可比。石洪受辟后,韩愈和他朋友设宴欢送他赴幕职,大家都写诗以赠。韩愈按照唐代饯别赠诗的习惯,又写了这篇文字,以序诸诗。所以这可说是一篇当时见证式的文字,记录了当年幕府辟署和礼聘的一些细节,极写实且珍贵。

---

① 《韩昌黎文集校注》卷四,页279。
② 按韩愈此文标题下,在某些版本有"赴河阳参谋"等字,见《韩昌黎文集校注》卷四,页278。石洪稍后以昭应尉充集贤校理。见韩愈《集贤院校理石君墓志铭》,《韩昌黎文集校注》卷六,页373。这是以县尉作阶官充馆职的例子,属基层职位,详见本书论县尉一章,可证他的官位一路来并不高。关于"参谋"这幕职,见严耕望《唐代方镇使府之文职僚佐》,页67—68。

当然，能够享有这种隆重礼聘者，亦非泛泛之辈。石洪死后，韩愈给他写过墓志，透露更多他的生平细节，和他佐河阳军的功绩：

> 君生七年丧其母，九年而丧其父，能力学行；去黄州录事参军，则不仕而退处东都洛上十余年，行益修，学益进，交游益附，声号闻四海。故相国郑公余庆留守东都，上言洪可付史笔。李建拜御史，崔周祯为补阙，皆举以让。宣歙池之使，与浙东使交牒署君从事。河阳节度乌大夫重胤间以币先走庐下，故为河阳得。佐河阳军，吏治民宽，考功奏从事考，君独于天下为第一。元和六年，诏下河南，征拜京兆昭应尉、校理集贤御书。明年六月甲午疾卒，年四十二①。

原来，石洪佐河阳军之前，已经长期归隐不仕，但"声号闻四海"，以至相国郑余庆上书说他可以当史官。李建任御史，崔周祯任补阙时，都曾经举荐石洪以代己。宣歙池和浙东等使，也曾先后争着想聘用他。最后是河阳节度"以币先走庐下，故为河阳得"。他佐河阳军的政绩佳，应当也是他后来被朝廷征召为京官，以昭应县尉充任集贤校理的一大原因。可惜他英年早逝，死时才四十二岁。

石洪此例并不特殊。中晚唐像他这种案例很多，像他这样有才学和名气的士人，经常会是使府争相礼聘的对象。比如，和石洪差不多同个时代的温造，也曾受辟于河阳节度。此事见于韩愈所写的《送温处士赴河阳军序》：

①《韩昌黎文集校注》卷六，页372—373。

东都固士大夫之冀北也。恃才能,深藏而不市者,洛之北涯曰石生,其南涯曰温生。大夫乌公以铁钺镇河阳之三月,以石生为才,以礼为罗,罗而致之幕下。未数月也,以温生为才,于是以石生为媒,以礼为罗,又罗而致之幕下①。

韩愈此文和《送石处士序》一样,亦属见证式文字,很有史料价值。"以礼为罗",透露当时使府对待幕僚的典型礼节。在这之前,温造曾经被张建封辟为节度参谋,幕职不高,但当时他所受到的礼遇却是令人侧目的:

　　温造字简舆,河内人……造幼嗜学,不喜试吏,自负节概,少所降志,隐居王屋,以渔钓逍遥为事。寿州刺史张建封闻风致书币招延,造欣然谓所亲曰:"此可人也。"徙家从之。建封动静咨询,而不敢縻以职任。及建封授节彭门,造归下邳,有高天下之心。建封恐一旦失造,乃以兄女妻之②。

张建封"致书币招延"温造,以及后来"恐一旦失造",甚至不惜"以兄女妻之",都不是普通州县官所能得到的待遇。府主以亲属之女或亲生女"妻"幕佐的事,史料中常见,为当时习俗。例如,《新唐书·杨于陵传》说:"节度使韩滉刚严少许可,独奇于陵,谓妻柳曰:'吾求佳婿,无如于陵贤。'因以妻之。"③又如《旧唐书·郑云逵传》:"郑云逵,荥阳人。大历初,举进士。性果诞敢言。客

①《韩昌黎文集校注》卷四,页281—282。
②《旧唐书》卷一六五,页4314。
③《新唐书》卷一六三,页5031。

游两河,以画干于朱泚,泚悦,乃表为节度掌书记、检校祠部员外郎,仍以弟滔女妻之。"①再如李商隐,佐王茂元河阳幕时,"茂元爱其才,以子妻之"②。

从以上石洪和温造的案例来看,中晚唐入幕的重要条件是,士人本身必先要有真才实学才行。有才学的士人是幕府争相礼聘的对象,他有各种选择的余地。这些人具有卢建荣所说的"仕宦优势"③。他们通常会投身于重要的、有名望的大幕府服务。

相反的,一个平庸的士人,默默无闻没人知,便不具任何"仕宦优势",就不可能得到幕府的主动礼聘。这时,他可能就得毛遂自荐,如欧阳詹即曾经写信给徐州节度使张建封。同理,一个名望不佳的幕府,恐怕也没有办法吸引到条件好的士人来为它服务④。

这形成一个规律:大幕府可以吸引到才学最佳的士人;小幕府只能辟中下之才。才学佳的士人可能为各幕府竞相争夺,在仕途上有诸多选择。相反的,平庸之士则无人问津,仕途潦倒,或只能到名声不佳的小幕府去。这也很像现代自由职场上的聘人和求职规律。

幕主送马给受辟的僚佐,作为聘礼,史料中有好几例,似常见之礼仪。上引石洪为一例。杜牧《唐故灞陵骆处士墓志铭》说:

> 相国杜公黄裳在蒲津,相国张公弘静在并州、大梁,浑尚书
> 镐在易定,潘侍郎孟阳在蜀之东川,司徒薛公苹在郑滑,皆挈卑

①《旧唐书》卷一三七,页3770。
②《旧唐书》卷一九〇下,页5077。
③卢建荣《中晚唐藩镇文职幕僚职位的探讨》,页1255。
④这是卢建荣《中晚唐藩镇文职幕僚职位的探讨》一文讨论的重点。

词币马至门,曰:"处士不能一起助我为治乎?"皆以疾辞①。

五位高官要人都"掣卑词币马至门"来聘这位骆处士,看来这是当时最合乎古礼的辟幕佐之礼。"币马"作为一种聘礼,在唐代早已有非常久远的传统,典出《周礼·校人》"饰币马执扑而从"和"凡宾客受其币马"等句②。这种礼也见于杜牧的《唐故平卢军节度巡官陇西李府君墓志铭》:"开成元年(836)春二月,平卢军节度使王公彦威闻君名,掣卑辞于简,副以币马,请为节度巡官。"③巡官只是一种基层幕职,竟能受此礼,可知幕职受人尊重。另一例也涉及巡官,见于晚唐李商隐的《为柳珪上京兆公谢马启》④。这是李商隐代他的府主河东公柳仲郢所写的谢启,感谢京兆公杜悰辟他的儿子柳珪为巡官时赠以马。李商隐在另一文《为河东公谢相国京兆公启》也提及此事,细节更清楚:"今月某日,得当道万安驿状报,伏承遣兵马使陈朗赍币帛鞍马辟召小男者。"⑤可证赠送"币马"等厚礼,确有其事,并非用典。还有一例在路岩《义昌军节度使浑公神道碑》:

> 既冠,益以通敏密静称于人。因从先少师于藩方,不忍去庭闱。诸侯有以币以马取者,一无所就⑥。

①《樊川文集》卷九,页140。
②《周礼注疏》(《十三经注疏》本;台北:艺文印书馆,1955年影印本),卷三三,页495—496。
③《樊川文集》卷九,页136。
④《李商隐文编年校注》,页1960。
⑤《李商隐文编年校注》,页1935。
⑥《全唐文》卷七九二,页8297。

以"币"或"厚币"招延僚佐的例子，除了上引石洪和温造两例外，在唐史料中还有不少。例如，《新唐书·韦贯之传》说："贯之及进士第，为校书郎，擢贤良方正异等，补伊阙、渭南尉。河中郑元、泽潞郗士美以厚币召，皆不应。"①又如《崔公墓志铭》说："公讳廷，贞元初进士及第……名声籍甚，其年为山南西道节度使严震重礼辟为从事。"②再如《旧唐书·李绅传》说："元和初，登进士第……东归金陵，观察使李锜爱其才，辟为从事。绅以锜所为专恣，不受其书币，锜怒，将杀绅，遁而获免。锜诛，朝廷嘉之，召拜右拾遗。"③其实，李绅应当早已接受李锜的"书币"，才能被辟为从事。他是后来不愿意替李锜写反叛朝廷的文书，才"不受其书币"，意即事后退聘，退还聘钱④。

从李商隐的《上河东公谢聘钱启》一文看来，这种"币"是一种"聘钱"，而且数量不少，用以"备行李"：

> 某启：伏蒙示及赐钱三十五万以备行李，谨依荣示捧领讫。伏以古求良材，必有礼币⑤。

这是李商隐受河东公柳仲郢辟为东川节度掌书记，收到一大笔聘钱"三十五万"后，亲笔所写的谢启。三十五万是一笔相当大的钱财。据《新唐书·食货志》说，"唐世百官俸钱，会昌后不复增

---

① 《新唐书》卷一六九，页5153。
② 《千唐志斋藏志》，1024号。
③ 《旧唐书》卷一七三，页4497。
④ 关于李绅，王勋成《唐代铨选与文学》，页75—78，有一段精辟的考证可参看。
⑤ 《李商隐文编年校注》，页1875。

减"；一个上县丞的月俸，只不过是三万①。李商隐此启写于大中五年(851)，正好在会昌(841—846)之后，所以他这"三十五万"的聘钱，便几乎等于当时一个上县丞一年的俸钱。李商隐还没有开始工作，就有这么一大笔收入，家用应当丰足，不至于像他许多传记所说的那样"生活潦倒"。

这种辟僚佐的聘钱应当很常见。在李商隐的文集里，不但有他为自己所写的"谢聘钱启"(见上引)，而且还有另三篇他代别人所写的类似文书：《为桂州卢副使谢聘钱启》、《为东川崔从事谢聘钱启》和《为同州张评事谢聘钱启》②。可惜这几篇启都没有透露确实的聘钱为多少，但从其用典如"多若凿山、积如别藏"、"磨文难灭，校贯知多"和"重非半两，轻异五铢，子母相权，饥寒顿解"等语看来，聘钱应当不少。这三篇谢启开头部分，也都用了"钱若干，伏蒙赐备行李"这样现成的套语，显示李商隐只是代人写信，其"钱若干"的"若干"部分，当由事主自己填上确实的数目，而这些钱都是供僚佐准备行装之用的。李商隐为自己所写的谢启，又提及得了这些聘钱，"敢将润屋，且以腾装"，说明这笔聘钱不但可以用来准备行装，而且还可以使居室华丽生辉，也就是大大改善了生活的品质，得以好好安顿一家人的未来生活。

像这样派使者到受辟者家里送聘钱等聘人之礼，都是朝廷任命正规官员所没有的，可知幕佐所受到的礼聘之隆重。使府需以"币马"或"厚礼"辟僚佐，更可证中晚唐任幕职是一种殊荣，非正规官职可比。

至于府主写给僚佐的聘书，其内容如何，却很罕见。笔者只

① 《新唐书》卷五五，页1402及1404。
② 《李商隐文编年校注》，页1206、1880、2254。

找到一例,或可提供一点这方面的讯息。这是贞元中李巽任江西观察时,聘请符载的《请符载书》,极可能就是当年的聘书:

> 数月不面,延企为劳。夏首渐热,惟动履安胜。巽弊屑推遣,疑昨者不摈薄劣,辄上荐贤之书。恩命拜足下太常寺奉礼郎,充南昌军副使。官告已到,惟增感庆,巽不任忻惬。足下义高德茂,文藻特秀,栖迟衡茅之下,藉甚寰海之内。信儒者之徽猷,圣朝之公器,而元𫄸束帛,偶未至者,盖匡阜则迩,符君甚远。巽谬临此地,闲接清风,激扬多矣。向非章疏上达,则麟足无由绊,然奉常之拜,亦吾子他日九层之资也。但以俯傅吾军,为执事者之累。幸当猥降,允副夙诚。冀即倾展,差浣勤矣。谨差押衙任进朝奉侍官人马,驰状进迎①。

信写得极礼貌恭敬,并且特别"差押衙任进朝奉侍官人马,驰状进迎"。符载曾三次推辞此聘,李巽也三请,但符载最后应当还是就聘②。

上引《请符载书》还有两点值得留意。第一,唐代辟署的程

①《全唐文》卷五二六,页5342。
②陆扬《从西川和浙西事件看元和政治格局的形成》,《唐研究》,第8卷(2002),页230,引用罗联添《唐代文学论集》,页53—55的论点,说符载"……连江西观察使李巽在贞元十六年时辟他他都不就……",似可商榷。按符载固然推辞了三次,但他最后还是就聘。他在《送崔副使归洪州幕府序》说:"我主君常侍李君,以南昌军倅辟于崔君,真得贤也。"(《全唐文》卷六九〇,页7070)。他称李巽为"我主君",又为李巽撰写《为江西李常侍祭颙和尚文》(《全唐文》卷六九一,页7088),可证他确实曾佐李巽幕。戴伟华《唐方镇文职僚佐考》,页457,引符载其他文章和《唐摭言》等例证,即把符载列于李巽幕下。关于符载的生平,又见本书第一章前注。

序,学界过去一般根据权德舆在《鄜坊节度使推官大理评事唐君墓志铭并序》中所说的"辟书既至,命书继下"①等材料,认为是先下聘书,然后才有朝廷的任命书。但在此聘书中,李巽似已为符载奏得"太常寺奉礼郎"朝中官衔,而且"官告已到",看来也有聘书和朝廷任命书一同送达的例子。第二,李巽以"太常寺奉礼郎",辟符载"充南昌军副使",在官制上似乎有些问题,因为"太常寺奉礼郎"是个很低的朝衔,为从九品上②,但"副使"却是很高的幕职,仅在府主之下,为府主之副。一般副使所带的朝衔都很高,如检校某某尚书或检校某某郎官之类。所以,这里的"副使"恐怕有误。笔者颇疑为"支使"之误。

三、幕佐依附幕主的关系及其仕宦前景

清代幕府的一大特色是,其幕佐纯为幕主特别礼聘的私人,等于幕主的"宾客"和私人助理,非国家官员。唐代幕佐和清代幕宾最不同的是,他们虽然由幕主辟请,而且也常被称为"宾佐"、"宾幕"、"宾客"或"宾席"等,但却仍属国家官员,辟请时一般需上表奏闻,得到朝廷的批准,然后带有朝中的京衔或宪衔,且食国家俸禄。但唐代幕佐也有一点和清代幕宾很相似,那就是他们都和幕主有一种很强烈的依附关系;宾和主之间有一种特殊的礼仪和友谊③。

①《全唐文》卷五〇三,页5121。
②《唐六典》卷一四,页397。"奉礼郎"是低层幕职所带极常见的朝衔。唐代墓志中屡见不鲜。
③关于清代幕府制度,近人论著甚多,最近的一本是李志茗《晚清四大幕府》(上海:上海人民出版社,2002)。

关于唐代幕府的宾主关系，石云涛《唐代幕府制度研究》的第七章已有专章讨论，举例甚详，本章毋庸赘述。这里笔者就本书的主题，想探讨的一个课题是，幕佐依附于幕主的那种密切关系，如何影响到他的做官任期和仕宦前途。

让我们先看晚唐宰相刘邺的父亲刘三复，如何长年受辟（并依附）于李德裕的事：

> 刘邺字汉藩，润州句容人也。父三复，聪敏绝人，幼善属文。少孤贫，母有废疾，三复丐食供养，不离左右，久之不遂乡赋。长庆中，李德裕拜浙西观察使，三复以德裕禁密大臣，以所业文诣郡干谒。德裕阅其文，倒屣迎之，乃辟为从事，管记室。母亡，哀毁殆不胜丧。德裕三为浙西，凡十年，三复皆从之。大和中，德裕辅政，用为员外郎。居无何，罢相，复镇浙西，三复从之。汝州刺史刘禹锡以宗人遇之，深重其才，尝为诗赠三复，序曰："从弟三复，三为浙右从事，凡十余年。往年主公入相，荐用登朝，中复从公之京口，未几而罢。昨以尚书员外郎奉使至潞，旋承新命，改辕而东。三从公皆在旧地，徵诸故事，夐无其比，因赋诗饯别以志之。"又从德裕历滑台、西蜀、扬州，累迁御史中丞。会昌中，德裕用事，自谏议、给事拜刑部侍郎、弘文馆学士判馆事①。

这是一段很不寻常的唐人官历，连诗人刘禹锡写诗赠刘三复，都要提起他"三从公皆在旧地，征诸故事，夐无其比"的经历。《唐语林》提供更多的材料和细节：

①《旧唐书》卷一七七，页4616。

李德裕镇浙西。有刘三复者，少贫苦，有才学。时中使赍诏书赐德裕，德裕谓曰："子为我草表，能立构否？"三复曰："文贵中，不贵速得。"德裕以为然。三复又请曰："中外皆传公文，请得以文集观之。"德裕出数轴，三复乃体而为表，德裕尤喜之。遣诣京师，果登第。其子邺，后为丞相，上表雪德裕冤，归榇洛中①。

据《旧唐书》，三复似乎没有任何科第功名，但据《唐语林》，李德裕喜欢他作的表章，"遣诣京师，果登第"，看来应有功名②。从一开始，他便以他的文章，得到当时浙西观察使李德裕的赏识，受辟为"从事，管记室"，亦即《新唐书》所说的"掌书记"③。唐人一般任幕职，得从巡官、推官干起（如韩愈）。刘三复一起家即当掌书记，可说是很高的荣誉。李德裕三镇浙西，他都随之左右，长达十年。后来更随李德裕入朝，任员外郎这种清望的郎官。李德裕镇滑台、西蜀和扬州时，他也从之。最后他官至"刑部侍郎、弘文馆学士判馆事"。此侍郎又比员外郎高二级。唐代不少人即以侍郎出任宰相。

刘三复的个案，反映的不但是中晚唐幕佐和幕主的那种私人关系，而且还是一种很强烈的人身依附。他几乎一生都在追随李德裕，等于是李德裕忠心耿耿的私人随从。李德裕待他也如知己。《旧唐书·李德裕传》还特别提到这位不寻常的幕佐："有刘

①《唐语林校证》卷二，页153。《北梦琐言》卷一，页27有类似记载，细节更丰富。
②徐松《登科记考》卷二七，页1059，亦引《北梦琐言》，把刘三复列为进士及第。孟二冬《登科记考补正》卷二七，页1218同。
③《新唐书》卷一八三，页5381。

三复者,长于章奏,尤奇待之。自德裕始镇浙西,迄于淮甸,皆参佐宾筵。军政之余,与之吟咏终日。"①他著有《表状十卷》②,可能是他任掌书记时所为,又有《景台杂编十卷》③,可见他有文才,可惜此两书今天都没有传世。

像刘三复这样长期追随一个府主的案例,在中晚唐相当常见。例如,涉及顺宗朝"二王八司马事件"的凌准,从建中四年(783)起,就一直跟从邠宁节度使张献甫,前后长达十三年,直到张献甫于贞元十二年(796)去世为止。不过,张献甫一逝世,凌准也就失去依靠,"府丧罢职"。所以,他有长达六年的时间没有官做,闲居在家,直到贞元十八年(802),他才找到新的幕主,投靠浙东观察使贾全,任他的判官。约三年后,因为他在浙东幕府功绩佳,"声闻于上",才被召回京师,任翰林学士,而加入王叔文之党④。

凌准这个案例,也体现幕职的最大特征之一,即"府丧罢职"。由于幕佐是府主所辟的人员,府主一去世(或罢官),幕佐也会跟着失去幕职,工作可说毫无保障。就此点来说,刘三复可说非常幸运。他一直跟从李德裕,四处任官,没有"失业"的问题。然而,韩愈就没有那么幸运。他最先追随汴州节度使董晋,但不到三年,董晋便病逝,韩愈也就失去工作。他护送董晋的遗体回洛阳,也显示僚佐和幕主的关系非常密切,可以代幕主处理一些非常私人的事务,如护丧归葬等。然后,韩愈就得投靠另一个幕主徐州节度使张建封了。

---

①《旧唐书》卷一七四,页 4528。
②《旧唐书》卷六〇《艺文志》,页 1617。
③《宋史》卷二〇八《艺文志》,页 5336。
④柳宗元《连州司马凌君权厝志》,《柳宗元集》卷一〇,页 263—265。

唐代正规官员的任期，一般是四年左右，秩满即需改官（见本书第六章第二节"任期"）。但幕职却无一定任期。幸运者可以长达十多年，如上引刘三复和凌准的例子，但也有短至两三年者，如韩愈在董晋幕。李商隐几乎一生都在幕府任职，每任都很短，约三几年，也正是因为每当他的府主一罢职，他也跟着失去幕职，需重新求职。一般而言，幕职以三四年者居多。长达十年或以上者并不多见。

最常见的一种情况是，府主移镇他处时，幕佐也随之就任，如上引刘三复例。此类事例还有许多，不胜枚举。例如，《旧唐书·卢群传》说："兴元元年，江西节度、嗣曹王皋奏为判官。曹王移镇江陵、襄阳，群皆从之，幕府之事，委以咨决，以正直闻。"①又如《新唐书·贾直言传》："刘悟既入，释其禁，辟署义成府。后徙潞，亦随府迁。"②从这些例子看来，幕佐对幕主有很强的依附，也是双方面合作和相处愉快的结果。

幕佐和幕主的这种强烈依附关系，不但影响到他的幕府任期，也和他未来的仕宦前景息息相关。最关键的一点是，任幕职者多为年轻士人，他们将来的仕途，许多时候取决于府主的提拔。得到府主赏识的，不但可以随府迁移，而且在适当的时候，还有机会随府主入朝，或为府主引荐为朝中官员，再由此腾达。这也是王德权研究的结论之一："安史乱后幕僚之升迁，逐渐与中央、地方重要文官紧密结合，并成为中晚唐文官的重要升迁管道之一。"③这类案例极多，且举数例如下：

---

①《旧唐书》卷一四〇，页3833。
②《新唐书》卷一九三，页5558。其他例子见石云涛《唐代幕府制度研究》，页407—408。又见戴伟华《唐方镇文职僚佐考》中所收的许多案例。
③王德权《中晚唐使府僚佐升迁之研究》，页290。

（一）《旧唐书·李德裕传》：“（元和）十一年，张弘靖罢相，镇太原，辟为掌记书，由大理评事得殿中侍御史。十四年府罢，从弘靖入朝，真拜监察御史。”①

（二）《旧唐书·薛逢传》：“薛逢字陶臣，河东人。父倚。逢会昌初进士擢第，释褐秘书省校书郎。崔铉罢相镇河中，辟为从事。铉复辅政，奏授万年尉，直弘文馆，累迁侍御史、尚书郎。”②

（三）《旧唐书·韦澳传》：“周墀镇郑滑，辟为从事。墀辅政，以澳为考功员外郎、史馆修撰。”③

（四）《旧唐书·刘禹锡传》：“刘禹锡字梦得，彭城人……禹锡贞元九年擢进士第，又登宏辞科。禹锡精于古文，善五言诗，今体文章复多才丽。从事淮南节度使杜佑幕，典记室，尤加礼异。从佑入朝，为监察御史。”④

（五）《旧唐书·魏谟传》：“谟，大和七年登进士第。杨汝士牧同州，辟为防御判官，得秘书省校书郎。汝士入朝，荐为右拾遗。文宗以谟魏征之裔，颇奇待之。”⑤

由此可知，幕佐需依赖幕主的提拔和推荐，才能仕途平坦。他们入朝的第一个官职，最常见的是监察御史。这是迁转为朝中

---

①《旧唐书》卷一七四，页 4509。
②《旧唐书》卷一九〇下，页 5079。
③《旧唐书》卷一五八，页 4176。
④《旧唐书》卷一六〇，页 4210。
⑤《旧唐书》卷一七六，页 4567。

高官的重要中层职位①,也是封演所说的"八隽"之一②。

以下六例,恐怕也是府主所荐,入朝为监察御史等官,虽然文中并无明言,且录此存疑:

> (一)《旧唐书·崔元翰传》:"崔元翰者,博陵人。进士擢第,登博学宏词制科,又应贤良方正、直言极谏科,三举皆升甲第,年已五十余。李汧公镇滑台,辟为从事。后北平王马燧在太原,闻其名,致礼命之,又为燧府掌书记。入朝为太常博士、礼部员外郎。"③

> (二)《旧唐书·段平仲传》:"段平仲字秉庸,武威人。隋人部尚书段达六代孙也。登进士第,杜佑、李复相继镇淮南,皆表平仲为掌书记。复移镇华州、滑州,仍为从事。入朝为监察御史。"④

> (三)《旧唐书·薛存诚传》:"薛存诚字资明,河东人。父胜能文,尝作《拔河赋》,词致浏亮,为时所称。存诚进士擢第,累辟使府,入朝为监察御史,知馆驿。"⑤

> (四)《旧唐书·韦庾传》:"庾登进士第,累佐使府,入朝为御史,累迁兵部郎中、谏议大夫。"⑥

①详见孙国栋《唐代中央重要文官迁转途径研究》,页127—131。
②见《唐语林校证》卷八,页717所引。
③《旧唐书》卷一三七,页3766。
④《旧唐书》卷一五三,页4088。
⑤《旧唐书》卷一五三,页4089。
⑥《旧唐书》卷一五八,页4177。

（五）《旧唐书·王质传》："元和六年，登进士甲科。释褐岭南管记，历佐淮蔡、许昌、梓潼、兴元四府，累奏兼监察御史。入朝为殿中，迁侍御史、户部员外郎。为旧府延荐，检校司封郎中，赐金紫，充兴元节度副使。入为户部郎中，迁谏议大夫。"①

（六）《旧唐书·王起传》："起字举之，贞元十四年擢进士第，释褐集贤校理，登制策直言极谏科，授蓝田尉。宰相李吉甫镇淮南，以监察充掌书记。入朝为殿中，迁起居郎、司勋员外郎、直史馆。"②

从以上这些案例看来，幕佐在仕途上，许多时候需要幕主的扶持和荐引，始能坦顺和平稳，特别是在入朝为朝官这件事上。幕职虽然俸钱不错，但在唐人眼中，始终不如朝官③。最理想的办法，莫如释褐后先入幕一段时候，然后回到京城中央任监察御史或拾遗等中层官员，再由此迁转为郎官、侍郎，甚至宰相等高官。白居易说："今之俊乂，先辟于征镇，后升于朝廷；故幕府之选，下台阁一等，异日入为大夫公卿者十八九焉。"④考之中晚唐许多名人，如李德裕、牛僧孺、杜牧、王起、李逢吉、郑絪等人，莫不如此。他们年轻时都曾经在幕府待过一段时候。有趣的是，白居易虽然敏锐指出"先辟于征镇，后升于朝廷"这个中晚唐的官场实况，极有洞见，他本人却从来没有入过任何幕府。他担任的全是很正规

①《旧唐书》卷一六三，页 4267。
②《旧唐书》卷一六四，页 4278。
③石云涛《唐代幕府制度研究》，页 498—499 曾讨论唐人的这种心态。
④白居易《温尧卿等授官、赐绯，充沧景、江陵判官制》，《白居易集》卷四九，页 1033。

的官职,算是中晚唐士人当中一个少见的例外①。

从这个角度看晚唐诗人李商隐的官历,可以发现一些很有意义的地方。他除了刚释褐时,担任过校书郎和正字,又任过短期弘农县尉外,几乎一生都在幕府任职。白居易说"先辟于征镇,后升于朝廷",其重点是不要永远都停留在幕府,须努力争取"升于朝廷",然后才可能有大作为。李商隐的"悲剧"是,他一生都浮沉于幕府。他的"潦倒",应当不是指生活上的贫困,因为幕职的待遇丰厚,而是指他的官运不济,没能"升于朝廷"。李商隐为什么追随过好几个府主,前后计有令狐楚、王茂元、周墀、郑亚、卢弘正和柳仲郢等人,不像刘三复那样只跟从李德裕一人?他的这些府主为什么没有"提拔"他,把他荐引到"朝廷"去?从幕府辟署制度和幕佐依附于府主的关系上去观察,这些就是很耐人寻味的问题了。

四、幕佐的官衔

幕职本身因无品秩,所以任幕职者,照例带有朝衔(京官衔)或宪衔(御史台官衔)以秩品。过去的幕府研究论著,常称这些朝宪衔为"虚衔"。然而,学界仍未深论幕府怎样为幕僚"奏授"这些官衔,怎样的幕职带怎样的朝宪衔,也未探讨这些官衔的实质意义。本节拟详考这几点。

最能反映幕职所带朝宪衔的最佳材料,莫如墓志石刻。两

---

① 关于白居易的官历,见朱金城《白居易年谱》,以及蹇长春《白居易评传》(南京:南京大学出版社,2002)。

《唐书》列传常把这些朝宪衔材料删去,或有所省略,颇失其真。元和四年(809)的《诸葛武侯祠堂碑》,立碑时其碑阴上刻了剑南西川节度使府中一大批幕僚的名字和结衔。此碑当为西川节度使府幕僚联合筹立,有纪念价值,意义重大,所以各幕僚的名字和他的整套官衔,都一一隆重地刻在碑阴①。这相信是当年西川节度使府所有重要文武僚佐的详细名单。卑职如随军要籍等,碑上未列,看来并不表示此节度使府无随军要籍等,而极可能是这些卑职不重要,非核心,刻碑时就已经被筛除掉。因此,这名单反映的是一个幕府的核心组织和主要文武官的高低排秩,同时它也让我们得以考察这些文武幕僚的官衔结构。

府主武元衡高居首位,下来是监军使、行军司马和营田副使。但这些属高层官员,非本书范围,这里暂不论。接着是和本章最有关系的几个官职,从判官到巡官:

> 节度判官朝散大夫检校尚书户部郎中兼侍御史骁骑尉张正台
> 支度判官检校尚书礼部员外郎兼侍御史上护军赐绯鱼袋崔备
> 节度掌书记侍御史内供奉赐绯鱼袋裴度
> 观察支使殿中侍御史内供奉卢士玫
> 观察推官监察御史里行李虚中
> 节度推官试太常寺协律郎杨嗣复

①此碑今天仍然立在四川成都的武侯祠,笔者在1990年夏曾去参观过,基本完好,并建有碑亭保护。碑由裴度撰文(他当时任掌书记,后来官至宰相),书法家柳公绰书写,名匠鲁建刻字,因此在今天被旅游业者美称为"三绝碑"。网上有许多最新资料和照片。

节度巡官试秘书省校书郎宇文籍①

这些结衔清楚展示各幕佐所带的朝衔和宪衔。朝衔指户部郎中、协律郎和校书郎等京官。侍御史、殿中侍御史和监察御史其实也算是朝衔,但因为这些官职全属御史台,一般专称为宪衔。在这几种幕职当中,判官的地位最高,所以上举两个判官所带的朝衔都很清贵,分别为户部郎中和礼部员外郎等郎官,而且他们还有宪衔,甚至散官阶"朝散大夫",以及勋官衔"骁骑尉"和"上护军"。掌书记裴度在判官之下,没有朝衔,但有宪衔和赐章服。支使的排秩常不明确,这里在掌书记之下,但在其他石刻中,也有排在掌书记之上的。推官在掌书记或支使之下。观察推官李虚中有宪衔,无朝衔。节度推官杨嗣复则有朝衔"试太常寺协律郎",但无宪衔。巡官在推官之下,通常在文职僚佐中居末。宇文籍任巡官末职,他所带的朝衔"试秘书省校书郎"也相应不高,为九品官。

　　如上所示,这些朝宪衔又可按性质或高低分为三类,在石刻和官文书等材料中的使用颇有规律:一是"检校",仅用于郎官等较高层京官,或秘书监等,如白居易《义成军奏事官、虞候卫绍则可检校秘书监,职如故制》②。肃宗朝以后此种不执行实职的检校官大盛,正是因为幕府大开,中级幕僚如判官等常获授此种官衔所致③。大诗人杜甫晚年在剑南西川严武幕府当节度参谋时,也

①《八琼室金石补正》卷六八,页469。
②《白居易集》卷五一,页1081。
③唐初至肃宗朝的检校官"皆掌本职,与正员不异"。但代宗以后,纯虚衔,非实职。严耕望《唐仆尚丞郎表》,页1,特别提到代宗以后的这种检校官,因不掌实职,如何增加后世研究者的难度。

得了一个检校官叫"工部员外郎",此即后世尊称他为"杜工部"的由来。二是"兼"衔,用于御史台官。三是"试"衔,用于八、九品京官如校书郎、正字、协律郎、大理评事、卫率府兵骑曹参军等。"试"衔在墓志和石刻题名中最常见,甚至连幕府武职如都虞候等,都可能带有各种试衔如"试太仆寺丞"等①,其出现频率远远高于"检校"和"兼"衔,可惜今人几乎一无研究。

应当注意的是,史书上提到这些朝宪衔时,经常省略"检校"、"兼"和"试"等字眼。今人若不细察,可能会误以为某幕佐曾经在京城台省担任过这些实职。本书前面已论及史书上的这种省略写法,这里再引数例。比如,《旧唐书·卫次公传》说:

> 严震之镇兴元,辟为从事,授监察,转殿中侍御史。贞元八年(792),征为左补阙,寻兼翰林学士②。

这里的"授监察,转殿中侍御史",都是卫次公在严震幕府所获授的宪衔,非实职。他到贞元八年才被"征为左补阙"入朝。又如《旧唐书·杜让能传》说:

> 服阕,淮南节度使刘邺辟掌记室,得殿中,赐绯。入为监察③。

"得殿中"的"殿中"也是个宪衔,意即杜让能得到殿中侍御史这

---

①比如,此《诸葛武侯祠堂碑》的碑阴题名,便有三个武将带有"试"衔。见《八琼室金石补正》,页470。
②《旧唐书》卷一五九,页4179。
③《旧唐书》卷一七七,页4612。

个宪衔,并且获赐绯衣章服。"入为监察"才是他入朝任实职。

这种省略写法,甚至也见于墓志中,如《唐故陇西李府君(李税)墓志》所说:

> 登进士籍,以试秘书省校书郎、观察推官,从裴大夫寅于陕虢府。裴公移旆于江西,又以君为支使,转太常寺协律郎。府罢,调授同州朝邑县主簿①。

这里叙述李税的两个幕职。他任"观察推官"时所带朝衔为"试秘书省校书郎",是个很标准常见的试衔,志文没有省略"试"字。李税的第二个幕职是"支使",带有"太常寺协律郎"的朝衔。这也很常见,但志文却省略了"试"字。不察者可能会错以为他回到朝中太常寺任协律郎实职。但文中接下来的"府罢"两字,清楚显示他任支使是在某幕"府","府罢"了便"调授同州朝邑县主簿",并未入朝。

最完整的检校兼试衔,通常见于石刻结衔上(或祭文②开头部分参祭者的结衔)。这种整套的官衔甚至可能包含散官衔,如"将仕郎"、"朝议郎"、"给事郎"等,以及所赐章服,如"赐绯鱼袋"等。这里且举六例如下:

(一)从弟将仕郎前义武军节度巡官试太子正字元孙撰并书③

---

① 《唐代墓志汇编续集》,页1081。
② 关于唐宋哀祭文的特点,见叶国良《唐宋哀祭文的发展》,《台大中文学报》,第18期(2003年)。
③ 《唐代墓志汇编续集》,页961。

（二）摄经略巡官试大理评事知军州事赐绯鱼袋崔
　　献直①

（三）河东观察推官试太常寺协律郎摄监察御史齐孝
　　若撰②

（四）度支推官朝议郎检校尚书礼部员外郎兼侍御史王
　　恺撰③

（五）剑南东川节度掌书记给事郎试太常寺协律郎刘宽
　　夫撰④

（六）父前□海节度掌书记试太子通事舍人裴从宾篆⑤

　　据笔者在史书和墓志中所见，基层幕职一般常带的朝宪衔可
列如下表5.1：

表5.1　基层幕职常带的朝宪衔

幕职	常带朝衔	常带宪衔
掌书记	试校书郎、试大理评事、试太常寺协律郎；检校某司郎中或员外郎。	殿中侍御史、侍御史
推官	试校书郎、试大理评事、试太常寺协律郎（唐末五代有检校郎官者）。	监察御史、殿中侍御史
巡官	试校书郎、试大理评事、试太常寺协律郎、试卫率府兵骑曹参军。	常无宪衔；若有则为监察御史里行、监察御史

----

①《八琼室金石补正》卷五三，页363。
②《唐代墓志汇编续集》，页780。
③《唐代墓志汇编续集》，页1081。
④《唐代墓志汇编续集》，页861。
⑤《唐代墓志汇编续集》，页925。

这些检校、兼和试衔,是由幕主特别为幕佐向朝廷"奏授"而来。"奏授"亦称"表授"或"奏署",不同于"辟署"。白居易《授柳杰等四人官,充郑滑节度推、巡制》说:

> 古者,公府得自选吏属。今仍古制,亦命领征镇者,必先礼聘,而后升闻①。

"必先礼聘"即"辟署","而后升闻"即向朝廷"奏授"检校、兼、试等官。白居易和元稹等人的文集里,还保存了好几篇朝廷授这些官的文书,如白居易所写的这篇任命书:

> 杨景复可检校膳部员外郎、郓州观察判官;李绶可监察御史、天平军判官;卢载可协律郎、天平军巡官;独孤泾可监察御史、寿州团练副使;马植可试校书郎、泾原掌书记;程昔范可试正字、泾原判官;六人同制②。

这里郎官冠以"检校",校书郎和正字冠以"试",亦和上引《诸葛武侯祠堂碑》的碑阴题名结衔中的用法相合。这篇敕书当是以上

①《白居易集》卷五〇,页1049。

②《白居易集》卷四九,页1038。这里各人所带的朝宪衔,和他们幕职的高低,都很相配,除了最后一人程昔范之外。他的朝宪是很低的"试正字",但他的幕职却是地位颇高的判官,不相配。一般而言,判官已可带检校郎官等清要官,如本例中的杨景复,或带监察御史,如李绶。笔者颇怀疑程昔范任的不是"判官",而是幕府正职中最低的"巡官",这样才能配合他的"试正字"衔。此"判"可能为"巡"字在唐宋间传抄刻印之误。赵璘《因话录》卷三,页82—83说程昔范"以试正字,从事泾原军"。"从事"是个笼统的称谓,可以指巡官,也可以指判官等幕府僚佐。这里以官名当动词使用。

六人应幕府所"辟"之后，幕主才"升闻"为他们"奏授"所得的各种检校、试衔。这也就是权德舆在《戏坊节度使推官大理评事唐君墓志铭并序》中所说的"辟书既至，命书继下"①。此外，白居易《王师闵可检校水部员外郎、徐泗濠等州观察判官制》以及元稹《裴温兼监察御史里行充清海军节度参谋》②，亦都属此例。

从"辟署"到"奏授"朝宪等官衔，这中间可能需要等候一段时间。比如韩愈，他早在贞元十二年(796)就到汴州董晋幕府任推官，可是一直要到两年后，他才得到"试校书郎"的官衔③。但这却很可能是一般正常的辟署和奏授程序。至于反常程序，见于《新唐书·令狐楚传》："既及第，桂管观察使王拱爱其才，将辟楚，惧不至，乃先奏而后聘。"④王拱怕令狐楚不接受他的辟书，所以先"奏"，即先给他奏授一个朝衔才辟"聘"，但这种做法是特殊的，只因为当时令狐楚文名甚盛，王拱怕失去他才这么做。

像这一类检校、兼、试衔，学界一般常称之为"虚衔"。笔者认为，"虚衔"此词太含糊，应当厘清。"虚衔"顶多只表示，这些官衔的持有者并未真正去执行该官的"实际职务"。但除此之外，这些官衔并不全"虚"。它们还有其他作用，有实质意义。让我们先看《旧唐书·颜杲卿传》的一段记载：

> （天宝）十五年(756)正月，(史)思明攻常山郡……其月八日，城陷，(颜)杲卿、(袁)履谦为贼所执，送于东都。……

①《全唐文》卷五〇三，页5121。
②《元稹集》卷四八，页520。
③关于韩愈此例更详细的讨论，见本书第一章《校书郎》中论"试校书郎"一节。
④《新唐书》卷一六六，页5098。

禄山见杲卿,面责之曰:"汝昨自范阳户曹,我奏为判官,遽得光禄、太常二丞,便用汝摄常山太守,负汝何事而背我耶?"杲卿瞋目而报曰:"我世为唐臣,常守忠义,纵受汝奏署,复合从汝反乎!且汝本营州一牧羊羯奴耳,叨窃恩宠,致身及此,天子负汝何事而汝反耶?"禄山怒甚,令缚于中桥南头从西第二柱,节解之,比至气绝,大骂不息①。

颜杲卿(692—756)即书法家颜真卿(709—785)的堂兄。两《唐书》对他早年的官历省略太多,交代不清,幸好颜真卿为他所写的《摄常山郡太守卫尉卿兼御史中丞赠太子太保谥忠节京兆颜公神道碑铭》仍传世,清楚告诉我们他早年的仕历,又如何进入安禄山的范阳节度当营田判官,并以度支判官兼摄常山郡(即镇州,今河北正定)太守:

> 起家江州司法,转遂州。……迁郑州司兵。开元与兄春卿、弟曜卿、从父弟允南俱从调吏部,皆以书判超等。同日于铨庭为侍郎席建侯所赏。……擢授魏郡录事参军。当官正色,举劾无所回避。采访使张守珪以清白闻,迁范阳郡户曹。安禄山雅闻其名,奏为营田判官,光禄、太常二寺丞,又请为度支判官兼摄常山郡太守②。

当时的范阳节度安禄山是因为"雅闻"颜杲卿之名,才辟他入府,并"奏为营田判官,光禄、太常二寺丞"。这是幕府辟署幕佐并为

①《旧唐书》卷一八七下,页4897—4898。
②《全唐文》卷三四一,页3463。

他奏授朝衔的典型做法。也正因为如此，安禄山把颜杲卿当"幕宾"看待，期望他效忠于他，至少不该"背弃"他。他责怪杲卿时，还特别提到当初为他奏署"光禄、太常二丞"事，可见幕佐所带的这些朝衔，并非"虚衔"那么简单，否则安禄山也不会在如此生死关头，旧事重提。

从幕职奏授朝衔的制度，我们可以推知，颜杲卿所得的"光禄、太常二寺丞"，应当不是同个时候奏授的，而是累迁得到的。石刻史料中亦有幕佐带此衔。如《魏州贵乡县令卢公墓志铭》，说这位墓主卢侣，曾由昭义节度"奏授试太禄寺丞，摄卫州别驾"①。又如《温公合祔墓志》，墓主温缓的父亲温可宏，就是个"宣德郎、试太常寺丞"②。据此可知颜杲卿所带的光禄和太常寺丞，都是"试"衔，但他的神道碑和《旧唐书》本传都省略了"试"字。

从颜杲卿此例看，使府幕佐所带的这些朝宪衔，应当都有实质意义。可惜史料残缺，今人对此类朝宪衔的了解相当不足。胡三省在注释《资治通鉴》所提到的这些唐代幕僚官衔时，有两处把它们比作宋代的"寄禄官"。第一处是在《资治通鉴》德宗贞元十年（794）条下：

> 乙丑，义成节度使李融薨。丁卯，以华州刺史李复为义成节度使。……复辟河南尉洛阳卢坦为判官。监军薛盈珍数侵军政。坦每据理以拒之。盈珍常曰："卢侍御所言公，我因不违也。"胡注：坦后卒能脱于盈珍之谮。侍御，坦之寄禄官，所谓宪衔也③。

----

① 《唐代墓志汇编续集》，页837。
② 《唐代墓志汇编续集》，页1114。
③ 《资治通鉴》卷二三四，页7553。

《资治通鉴》此处的史源，当是李翱的《故东川节度使卢公传》：

> 会郑滑节度使李复表请为判官，得监察御史。薛盈珍为监军使，累侵军政。坦每据理以拒之。盈珍尝言曰："卢侍御所言皆公，我故不违也。"有善吹笛者，大将十余人同启复，请以为重职。坦适在复所。问曰："众所请可许否？"坦笑曰："大将等皆久在军，积劳亟迁，以为右职。奈何自薄，欲与吹笛少年同为列耶？"复告诸将曰："卢侍御言是也。"大将惭遽走出，就坦谢，且曰："向闻侍御言，某等羞愧汗出，恨无穴可入。"①

由此可知，卢坦为李复辟为判官，得到的宪衔是"监察御史"。胡三省把它比作宋代的"寄禄官"，很有启发性，有助于我们了解此种官衔的实质意义。此外，卢坦得此监察御史，虽非真正在京城御史台行使实职的御史，但幕府中人都尊称他为"卢侍御"②，可见这种所谓的"虚衔"，在幕府生活中亦很有些"用处"。

胡注第二次提到寄禄官，是在《资治通鉴》文宗大和二年（828）条下：

> 甲午，贤良方正裴休、李郃、李甘、杜牧、马植、崔珏、王式、崔慎由等二十二人中第，皆除官。考官左散骑常侍冯宿等见刘蕡策，皆叹服，而畏宦官，不敢取。诏下，物论嚣然称

---

① 《全唐文》卷六四〇，页6462。
② 监察御史和殿中侍御史都可尊称为"侍御"，见赵璘《因话录》，卷五，页102，唐诗中亦甚常见。

屈。谏官、御史欲论奏,执政抑之。李郃曰:"刘蕡下第,我辈登科,能无厚颜!"乃上疏,以为:"蕡所对策,汉、魏以来无与为比。今有司以蕡指切左右,不敢以闻,恐忠良道穷,纲纪遂绝。况臣所对不及蕡远甚,乞回臣所授以旌蕡直。"不报。蕡由是不得仕于朝,终于使府御史。胡注:使府,节度使幕府也。御史,幕僚所带寄禄官,亦谓之宪官[1]。

刘蕡案是文宗大和年间官场上有名的大案。诗人李商隐有好几首诗如《哭刘蕡》、《哭刘司户蕡》,都在替刘蕡诉说不平。但这样的才子却"不得仕于朝,终于使府御史"。胡三省此注清楚解说了"使府御史"的含意,即刘蕡只是在幕府中挂着御史的官衔,并非真正京城的御史[2],但他此种宪衔却犹如宋代的"寄禄官"。换句话说,幕佐的职俸和官阶升迁,都以这种朝宪衔为准,不宜轻率以"虚衔"视之。

幕职所带的朝宪衔有迁转,而且有迁转的种种规定。《新唐书·郑畋传》说:

> 旧制,使府校书郎以上,满三岁迁;监察御史里行至大夫、常侍,满三十月迁。虽节度兼宰相,亦不敢越。自军兴,

---

[1]《资治通鉴》卷二四三,页7858。

[2]《新唐书》卷四八《百官志》,页1237说:"至德后,诸道使府参佐,皆以御史为之,谓之外台。"唐墓志中有"使衔御史"一词,也和"使府御史"的用法相似。见《有唐卢氏崔夫人墓铭并序》,《唐代墓志汇编》,页2351。王寿南《唐代御史制度》,收在许倬云等著《中国历史论文集》(台北:商务印书馆,1986)第四节,专论这种"外台御史",并认为"外台御史为御史台之伸延扩充"(页191)。

有岁内数迁者,(郑)畋以为不可,请:"行营节度,繇里行至大夫,许满二十月迁;校书郎以上,满二岁乃奏。非军兴者如故事。"从之①。

此处"使府校书郎"和上文"使府御史"的用法相似,指的就是在幕府挂"校书郎"朝衔者,即"试校书郎"。据郑畋的奏,他们从前是要任满三年或三十个月才能升迁,但自军兴以来,有"岁内数迁者",升迁太快太频,所以他提了新的升官期限规定,并得到朝廷的批准。

郑畋此奏的年代约为僖宗中和二年(882),已临近唐亡。在他之前,在贞元与元和年间,朝廷都颁布过几次类似敕令,如贞元十六年(800)敕:

> 十六年十二月敕:"诸道观察、都团练、防御及支度、营田、经略、招讨等使,应奏副使、行军、判官、支使、参谋、掌书记、推官、巡官,请改转台省官,宜三周年以上与改转。其缘军务急切,事迹殊常,即奏听进止。"②

以及元和七年(812)敕:

> 七年七月敕:"诸使府参佐、检校、应(疑为"兼"之误)、试官月日计,如是五品已上官及台省官,经三十个月外,任奏与改转。余官经三十六个月奏改。如经考试有事故,及停替

---

① 《新唐书》卷一八五,页5404—5405。
② 《唐会要》卷七八,页1704。

官,本限之外,更加十个月,即往申奏。"从之①。

都对幕佐的检校、宪、试官的迁转有过规定。一般而言,此种官二到三年即可改转一次。然而,这些敕令上的规定,幕府未必遵从②。官职的迁转,也可由其他因素决定,如军功等(如下引凌准例),未必处处以二三年为限。

这些幕职所带的朝宪衔有迁转,幕职本身如巡官、推官、掌书记等亦有迁转,即一个人可以从巡官升至推官,再升为掌书记等。我们在阅读唐史料,应当小心分辨幕"职"与朝"官"及其迁转。否则,分辨不清,极易把唐人的官历混淆了。例如,顺宗朝"二王八司马事件"中的要角之一凌准,他的幕府官历在柳宗元的《故连州员外司马凌君权厝志》中,是这样记载的:

> 又以金吾兵曹为邠宁节度掌书记。泚泾之乱,以谋画佐元戎,常有大功,累加大理评事、御史,赐绯鱼袋。换节度判官,转殿中侍御史。府丧罢职。后迁侍御史,为浙东廉使判官。抚循罢人,按验污吏,吏人敬爱,厥绩以懋,粹然而光,声闻于上,召以为翰林学士③。

这里柳宗元甚至把"试"、"兼"等字眼都省略了,以致凌准的幕"职"和他所带的朝"官"看来十分紊乱,几乎不易分辨。为了便于辨识,不妨列如表5.2:

———————

① 《唐会要》卷七八,页1704。
② 石云涛《唐代幕府制度研究》,页237—272。
③ 《柳宗元集》卷一〇,页264。

表 5.2　凌准的幕府官历

幕职	所带朝、宪衔和章服等
邠宁节度掌书记	金吾兵曹（省略"试"字）。因军功累加为"大理评事、御史，赐绯鱼袋"。
邠宁节度判官	转殿中侍御史
浙东廉使（观察使）判官	迁侍御史

　　所谓朝宪衔有迁转，即指凌准从御史（当为监察御史）升殿中侍御史，再升侍御史。这很符合这三种御史官的升迁秩序，但这些全都是无实职的"寄禄官"，是凌准在幕府任职所带的宪衔。他从来未曾在京师的御史台任官。他从建中四年（783）起，先在邠宁节度任掌书记，后升判官。这即所谓幕职也有升迁：掌书记一般升判官。他一直待在邠宁，前后长达十三年，直到节度使张献甫于贞元十二年（796）去世为止，"府丧罢职"。以幕职来说，十三年的时间不可说不长。过了六年，在贞元十八年（802）他转任浙东观察使贾全判官。这时他的幕"职"没有升，依然是判官，但他的朝"官"却升了，从殿中侍御史升为侍御史。约三年后，因他在浙东幕府功绩佳，"声闻于上"，才被召回京师，任翰林学士。

　　又如马炫的幕府官历，见于其两《唐书》本传及出土的《马公墓志铭》，记载略有不同，可以让我们更深入考察史传和墓志如何处理中晚唐士人的幕职和朝官。先看《旧唐书》的记载：

　　　　炫字弱翁，燧之仲兄，少以儒学闻于时，隐居苏门山，不应辟召。至德中，李光弼镇太原，辟为掌书记、试大理评事、监察御史，历侍御史，常参谋议，光弼甚重之，奏授比部、刑部

郎中。田神功镇汴州，奏授节度判官、检校兵部郎中……①

再看《新唐书》的说法：

> 燧兄炫，字弱翁。少以儒学闻，隐苏门山，不应辟召。至德中，李光弼镇太原，始署掌书记，常参军谋，光弼器焉。迁刑部郎中。田神功帅宣武，署节度判官，授连、润二州刺史，以清白显……②

最后看《马公墓志铭》的记载：

> 于时故太尉李光弼镇太原，素闻其名，表授孝义尉，且为戎幕管记，军府之务，悉以咨之。其后太尉翦强寇于嘉山，扞大患于盟津，出入中外，经纶夷险，奇功茂绩，公实参之。累迁殿中侍御史、太子中允、比部刑部二郎中。广德中，仆射田神功镇大梁，朝论以田武臣，宜得良佐，除公检校兵部郎中……③

《新唐书》把马炫的官历省略太多，最不可取。《旧唐书》和墓志所记，则可互补有无。且据两者将马炫的幕职和所带朝宪衔列表如下：

---

①《旧唐书》卷一三四，页 3702。
②《新唐书》卷一五五，页 4891。
③《唐代墓志汇编续集》，页 750。

表 5.3　马炫的幕府官历

幕职	所带朝、宪衔
李光弼河东太原幕掌书记	试大理评事、监察御史〔此据旧传〕、累迁殿中侍御史、太子中允、（检校）比部刑部二郎中〔此据墓志〕
田神功汴州幕府判官	检校兵部郎中

马炫刚出任掌书记时，应当带有低层朝宪衔。《旧唐书》所记"试大理评事、监察御史"正好相配。后来他佐李光弼平定安史之乱，因军功接连升官，即其墓志所说"累迁殿中侍御史、太子中允、比部刑部二郎中"。《旧唐书》遗漏"太子中允"，又说他"历侍御史"，和墓志不合，当据志改。《新唐书》简略太过，极易误导读者，特别是"迁刑部郎中"一句，更容易令人误会马炫曾回到京城朝中任刑部郎中。事实上，旧传和墓志清楚显示，这只不过是他任掌书记时累迁的检校官罢了。

晚唐诗人李商隐，一生几乎都在幕府任职。他的幕府官历，在其《旧唐书》本传中的记载，也需细分幕"职"和所带朝"官"，并留意其迁转，才能梳理清楚：

> 王茂元镇河阳，辟为掌书记，得侍御史。……会给事中郑亚廉察桂州，请为观察判官、检校水部员外郎。……会河南尹柳仲郢镇东蜀，辟为节度判官、检校工部郎中①。

---

① 《旧唐书》卷一九〇下，页 5077—5078。研究李商隐的学者如张采田、岑仲勉、杨柳、吴调公、刘学锴和余恕诚等人，对李商隐的幕府官历有种种争论，详见诸人论著，这里无法细论，只想单就《旧唐书》的记载，解说李商隐的幕"职"及其朝"官"的分别和迁转。

就幕职而言,李商隐从掌书记升到观察判官,再升为节度判官,都很符合幕职的升迁规律。他所带的朝宪衔,一开始就是"侍御史",其实可说非常杰出,因为侍御史是御史台最高层的御史,高于殿中侍御史和监察御史。接着,他升到"检校水部员外郎",已是清贵的一种郎官。他最后迁至"检校工部郎中"。"郎中"又比"员外郎"高一等,可见李商隐的朝官迁转很有规律,步步高升。他这官历固然比不上白居易和元稹等人,但比起当时幕府中的好些其他人,其实又算很不错的了①。

中晚唐士人的墓志和本传中,有不少像上述这种幕"职"与朝"官"纠缠不清的写法,极易误导后世读者。这里且举晚唐知名诗人杜牧为例,说明他的幕府官历如何早在五代编修《旧唐书》时就已弄错。其实,杜牧本人所写的《自撰墓志铭》是没有错的:

> 牧进士及第,制策登科,弘文馆校书郎,试左武卫兵曹参军、江西团练巡官,转监察御史里行、御史、淮南节度掌书记②,拜真监察御史,分司东都。以弟病去官,授宣州团练判官、殿中侍御史内供奉……③

①笔者希望将来能撰写另一本专书《唐人的官历和远行》,届时将可细细比较唐代几个诗人、军人、财臣和宰相等的官历,以及他们如何经常必须为官务远行。

②此处《樊川文集》陈允吉的标点,原作"御史,淮南节度掌书记"。笔者认为若把该逗点改为顿号,更符文意,且跟前后文的其他官衔标点相配。除此之外,陈允吉的标点极正确可取,没有重复《旧唐书》之误。

③《樊川文集》卷一〇,页160—161。"内供奉"是法定名额之外所置谏官、御史等官的名目。见赵冬梅《唐五代供奉官考》,《中国史研究》,2001年第1期,页61。又见何锡光《两〈唐书〉中与"内供奉"有关的官职名称的错误标点》,《中国史研究》,2003年第1期,页114。

杜牧在叙述自己的幕府官衔时,有时把朝宪衔放在幕职之前,如叙"江西团练巡官"和"淮南节度掌书记",有时又放在幕职之后,如叙"宣州团练判官",对后人来说有些混乱,但这却是唐人常见的写法。为方便辨识,兹列表如下:

表5.4 杜牧早年的官历

官历	所带朝衔	所带宪衔
弘文馆校书郎	(校书郎本为京官,不应再带朝衔)	
江西团练巡官	试左武卫兵曹参军	
淮南节度掌书记		转监察御史里行、御史
拜真监察御史,分司东都	(此为正式京官,不再带朝衔)	
宣州团练判官		殿中侍御史内供奉

这个根据杜牧《自撰墓志铭》所制成的官历表,实际上很清楚,没有问题。就幕职而言,杜牧从巡官升为掌书记,再升为判官,很符合幕府升职的规律。巡官为幕职,无品秩,故照例带有朝衔或宪衔。巡官带有"试左武卫兵曹参军",也是史传墓志中很常见的。但这段记载到了《旧唐书·杜牧传》却变成了另一个样子:

> 牧字牧之,既以进士擢第,又制举登乙第,解褐弘文馆校书郎,试左武卫兵曹参军。沈传师廉察江西宣州,辟牧为从事、试大理评事。又为淮南节度推官、监察御史里行,转掌书记。俄真拜监察御史,分司东都,以弟𫖮病目弃官。授宣州

团练判官、殿中侍御史内供奉①。

《旧唐书》最大的失误是断句不当,把"试左武卫兵曹参军"和"弘文馆校书郎"连读致讹。弘文馆校书郎本身是正式的京官,非幕职,不应带"试左武卫兵曹参军"这样的"试"衔。这个"试左武卫兵曹参军",应当和下文的"江西团练巡官"连读才有意义。结果,《旧唐书》的编者误读之后,可能发现杜牧任江西团练巡官,没带试衔,所以无端端给他加了个"试大理评事",接着又说他任"淮南节度推官",但此两衔都不见于杜牧的《自撰墓志铭》,不知何据? 看来不可信。

至于《新唐书》的记载,则把杜牧的官历省略太过,不但略去他的"弘文馆校书郎",还把他所带的几乎所有朝宪衔删去,最不可取:

> 牧字牧之,善属文。第进士,复举贤良方正。沈传师表为江西团练府巡官,又为牛僧孺淮南节度府掌书记。擢监察御史,移疾分司东都,以弟颛病弃官。复为宣州团练判官,拜殿中侍御史内供奉②。

今人缪钺的《杜牧年谱》和《杜牧传》,考证精当,文笔生动优美,为唐人年谱和传记中极难得的两本杰作,但于杜牧的早年官历,却依然沿袭《旧唐书》之误而不觉。缪钺在引用杜牧《自撰墓志铭》时,断句方式和《旧唐书》一样:

---

① 《旧唐书》卷一四七,页 3986。
② 《新唐书》卷一六六,页 5093。

本集卷十《自撰墓志铭》："牧进士及第,制策登科,弘文馆校书郎,试左武卫兵曹参军。"①

他在其《杜牧传》中进一步申论：

> 杜牧于大和二年闰三月制策登科以后,被任命为弘文馆校书郎、试左武卫兵曹参军。弘文馆属门下省,是撰著文史、鸠聚学徒之所,校书郎,官阶从九品上,掌校理典籍,刊正错误。左武卫是唐朝十六卫之一,左武卫大将军下有各种参军,兵曹参军正八品下,掌五府武官宿卫番第,受其名数,请大将军分配②。

但明眼人一看就要问:校书郎为什么会跟左武卫兵曹参军扯上关系? 缪钺也没有任何解释。为什么杜牧任校书郎时,竟会带有一个"试"衔? 幕职才有这样的试衔,京官是不可能带此衔的。这不符合唐代官制,而且史书上仅有杜牧这一案例,非常特殊。故笔者重新对比《自撰墓志铭》和《旧唐书》的记载,始发现此错误早在五代编修《旧唐书》时即已形成。今人不察,相沿其误,亦反映了史传和墓志中常存在着幕职和朝宪衔纠缠不清的问题,极易误导后人③。但留心唐代幕佐的官制及其迁转规律,当可迎刃而解。

————————————

① 《杜牧年谱》(北京:人民文学出版社,1980),页20。

② 《杜牧传》(北京:人民文学出版社,1977),页28。

③ 就笔者所见,所有涉及杜牧校书郎官历的现代论著,都沿袭《旧唐书》或缪钺《杜牧年谱》和《杜牧传》之误,例如《唐代文学史》,下册,页365。此外,另一杜牧专家胡可先,在其《〈唐才子传·杜牧传〉笺证》,《杜牧研究丛稿》(北京:人民文学出版社,1993),页140说:"因其官(指左武卫兵曹参军)比校书郎高二阶以上,故称'试'。"不知何据?

五、巡官

巡官可说是使府正职当中最低一级的文官。巡官之下当然还有要籍、孔目官等卑职，但这些都不是士人释褐或常任之官，不算"正职"，可不论。就这点来说，使府的巡官，好比县的县尉，或州的参军。三者都是相关组织中最低一级的正职。

中晚唐士人一释褐出来做官，很可能就任巡官。一般任此官的资历是进士及第，如下面数例：

> 魏谟："擢进士第，同州刺史杨汝士辟为长春宫巡官。"①
> 窦牟："举进士。……初授秘校东都留守巡官。"②
> 周墀："举进士登第，始试秘书正字、湖南团练巡官。"③
> 刘崇望："登进士科。王凝廉问宣歙，辟为转运巡官。"④

或以巡官作为第二任官，如：

> 王征："释褐……校书郎。户部侍郎沈询……辟为巡官。"⑤

---

①《新唐书》卷九七，页 3882。
②褚藏言《窦牟传》，《全唐文》卷七六一，页 7909。
③杜牧《唐故东川节度检校右仆射兼御史大夫赠司徒周公墓志铭》，《樊川文集》卷七，页 120。
④《旧唐书》卷一七九，页 4664。
⑤《旧唐书》卷一七八，页 4640。

杜牧："牧进士及第……弘文馆校书郎……江西团练
巡官。"①

我们在第一章见过,校书郎已是"起家之良选"。校书郎之后又任
巡官,看来巡官也是相当不错的第二任官。从以上数例和巡官在
使府官制中的排位判断,它一般上应当是较年轻士人(二十多到
三四十岁)担任的幕职。但韩愈的古文名篇《崔评事墓志铭》,却
写一个年纪相当大,五十多岁的"观察巡官"崔翰(744—799):

贞元八年(792),君生四十七年矣,自江南应节度使王栖
曜命于鄜州。既至,表授右卫胄曹参军,实参幕府事。直道
正言,补益宏多。既去职,遂家于汝州,汝州刺史吴郡陆长源
引为防御判官,表授试大理评事。十二年(796),相国陇西公
作藩汴州,而吴郡为军司马,陇西公以为吴郡之从则贤也,署
为观察巡官。实掌军田,凿洽沟,斩茭茅,为陆田千二百顷,
水田五百顷,连岁大穰,军食以饶。幕府以其功状闻,使者未
复命。以十五年(799)正月五日,寝疾终于家,年五十有
六矣②。

文中的"陇西公"指董晋。韩愈曾佐汴州董晋幕府。这位崔翰便
是他当年的同僚。文中的记载为幕府制度提供好些生动的实例,
比如这位崔翰,最初佐王栖曜鄜州幕,得到"右卫胄曹参军"的朝
衔(韩愈略去"试"字),后来佐陆长源汝州幕,也有"试大理评事"

①《樊川文集》卷一○,页160。
②《韩昌黎文集校注》卷六,页349。

朝衔,跟我们上文讨论的幕佐官制正合。然而,从幕佐官制角度细读韩愈此文,它却有两点极突兀,有些疑问。第一,据韩文,崔翰任汴州"观察巡官",已五十二岁以上,但巡官却是年轻人释褐或再任之低层官。第二,我们知道,巡官的排位,在推官、掌书记和判官之下,但这位崔翰却是在担任过郿州幕职(确实职称不详)及汝州"防御判官"之后,才来任汴州的"观察巡官"。这岂不等于降职?但从韩文看来,他不像是降职。反而他在汴州的治绩极佳,广开军田,干得有声有色。府中还特别上表向朝廷申报他的功业,可惜使者还没有回来,他就在贞元十五年正月五日因病去世了,逃过了当年二月十一日发生的汴州军乱。

从这两点看来,崔翰不像是个"观察巡官"。笔者从幕府官制上推测,此"巡官"应当是"判官"之传写刻印之误。若是,则上述两个疑难问题都可迎刃而解。判官为比较高层的幕职。任判官者,年龄都比较大。崔翰五十多岁任判官,而且广开军田,职权重,职务剧,正符合判官(而非巡官)的身段。可惜历来研究韩文的学者,从来没有提及此墓志中这两个不合官制的问题。现传世的韩集版本,此处都作"观察巡官",无异文。严耕望说巡官职掌"不详","有管屯田者",所据即韩愈此墓志中有疑问部分,没有再深考。这里笔者且提此疑问,并进一新解,就教于韩愈学者和唐史专家。

过去学界对巡官的考释稍嫌不足。严耕望的《唐代方镇使府之文职僚佐》,对巡官的论述只有寥寥三段,最后说巡官的职掌"不详,有掌屯田者"①。戴伟华在《唐代使府与文学研究》中,曾论及副使、行军司马、判官、掌书记和支使的职掌,但未及巡官(也

---

① 严耕望《唐代方镇使府之文职僚佐》,页66—67、76。

没有论及推官)①。石云涛的《唐代幕府制度研究》,对巡官的讨论也甚简略,仅加引《逸史》中崔圆的故事,说巡官"亦为节帅所重"②。

其实,巡官可考者不止这些,其名目多达十余种。除了严耕望所提到的常见几种,如节度巡官、观察巡官、防御巡官、营田巡官、两蕃巡官、馆驿巡官、转运巡官之外,史料中还可见下列几种:度支巡官、团练巡官、经略巡官、东都留守巡官,甚至比较少见的户部巡官、长春宫巡官、东渭桥给纳使巡官、西川安抚巡官、内庄宅使巡官、都统巡官、楼烦监牧及造水等使巡官等。

这些名目繁多的巡官显示,举凡是使职,便很可能都带有巡官。巡官看来是一种低层的执行官,并无固定职掌,要看他所属的使府而定,主要职务是协助府主执行任务。即使是同一司的巡官,可能因为跟从的府主不同而有不同的职掌。最好的佐证,莫如唐代两个诗人知制诰时所写的两道任命书。第一是元稹的《赵真长户部郎中兼侍御史等》:

> (赵)真长可行某官,依前充职;应可某官,充户部巡官,勾当河南、淮南等道两税,余如故③。

晚唐户部、度支和盐铁通称"三司",主管国家财赋。这里委任一个名叫"应"者"充户部巡官,勾当河南、淮南等道两税",正可见其职掌。但在杜牧的《赵元方除户部和籴巡官,陈洙除长安县尉,

①戴伟华《唐代使府与文学研究》,页38—51。
②《唐代幕府制度研究》,页100。
③《元稹集》卷四八,页518。

王岩除右金吾使判官等制》，却可见到另一种职掌：

> 敕：摄户部巡官宣德郎试秘书省校书郎兼殿中侍御史赵
> 元方等，各为长才，自有知己。地官平籴，专丰耗敛之
> 任……①

可知这位同属户部的巡官，并不管"两税"，而是管"和籴"，可证
巡官只是一种执行任务的官员。他的实际职务端看他所属的使
府，或当时的工作需要。若职务特定明确，该巡官的任命书上可
能便已清楚标明他的职掌，如"户部和籴巡官"此例。

又如李商隐的《为河东公谢相国京兆公第二启》说：

> 某启：伏奉荣示，伏蒙辟署某第二子前乡贡进士珪充摄
> 剑南西川安抚巡官并赐公牒举者。……况襟带禹同，咽喉巴
> 濮，求于安抚，必也机谋②。

这是李商隐代河东公柳仲郢，感谢京兆公杜悰辟其子柳珪为巡官
所写的一封谢函。当时约大中六年（852），杜悰任剑南西川节度
使，柳珪刚中进士不久，就受辟在其幕下当巡官。谢启中有"襟带
禹同，咽喉巴濮，求于安抚"等字眼，显示其职掌为安抚西川巴濮
等地军事。换一个角度，我们也可以说剑南西川节度使兼带安抚
使等职，所以可辟一"安抚巡官"，但"安抚巡官"的职称如此明
确，所掌当即安抚事。在杜牧所撰《郑碣除江西判官、李仁范除东

---

① 《樊川文集》卷一九，页 292—293。
② 《李商隐文编年校注》，页 1939—1940。

川推官、裴虔余除山南东道推官、处士陈威除西川安抚巡官等制》中①，也有一人受辟为"安抚巡官"。

中晚唐盐铁和转运常合为一使②。盐铁巡官常掌漕运、水运，甚至海运，如陈磻石此例：

> 咸通三年(862)五月，南蛮陷交趾，征诸道兵赴岭南，诏湖南水运自湘江入澪渠，并江西水运，以馈行营诸军。湘、澪溯运，功役艰难，军屯广州乏食，润州人陈磻石诣阙上书言："江西、湖南溯流运粮，不济军期，臣有奇计，以馈南军。"帝召见，因奏。"臣弟听思，昔曾任雷州刺史，家人随海船至福建往来，大船一只可致千石，自福建不一月至广州，得船数十艘，便可致三五万石。"又引刘裕海路进军破卢循故事，乃以磻石为盐铁巡官，往扬子县，专督海运，于是军不阙供③。

陈磻石献计以海运代河运，因此被任命为盐铁巡官。他的方案后来证明果为"奇计"，"军不阙供"。这当是盐铁巡官管转运的最佳史料之一。

至于像东渭桥给纳使巡官、楼烦监牧及造水等使巡官，以及榷盐巡官等，职称都很明确，职掌应当和职称相关。且举例说明如下。

东渭桥巡官见于杜牧《白从道除东渭桥巡官、陶祥除福建支

---

① 《樊川文集》卷一九，页291。
② 关于盐铁和转运使，详见何汝泉《唐代转运使初探》(重庆：西南师范大学出版社，1987)。
③ 《唐会要》卷八七，页1895。又见《旧唐书》卷一九上《懿宗纪》，页652。

使、刘蜕除寿州巡官等制》。敕文进一步透露此巡官的完整职称和官衔为"度支东渭桥给纳使巡官、将仕郎、试大理评事、兼监察御史白从道"①，可知他是度支巡官的一种，专在东渭桥给纳使府服务。他带有"试大理评事、兼监察御史"朝宪衔，也很符合上文所考的使府官制。

但什么是"东渭桥"？陆贽的《请减京东水运收脚价于缘边州镇储蓄军粮事宜状》，提到"旧例从太原仓运米四十万石至东渭桥"等事②。李观的《东渭桥铭并序》说他"自京师适高陵，经东渭桥，窥渭之清，骇桥之雄，故作《东渭桥铭》"③。沈亚之的《东渭桥给纳使新厅记》告诉我们："渭水东附河输流，逶迤于帝垣之后。倚垣而跨为梁者三。名分中、东、西。天廪居最东，内淮江之粟，而群曹百卫，于是仰给。"④王播的《请换贮东渭桥米石奏》说："东渭桥每年北仓收贮漕运糙米一十万石，以备水旱。今累年计贮三十万石。请以今年所运者换之。自是三岁一换，率以为常，则所贮不陈，而耗蠹不作。"⑤从这些材料可知，东渭桥是长安京城附近渭河上非常雄伟、庞大的粮仓，其巡官当管此仓米粟之事。

楼烦监牧及造水等使巡官，见于《唐会要》：

（大和）五年（831）十月敕："楼烦监牧及造水等使，宜共置判官一员，巡官一员。"⑥

---

①《樊川文集》卷一九，页290。
②《全唐文》卷四七三，页4834。
③《全唐文》卷五三五，页5431。
④《全唐文》卷七三六，页7602。
⑤《全唐文》卷六一五，页6220。
⑥《唐会要》卷七九，页1711。

楼烦监是唐代极重要的牧马区之一,设于河东道岚州(约今山西岚县),贞元十五年(799)别置监牧使①。白居易有《卫佐崔蕃授楼烦监牧使判官、校书郎李景让授东畿防御巡官制》②,可证楼烦监牧使有判官,可惜史料中没有授楼烦监牧使巡官的任命书。

唐代主要的内地产盐区,如河中府的安邑和解县(即今山西运城一带,仍为重要产盐区),置有"榷盐使一员,推官一员,巡官六员"。盐州的乌池,也有"推官一员,巡官两员"③。司空图的《解县新城碑》,提及"榷盐使韦雍,检律在公。巡官王悫,琢磨效用"④,可证这些榷盐使有巡官,其职掌当与其职称息息相关。安邑和解县两池的榷盐巡官多达六员,亦可见此两池之重要与职务之繁剧。唐史上可考的"榷盐巡官"有两人。一是在《新唐书·宰相世系表》中的郑寡尤,任"解州榷盐巡官"⑤。另一人便是书法家颜真卿的兄子颜岘,任"安邑解县两池榷盐巡官"。颜真卿不幸遭李希烈杀害之后,颜岘便受到德宗特别表扬,擢升为太子右赞善大夫(正五品上)。此事见于元稹的《授颜岘右赞善大夫制》⑥。但这是特殊案例。巡官一般上不可能超升为如此高官。

从以上这些史料可见,巡官的职务非常多样化。除了上举的几种外,最常见的还有奉使出外公干。例如,李洧"遣摄巡官崔程

---

①《新唐书》卷三九,页1005。关于唐代的牧马管理,见马俊民、王世平《唐代马政》(西安:西北大学出版社,1995)。

②《白居易集》卷五二,页1099。

③《唐会要》卷八八,页1910。关于唐代的盐专卖及相关研究,见陈衍德、杨汉《唐代盐政》(西安:三秦出版社,1990)。

④《全唐文》卷八〇九,页8507。

⑤《新唐书》卷七五上,页3347。

⑥《全唐文》卷六四九,页6580。

奉表至京师"①。李希烈陷汴州时，陈少游"又遣巡官赵诜于郓州结李纳"②。王承宗"遣巡官崔遂上表三封，乞自陈首，且归过于卢从史"③。在德宗时，南诏国王牟寻欲请归，"上嘉之，乃赐牟寻诏书，因命韦皋遣使以观其情。皋遂命巡官崔佐时至牟寻所都阳苴咩城"④。唐末僖宗时，辛谠复"遣摄巡官贾宏、大将左瑜、曹朗使于南诏"⑤。这些都是巡官出使公干的显例。

最后，应当一提的是，巡官甚至有专掌"书檄奏记"的，颇出人意料之外，因为这原本应当是掌书记的职务。王起为冯宿所写的神道碑文说：

> 弱冠以工文硕学称，年廿六举进士。……又应宏词科，试百步穿杨叶赋。虽为势夺，而其文至今讽之，后生以为楷，已而有志于四方。历东诸侯，为彭门仆射张公建封所器异，因表为试太常寺奉礼郎，充节度巡官。张公杰迈简达，尊贤礼能。幕府始建，群彦翘首。与公同升者李藩韩愈之伦，皆诸侯之选，及公曳裾之后，有置醴之遇。其书檄奏记，公皆专焉。及张公寝疾，公常出入卧内，献替戎事，一军感其诚明⑥。

此神道碑文说他以"试太常寺奉礼郎，充节度巡官"，幕职和朝衔

---

①《旧唐书》卷一二四，页3542。
②《旧唐书》卷一二六，页3565。
③《旧唐书》卷一四二，页3880。
④《旧唐书》卷一九七，页5282。
⑤《资治通鉴》卷二五三，页8206。
⑥王起《冯公神道碑铭并序》，《全唐文》卷六四三，页6508。两《唐书》都说冯宿为"掌书记"。但神道碑的年代较早，应较可信。

都很清楚,且上下文叙事具体明确。王起又是晚唐一大名士。他的记载应当远较两《唐书》含糊说冯宿为张建封辟为"掌书记"①可信。张建封幕府中的"书檄奏记,公皆专焉",可证巡官可依本身才能,执行府主委派的任何工作,职务很有弹性。据神道碑,冯宿"工文硕学",进士登科后又考中高难度的博学宏词。看来他文才卓越,以巡官身份专掌"书檄奏记"亦绰绰有余。他后来官历显赫,官至东川节度等使。

六、推官

推官在使府官制中排位在巡官之上。唐人有不少是在出任过巡官之后,才迁转为推官的。如诗人杜牧的"亡友"邢群,即先任"浙西团练巡官",然后才任"观察推官"。他后来又任"度支巡官,再为浙西观察推官"②。又如孙樵《唐故仓部郎中康公墓志铭并序》所记的这位康僚,他连续做了好几任的巡官,最先是户部巡官,后又任盐铁巡官、度支巡官,然后才"改授检校户部员外郎、兼侍御史、转运推官"③。

也有人是在做过京官或县官之后,才来出任使府推官。如窦庠,"字胄卿,释褐国子主簿。吏部侍郎韩皋出镇武昌,辟为推官"④。又如柳玭,"应两经举,释褐秘书正字。又书判拔萃,高湜

①《旧唐书》卷一六八,页4389;《新唐书》卷一七七,页5277。
②杜牧《唐故歙州刺史邢君墓志铭并序》,《樊川文集》卷八,页134。
③《全唐文》卷七九五,页8339。
④《旧唐书》卷一五五,页4122。

辟为度支推官"①。杜让能,"咸通十四年登进士第,释褐咸阳尉。宰相王铎镇汴,奏为推官"②。卢钧,"字子和,系出范阳,徙京兆蓝田。举进士中第,以拔萃补秘书正字。从李绛为山南府推官"③。

韩愈的《殿中侍御史李君墓志铭》,写拓跋贵族后裔李虚中(762—813),历经好几任官后才仕至推官,很不简单:

> 进士及第,试书判入等,补秘书正字,母丧去官。卒丧,选补太子校书。河南尹奏疏授伊阙尉,佐水陆运事。故宰相郑公余庆继尹河南,以公为运佐如初。宰相武公元衡之出剑南,奏夺为观察推官,授监察御史④。

由此看来,李虚中先任正字、太子校书等京官美职,甚至伊阙尉这种地位高的畿尉之后⑤,才开始出任幕职,然后才在元和二年(807),受宰相武元衡之辟,官至剑南西川"观察推官"。这应当是他的第五任官,那年他已四十六岁。以上诸人的仕宦条件都很好,都有进士或明经等科第,其中三人更考中难度高的书判拔萃

---

① 《旧唐书》卷一六五,页4308。
② 《旧唐书》卷一七七,页4612。
③ 《新唐书》卷一八二,页5367。
④ 《韩昌黎文集校注》卷六,页440。李虚中的名字,也见于上引《诸葛武侯祠堂碑》的碑阴题名,其正式宪衔应当依从此碑阴题名,作"监察御史里行"。韩愈此墓志前半段特别提及李虚中喜欢以人的生辰八字算命,"百不失一二"。《四库全书》中仍有李虚中所著《命书》三卷,从《永乐大典》中辑出。见台湾商务印书馆影印文渊阁《四库全书》本。《四库全书总目》说:"后世传星命之学者,皆以虚中为祖。"
⑤ 关于畿尉的地位,见本书第三章《县尉》。

（柳玭、卢钧和李虚中），迁转一到四次后才得以当上推官，可证此幕职的入仕资历要求很高，非平庸士人可及，名望不低。

从以上材料看来，迁转几次才能当上推官，应当才是常例。但也有人一出来做官，就当上推官的。不过这些人恐怕属特殊案例，可说是幸运儿。一释褐就任推官，唐史上最有名的一人，可能要算古文家韩愈。李翱的《韩公行状》说韩愈：

> 年二十五上进士第。汴州乱，诏以旧相东都留守董晋为平章事宣武军节度使，以平汴州。晋辟公以行。遂入汴州，得试秘书省校书郎，为观察推官。晋卒，公从晋丧以出。四日而汴州乱。凡从事之居者皆杀死。武宁军节度使张建封奏为节度推官，得试太常寺协律郎[1]。

韩愈入汴州董晋幕，才不过约二十九岁，可说极年轻，比起李虚中四十六岁才来当推官有为多了。三年后，在贞元十五年（799），董晋病故，汴州军乱，韩愈又转到徐州张建封幕，继续当一个推官，但朝衔从"试秘书省校书郎"升为"试太常寺协律郎"。他在汴徐两地当推官，正是他一生中比较安逸和富裕的一段时间[2]。他在《与卫中行书》中跟朋友说：

> 始相识时，方甚贫，衣食于人；其后相见于汴徐两州，仆皆为之从事，日月有所入，比之前时丰约百倍，足下视吾饮食

①《全唐文》卷六三九，页6459。
②详见黄正建《韩愈日常生活研究》，《唐研究》，第4卷（1998），页255。

衣物亦有异乎①?

他后来逃过汴州军乱,到了徐州,还没有正式在张建封幕工作之前,有过一段"闭门读书史"的闲适生活。他此时写给张籍的诗《此日足可惜》中说:

> 箧中有余衣,盎中有余粮。
> 闭门读书史,窗户忽已凉②。

可知他这时的心情十分平静、自得。正如本章前头所说,这些"余衣"和"余粮"应当是他在汴州任观察推官数年所积存的,因为此种推官的收入不错,月俸钱多达三万文,生活可以过得很好。

不过,韩愈在《与李翱书》中却又说:"仆之家本穷空,重遇攻劫,衣服无所得,养生之具无所有,家累仅三十口,携此将安所归托乎?"③他在《赠族侄》也说:"卑栖寄徐戎,萧条资用尽。"④这就跟他在《此日足可惜赠张籍》中所说"箧中有余衣,盎中有余粮"完全相反。按韩愈学者都把他这三篇作品,系于同一年即贞元十五年(月份则不详),可是有些细节却似乎前后矛盾。历代评注韩愈诗文者从未触及此问题。笔者认为,《此日足可惜赠张籍》写于该年二月尾抵徐州不久,当时他还有"余衣"和"余粮",而且那"仅三十口"家累可能还未到来。但《与李翱书》和《赠族侄》则写

---

① 《韩昌黎文集校注》卷三,页193。
② 《全唐诗》卷三三七,页3772。"窗户忽已凉"一句,在钱仲联的《韩昌黎诗系年集释》卷一,页85,作"清风窗户凉"。
③ 《韩昌黎文集校注》卷三,页178。
④ 《韩昌黎诗系年集释》卷一,页98。

于几个月之后(在秋天出任张建封推官之前),其时他的"余衣"和"余粮"或已"用尽",且那"仅三十口"亦陆续抵达徐州依靠他,所以韩愈才会有"穷空"的感叹。无论如何,观察推官的月俸三万文,在当时确是可观的数目。韩愈"仅三十口"的家累或真把他累坏耶?

严耕望论幕职月俸时总结说:"推官待遇仅下判官掌书记一等,足见地位重要。"①笔者非常赞同这点。但研究唐代文学的学者,对推官的理解和认识似乎常有偏差,和唐史学者很不相同,常以为那是不重要的卑职小官,对此官的评价不高。比如,由中国社会科学院文学研究所总纂,乔象钟等人主编的《唐代文学史》,有很高的学术价值和代表性,但叙及韩愈的推官时却草率地说:"贞元十四年(798)韩愈第一次得到推官这样微小的官职。"②有失深考。这极易令人误会韩愈所出任的推官微小不足道。

从幕府官制上去观察,如上所考,韩愈第一个官职就任推官(不必从较低层的巡官干起),实在是非常幸运的。他在《送汴州监军俱文珍序》一开头说:"今之天下之镇,陈留(即汴外)为大。屯兵十万,连地四州。"③他得以在这个天下第一雄镇任推官,更是美好的开始。他当年能够得到董晋那样的高官辟召前去,被延为"入幕之宾",也是件十分光彩的事。从此韩愈一直对董晋有一种感恩之情。董晋死后,他不但为董晋写过《赠太傅董公行状》,甚至还为他写过《祭董相公文》④。隔了十多年,董晋次子董溪的长女嫁给韩愈的朋友陆畅。韩愈在《送陆畅归江南》一诗中,更借题

①《唐代方镇使府之文职僚佐》,页66。
②《唐代文学史》,下册(北京:人民文学出版社,1995),页125。
③《韩昌黎文集校注》文外集上卷,页674。
④见《韩昌黎文集校注》卷八,页576—584,及文外集上卷,页687—689。

发挥,再次表达了他对董晋当年提携的感恩之情:

> 我实门下士,力薄蚋与蚊。
> 受恩不即报,永负湘中坟①。

“湘中坟”指董晋子董溪因出任粮料使涉嫌盗取军资,被赐死于湘中。此为元和六年(811)的事,距离韩愈在董晋幕(796—799)已超过十年,但韩愈竟然仍有“受恩不即报,永负湘中坟”的情绪,可知幕佐和幕主那种强烈的私人关系,和一旦受知即终生图报的感情。董溪死后获赦归葬洛阳,韩愈为他写过墓志《唐故朝散大夫商州刺史除名徙封州董府君墓志铭》。马其昶对此墓志有一评语曰:“公尝佐董晋幕中,观其铭辞,意在言外,既微而显,诚太史氏之笔哉。”②他对董晋的感激,的确很耐人寻味。

韩愈任董晋推官时的待遇不错,他的生活更得以从昔日的贫穷,转为“丰约百倍”,也是他一生中的一大转折。然而,刘国盈的《韩愈评传》说:“推官……是一种闲差事,并没有很多事情要做。”③这是没有根据的揣测。卞孝萱、张清华和阎琦合著的《韩愈评传》,更把韩愈在汴徐两府任推官,说成“两入军幕,沉为下僚,微不足道”④。这恐怕把韩愈的推官一职贬低得太厉害了,也抹煞了韩愈对董晋的感恩之情。

除了韩愈之外,唐史上一释褐即为推官的,还有下面数例:

---

①《韩昌黎诗系年集释》卷七,页828。
②《韩昌黎文集校注》卷六,页442。
③刘国盈《韩愈评传》(北京:北京师范学院出版社,1991),页58。
④卞孝萱等著《韩愈评传》,页68。阎琦、周敏《韩昌黎文学传论》(西安:三秦出版社,2003),页52同。

崔从："进士登第,释褐山南西道推官。"①

狄兼谟："登进士第。……解褐襄阳推官、试校书郎。"②

郑畋："登进士第,释褐汴宋节度推官,得秘书省校书郎。"③

李珏："应进士……释褐署乌重胤三城推官。"④

赵光逢："乾符五年登进士第,释褐凤翔推官。"⑤

这五人都是进士出身,入仕条件极优秀,后来也都做到高官,其中郑畋更仕至宰相⑥。崔从任推官时,"府公严震,待以殊礼"⑦,也是典型的幕府之礼。从这种种事例看来,推官实不宜低贬为"微不足道"。

《新唐书·百官志》说节度使、观察使府皆有推官。严耕望也考出史料中有团练推官、经略推官等名目。实际上,推官可考的还有盐铁推官、度支推官、东都留守推官、北都留守推官等,举不胜举。由此看来,正和巡官的情况一样,唐代中叶以后,举凡使职都可能带有推官,非限于节度、观察和团练使而已。但为免累赘,这里不拟一一列出这种种推官,且举两种比较少见的推官,以见唐中世以后推官盛行之一斑。

第一种是军器使推官。《资治通鉴》胡三省注说:唐中期以

---

① 《旧唐书》卷一七七,页 4577—4578。
② 《旧唐书》卷八九,页 2896。
③ 《旧唐书》卷一七八,页 4630。"得秘书省校书郎"为"得试秘书省校书郎"的省称。
④ 《东观奏记》卷上,页 18。又见《唐语林校证》卷三,页 263。
⑤ 《旧唐书》卷一七八,页 4623。
⑥ 《新唐书》卷六三《宰相表》,页 1732 及 1741。
⑦ 《旧唐书》卷一七七,页 4578。

后，"置内诸司使，以宦官为之，军器库使其一也"①。军器使带有推官，史书却完全不载，无迹可寻，可能此职又和常见的节度、观察等推官稍异，不是士子常任之职。但近世出土的一方墓志《唐故试内率府长史军器使推官天水郡赵府君墓志铭并序》，却让我们见识到晚唐的确有人担任过此官。碑文说这位赵君文信：

> 字和约，天水郡人也，今家长安焉。……自释褐从公，解巾入仕，多居右职，皆著能名。俄授试内率府长史，充军器使推官，清能鉴物②。

军器使推官是他的最后一任官职。值得注意的是，这位赵文信，在长安京城当军器使推官，他一样带有方镇幕职所常带的那种"试"衔："试内率府长史"，完全符合上文所考的使府官制特征，亦可证不但外地方镇幕佐带有试衔，京城使府幕僚也都可带此衔（另一例子是第二章《正字》中所引杜牧的弟弟。他在京师任"匦使判官"时，带有"试正字"的试衔）。

　　另一种比较少见的推官是神策军推官。神策军是唐代的宫廷禁军，除了有一套六军诸卫的职事官系统外，还有一套藩镇军武将和使府官系统③。据《唐会要》引会昌五年（845）七月敕，这

---

①《资治通鉴》卷二三八，页7679。

②《唐代墓志汇编续集》，页963。

③见张国刚《唐代的神策军》，《唐代政治制度研究论集》，页116。近年关于神策军的研究论著甚多，主要专书有何永成《唐代神策军研究——兼论神策军与中晚唐政局》（台北：商务印书馆，1990），其他论文不具引，详见胡戟等编《二十世纪唐研究》，页129—130的学术史回顾。

套使府官系统为:"左右神策军定额官各十员:判官三员,勾覆官、支计官、表奏官各一员,孔目官二员,驱使官一员。"①这里没列推官,但白居易的《神策军推官田畴加官制》,却是给一个神策军推官田畴加官的文书,有明确的人物和官衔,可证神策军确曾有过推官一职:

> 敕:田畴:官列环卫,职参禁军;慎检有闻,恭勤无怠。顾是劳效,例当转迁。郡佐官寮,以示兼宠②。

柳宗元的《唐故邕管经略招讨等使朝散大夫持节都督邕州诸军事守邕州刺史兼御史中丞赐紫金鱼袋李公墓志铭并序》,也提到一位神策军推官,而且很翔实地记载了他的幕职和朝宪衔:

> 公始以通经入崇文馆,登有司第。选同州参军,入佐金吾卫,进太仆主簿,参引大驾。府移为左右神策行营兵马节度,以为推官,拜监察御史,赐绯鱼袋。凡二使,其率皆范司空希朝③。

这位"李公"即李位,唐太宗的玄孙,但他似乎没有沾到皇室后裔的"仕宦优势"。他和许多平凡士人一样,从最低层的同州参军起家,然后"入佐金吾卫",时当贞元十九年(803),当时范希朝从振武节度使入朝为右金吾卫大将军④,奏他为僚佐。他"进太仆主

---

①《唐会要》卷七二,页 1536。
②《白居易集》卷五三,页 1123。
③《柳宗元集》卷一〇,页 246。
④《旧唐书》卷一三《德宗纪》,页 398—399。

簿"，此主簿当不是实职，而是李位当范希朝金吾卫大将军僚佐时，所带的朝衔或试衔。范希朝后来"府移为左右神策行营兵马节度"，又以李位为"推官"。考范希朝在永贞元年（805）五月，出任"右神策统军，充左右神策、京西诸城镇行营兵马节度使"①，李位即在此神策军使府任推官，其朝宪衔更从"太仆主簿"升为"监察御史"，并获赐绯鱼袋。这些全都符合使府官制的运作，也是唐中世以后，举凡使府（包括神策和京城诸使）极可能都带有推官的最佳例证。

关于推官的职掌，严耕望说："推官乃推勾狱讼之职。"史料中的确有过几个推官治狱案的事例。例如，《新唐书》韦贯之传附其兄子韦温传说：

> 盐铁推官姚勖按大狱，帝以为能，擢职方员外郎，将趋省，（韦）温使户止，即上言："郎官清选，不可赏能吏。"②

又如郑涵《崔秺合祔墓志》说：

> 相国于公坐棠而赋政，分陕以按俗……引为府推官，小大之狱，重轻之典，操刀必割，迎刃斯解。大革冤滞，默销繁苛③。

---

① 《旧唐书》卷一四《顺宗纪》，页407。神策军的京西、京北节度行营，原是为了防备吐蕃而设，后于元和初为宦官罢去。详见张国刚《唐代的神策军》，页127—128。
② 《新唐书》卷一六九，页5159。
③ 《唐代墓志汇编》，页2019。

但以此而得出"推官乃推勾狱讼之职"的结论,似乎把推官的职掌限定得太死。笔者认为,推官是比巡官高一级的执行事务官员,职掌和巡官一样多样化,可能执行府主委派的任何职务,非仅审理狱案一项。以韩愈在汴徐两地当过推官为例,我们找不到他审狱案的任何材料,反而发现他任推官时,曾主持过乡贡考试,并且为刚修建好的汴州水门写过一篇文章,可知推官非仅"推勾狱讼之职"。

实际上,推官还有"专掌书奏"的例子。如柳宗元《先侍御史府君神道表》,写他父亲柳镇担任郭子仪朔方节度推官时的职务:

> 尚父汾阳王(郭子仪)居朔方,备礼延望,授左金吾卫仓曹参军,为节度推官,专掌书奏,进大理评事①。

这是推官"专掌书奏"的好例子。"备礼延望"也点出使府辟聘推官的典型礼仪。此外,推官更有"奉使"外出者,如吕温《代李侍郎贺德政表》所记:

> 臣尝使推官、殿中侍御史崔太素奉使淮南。臣以太素名秩甚卑,浚决务重,征令郡县,厘训役徒,须示等威,请赐章服②。

晚唐诗人罗隐的《广陵妖乱记》,写高骈幕府中的几个僚佐,细节丰富,为研究晚唐幕府生活的极佳史料。其中吕用之即以其

①《柳宗元集》卷一二,页295。
②《全唐文》卷六二六,页6316。

方术,被辟为高骈的观察推官,但他并非"推勾狱讼",而是"专方
药香火之事":

> 时高骈镇京口,召致方伎之士,求轻举不死之道。用之
> 以其术通于客次,逾月不召。诣渤海亲人俞公楚,公楚奇之,
> 过为儒服,目之曰:江西吕巡官,因间荐于渤海。及召试,公
> 楚与左右附会其术,得验;寻署观察推官,仍为制其名,因字
> 之曰"无可",言无可无不可也。自是出入无禁。初专方药香
> 火之事①。

近世洛阳出土的《唐故鄂岳观察推官监察御史里行上柱国元
公墓铭并序》,也是研究推官的一篇极有史料价值的材料②。此墓
志的墓主元衮(758—809)十四岁即"明经第","贞元初,调补汝
州参军事"。然后,他一生几乎都在任幕职。最先是被山南西道
节度使严震"慕其为人,署观察巡官。既之府,仆射韩公全义表授
试左戎卫兵曹参军、神策行营节度推官"。这可以为上文考神策
军推官多添一例。丁父忧后,他出任过河中府解县尉一段时候。
接着,他便一直追随中唐知名节度使郗士美。郗士美镇黔阳时,
表授他为"监察御史里行、黔中观察支使"。郗士美归朝时,"公亦
随之,策勋上柱国"。这便是他这个最高一转勋官的由来。最后,
郗士美在元和三年(808)出任鄂岳观察使时,又表授他为"监察御
史里行、鄂岳观察推官"。此时他已五十一岁。隔一年,他便"终

---

①《罗隐集》,雍文华校辑(北京:中华书局,1983),页248—249。
②录文见《唐代墓志汇编续集》,页816—817。

于沔州官舍",享年五十二岁。沔州即汉阳①。他的墓志特别告诉我们,他之所以"遇疾终于汉阳,领州事也",可知元衮的推官职务,乃管理沔州事务。

综上所论,推官不应只限于严耕望所说的"推勾狱讼之职"。这是一种高于巡官的事务官,可执行府主委派的任何职务。史料中可见的推官职掌有治大狱、理军讼、掌书奏、奉使外出、"专方药香火之事"和"领州事"等。

七、掌书记

在本章所论的三种基层幕职当中,掌书记是史料最多的一种。例如,在两《唐书》中所能找到的巡官和推官事例,都在五十个左右,但掌书记却多达约一百六十例。据笔者观察,这是因为任掌书记者,许多是中晚唐士人当中的精英,仕宦条件极佳,后来都擢升高官,所以在两《唐书》中留下更多的记载。

的确,中晚唐政坛或文坛上的名人,许多年轻时都曾经在各种使府中担任过掌书记。比如,唐代文学史上的知名文人当中,就包括高适、岑参、萧颖士、刘禹锡、李德裕、杜牧、李商隐和韦庄。书法家当中有柳公权。政界名人则有齐映、刘太真、郑细、卢简辞、王起、白行简、白敏中、杨炎、马炫、李逢吉、冯宿、令狐楚、高郢、裴度等,可说举不胜举,名单很长,足以排成一张中唐晚名人表。

这些精英当中,有极少数是一释褐出来做官,便充当掌书记

①见《新唐书》卷四一,页1069。

的,如下面两例:

> 杨炎:"文藻雄丽……释褐,辟河西节度掌书记。"①
> 李逢吉:"逢吉登进士第,释褐授振武节度掌书记。"②

但绝大多数士人往往先任他官,再受辟出任掌书记,通常为其第二或第三任官。这些案例很多,不胜举,且举五例如下:

> 班宏:"授右司御胄曹,后为薛景先凤翔掌书记。"③
> 乔琳:"补成武尉……朔方节度郭子仪辟为掌书记"④
> 崔铉:"登进士第,三辟诸侯府,荆南、西蜀掌书记。"⑤
> 柳公权:"释褐秘书省校书郎。李听镇夏州,辟为掌书记。"⑥
> 卢行简:"授秘书省校书郎……卢坦镇东蜀,辟为掌书记。"⑦

正因为掌书记可作为年轻人的释褐官,或作为他们的第二或第三任官,是一种常由年轻人担任的基层幕职,所以本章把它列入讨论范围。

---

①《旧唐书》卷一一八,页3419。
②《旧唐书》卷一六七,页4365。
③《旧唐书》卷一二三,页3518。
④《旧唐书》卷一二七,页3576。
⑤《旧唐书》卷一六三,页4262。
⑥《旧唐书》卷一六五,页4310。
⑦《旧唐书》卷一六六,页4358。

掌书记的入仕资历要求极高。史料中所见的掌书记,绝大部分都有进士或明经,如上引各案例。少部分甚至在考过进士或明经后,再考中更艰难的书判拔萃或博学宏词,始出任掌书记。例如柳批,"应两经举,释褐秘书正字。又书判拔萃,高湜辟为度支推官。逾年,拜右补阙。湜出镇泽潞,奏为节度副使。入为殿中侍御史。李蔚镇襄阳,辟为掌书记"①。又如李商隐,开成二年(837)登进士第,会昌二年(842)又以书判拔萃,"王茂元镇河阳,辟掌书记"②。齐映,"登进士第,应博学宏辞,授河南府参军。滑亳节度使令狐彰辟为掌书记"③。刘禹锡,"世为儒。擢进士第,登博学宏辞科,工文章。淮南杜佑表管掌记"④。崔元翰,"举进士、博学宏辞、贤良方正,皆异等。义成李勉表在幕府,马燧更表为太原掌书记"⑤。

由于掌书记专掌书奏表启,有科名又有文词者,不但会是受辟的对象,而且更是众使府争夺的人才。他所写的表奏甚至会令皇帝赞叹。最有名的例子要数令狐楚:

> 令狐楚字壳士,自言国初十八学士德棻之裔。……家世儒素。楚儿童时已学属文,弱冠应进士,贞元七年登第。桂管观察使王拱爱其才,欲以礼辟召,惧楚不从,乃先闻奏而后致聘。楚以父掾太原,有庭闱之恋,又感拱厚意,登第后径往桂林谢拱。不预宴游,乞归奉养,即还太原,人皆义之。李

①《旧唐书》卷一六五,页4308。
②《旧唐书》卷一九〇下,页5077。
③《旧唐书》卷一三六,页3750。
④《旧唐书》卷一六八,页5128。
⑤《新唐书》卷二〇三,页5783。

说、严绶、郑儋相继镇太原，高其行义，皆辟为从事。自掌书记至节度判官，历殿中侍御史。楚才思俊丽，德宗好文，每太原奏至，能辨楚之所为，数称之①。

令狐楚善骈体表奏。大诗人李商隐年轻时学作四六时文，便曾得到他的指导②。

又如于公异表奏文词之佳，也能令"德宗览之，泣下不自胜"：

> 吴人。登进士第，文章精拔，为时所称。建中末，为李晟招讨府掌书记。兴元元年，收京城，公异为露布上行在云："臣已肃清宫禁，只奉寝园，钟虡不移，庙貌如故。"德宗览之，泣下不自胜，左右为之呜咽，既而曰："不知谁为之？"或对曰："于公异之词也。"上称善久之③。

再如刘太真，"宣州人。涉学，善属文，少师事词人萧颖士。天宝末，举进士。大历中，为淮南节度使陈少游掌书记"④。柳璧的情况也一样："大中九年登进士第。文格高雅。尝为马嵬诗，诗人韩琮、李商隐嘉之。马植镇陈许，辟为掌书记，又从植汴州。"⑤

没有科第，但有学术或杰出人品修养，且名声远播者，也可能受辟为掌书记。例如马炫，似乎没有科名，"少以儒学闻于时，隐

①《旧唐书》卷一七二，页 4459。
②《旧唐书》卷一九○下，页 5078。
③《旧唐书》卷一三七，页 3767。
④《旧唐书》卷一三七，页 3762。
⑤《旧唐书》卷一六五，页 4307。

居苏门山,不应辟召。至德中,李光弼镇太原,辟为掌书记"①。又如孔戢,"巢父兄岑父之子,方严有家法,重然诺,尚忠义。卢从史镇泽潞,辟为书记"②。柳恭,"字恭叔,尚气节,喜纵横、孙吴术。为山南西道府掌书记"③。但这样的例子占非常少数,不到五例,不多见。

上文我们见过,举凡使府都有巡官和推官,但就史料所见,并非所有使府都有掌书记,看来只有节度使、行军招讨使、元帅和都统才有之。节度使掌书记最为常见,上引案例几乎都属此类。招讨使掌书记,有上引两例:郑从谠为河东节度兼行营招讨使,辟左拾遗李渥充掌书记,以及于公异为李晟招讨府掌书记。至于元帅和都统的掌书记,有下面数例:

> 萧昕:"累迁宪部员外郎,为副元帅哥舒翰掌书记。"④
> 皇甫冉:"王缙为河南元帅,表掌书记。"⑤
> 高参:"……为本司郎中,充(李谊)元帅府掌书记。"⑥
> 孙成:"陇右副元帅李抱玉奏充掌书记。"⑦
> 独孤及:"补华阴尉,辟江淮都统李峘府,掌书记。"⑧

①《旧唐书》卷一三四,页3702。
②《旧唐书》卷一五四,页4096。
③《新唐书》卷一六〇,页4967。
④《旧唐书》卷一四六,页3961。
⑤《新唐书》卷二〇二,页5771。
⑥《旧唐书》卷一五〇,页4543。李谊当时为"扬州大都督,持节荆襄、江西、沔鄂等道节度,兼诸军行营兵马元帅",负责讨平李希烈之叛。
⑦《旧唐书》卷一四〇中,页5044—5045。
⑧《新唐书》卷一六二,页4990—4991。

裴枢:"中和初,(王)铎为都统,表署郑滑掌书记。"①

韩愈的《华岳题名》,记元和十一年(816),宰相裴度以"淮西宣慰处置使"身份平淮西后,联同幕佐马总和韩愈等八人,"东过华阴,礼于岳庙"的事。在这段题名上,掌书记是"礼部员外郎兼侍御史李宗闵"②。这是"宣慰处置使"有掌书记的唯一记载。然而,裴度这个宣慰处置使,实际上等于是招讨使,因为他不愿被称为招讨使,特别要求以宣慰处置使的名义出征:"诏出,度以韩弘为淮西行营都统,不欲更为招讨,请只称宣慰处置使。"③

像裴度这一类出征的特使,他所带的僚佐都经过特别挑选,常以较高层官员出任,有别于一般平时的幕僚。如裴度这次平淮西的主要僚佐,全部都是朝中比较高层官员:副使为刑部侍郎兼御史大夫马总;行军司马为太子右庶子兼御史中丞韩愈;判官两人,一为司勋员外郎兼侍御史李正封,另一为都官员外郎兼侍御史冯宿,都属于郎官级的官员。上引萧昕以宪部员外郎出任副元帅哥舒翰掌书记,以及高参以兵部员外郎充李谊元帅府掌书记,亦是战乱期间,以郎官级官员暂任掌书记的好例子。一般幕府和平期间的掌书记,不会辟如此高层的官员。

不少学者认为,节度使有掌书记,无支使;观察使则有支使,无掌书记。但《新唐书·百官志》说:"观察使、副使、支使、判官、掌书记、推官、巡官、衙推、随军、要籍、进奏官,各一人。"④看来观

---

①《新唐书》卷一四〇,页 4647—4648。
②《韩昌黎文集校注》,遗文部分,页 734。又见《全唐文》卷五五九,页 5659。
③《旧唐书》卷一七〇《裴度传》,页 4417。李宗闵为这次征讨淮西的掌书记,亦见于此裴度传。
④《新唐书》卷四九下,页 1310。

察使既可以有支使,也可以有掌书记。史料中观察使掌书记有至少两例。第一例在《新唐书·宰相世系表》。有一位崔岩,"字标鲁,襄州观察掌书记"①。另一例是晚唐宰相刘邺的父亲刘三复:"李德裕为浙西观察使,奇其文,表为掌书记。"②这虽然是仅有的两例,但都明确指观察使掌书记这职称,非泛指掌管书记事。

掌书记在幕府中的地位,虽在巡官和推官之上,但却在判官之下。它是高雅的幕职,然而权力却不大。所以,此官和巡官、推官一样,可以说都属于"年轻人的官职",都是基层的文官。掌书记多作为唐代士子精英或有文词者起家释褐之官,或作为他们的第二、第三任官,过后他们即升迁为其他官职。要准确衡量掌书记在唐代官场中的地位,其中一个办法是观察他们的下一个官职。这样,我们可以发现,他们多迁转为使府判官,或入朝为监察御史、拾遗和补阙,可知掌书记还在这些官职之下。

掌书记升为判官的案例甚常见,多不胜举,且举四例如下:

> 班宏:"为薛景先凤翔掌书记,又为高适剑南观察判官。"③
> 马炫:"辟为掌书记……田神功镇汴州,奏授节度判官。"④
> 齐映:"令狐彰辟为掌书记……马燧辟为判官。"⑤

---

① 《新唐书》卷七二下,页2800。
② 《新唐书》卷一八三,页5381。《旧唐书》卷一七七,页4616略同:"长庆中,李德裕拜浙西观察使,三复以德裕禁密大臣,以所业文诣郡干谒。德裕阅其文,倒屣迎之,乃辟为从事,管记室。"管记室为掌书记的别称。
③ 《旧唐书》卷一二三,页3518。
④ 《旧唐书》卷一三四,页3702。
⑤ 《旧唐书》卷一三六,页3750。

杨严："表其弟严掌书记……（杜）悰辟为观察使判官。"①

　　从掌书记入朝为监察御史、拾遗和补阙，则表示将来的仕途光明。这也就是上引白居易所说"今之俊乂，先辟于征镇，后升于朝廷"的要义②。中晚唐不少文士精英即以此途径活跃于政坛，如下面这些例子：

　　杜牧："转……淮南节度掌书记，拜真监察御史，分司东都。"③
　　卢弘正："累辟使府掌书记。入朝为监察御史、侍御史。"④
　　刘禹锡："淮南杜佑表管书记。入为监察御史。"⑤
　　崔铉："荆南、西蜀掌书记。会昌初，入为左拾遗……"⑥
　　李逢吉："释褐……掌书记。入朝为左拾遗、左补阙……"⑦
　　王徽："从令狐绹……掌书记……召拜右拾遗……"⑧
　　郑絪："张延赏镇西川，辟为书记，入除补阙……"⑨
　　卢景亮："张延赏……表为枝江尉，掌书记。入迁右

①《新唐书》卷一八四，页5394。
②《白居易集》卷四九，页1033。
③杜牧《自撰墓志铭》，《樊川文集》卷一〇，页160。
④《旧唐书》卷一六三，页4270。
⑤《新唐书》卷一六八，页5128。
⑥《旧唐书》卷一六三，页4262。
⑦《旧唐书》卷一六七，页4365。
⑧《旧唐书》卷一七八，页4640。
⑨《旧唐书》卷一五九，页4180。

补阙。"①

　　卢知犹:"萧邺……再辟掌书记。入迁右补阙。"②

　　掌书记的职掌可说最无争论,因为其职称上已清楚标明,即专掌表奏书启事。在这方面,有两篇唐人所写的厅壁记最为权威。一是韩愈的《徐泗豪三州节度掌书记厅石记》:

　　　　书记之任亦难矣!元戎整齐三军之士,统理所部之旷,以镇守邦国,赞天子施教化,而又外与宾客四邻交,其朝觐聘问慰荐祭祀祈祝之文,与所部之政,三军之号令升黜:凡文辞之事,皆出书记。非闳辨通敏兼人之才,莫宜居之③。

另一则为李德裕的《掌书记厅壁记》:

　　　　《续汉书·百官志》称:三公及大将军皆有记室,主上表章报书记。虽列于上宰之庭,然本为从军之职。……自东汉以后,文才高名之士,未有不由于是选,其简才之用,亦金马、石渠之亚④。

两文都提到掌书记主"文辞"、"表章"。李德裕更特别指出,"文才高名之士,未有不由于是选"。这跟本章所考唐代掌书记多由

①《新唐书》卷一六四,页5043。
②《新唐书》卷一七七,页5283。
③《韩昌黎文集校注》卷二,页85。
④《李德裕文集校笺》,别集卷七,页538。

文士精英出任,正相吻合。

虽然如此,掌书记作为一种幕职,作为府主的僚佐,当然也可能执行府主委派的一些临时或特别差遣。这些差事以"奉使"居多。比如《唐语林》中的这段记载:

> 代宗独孤妃薨,赠贞皇后。将葬,尚父汾阳王子仪在邠州,其子尚主,欲致祭。遍问诸吏,皆云:"古无人臣祭皇后之仪。"子仪曰:"此事须柳侍御裁之。"时殿中侍御史柳并,字伯存,掌书记,奉使在邠,即急召之。既至,子仪曰:"有切事,须藉侍御为之。"遂说祭事①。

可知掌书记也可出差在外。《太平广记》引《灵怪记》,提到一位"太原掌书记姚康成,奉使之汧陇"②。李翱的《解惑》一文更有意义,写他任岭南节度掌书记时,"奉牒知循州"、"准制祭名山大川",并安葬一个"王野人"等趣事。此王野人的生平事迹不凡,值得全引:

> 王野人名体静,盖同州人。始游浮山观,原未有室居。缝纸为裳,取竹架树,覆以草,独止其下。豺豹熊象,过而驯之,弗害也。积十年,乃构草堂,植茶成园,犁田三十亩以供食。不畜妻子,少言说。有所问,尽诚以对。人或取其丝,约酬利,弗问姓名皆与。或负之者,终不言。凡居二十四年,年

---

①《唐语林校证》卷二,页123。此条原出《因话录》卷一,页69,但殿中侍御史作"柳芳"则误。此依《唐语林校证》周勋初所考。
②《太平广记》卷三七一,页2948。

六十二。贞元二十五年(按贞元只有二十年,此当为"十五年"之误)五月,卒于观原茶园。村人相与凿木为空,盛其尸埋于园中。观原积无人居,因野人遂成三百家。有尚怪者,因谬谓王野人既死,处士陈恒发其棺,惟见空衣。翱与陈相遇,问其故。恒曰:"作记者欲神浮山,故妄云然。"元和四年(809)十一月,翱以节度掌书记奉牒知循州。五年正月,准制祭名山大川。翱奉牲牢祭于山,致帝命,遂使斲木为棺,命将吏村人改葬野人,迁于佛寺南冈,其骨存焉。乃立木于墓东,志曰王处士葬于此。削去谬记,以解观听者所惑①。

掌书记而有这样的任务,颇出人意料之外。按李翱于元和初"以节度掌书记奉牒知循州",其两《唐书》本传皆失载②。但他的《来南录》则清楚记录他此次到岭南去的详细路程和经历,为唐人南行的极佳史料。文中一开头即说:"元和三年十月,翱既受岭南尚书公之命,四年正月己丑自旌善第以妻子上船于漕。"③"岭南尚书公"即杨于陵。李翱《祭杨仆射文》又说"公以直道,于南出藩。谬管记室,日陪讨论"④,可证他的确曾为杨于陵岭南幕的掌书记。《解惑》此文亲述他的掌书记官历和他任此幕职时的实际任务,为第一手材料,当最可信。

①《全唐文》卷六三七,页6429—6430。
②《旧唐书》卷一六〇和《新唐书》卷一七七的李翱传,不但省略了他的岭南节度掌书记,还略去他的所有早年幕职。卞孝萱、张清华和阎琦合著《韩愈评传》(南京:南京大学出版社,1998),页468—537所附《李翱评传》,对李翱的官历有详细的考订。
③《全唐文》卷六三八,页6442。
④《全唐文》卷六四〇,页6467。

八、结论

安史之乱后,唐方镇遍设全国各地,盛时达到约五十个。使府有自辟幕佐的权力,而且以相当隆重的礼仪,以聘钱和马等厚礼,辟士人入幕。但士人本身亦需有优越的仕宦条件始能被府主看上。他通常要有科名如进士及第,甚至制科、博学宏词或书判拔萃登科。没有科名则需有高尚品德、名声或文词才华。平庸之辈入幕,大约只能担任衙推、孔目官之类的低下末职。

唐代幕佐属国家官员,食国家俸禄,但他和府主又有一种强烈的人身依附关系,类似清代的幕佐之于幕府。这种依附关系导致幕佐经常追随某一府主,随他四处宦游做官,或受府主引荐,入朝任中央官职。幕职的工作和任期也不固定。若府主去世,幕佐即失去工作和依靠。若府主罢职或入朝,幕佐如果不能跟随他往他处任职或入朝,则他也将失去工作,需重新寻找新的府主。

幕职的俸钱丰厚,但唐人一般认为,幕职不宜长期担任。最理想的办法是年轻时任幕职一两任,然后入朝为监察御史等官,再由此升为员外郎、郎中和侍郎等中、高层官员。

低层幕佐如巡官和推官都带有试校书郎、试协律郎等试衔,掌书记则可能带有检校某司员外郎或郎中等检校衔。同时,他们可能也有监察御史或更高阶的宪衔。这些试衔、检校衔和宪衔都非实职。但唐人传记和墓志经常把这些非实职官衔和朝中实职交错书写,或省略"试"、"检校"等字眼。现代读者若不察,极易把中晚唐许多士人的官历弄错。

巡官、推官和掌书记是中晚唐幕府最常见的三种基层幕佐。

一般而言,士人入幕通常先担任巡官或推官(如杜牧和韩愈),接着才是掌书记。然而,有才华和文词者,又有可能一释褐即出任掌书记,如李吉甫和杨炎。

掌书记专掌文书表奏,职务最明确,但他亦有可能出任府主委派的其他任务,如李翱任岭南节度掌书记时,即"奉牒知循州"等。巡官的职务最不确定。笔者考察所得,这是一种低层的执行官,并无固定职掌,要看他所属的使府而定,主要职务是协助府主执行任务,如户部巡官管和籴及两税,东渭桥巡官管东渭桥储仓米粟之事。推官的任务亦不限于"推勾狱讼"。他是比巡官高一级的执行事务官员,职掌和巡官一样多样化,可能执行府主委派的任何职务。

第六章　文官俸钱及其他

> 与君离别意，同是宦游人。
>
> 海内存知己，天涯若比邻。
>
> ——王勃《送杜少府之任蜀州》①

　　王勃这首诗，经常为现代人引用。不过大家看重的，恐怕是"海内存知己，天涯若比邻"这两句。许多人可能没有注意到，这首诗的重点其实是在"宦游"。王勃年轻时在京城沛王府做个小官，陪王子读书，远离他的家乡绛州龙门（今山西河津县），算是宦游。现在，他的朋友杜少府也即将远赴蜀川任官，王勃便给他写了这首送别诗，所以诗中说"与君离别意，同是宦游人"。少府即本书第三章所论的县尉，可知这种九品小官也得宦游在外。因为宦游，彼此各在天涯一方，不知何时才能相见，但只要是"知己"，也就算"比邻"了。然而，什么是"宦游"？"宦游"意味着什么？这是本章所要讨论的课题之一。

　　前面几章分别探讨了几种唐代基层文官之后，本章拟就这些文官几个比较重要且深具意义的共同课题，诸如俸料钱、任期、守选、宦游、办公时间和假日，做一些综合考掘和讨论。前面几章或

---

①《王子安集注》（上海：上海古籍出版社，1995 年校点本），卷三，页 84。

曾约略触及这些题目,但限于体例,仅能就个别单一官职来论述,稍欠比较。这里作比较全面、"跨官职"的系统排比。

一、俸料钱

唐代官员的正规收入,主要有三项:一是俸钱,二是禄米,三是职田土地。至于"防阁庶仆"等"禄力",在唐初已逐渐"合并到俸钱中"去①,可不论。禄米和职田依官品高低分配。例如,本书所论的基层文官当中,属正九品京官者,如秘书省校书郎和正字,按典志规定,每年可获禄米五十七石②,职田二顷③,但真正实行的情况是否如此,却无实例可证,不甚明确。且前人论禄米和职田已详④,本章就不再涉及。从中晚唐起,俸料钱逐渐变成唐官员的主要收入来源,和本书关系最密切,所以这里集中讨论俸料钱(又常简称为"俸钱"和"月俸")⑤。韩愈在呈上《论今年权停举

①刘海峰《论唐代官员俸料钱的变动》,《中国社会经济史研究》,1985年第2期,页18注2。
②《唐六典》卷三,页83;《通典》卷一九,页493。
③《通典》卷三五,页971;《新唐书》卷五五,页1393。
④这方面最清晰的论述,见陈明光《唐代财政史新编》(北京:中国财政经济出版社,1999年第二版),页72—77(论禄米)及页120—124(论职田)。又见李燕捷《唐代禄制与内外官之轻重》,《河北学刊》,1994年第5期;高原《唐代官禄制度考略》,《晋阳学刊》,1993年第4期;李燕捷《唐代给禄的依据》,《历史教学》,1994年第8期。关于唐代职田,翁俊雄有一详细专文:《唐代职分田制度研究》,《唐代人口与区域经济》(台北:新文丰,1995),页375—404。
⑤本节所述唐代俸钱的变动,大抵依据刘海峰《论唐代官员俸料钱的变动》一文,并参照清木场东《唐代俸料制の諸原則》,《東方學》,第72辑(1986),页63—79。

选状》时说:"臣虽非朝官,月受俸钱,岁受禄粟,苟有所知,不敢不言。"①可证唐代俸钱一般是"月受","禄粟"则"岁受"。

唐官分为京官和外官两个系统,俸钱也分成两个系统来管理。京官俸钱在唐前期由太府寺掌管发放,后期改由度支。外官的俸钱,则就地筹集和分发,前期主要依靠各州县公廨本钱的利息所得,后期则渐依赖户税、两税等税收充俸②。

现存史料中关于京官和外官的俸钱,主要有六组数据,其年代分别为贞观初年、乾封元年、开元二十四年、大历十二年、贞元四年和会昌年间(详见表6.1)。这六种年代不同的数据,恰好三种在唐前期,三种在唐后期,可以反映唐代俸钱的整个历史变动。

表6.1 唐基层文官俸料钱一览表

单位:文

	贞观初 (627—)	乾封元 年(666)	开元二 十四年 (736)	大历十 二年 (773)	贞元 四年 (788)	会昌 年间 (841—846)
校书郎	1300	1500	1917	6000	16000	16000
正字	1300	1500	1917	6000	16000	16000
十六卫卫佐*	1600	1850	2475	4175	16000	16000

---

①《韩昌黎文集校注》卷八,页588。此状上于贞元十九年(803)。韩愈当时任四门博士。他说"虽非朝官",意指他不是御史等"登朝官"。
②唐代俸钱的来源,是学界争论的要点之一。详见阎守诚《唐代官吏的俸料钱》,《晋阳学刊》,1982年第2期;刘海峰《唐代官吏俸料钱的来源问题》,《晋阳学刊》,1984年第5期:王珠文《关于唐代官吏俸料钱的几点意见》,《晋阳学刊》,1985年第4期;刘海峰《再析唐代官员俸料钱的财政来源》,《中国社会经济史研究》,1987年第4期。关于唐代俸料钱的其他论著,特别是日文论文,详见胡戟等编《二十世纪唐研究》,页410—412的详细学术史回顾。

	贞观初 （627— 　）	乾封元 年（666）	开元二 十四年 （736）	大历十 二年 （773）	贞元 四年 （788）	会昌 年间 （841—846）
率府卫佐*	1600	1850	2475	4175	未列	12000
王府判司	2100	2100	4050	4116**	6000	6000
王府参军	1600	1850	2475	4175	4000	4000
两赤县尉				30000	25000	30000
次赤县尉				25000	25000	25000
畿县上县尉				20000	20000	20000
其他县尉				20000	未列	未列
大都督府判 司京兆判司	视各州府县大小 和公廨本钱数额而定			35000	35000	35000
上州功曹参军 以下（判司）				30000	未列	30000
都督府参军 上州参军事				15000	未列	15000
观察推官巡官				30000	未列	30000
节度推官				未列	未列	40000
掌书记				未列	未列	50000
比较其他官职						
上州刺史				未列	未列	80000
郎中	3600	3600	9200	25000	50000	50000
员外郎	2400	2400	5300	18000	40000	40000
殿中侍御史	2100	2100	4050	20000	35000	40000
监察御史	1600	1850	2475	15000	30000	30000

	贞观初 （627—　）	乾封元 年（666）	开元二 十四年 （736）	大历十 二年 （773）	贞元 四年 （788）	会昌 年间 （841—846）
大理评事	1600	1850	2475	8000	20000	8000 ***
太常寺协律郎	1600	1850	2475	4175	16000	20000
太常寺奉礼郎	1300	1500	1917	1917	16000	16000
材料出处	《通典》 卷19	《新唐书》 卷55	《唐会要》卷91 《册府元龟》卷506			《新唐书》 卷55

* 《通典》卷二八，页784说："凡自十六卫及东宫十率府录事及兵、仓、骑、胄等曹参军，通谓之卫佐，并为美职。"

** 此数字似误。王府判司比王府参军官品高，职务也繁重，月俸似不应比参军低。《唐会要》列这些官员的月俸时，是按照钱额大小排列的。王府判司其实排在王府参军之前，其月俸数额应当比参军高，但今传世校点本所印的数额却比参军低，看来极可能是个传抄错误。《册府元龟》卷五〇六同。

*** 此数额少于贞元四年者，疑有脱漏。

此外，还有一些零散的材料，可以用来校补这六组数据。比如，敬宗（825—826在位）的《条流沧德二州官吏俸料诏》说："沧德二州州县官吏等，刺史每月料钱八十贯，录事参军三十五贯，判司各置二人，各二十五贯，县令三十贯，尉二十贯。其俸禄且以度支物充，仍半支省估匹段，半与实钱。"①可印证表6.1所列的俸钱数额，特别是"尉二十贯"（二万文），可补表6.1中"其他县尉"项中未列的数额：即中晚唐县尉（赤尉除外）的俸钱一般是二万文。此诏也透露唐后期俸钱的发放方式：半物半钱。

宣宗（847—859在位）的《给夏州等四道节度以下官俸敕》②，

①《全唐文》附《唐文拾遗》卷七，页10437。
②《全唐文》卷八一，页843。

则提到夏州、灵武、振武等四道（缺其中一道名。夏州、灵武、振武皆位于长安西北黄河河套地区），"土无丝蚕，地绝征赋。自节度使以下，俸料赏设，皆克官健衣粮，所以兵占虚名，军无战士。缓急寇至，无以支敌"，所以朝廷要特别给这些地区的节度等使和僚佐提供"料钱厨钱"及"赏设"。此敕中所列的俸钱数额，和《新唐书·食货志》所说的会昌俸钱额相合（县尉亦为"二十贯"），而且还列出了"赏设"钱额。"赏设"是一种赏钱，唐史料中常见，如《旧唐书》所说："德宗初闻兵士出怨言，不得赏设，乃令（舒王李）谊与翰林学士姜公辅传诏安抚，许以厚赏。"[1]

在唐前期，京官俸钱有三种变动。贞观初的俸钱是按散官来发放的。但散官繁多，按散官品发俸有费国家仓储。于是，到了乾封元年，便改为依职事官品发俸，且不分正从上下阶。如表6.1所示，秘书省校书郎为正九品上，正字正九品下，但同为九品官，所以俸钱都一样，同为一千五百文。换句话说，只有职事官才能领俸，散官便无俸了。开元制和乾封制一样，也是依职事官品发俸，但此时俸钱数额有所调高，以配合当时物价的上升[2]。

到了唐后期，大历制的京官俸钱，又改为依职事官的职务"闲剧"来分配，不再依官品。也就是说，官品相同，月俸未必相同。例如，从五品上的郎中，大历时月俸为两万五千文，但同样为从五品上的著作郎，月俸却为二万文，低了百分之二十，因为郎中远比著作郎"剧要"。甚至还有官品低者，其月俸多于官品高者。例如，正九品的校书郎，月俸为六千文，但官品更高的律学博士（从

①《旧唐书》卷一五〇，页4043。
②关于唐代的物价研究，见全汉昇《唐代物价的变动》，《"中央研究院"历史语言研究所集刊》，第11本（1943）；池田温《中国古代物价初探》，《唐研究论文选集》，页122—189。

八品），其月俸却仅有 4175 文，也正因为校书郎远比律学博士清要①。唐人官职的高低不能单看官品，这正是其中一个原因。

贞元制也依职事官的闲剧发俸，但俸钱数额普遍比大历时调整高达一倍左右。这主要是顺应物价的上升，同时也是为了缩小大历时外官俸钱远远高于京官的差距。但即使如此，在晚唐会昌年间，外官的俸钱还是普遍高于京官。会昌制亦依职事官闲剧制定，而且俸钱数额和贞元制大同小异。据《新唐书·食货志》，"唐世百官俸钱，会昌后不复增减"②。所以会昌制可说是晚唐的最后定制。

至于唐前期州县外官的俸钱，史文缺载，钱额不详。日本学者筑山治三郎以为外官和京官一样，按职事官品给俸，但刘海峰已指出其误。关于这点，《通典》说：

> 外官则以公廨田收及息钱等，常食公用之外，分充月料，先以长官定数，其州县少尹、长史、司马及丞，各减长官之半。尹、大都督府长史、副都督、别驾及判司准二佐，以职田数为加减。其参军及博士减判司、主簿县尉减县丞各三分之一③。

但《通典》没有以实例说明如何分配。这段话不好理解。唐人的算学书《夏侯阳算经》（原为《韩延算经》）中有一道计算俸钱的模拟数学题，虽非实例，而且没有把医学博士等州官算在内，又不包含任何县官，但它所呈现的演算方式，很有助于我们理解上引《通

---

①《唐会要》卷九一，页 1965—1966。又见刘海峰《论唐代官员俸料钱的变动》，页 20 的"唐后期京职事官月俸表"。
②《新唐书》卷五五，页 1402 及 1404。
③《通典》卷三五，页 964。

典》那段话,以及州县官俸钱的分配方法:

> 今有官本钱八百八十贯文,每贯月别收息六十,计息五十二贯八百文。内六百文充公廨食料。五十二贯二百文逐官高卑共分。太守十分,别驾七分,司马五分,录事参军二人各三分,司法参军三分,司户参军三分,参军二人各二分?问各钱几何?
>
> 答曰:太守十分,计十二贯七百三十一文,四十一分文之二十九。别驾七分,计八贯九百一十二文,四十一分文之八。司马五分,计六贯三百六十五文、四十一分文之三十五。录事参军二人各三分,各得三贯八百一十九文、四十一分文之二十一……司仓参军三分,计三贯八百一十九文、四十一分文之二十一……①

其演算方式是:官本钱每月利息率为百分之六,得五十二贯八百文,扣除食料六百文,还余五十二贯二百文可供作俸钱,分成四十一份,每份一点二七三一贯,然后乘以各官员所应得的份数。如太守(刺史)为十份,便可得十二贯七百三十一文,余此类推。从上面这些材料看来,唐前期州县官没有固定的俸钱,要看他所属的州县等级和该州的公廨本钱数额而定②。

---

①《夏侯阳算经》卷中,现收在《算经十书》,钱宝琮点校(北京:中华书局,1963)。据钱宝琮,此算经实为《韩延算经》,北宋以后误题为《夏侯阳算经》。"太守十分"即"太守十份"之意。古书"分"和"份"不分。

②关于公廨本钱和唐前期外官俸钱的关系,最详细的研究见罗彤华《唐代州县公廨本钱数之分析——兼论前期外官俸钱之分配》,《新史学》,10卷1期(1999年3月)。又见罗彤华《唐代官本放贷初探——州县公廨本钱之研究》,《第四届唐代文化学术研讨会论文集》,台湾成功大学中国文学系主编(台南:成功大学教务处出版组,1999)。

但安史乱后,唐外官的俸钱,不再依赖公廨本钱,而和京官一样,由国家统一分配,有了固定钱额。这使我们可以比较基层文官当中京官和外官俸钱的高低,见表6.1。学界一般认为,唐前期京官俸钱高于外官,后期则外官俸钱高于京官。此外,唐后期的俸钱,虽有固定钱额,但许多时候,官员所得到,却并非全是现钱,而是"半钱半帛"①。

　　如表6.1所示,在大历制下,外官如县尉、州参军和判司的俸钱,普遍高于同等级京官如校书郎、正字、奉礼郎和协律郎,而且高出好几倍。到了贞元制,京官月俸大幅调高,始拉近他们和外官的差距。至于幕职如巡官、推官和掌书记,他们的俸钱最高,比州县官的还高,简直和中、高层京官如郎中、员外郎和殿中侍御史等不相上下,可证幕职极尊贵,远非正规州县官可比。晚唐诗人李商隐,一生绝大部分时间都在各幕府任幕职。有不少学者因而说他的官运不济,但就俸料钱而言,他的收入应当很可观,可能还好过他那些在京城朝中任官的朋友。

　　再以晚唐宰相李德裕为例,他二十七岁那年"以荫补校书郎",月俸为一万六千文。过了约四年,他三十一岁时,应河东节度使张弘靖之辟为掌书记,月俸马上骤升至五万文,和京城一个郎中的月俸一样,也比他任校书郎的月俸高了整整三倍多。但两年后,他随张弘靖入朝,任监察御史,月俸反而下跌到三万文。当然,唐代官职的轻重不能单看俸料钱。监察御史是清要的京职,也是迁往朝中高官的重要门户,就长远的出路来说,比掌书记有前途。

---

①陈仲安、王素《汉唐职官制度研究》,页350—352;清木场东《唐代俸料制の諸原則》,页71—73。

一般而言，唐人重京官，轻外官，但中晚唐外官的俸钱等收入高于京官，又产生一种外官重于京官的趋势①。虽说官职轻重不能纯以俸料钱来决定，但唐后半叶的确有人因外官俸钱高，而宁愿舍弃京官，改任外职。最有名的一个例子，当数诗人杜牧。他在大中三年（849）间任司勋员外郎，月俸当为四万文。但他为了供养病弟和孀妹，以京官俸薄，上书宰相求为杭州刺史。杭州属上州，刺史月俸有八万文之多（见表6.1），比员外郎多了整整一倍，难怪杜牧有此请求。他在《上宰相求杭州启》中透露，他有"四十口"的"家累"，然后说了几句很感人的话："是作刺史，则一家骨肉，四处皆泰；为京官，则一家骨肉，四处皆困。"②但他这次的请求没有成功。第二年，他转为吏部员外郎，月俸应当和司勋员外郎一样，所以他又三次上书宰相，这回求为湖州刺史，最后总算如愿以偿，在这年秋天出为湖州刺史③。

湖州也是个上州，他的月俸应当为八万文。过了约一年，他又被召回京城，住考功郎中、知制诰。郎中月俸五万文，比上州刺史少了百分之六十（见表6.1）。但杜牧一回到京城，就有能力修治长安城南樊川别墅，常召亲友前去游赏。只不过一年时间，为什么他突然间变得如此富裕？他的外甥裴延翰在《樊川文集序》一开头，就给我们揭露内情："上五年（指大中五年）冬，仲舅自吴兴守拜考功郎中、知制诰，尽吴兴俸钱，创治其墅。"④可见他回到长安，花的却是"吴兴俸钱"。这"吴兴俸钱"当即他在吴兴（湖

①详见刘海峰《唐代俸料钱与内外官轻重的变化》，《厦门大学学报》，1985年第2期。
②《樊川文集》卷一六，页249。
③缪钺《杜牧年谱》，页79—80。
④《樊川文集》序，页1。

州)当刺史约一年期间积存下来的,回到长安便"创治其墅",生活转眼间变得丰足起来。杜牧此案,虽是比较高层的刺史例子,不属本书所论的基层文官范围,但足以反映中晚唐外官俸钱高于京官的事实。

回到基层文官,令人关注的是,他们的俸钱以当时的生活水平来说,是否丰足? 这方面例证虽不多,但可以据以举一反三。我们在第一章《校书郎》中见过,白居易任校书郎时,便说"月俸万六千,月给亦有余",很有一种自满和自得的情绪。在第四章《参军和判司》,我们见到他以京兆府户曹参军任翰林学士,有诗云:"俸钱四五万,月可奉晨昏。廪禄二百石,岁可盈仓囷。"可证州判司的俸钱和"廪禄"都很不错。在第五章《巡官、推官和掌书记》,我们见过韩愈在汴州董晋幕府任观察推官三年后,竟然写信告诉友人卫中行说:"始相识时,方甚贫,衣食于人;其后相见于汴徐两州,仆皆为之从事,日月有所入,比之前时丰约百倍。"①他任观察推官时的月俸约三万文②,比起他之前毫无官职和收入,的确是"丰约百倍"。而且,他任了三年推官后,一转到徐州张建封幕,还没有开始工作,便有诗云:"箧中有余衣,盎中有余粮。闭门读书史,窗户忽已凉。"③这"余衣"和"余粮"的积存,应当来自他任董晋推官时的俸钱。有了这些,生活才有安全感,韩愈才能写意地去追求那"窗户忽已凉"的读书生活。

①《韩昌黎文集校注》卷三,页193。
②唐代观察推官的俸钱为三万文,比节度推官的俸钱四万文少(见表6.1),但还是比京官如校书郎和正字的俸钱一万六千文多约一倍。石云涛教授提醒我观察推官和节度推官的俸钱不一样,特此致谢。
③《全唐诗》卷三三七,页3772。"窗户忽已凉"一句,在钱仲联的《韩昌黎诗系年集释》卷一,页85作"清风窗户凉"。

至于县尉，我们在唐代诗文中找不到类似生动的实例，但《旧唐书·李义琰传》说：

> 义琰宅无正寝，弟义璡为岐州司功参军，乃市堂材送焉。及义璡来觐，义琰谓曰："以吾为国相，岂不怀愧，更营美室，是速吾祸，此岂爱我意哉！"义璡曰："凡人仕为丞尉，即营第宅，兄官高禄重，岂宜卑陋以逼下也？"义琰曰："事难全遂，物不两兴。既有贵仕，又广其宇，若无令德，必受其殃。吾非不欲之，惧获戾也。"竟不营构，其木为霖雨所腐而弃之①。

"凡人仕为丞尉，即营第宅"，可知县尉（和县丞）的俸钱应当也丰足，任此两官时，便可以开始"营第宅"。这是唐前期的例子，可惜我们找不到唐后期的事例。

俸钱比较不足的，可能要数京城王府的判司和参军，各仅有六千和四千文，远低于一般县尉的两万文，也远不及校书郎和正字的一万六。这也很能佐证宋代洪迈"王府官猥下"之说②。

最后，还有一点应当留意：表6.1中所列的俸钱，只是各典志上所规定的"纸面钱额"。京官实际所得，可能跟典志上的规定相同，但外官的实际收入，却可能比这纸面钱额还要多。这就是陈寅恪先生在他那篇著名的论文《元白诗中俸料钱问题》中，所提出的重要论点。按白居易挂职京兆府户曹时，说他的"俸钱四五万"，和典志所定的"三万五千文"不合。他在《江州司马厅记》又

①《旧唐书》卷八一，页2757。
②洪迈《容斋随笔》（上海：上海古籍出版社，1978年校点本），附《容斋四笔》卷一一，页747。

说他"岁廪数百石,月俸六七万",也跟典志规定的上州司马俸钱"五万"不合。陈寅恪因而推论:"唐代中晚以后,地方官吏除法定俸料之外,其他不载于法令,而可以认为正当之收入者,为数远在中央官吏之上。"①中晚唐官吏之所以会有"不载于法令"的"正当之收入",可能是各地方在两税法下,上缴了应上供的税额之后,可以"自圆融支给"俸钱,然后按照唐前期州县官以"份数"方式分俸钱的办法分配②。

像这种俸钱以外的收入,很可能也包括"纸笔钱"之类的,如《旧唐书·赵涓传》所说:

> 先是,侍御史卢南史坐事贬信州员外司马,至郡,准例得厅吏一人,每月请纸笔钱,前后五年,计钱一千贯。南史以官闲冗,放吏归,纳其纸笔钱六十余千。刺史姚骥劾奏南史,以为赃,又劾南史买铅烧黄丹。德宗遣监察御史郑楚相、刑部员外郎裴溆、大理评事陈正仪充三司使,同往按鞫。将行,并召于延英,谓之曰:"卿等必须详审,无令漏罪衔冤。"三人将退,裴溆独留,奏曰:"臣按姚骥奏状,称南史取厅吏纸笔钱计赃六十余贯,虽于公法有违,量事且非巨蠹。"上曰:"此事亦未为甚,未知烧铅何如?"③

《唐会要》卷五九"尚书省诸司下"刑部员外郎条下亦载此事,有明确日期,但钱额不同,可与《旧唐书》互校:

①陈寅恪《元白诗中俸料钱问题》,《陈寅恪集·金明馆丛稿二编》,页76。
②刘海峰《论唐代官员俸料钱的变动》,页25。
③《旧唐书》卷一三七,页3761。

贞元十二年(796)五月,信州刺史姚骥,举奏员外司马卢南史赃犯。鞫按南史,准例配得直典一人,每月请纸笔钱一千文,南文以官闲冗无职事,放典令归,纳其纸笔直,前后五年,计赃六十万贯①。

依《旧唐书》,"每月请纸笔钱,前后五年,计钱一千贯"。一贯为一千文,一千贯即一百万文。这数额太大,且跟下文所说的"六十余贯"矛盾不合。《唐会要》说:"每月请纸笔钱一千文……前后五年,计赃六十万贯。"亦误,应作"六十贯"("六十万贯"是个非常庞大的天文数字,比"一千贯"还要多)。《旧唐书》之误是把"文"当成"贯"。《唐会要》之误则多一"万"字。这种简单的算学错误,史书上屡见不鲜,不足为怪②。综合两者,应当是"每月请纸笔钱一千文……前后五年,计赃六十贯,即六万文"。这便大约符合《旧唐书》下文所说的"六十余千",或裴澥所说的"六十余贯"("一千文"和"一贯"意思相同)。皇帝派三司前去按鞫,但其中一人裴澥"独留"奏曰:"计赃六十余贯,虽于公法有违,量事且非巨蠹。"皇帝也说:"此事亦未为甚。"所以也就不了了之,只追究卢南史烧铅之事。由此可知外官有不少像"纸笔钱"之类的额外陋规收入,虽然"于公法有违",但只要不括钱太过,事"非巨蠹",连皇帝也觉得"亦未为甚",非常体谅外官。

《唐会要》卷五八"尚书省诸司中"户部侍郎条下,有一条大

①《唐会要》卷五九,页1216。
②例如,陈寅恪已指出,《新唐书》卷五五《食货志》所载的会昌俸钱数,"自太师起,至太子少傅止,较会要册府之数,多至十倍。疑唐代旧文,本以贯计,新书改'贯'为'千'时,讹为'万',遂进一位"。见陈寅恪《元白诗中俸料钱问题》,页71。

中年间的奏疏,提到州府钱物"无巡院觉察,多被官史专擅破除"盗用之事(疏中也提到了"纸笔钱"):

> 大中二年(848)十一月,兵部侍郎判户部魏扶奏下州应管当司诸色钱物斛斗等:"前件钱物斛斗,散在天下州府,缘当司无巡院觉察,多被官史专擅破除,岁久之后,即推在所腹内。徒烦勘诘,终无可征。今后诸州府钱物斛斗文案,委司录事参军专判,仍与长史通判。每至交替,各具申奏,并无悬欠。至考满日,递相交割,请准常平义仓斛斗例,与减选,仍每月量支纸笔钱。若盗使官钱,及将借贷与人,并请准元敕,以赃论。……"从之①。

可知州府钱财,极易被州官本身以种种名目"盗使",或"借贷与人"收利息,中饱私囊。这些都是外官俸钱以外的额外收入。

综合以上所论,我们可以总结说,唐代基层文官的俸料钱,应当可以提供他们不错的生活,除了唐后期王府判司和王府参军俸钱稍低之外。中晚唐基层外官如县尉、州参军和州判司的俸钱,又比基层京官如校书郎和正字来得高。在基层文官当中,巡官、推官和掌书记的月俸最高,甚至可以比美中层京官如郎中、员外郎等。

二、任期

唐人每任一官,都有一定期限。除了特殊情况,一般都在四

---

① 《唐会要》卷五九,页1189—1190。

年左右，不能长久连任。本书所论的校书郎、正字、县尉、参军和判司等基层文官，其任期也不例外，每任约略为三四年，但巡官、推官和掌书记等幕职的任期，则不固定，可长达十多年，亦有短至一年，甚至几个月者，视幕佐和府主的私人依附关系而定，底下再细论。

《唐会要》载有一道贞观十一年（637）正月敕："凡入仕之后，迁代则以四考为限。"①《新唐书·选举志》也说："凡居官必四考。"②唐人任官，每年都有一次考课及考绩。所谓"四考"，即任了四年官，有了四次考绩。依唐人的用法，"四考"往往几乎等同"四年"，亦即《通典》所说"一岁为一考"③。

"四考"的这种用法，常引起现代学者的误解。有些论中国文官制度的专书，把"凡居官必四考"，仅仅解释为"当官期间必有四次考课"，没有把"考"跟任官的年岁联系起来。其实，唐代史料中经常可以见到一考、二考、三考、四考，甚至十六考这样的名词。它们全都跟任官的年岁有关。"三考"即意味着任了三年官；"十六考"即任了十六年的官，经过了十六次考课。《唐会要》载有一道贞元九年（793）七月制："县令以四考为限，无替者宜至五考。"④即是说县令最多只能任四年，没有替代者则可以任至五年。

---

①《唐会要》卷八一，页1776。

②《新唐书》卷四五，页1173。

③《通典》卷一九，页474。唐代的考课是个复杂的课题，这里不拟论。近年最周全的研究是黄清连《唐代的文官考课制度》，《"中研院"历史语言研究所集刊》，第55本第1分（1984）。又见邓小南《课级·资格·考察：唐宋文官考核制度侧谈》（郑州：大象出版社，1997）以及曾一民《唐代考课制度研究》（台北：商务印书馆，1978）。王勋成《唐代铨选与文学》，第三章也专论考课。

④《唐会要》卷八一，页1782。

唐人每任一官限"四考",早在初唐高宗时期,知吏部选事的黄门侍郎刘祥道(596—666)就觉得太短了,建议加倍到"八考",即八年。他写了一篇很有名的奏疏说:

> 唐、虞三载考绩,黜陟幽明。两汉用人,亦久居其职。所以因官命氏,有仓、庾之姓。魏、晋以来,事无可纪。今之在任,四考即迁。官人知将秩满,必怀去就;百姓见有迁代,能无苟且? 以去就之人,临苟且之辈,责以移风易俗,其可得乎! 望经四考,就任加阶,至八考满,然后听选。还淳反朴,虽未敢必期;送故迎新,实稍减劳弊①。

便拿汉代用人的"久居其职",和唐代的"四考即迁"来作对比。官人知任期将满,"必怀去就"。百姓知官人要走,也就"苟且"。这样哪能"移风易俗",好好治理? 所以刘祥道建议"至八考满",至八年任满。在唐代文献,"考满"也是个很常见的名词,等于"秩满",任期满了。在这种意义下,唐代任官制很有点像现代的"合约"制。考满、秩满即等于合约到期,需再"守选"(详下节)或等候下一任官。

孙樵的古文名篇《书褒城驿壁》,也谈到唐代官员任期短的种种弊病:

> 今朝廷命官,既已轻任刺史县令,而又促数于更易,且刺史县令,远者三岁一更,近者一二岁再更。故州县之政,苟有不利于民,可以出意革去其甚者。在刺史曰:"明日我即去,

---

①《旧唐书》卷八一,页2752。

何用如此?"在县令亦曰:"明日我将去,何用如此?"①

四考是安史之乱前的通例。安史之乱后,由于选人多,官职少,甚至还出现"三考"的局面。《通典·职官》说:"至广德以来,乃立制限……官以三考而代,无替四考而罢,由是官有常序焉。"②广德(763—764)为代宗年号。广德元年(763)即安史之乱平定那年。到德宗(779—805)时,礼部员外郎沈既济在一篇有名的选举改革议论中说:

> 唐虞迁官,必以九载。魏晋以后,皆经六周。国家因隋为四,近又减削为三。考今三、四则太少,六、九则大多,请限五周,庶为折中③。

可证初唐任官,一般为四年,中唐以后则"减削为三"。但这些都是敕制上的规定。在实际执行时,是否如此呢? 我们不妨以唐代几个任过正字官的诗人官历,来做个小考证,当可发现陈子昂、柳宗元和李商隐等诗人当正字的任期,正好和敕制上的规定约略相合。

隋唐之际的王绩,只当了大约一年不到的正字,就以"非其所好也,以疾罢,乞署外职,除扬州六合县丞"④。他是自己要求提早调职的,没做满四年就走了。此例可不论。至于陈子昂,他在《尘

---

① 《全唐文》卷七九五,页8336。
② 《通典》卷一九,页474。
③ 《通典》卷一八,页452。
④ 吕才《王无功文集序》,收在《王绩诗文集校注》,页6。

尾赋并序》中说：

> 甲子岁①，天子在洛阳。时余始解褐，与秘书省正字②。

他何时卸下正字职，史料不详。《资治通鉴》在"永昌元年（689）
三月"仍称他为"正字"③，但到了"永昌元年十月"则改称他为"右
卫胄曹参军陈子昂上疏"④，可知陈子昂是在公元684年初到689
年初担任正字官的，任期前后长达约五年。这比《新唐书》上所说
"凡居官必四考"多了一年。看来，任官条规实行起来还是有些
弹性。

　　中唐的柳宗元，则确实仅当了约三年的正字。他是在贞元十
四年到十六年间（798—800）出任正字的，过后即迁为蓝田县的县
尉⑤。他的正字任期为三年，正符合沈既济所说"近又减削为
三"。

　　晚唐的李商隐（812—858）也做过正字，任期更短。他是在会

---

①按此"甲子"可能的年代为604和664，但604年陈子昂还未出生（他生于
　约659年），到664年时则仅五岁，也不可能"解褐"。此甲子应为"甲
　申"之讹。甲申即文明元年，公元684年，其时"秘书省"还未改名，一直要
　到次年，即垂拱元年（685）二月才改称"麟台"。所以陈子昂在此文中仍称
　自己为"秘书省正字"是正确的。参见韩理洲《陈子昂研究》（上海：上海古
　籍出版社，1988），页27—29。Richard M. W. Ho（何文汇），*Ch'en Tzu-ang：
　Innovator of T'ang Poetry*（Hong Kong：The Chinese University Press，1993），
　pp.12—14，亦把陈子昂初任正字的时间定在公元684年春。有些唐代文
　献称陈子昂初授官为"麟台正字"，没有理会秘书省改名的细节。
②《全唐文》卷二○九，页2112。
③《资治通鉴》卷二○四，页6457。
④《资治通鉴》卷二○四，页6462。
⑤孙昌武《柳宗元评传》（南京：南京大学出版社，1998），页51。

昌二年（842）任秘书省正字，不到一年又因为丁母忧离去。三年后，他服丧满，在会昌五年（845）十月又回来当正字。一年半之后，在大中元年（847）二月，给事中郑亚出任桂州刺史、桂管防御观察使，李商隐不久就随他赴幕府去了①。他任正字前后大约只有两年。不过，他这两任都是未秩满就因故离职，难以肯定其确实任期长短，仅录此供参考。

从以上几个唐诗人的正字任期，我们可以看到，唐人每任一官，期限都很短，确如政书上所说，约在"四考"上下。这跟汉代和现代可以"久居其职"的方式很不一样。今人须先了解这种任期短的任官特色，才能看清唐代官场上某些制度的运作。

韩愈的《施先生墓铭》，写太学博士施士丏（734—802），在同一个地方任官长达十九年，似乎有违唐人每任一官约四年的规定。这的确是个很罕见的例子。但也正因为罕见，所以韩愈才要提上一笔：

> 先生年六十九，在太学者十九年。由四门助教为太学助教，由助教为博士。太学秩满当去，诸生辄拜疏乞留。或留或迁，凡十九年不离太学②。

这位施博士原本和其他人一样，"秩满当去"，但因为教学有方，"善讲说"，很受欢迎，学生上疏乞留才得以留任长达十九年。不过，他在这段期间，所任其实也不只一官，至少曾任过四门助教、

---

①张采田《玉谿生年谱会笺》（上海：上海古籍出版社，1983 年排印本）卷三，页 88、108、136。
②《韩昌黎文集校注》卷六，页 351—352。

太学助教和太学博士三种。但正因为在唐代，很少有人会像施博士那样长期在同一处任官，他"十九年不离太学"，反而成了他生平一大得意事，值得韩愈在他的墓志上大书特书。一般唐人当官，应当没有像施士丐那样好运，而必须随四考或三考迁转，四处奔波。

不过，《新唐书》说"凡居官必四考"的规定，看来也并非指所有官职。我们在史料中爬梳，可以发现这规定只用于唐代士人常任的那些中层和低层官职，特别是那些需经过吏部铨选的官职，如县尉、主簿、县丞、县令等县官，州参军、判司等州官，或校书郎、正字、大理评事等京城低层官员。换句话说，本书所论的所有基层文官，除了幕职，都受到"凡居官必四考"的约束。

例外的情况有几种：（一）唐代的专业技术官僚，如司天台、尚药局、太医署等专门事务官员，或内侍省各署内官，或翰林待诏等皇室亲近职，因其专业或特殊性质，任官不受"四考"限制，任期都很长，可长达数十年。例如，中晚唐的波斯籍天文学家李素和他的儿子李景亮，父子相传，在唐司天台服务都超过三十年①。但唐代从进士明经出身的士人，一般都不会（也没有能力）担任这种技术官僚。（二）在京城担任宿卫、巡捕等职务的武官，任期一般也很长。他们的传记材料，和专业技术官僚一样，常不见于两《唐书》，而仅见于近世出土的墓志或神道碑。（三）唐代史官的任期也往往很长，如著名的吴兢、韦述和柳芳等人，几乎一生都在专任史官，可能也因为史官修史需专业，且需长时间修史始有成，不能

①详见荣新江《一个入仕唐朝的波斯景教家族》，《中古中国与外来文明》（北京：生活·读书·新知三联书店，2001），页238—257；拙文《唐代的翰林待诏和司天台：关于〈李素墓志〉和〈卑失氏墓志〉的再考察》，《唐研究》，第9卷（2003）。

经常更换①。(四)某些节度使,如剑南西川节度使韦皋,治理西川长达二十年,但这是特例,因为他的治绩卓越,朝廷特别信任他。河北等藩镇不听朝廷命令,节度使甚至可以代代相传,也是特殊情况。一般节度使、观察使和团练使的任期都很短,有短至一两年者,平均在三年之下。巡官、推官和掌书记等幕佐,追随这些使府四处任职,任期也就不固定,但一般也都在三年以下②。

除了上述这些例外,唐人任官迁转如此频密,造成几个很可留意的现象:

第一,每官任期短,升迁机会也就多些。像校书郎、正字这种九品小官,任官三四年,让刚入仕的年轻读书人出来见见世面,获取一些工作经验,如柳宗元任满三年正字后,便转到蓝田县任县尉,也是很好的"暖身"。否则,长期充当校书郎、正字等官反而不妙,等于没有出息。

第二,任期短,迁转频密,唐人一生所做的官,可能便多达十几个,甚至二十多个。最好的例子,莫如白居易在《唐故银青光禄大夫秘书监曲江县开国伯赠礼部尚书范阳张公墓志铭并序》所描述的秘书监张仲方(766—837)。他"入仕四十载,历官二十五,享年七十二"③。我们细数这篇墓志所列出他所任过的官,确实有二十五种之多,诚非虚言:

初补集贤院校书郎,丁内忧,丧除,复补正字。选授咸阳

---

① 关于唐代的史官,见张荣芳《唐代的史馆和史官》;Denis C. Twitchett, *The Writing of Official History under the T'ang.*

② 详见吴廷燮《唐方镇年表》中的各方镇任期,以及戴伟华《唐方镇文职僚佐考》中所列三千多人次幕佐的任期。

③《白居易集》卷七〇,页1483。

县尉。鄜坊节度使辟为判官,奏授监察御史里行,俄而真拜。历殿中、转侍御史、仓部员外郎、金州刺史、度支郎中。驳宰相谥议,出为遂州司马,移复州司马,俄迁刺史。改曹州刺史、河南少尹、郑州刺史。入为谏议大夫、福建观察使兼御史中丞。征还,为太子宾客,再为左散骑常侍、京兆尹、华州刺史兼御史大夫、秘书监①。

张仲方做官四十年,竟充当过二十五种官,平均每官任期还不到两年。据近人王勋成的研究,唐代虽规定"凡居官必四考",但在实际执行时,"内外官很少有在现任上职满四年的"②。

第三,这也意味着唐人必须经常为了迁官远行。陈子昂、杜牧、白居易、李德裕和李商隐等唐代士人,他们为了做官所到过的地方之多,行程之远,即使用现代的标准来看,也是相当惊人的③。今天中国大陆的同等级公职人员,恐怕都没有像唐人那样到过那么多地方,走得那么远。下面"宦游"一节将再细说。

三、守选

守选有两层意思。第一是指进士或明经等科举出身者需守选约三到七年,才能获得第一个官职,但制科、博学宏词和书判拔

---

①《白居易集》卷七〇,页 1482—1483。
②王勋成《唐代铨选与文学》,页 93。
③甘怀真《唐代官人的宦游生活——以经济生活为中心》,《第二届唐代文化研讨会论文集》(台北:台湾学生书局,1995),即探讨唐人四处做官的种种后果。

萃则不需守选,中者即授官。这种守选在本书前面几章都已涉及,这里不必再论。

第二种守选的意思,是指唐代官员,每做满一任官,也需在家守选等候若干年,才能选补下一任官。我们过去对这种守选制度几乎一无所知,但王勋成教授最近的大作为我们解开了许多谜团,然而还有一些模糊不明之处。其中最大的疑问是:怎样的官要守选多少年?校书郎、正字、县尉、参军和判司这些基层文官,任满后要在家闲居等候多少年,才能就任下一个官?像这一类问题,史书上都没有明文规定,细节我们往往不得而知。王勋成教授也说:"到底是多大的官守选多少年,因资料匮乏,只能存疑。"①因此王教授大作这一部分的讨论也稍嫌简略,这里略作补充。

目前,我们只知道关于守选的几个要点。第一是《通典》引裴光庭《循资格》所说:"凡官罢满以若干选而集,各有差等,卑官多选,高官少选。"②若依此,则本书所论的基层文官(幕职除外),应都属"卑官",当"多选",或许是三选到五选,即三到五年。"高官少选",或许在三选以下。但"高官"的定义为何?典志中没有任何说明。《新唐书·选举志》则说:"凡一岁为一选。自一选至十二选,视官品高下以定其数,因其功过而增损之。"③依此看来,守选的年限最短为一年,最长十二年。但什么官只需守选一年?什么官要守十二年?也没有进一步的解答。不过,"视官品高下以定其数,因其功过而增损之"这一句话,似乎表示守选年限很有弹

---

① 王勋成《唐代铨选与文学》,页125。
② 《通典》卷一五,页361。
③ 《新唐书》卷四五,页1174。

性,主要依"官品高下"来定选数,但有"功过"又可以"增损之",即增加或减少选数。这也就是我们在唐史料中常见的"殿二选"、"殿三选",即增加二三年作为惩罚,或"减二选"、"减三选",作为奖励。

在本书第三章《县尉》中,笔者引用过唐武宗《加尊号后郊天赦文》,里面有几句话,便是唐代施行守选制度的最好实证,也需放在守选制度下来看才能充分理解:

> 其远处县邑,多是中、下县。其县丞、簿、尉等,例是入流令史。苟求自利,岂知官业?其中、下县丞、中县簿(当脱一"尉"字)等,自今已后,有衣冠士流,经业出身,经五选如愿授者,每年便许吏部投牒,依当选人例,下文书磨勘注拟。如到任清白干能,刺史申本道观察使。每年至终,使司都为一状申中书门下。得替已后,许使上县簿、尉选数赴选,与第二任好官①。

这是奖励"衣冠士流,经业出身"者(即有科名的士人),到偏远中下县任县尉的办法。他们若守了"五选"后还没有官做,可以到吏部投牒,就任中下县的主簿或县尉。引文最后一句,"得替已后,许使上县簿、尉选数赴选,与第二任好官",则是最重要的奖励部分。依此看,中下县和上县簿、尉的"选数"不一样。上县簿、尉的"选数"应当比较少,所以那些愿意到中下县去服务者,将来任满后,还是要守选,但守的年限减少了,可以改用上县簿、尉的"选数"去参加铨选,补下一任"好官"。

---

①《全唐文》卷七八,页819。

第二个守选要点是：唐方镇使府的幕佐不必守选。这在唐典志中并没有明文规定，但五代史料中则清楚说判官、巡官等幕佐需守选[1]。唐方镇使府幕职不必守选，虽无典志明文，但两《唐书》列传、墓志和戴伟华《唐方镇文职僚佐考》所收集到的三千多人次官历资料，有大量实证可以证明他们不必守选。细节有三：

（一）任满正规官职后，可以不必守选马上就任幕佐。例如，李德裕是在任过校书郎后，马上又受辟佐张弘靖幕府，不曾守选。本书第一章《校书郎》中有一节"校书后出为诸使从事"，举了许多案例，多属此类。

（二）幕佐罢了某一幕职后，若继续随府主到下一个地方出任幕僚，或改到另一个方镇任幕佐，也不必守选。例如，在本书第五章《巡官、推官和掌书记》，我们见过刘三复的案例。他四处追随李德裕任幕职，甚至入朝任正规官，都不曾守选。再如中唐有一位精彩的人物薛戎（747—821），"忠厚而好学，不应征举，沉浮闾巷间"。贞元八年（792）他四十五岁时，才肯出来做官，"始脱褐衣为吏"，初佐李衡江西幕[2]。同一年，李衡死了，齐映接任，他留下来佐齐映。贞元十一年（795）齐映又死了，他应湖南观察使李巽之辟。不久，转入福建观察使柳冕幕。永贞元年（805），柳冕卒，阎济美代柳冕为观察使，又辟他为副使。元和二年（807），济美转浙东观察使，他"亦随副之"。到元和四年（809）他六十二岁时，始

①王勋成《唐代铨选与文学》，页128。
②韩愈《唐故朝散大夫越州刺史薛公墓志铭》，《韩昌黎文集校注》卷七，页520。薛戎死后，除了韩愈给他写过这篇墓志外，元稹还给他写神道碑文《唐故越州刺史兼御史中丞江东道观察使赠左散骑常侍河东薛公神道碑文铭》，《元稹集》卷五三，页571—574。薛戎的官历即根据此两文，并参见其《旧唐书》卷一五五和《新唐书》卷一六四本传。

被征回朝,出任尚书刑部员外郎。薛戎中年的这一连串幕职,都是一个接着一个,十分"紧凑",府主也换了好几个,但从他的这些官历年代看,没有任何空档,他从来不曾守选。

(三)任过幕职后入朝住京官,也不受守选约束。例如,李德裕任河东节度使张弘靖的掌书记数年,元和十四年(834)府罢,即随张入朝任监察御史,没有守选①。大和八年(834),杜牧任牛僧孺淮南节度掌书记后,次年即"真拜御史",没有守选。开成三年(838),他在宣州幕。同年冬天,他即迁左补阙、史馆修撰,也没有守选②。韩愈任徐州张建封的推官后,曾停留在洛阳约一年多,没有官做,表面上看他似乎在守选,但其实他是闲居洛阳,并赴京就选,只是他头一年没有选上,第二年才选上四门博士③。

从以上这三点看,任幕职前后都不必守选。或许这正是幕职之所以尊贵的原因之一。初涉官场的士人,大可以利用幕职之便,避开守选的限制。

另一大要点是:守选似乎只限于州县官。王勋成的研究结论说:"依'循资格',六品以下的官员考满后都要守选。但也有例外,像六品以下的常参官、供奉官诸如各司的员外郎、监察御史、补阙、拾遗就不守选。"④若依此,本书所论的几种基层京官如校书郎、正字、王府参军、王府判司和十六卫府、太子率府兵曹参军等,似乎都要守选了。但我们找不到这些官员曾经守选的实证,典志也没有明文规定他们需守选。相反的,倒有几个案例似乎显示正字和校书郎不必守选。例如,柳宗元任满集贤院正字三年后,就

①傅璇琮《李德裕年谱》,页 124—125。
②缪钺《杜牧年谱》,页 29—42。
③详卞孝萱、张清华和阎琦合著《韩愈评传》,页 86—91。
④王勋成《唐代铨选与文学》,页 130。

直接出任蓝田县尉，没有守选①。《旧唐书》说，李绛"举进士，登宏辞科，授秘书省校书郎。秩满，补渭南尉"②。他看来也没有守选。再如郑细，"擢进士第，登宏词科，授秘书省校书郎、户县尉"③，也不像有守选。

然而，低层京官当中，的确又有守选的。例如欧阳詹任四门助教时，在《上郑相公书》中，申诉国子监四门助教的任期短，只有四年（"限以四考"），但守选年数却长达五年（"格以五选"）。他说，若依此，则"三十年间，未离助教之官"：

> 噫，四门助教，限以四考，格以五选，十年方易一官也。自兹循资历级，然得太学助教，其考、选年数，又如四门。若如之，则二十年矣。自兹循资历级，然得国子助教，其考、选年数，又如太学。若如之，则三十年矣。三十年间，未离助教之官。人寿百岁，七十者稀。某今四十年有加矣。更三十年于此，是一生不睹高衢远途矣④。

欧阳詹在这封信中不免有些夸张之处，因为四门助教大有可能转到幕府或他处任官，未必数十年都呆在国子监，但他这些申诉，却明确透露京城国子监各助教学官要守选。上引韩愈《施先生墓铭》中的那位施先生，不但正巧和欧阳詹差不多同个时代，而且还和他一样以四门助教起家。然而，施先生"年六十九，在太学者十

---

①详见孙昌武《柳宗元传论》（北京：人民文学出版社，1982），页44—45。
②《旧唐书》卷一六四，页4285。
③《旧唐书》卷一五九，页4180。
④《全唐文》卷五九六，页6024。

九年。由四门助教为太学助教,由助教为博士",显然一直都有官做,未曾守选。但正如上所说,施先生此案本身就非常特殊,可说是个例外,不能作准。因此,低层京官是否全都守选,还是部分守选,仍然是个疑问,情况不很明朗,有待进一步研究,故且志此存疑①。

但州县官需守选,例证很多,不成疑问。上引武宗《加尊号后郊天赦文》便是最好一证。《旧唐书·玄宗纪》天宝五载(746)春正月条下:

> 乙亥,敕大小县令并准畿官吏三选听集②。

《全唐文》又有玄宗《安养百姓及诸改革制》:

> 比来中、下县令,或非精选,吏曹因循,徒务填阙。天下大率小县稍多……若无优奖,岂致循良。既在得人,宁拘格限。宜令选人内取中外清资,是明经、进士、应制、明法并资

---

① 两《唐书》列传经常省略传主早年的官历,或以"累调"、"累迁"的方式叙述,年代非常含糊不清,使我们不易考订这些传主年轻时的官历及其年代,因此也就不易判定他们是否曾经守选。若有墓志或神道碑文的补正,情况可能会改善,但墓志和神道碑文的年代,有时也是交代不清的。目前,只有一些唐代大诗人和名人(如陆贽、刘晏和杨炎)的官历和年代,因为有年谱和评传之作,才比较清晰完整。但唐史上还有许许多多人物,即使重要如宰相裴度和贾耽,他们的传记资料至今都还未经现代学者的整理,既无年谱也无评传。笔者建议,唐史学界未来或可"投资"于一项大工程:编一本翔实可靠的《唐史人物行年表》,结合两《唐书》和墓志材料,细考唐史上大大小小人物的生平官历和行年,以年表方式呈现,当可收简便和一览无遗之效。
② 《旧唐书》卷九,页219。

荫出身、有干局书判者,各于当色内量减一两选注拟。赴任之日,仍令引见,朕当察审去就。其老弱者,更不得辄注。考满之后,准畿官等例三选听集①。

以上两种材料,都很明确提到"畿官"的守选为三年。"畿官"即畿县的官员,包括畿县令、畿县丞、畿县主簿和畿县尉。我们在论《县尉》一章中见过,畿县是相当高级的县,仅次于京师长安等赤县。畿官都要守选三年,则其他等级县的县官守选年限当更长,所以上引两文说"大小县令"和"中、下县令"可以"准畿官吏三选听集","考满之后,准畿官等例三选听集",实际上都是一种奖励,可知这些"大小县令"和"中、下县令"的选数原本不只三年,应当更长。就本书所论的县尉而言,畿县尉需守选三年,则其他等级县的县尉守选当在三年以上。

至于州官方面,玄宗《整饬吏治诏》说到州县官的选拔和选数:

> 京官不曾任州县官者,不得拟为台省官。吏部铨选,委任尤重。……自古乡举里选,实课人之淑慝。其明经、进士擢第者,每年委州长官访察。行业修谨,书判可观者,三选听集②。

此条比较含糊,似乎州县官的选数都一样,"三选听集"。不过,守选多少年不是我们关注的重点,因为这种敕制上的规定,在施行时往往会因时因地有所改变,大可不必太拘泥于条文上的细则。

①《全唐文》卷二五,页284。
②《全唐文》卷二七,页306。

最重要的一点是,以上这些材料都证实,唐代州县官要守选,一般在三年或以上。

守选制度之所以重要,因为这意味着,唐代官员(特别是中下层的外官)并非经常都有官做。我们在两《唐书》中,几乎看不到那些传主有守选的迹象,这是因为两《唐书》所记载的,几乎全是中层或高层的官员,或这些官员在朝中担任中高层职位时的活动,而没有触及他们任基层官职的经历,因此也就不记载他们年轻时的守选这种例行公事。两《唐书》经常以"累迁"、"累授"等省略方式叙述唐人的官历,而且常又不注明任官年代,使我们不易查考两《唐书》中各传主的守选纪录。结果,我们会误以为,唐人任官好像一个紧接着一个,似乎长年累月都在做官。

然而,唐代墓志却让我们看到唐人任官另一个完全不同的面貌。和两《唐书》相反,这些墓志所记载的,绝大部分是中下层官员,多为县尉、县丞、主簿、参军、判司等基层小官。他们的官历平平无奇,又无特出才行,所以在两《唐书》中也就无传,不值得一记。这些墓志一般上都清楚列出志主的所有官历和年代,让我们可以查考他们的守选年限。有了这些墓志,我们才得以见到,唐代有一大批"平庸"的官员,浮沉在宦海中,经常"断断续续"地在做官,而且往往不做官的时间多于做官的,形成一种严重"就业不足"的现象。这些都要放在守选制度下来看,始能见其真貌。

最能反映唐州县官守选,以及唐人任官"就业不足"现象的墓志,莫如欧阳詹写的《有唐故朝议郎行鄂州司仓参军杨公墓志铭》。它描绘一个州判司一生中很平凡的官场生涯,但平凡中又饶有趣味,值得细读细考:

公讳某,字某。其先关右宏农人。永嘉过江,公自始迁之祖,若干代处于闽越。曾祖某,皇唐循州司马。祖某,漳州长史。父某,泉州南安县丞。公则南安第若干子。……永泰中,以耕战之法致梁宋军,画用有成。大历元年(766),节度使右仆射田公荐授左武卫率府仓曹参军事,在位以贞慎闻。公以不仕则坠业,躁求则背道,或出或处,圣人为中,依吏部节文,敬遵常调。大历八年(773),集授吉州永新县丞。兴元元年(784),集授庐州司田参军。贞元二年(786),授鄂州司仓参军①。累职贞慎,如率府仓曹时。每罢官待集,卜胜屏居,晏如也。鄂州秩满,爱其风土,亦止焉。贞元十二年(796)冬又合集,春赴京师,遇疾于途。以二月四日,终于汝州龙兴县之逆旅,时年六十七。凡入仕三十一年,历官四政②。

这位杨公平凡得我们甚至无法考出他的名字,但从他卒于贞元十二年,年六十七,可知他当生于开元十八年(730),经历过安史之乱。他也正是在安史之乱的永泰年中(765),以"耕战之法"协助梁宋军,"画用有成",第二年就以此军功得到节度使田仆射的"荐授"为"左武卫率府仓曹参军事"。笔者颇怀疑此"左武卫率府仓曹参军事",其实是个"试衔",因中晚唐幕佐挂此试衔极常见,但志又省略了"试"字。杨公应当并没有到京城的左武卫率府任仓曹参军事,只是挂此试衔,在节度使田仆射的幕府任幕佐。这样比较符合田仆射荐人的情理。此"荐授",当和唐史料中常见的"奏授"及"表授"用法相似。幕府要让杨公挂此试衔,是要上奏推荐报

---

① 据王勋成书页 127 说,此为"改转",即未任满就改官,所以和任满需守选无关。

② 《全唐文》卷五九八,页 6048。

请朝廷批准的。否则，推荐这么一个小官到千里迢迢外的京城任职，没有太大意义，受荐者未必肯行，对田仆射也没有什么好处。

无论如何，从大历元年算起，到杨公去世那年，正好是他墓志所说"凡入仕三十一年"，可是他却只做了四任官。以唐官每任约四年计算，可知他只有大约十六年在做官，其余十五年应当是在守选"待集"，闲居在家，正像欧阳詹所说，"每罢官待集，卜胜屏居，晏如也"。日子似乎过得很逍遥自在。我们感兴趣的是，他守选"屏居"那么多年，靠什么生活？有没有家口之累？靠他从前任官的俸料钱吗？但这位杨公，似乎一切"晏如"。鄂州秩满，"爱其风土，亦止焉"，又停留下来"屏居"守选了好几年之久。最后，在六十七岁那年，他守选期限满了，冬天"合集"的时间快到了，他早在春天就提前上路，准备到京师赴选，可惜不幸途中死在汝州新兴县的"逆旅"（客舍）。

以上便是唐代一个平凡判司很平凡的一生和官历，是我们在两《唐书》中无法见到的，但唐人墓志中却很常见。近世出土唐人墓志中，经常有"历三纪而四受禄"、"历官二政"等字眼，表示志主一生中只做了二三任官，其他时间不是在守选，就是没有官做，闲在家里，常在"待业"之中。

相比之下，两《唐书》中所见的中、高层官员，特别是那些"成功官僚"，一生中做过的大小官，约在十个以上，甚至有二十多个的，如上引张仲方"入仕四十载，历官二十五，享年七十二"。白居易也算"成功官僚"。他在自撰的《醉吟先生墓志铭》中，回忆起他生平的官历时，不无得意地说："始自校书郎，终于少傅致仕。前后历官二十任，食禄四十年。"[1]这样二十到二十五任的官历，比

----

①《白居易集》卷七一，页1504。

起历官只有二到五政的县尉、判司和参军等,真是天差地别。

唐代文学研究中常见的所谓"仕"和"隐"的问题,其实应当放在这种守选制度下来探讨,才有意义。归隐可以由个人决定,但入仕却不是个人单方面就可以决定的,因为这还牵涉到"守选"问题。以地方官来说,他每做满一任,即需守选若干年,导致他不得不"归隐"。上引欧阳詹《鄂州司仓参军杨公墓志铭》中那位杨公,正是个好例子。他"每罢官待集,卜胜屏居,晏如也"。既是守选,又是归隐。如果一个人一直没法选上下一任官,他甚至可能要长期"被迫"归隐。这种强制性的归隐,在唐墓志十分常见,而且常常会有一个比较好听、比较委婉、比较漂亮的说法,说志主"高洁不仕"、"高道不仕"。其实,他未必如此"高洁"。极可能是他资历不足,一直选不上官,被迫退隐罢了。

四、宦游

在唐代,士人做官便往往注定一生或半生的飘泊。

元和四年(809)正月己丑,古文家李翱(774—836)和他妻子与儿子在洛阳旌善坊上了一艘船,启程到七千五百里外的广州。旌善北面正是贯穿洛阳城中的漕运河①。这一年他三十六岁。他妻子是韩愈从兄韩弇的女儿,这时已怀孕了好几个月。李翱这次到广州,是为了应岭南节度使杨於陵之辟,前去出任他的掌书记。这是一种基层文官,但唐代的宦游,从基层就已经开始,并非只限

---

①见杨鸿年《隋唐两京坊里谱》(上海:上海古籍出版社,1999),页239及书前《东都外郭城示意图》。

于中、高层官员。我们在前面几章见过，不少士人一释褐，便是离乡背井到遥远的外地州县任参军或县尉。李翱千里迢迢前去就任一个基层幕职，并不出奇。他在路上（几乎全是水路）走了大半年，才在六月癸未抵达广州，费了将近六个月（本年闰三月）。他后来把这次旅程，记录在他的《来南录》向后人细说他详细的行程路线，成了中古唐代一篇罕见的士人南入岭南记：

> 自洛州下黄河、汴梁过淮至淮阴一千八百有三十里。顺流。
>
> 自淮阴至邵伯三百有五十里。逆流。
>
> 自邵伯至江九十里。
>
> 自润州至杭州八百里。渠有高下。水皆不流。
>
> 自杭州至常山六百九十有五里。逆流，多惊滩，以竹索引船，乃可上。
>
> 自常山至玉山八十里。陆道。谓之玉山岭。
>
> 自玉山至湖七百有一十里。顺流。谓之高溪。
>
> 自湖至洪州一百有一十八里。逆流。
>
> 自洪州至大庾岭一千有八百里。逆流。谓之漳江。
>
> 自大庾岭至浈昌一百有一十里。陆道。谓之大庾岭。
>
> 自浈昌至广州九百有四十里。顺流。谓之浈江。出韶州谓之韶江①。

从这些路线看来，李翱几乎完全依赖隋唐大运河以及漳江等河

---

① 《全唐文》卷六三八，页6443。据潘镛《隋唐时期的运河和漕运》（西安：三秦出版社，1987），页34说："李翱走的是没有经过徐州的汴河新线。"

流,来完成他的南行。全程 7523 华里。他还注意到"顺流"、"逆流"、"多惊滩,以竹索引船,乃可上"等细节。大半年几乎都在水上度过,这旅程应当是十分艰苦的。更让人惊叹的是,他妻子竟然在半路衢州产下一个女儿,又继续赶路。一家人带着一个刚诞生的女娃儿上路,其狼狈处境可想而知。但在唐代,士人这样长途的远行恐怕又很寻常,几乎每个做官的人,在他一生中都会碰到,而且很可能不止一次。

以李翱来说,这便不是他第一次的远游。他的门第显赫。据《新唐书》,他是"魏尚书左仆射(李)冲十世孙"。但到了他祖父这一代,家道已没落。他祖父只官至贝州司法参军。他父亲的科名和官历都不详。他这一族定居在汴州陈留县,至少已有三代。他也出生在那里。贞元九年(793)他二十岁时,到长安参加进士考试。从汴州到长安为一千二百八十里。这是他第一次为了做官远行。但他要到贞元十四年(798)才考上进士。这期间,他到过徐州见张建封。贞元十六年到十七年,他到义成军节度任幕佐,又是一次远行。贞元十九年,他到河南府任户曹参军。元和初回到朝廷任国子博士、史馆修撰,然后在元和四年远赴广州。从他这些早年官历看,李翱年轻时赴广州之前就走了不少远路,行程达到好几千里。他在广州任幕职,约一年又走了,因为他的府主杨於陵在元和五年(810)七月被召回朝任吏部侍郎,他失去工作,转到宣州佐宣歙观察使卢坦幕。卢坦在元和五年冬迁刑部侍郎,李翱又罢职,转到越州依浙东观察使李逊为判官。这两次都涉及长途的旅行。他下半生还有更多的远行,比如到朗州、舒州和郑州任刺史,又到桂州和潭州任观察使[1]。但这些涉及中高

---

[1]详见卞孝萱等著《韩愈评传》附《李翱评传》,页 480—487。

层官员范围,暂且留到本书的姊妹篇《唐代中层文官》和《唐代高层文官》再来细说。

像李翱这种四处为做官奔波的经历,唐人称之为"宦游"或"游宦"。形成宦游的主因是,唐人不能像汉代官员那样,可以留在自己的故乡做官,而需遵守"本籍回避"的规定,到外地或京师任官①。唐人需到京城考科举和参加铨选,每任官的任期又短,再加上贬官等,他们往往在三四十岁,还处于基层文官的阶段时,就已经跑遍了大江南北,累积了非常丰富的宦游经验。初唐的陈子昂、王勃、杨炯、骆宾王、张说、张九龄如此;中晚唐的高适、王昌龄、韦应物、韩愈、元稹、白居易、杜牧、李德裕、李商隐也莫不如此。岑参走得最远,到过今新疆乌鲁木齐以北的北庭幕府。中晚唐方镇大开,士人为了四处应辟入幕,宦游之风比唐前期更盛。考之两《唐书》列传中的中晚唐士人,几乎没有人没有过一段宦游经验。对士人来说,宦游是一种常态,也是做官的士人逃不掉的命运。官做得越多、越高,四处飘泊的机会也就越多。

前引甘怀真的《唐代官人的宦游生活——以经济生活为重心》,讨论过这种宦游的各种后果和意义,很有新意和启发。他最主要的论点是,士人四处宦游,导致他们丧失了"故里的基业",正像韩愈所说,"中世士大夫以官为家,罢则无所于归"②。"唐朝官人丧失家乡的基业,是中古士族时代的结束的重要指标。"这样一来,据甘怀真说,他们便成了"俸禄官僚"。"使得中古士大夫所拥有的所谓'自主性'丧失,且更加依附国家。其权力的行使必须凭借国家的公权力,经济来源必须依赖国家的俸禄"。

---

①吕慎华《唐代任官籍贯回避制度初步研究》,《中兴史学》,第5卷(1999)。
②《送杨少尹序》,《韩昌黎文集校注》卷四,页275。

这里想补充的是,宦游虽然涉及不少做官的士人,但并不包括整个官僚层。唐代还是有不少官员不必宦游,主要是那些长期待在京城的专业技术官僚、武官、史官、待诏和内侍等皇室亲近官(详见上文"任期"一节)。这些官职往往也不会由士人出任(史官除外),而且这类官员在两《唐书》中也往往无传,即使是从三品的高官如司天监等官①。我们因而常常忽略他们的存在。只有担任京城某些官职、州县官和幕职的士人,才需要经常往返京城或在外宦游。要之,宦游跟士人关系最密切。唐代文学中的大量离别、赠别、送别诗和赠序,便是宦游留给后人最丰富的文学遗产之一。

士人在宦游期间,居住在哪里?答案应当是在官驿或官舍。如上所说,李翱从洛阳到广州的七千多里路程,几乎全是水路。唐代水路亦有驿站,备有船只②。他可以一站一站的不断换官船前去。例如,他到泗州时,即"见刺史假舟"。他渡松江时,"官艘隙,水溺舟败"。中古出远门坐船的一大好处是住宿容易解决:晚上若不住驿站,甚至可以就睡在船上。唐集中有不少写舟中生活的诗。比如白居易的《初下汉江,舟中作,寄两省给舍》一诗,其诗题和内容便清楚告诉我们他在船上生活住宿:

----

① 见拙文《唐代的翰林待诏和司天台:关于〈李素墓志〉和〈卑失氏墓志〉的再考察》,《唐研究》,第 9 卷(2003)。
② 据《唐六典》卷五,页 163,唐有"二百六十所水驿,一千二百九十七所陆驿,八十六所水陆相兼。……凡水驿亦量事闲要以置船,事繁者每驿四只,闲者三只,更闲者两只"。这是唐初的材料,后期可能有所增加。关于唐代驿站的研究,见黄正建《唐代衣食住行研究》(北京:首都师范大学出版社,1998),页 171—180。更详细的讨论见刘燕俪《水上交通管理》,《唐律与国家社会研究》,高明士编(台北:五南,1999),页 361—401。

秋水浙红粒,朝烟烹白鳞。

一食饱至夜,一卧安达晨。

晨无朝谒劳,夜无直宿勤。

不知两掖客,何似扁舟人①?

　　他有鱼吃（"朝烟烹白鳞"），吃饱了在船上"一卧安达晨"，起来写诗给京城中的旧同僚，自认为是不必"朝谒"，不需"直宿"的"扁舟人"，远比他们幸福。看来船上住宿生活很舒服。杜甫晚年在潭州一带飘泊，为了住宿问题，有"一年半的岁月大部分是在船上度过的"②。他这时期也有好些诗写于舟中，如《风雨看舟前落花，戏为新句》和《舟中苦热遣怀》等。甘怀真在他论文中，曾讨论过官员"租屋而居"的"经济生活"。杜甫这种住宿船上的方式，或许是解决住房问题的另类好办法。

　　李翱有时会提到他在南行途中登岸住宿，如到苏州时，"宿望海楼"；到衢州时，"以妻疾止行，居开元佛寺临江亭后"。他妻子的"疾"，当即快分娩了，所以不久就在衢州产下一女。除了这四五处外，李翱没有提他晚上住在哪里，看来很有可能就在船上过夜，和白居易"初下汉江"时一样。

　　到了广州，李翱一家应当是住官舍的。唐代大量墓志显示，有不少官员往往终于任上，死在"官舍"。例如，乔融《唐故宋州宋城县尉河南阎公墓铭并序》说，这位阎公士熊，"以贞元六年（790）六月九日，终疾于官舍，年五十"③。张九龄《故瀛州司户参军李

---

①《白居易集》卷八，页154。
②冯至《杜甫传》，页134。
③《全唐文补遗》，第一辑，页222—223。

府君碑铭并序》说这位李判司："弱冠举进士,调补同州参军,换瀛州司户参军……某年,卒于官舍,春秋若干。"①又如刘长卿《唐睦州司仓参军卢公夫人郑氏墓志铭》说:"有唐大历十三年(778)九月二十一日,睦州司仓参军范阳卢公夫人郑氏终于所寓之官舍,享年四十八。"②可知这位郑氏和她丈夫睦州司仓参军住在官舍,死于"所寓之官舍"。古文家萧颖士的《伐樱桃树赋并序》说:

> 天宝八载(749),予以前校理罢免,降资参广陵大府军事。任在限外,无官舍是处,寓居于紫极宫之道学馆,因领其教职焉。庙庭之右,有大樱桃树,厥高累数寻。条畅荟蔚,攒柯比叶,拥蔽风景,腹背微禽,是焉栖托……余实恶之,惧寇盗窥窬,因是为资,遂命伐焉③。

这是萧颖士出任广陵(扬州)都督府参军时所写的序,透露他当时的住宿问题,因为"任在限外",他没有官舍可住,只好住到"紫极宫之道学馆"。也正因为这样,他见到一棵"大樱桃树","实恶之",把它砍了,写下这篇序和赋。由此可知州县官一般都住官舍,没有官舍住才栖身在道观或佛寺等其他地方。

宦游期间,官员一般是携家带眷的。李翱即带着妻子儿女赴任。上引刘长卿《唐睦州司仓参军卢公夫人郑氏墓志铭》,亦可证基层文官如判司同样可以携妻就任。不单如此,州县官甚至还可

①《曲江集》,页660;又收在《全唐文》卷二九二,页2961。
②《刘长卿集编年校注》,杨世明校注(北京:人民文学出版社,1999),页585;又收在《全唐文》卷三四六,页3515。
③《全唐文》卷三二二,页3262。据《旧唐书》卷一九〇下《萧颖士传》,页5048,萧颖士作此赋是为了讽刺李林甫。

以携带年老的父亲赴任。比如，书法家颜真卿的《朝议大夫守华州刺史上柱国赠秘书监颜君神道碑铭》，就说他这位"先伯"颜元孙，在"开元二十年（732）秋七月……薨于绛州翼城县丞之官舍，随子春卿任也"①。可以带着父亲四处宦游，应当也可带母亲等亲人。在《此日足可惜一首赠张籍》一诗中，韩愈提到他在汴州董晋幕任推官时，他妻女也跟他住在一起②。不但如此，他后来在著名的《祭十二郎文》中更透露，他佐董晋幕时，他这个侄儿十二郎，曾经来看他，住了一年（"汝来省吾，止一岁"），而且还要"请归取其孥"，回去把家眷接过来住③，可知士人在外做官，常有家眷甚至亲戚来相伴，应当可以大大减轻思家之苦。

宦游成了唐代士人生活中的一大内容，他们书写宦游的诗也就极多。比如，高适五十岁刚到封丘县任县尉时，就写了一首《初至封丘作》，提到离家在外做官的心情：

> 可怜薄暮宦游子，独卧虚斋思无已。
> 去家百里不得归，到官数日秋风起④。

写得沉痛有力。白居易一生许多时候四处在外做官，居无定所，他对宦游的体会也是深沉的。他三十多岁时，在长安附近的盩厔县任县尉，便已经在《县西郊秋寄赠马造》诗中，表达了他对宦游的厌倦：

---

① 《全唐文》卷三四一，页 3458。
② 《韩昌黎诗系年集释》卷一，页 84。
③ 《韩昌黎文集校注》卷五，页 337。
④ 《高适诗集编年笺注》，页 208。

我厌宦游君失意,可怜秋思两心同①。

这恐怕是唐代许多宦游官人的共同心声。他老年时,更写了一首《寄题余杭郡楼兼呈裴使君》诗,这样总结他一生的宦游:

> 官历二十政,宦游三十秋。
> 江山与风月,最忆是杭州②。

他做了二十任官,却宦游了三十年。这就是中古唐代士人典型的宦游生活经验。

五、办公时间和休假

今人的办公上班时间,常称为"朝九晚五"。唐人是否也"朝九晚五"呢?这方面的研究可说一无所有。笔者未发现有任何论著深入讨论过这个课题。杨联陞那篇著名的论文《帝制中国的作息时间表》,只用了寥寥几句话来描写唐代官员的办公时间:"从唐代开始,官员习惯上是上午或上、下午在官署里,然后回家。"他亦未引任何文献或事例佐证③。这方面的材料的确比较零散,只能显示大概轮廓,细节不易得知。这里且试为考掘一二。

---

①《白居易集》卷一三,页 255。
②《白居易集》卷三六,页 833。
③杨联陞《国史探微》(台北:联经出版事业公司,1983),页 65。又见叶国良《官员的假期》,《国文天地》,12 卷 4 期(1996 年 8 月),页 22—27。

今人所说的"办公"和"上班"，唐人一般称之为"视事"，如《旧唐书·德宗纪》说："召右金吾将军吴凑于延英，面授京兆尹，即令入府视事。"①又如《旧唐书·宪宗纪》："诏司徒杜佑筋力未衰，起今后每日入中书视事。"②皇帝上朝办公也称视事，如《旧唐书》德宗贞元元年条下："十二月戊辰，诏延英视事日，令常参官七人引对，陈时政得失。"又如《旧唐书·文宗纪》："故事，天子只日视事，帝谓宰辅曰：'朕欲与卿等每日相见，其辍朝、放朝，用双日可也。'"③

关于唐代官员办公的时间，最早的材料见于《唐六典》：

> 凡尚书省官，每日一人宿直，都司执直簿一转以为次。凡诸司长官应通判者及上佐、县令皆不直也。凡内外百僚日出而视事，既午而退，有事则直官省之；其务繁，不在此例④。

据此，唐代官员每天早上太阳升起时上班，中午便回家，只办公半天，远比今人安逸，但各官署每天要有一人值下午和晚班，有事便由这个宿直官负责。"务繁"的官署"不在此例"。《唐六典》成书于开元二十七年（739），所以这大约是唐开元年间的规定。不过，五代所编《唐会要》卷八二"当直"条下，以及北宋所编《新唐书》卷五五《百官志》的记载，全部沿用《唐六典》此文，文句几乎一模一样。这似乎表示，唐后期的办公时间没有变动，也没有新规定。《旧唐书》中找不到类似的条文。

_____

①《旧唐书》卷一三，页338。
②《旧唐书》卷一四，页423。
③《旧唐书》卷一七下，页580。
④《唐六典》卷一，页12—13。

中唐崔元翰的《判曹食堂壁记》对唐代官员的办公和午膳,有进一步的补充:

> 古之上贤,必有禄秩之给,有烹饪之养,所以优之也。汉时尚书诸曹郎,太官供膳。春秋时,齐大夫公膳日双鸡。然则天子诸侯于其公卿大夫,盖皆日有饔饩。有唐太宗文皇帝克定天下,方勤于治,命庶官日出而视事,日中而退朝,既而晏归,则宜朝食,于是朝者食之廊庑下,遂命其余官司,泊诸郡邑,咸因材赋,而兴利事。取其奇羡之积,以具庖厨,谓为本钱①。

这段文字主要追述唐代"食本钱"的起源。"食本"是由公家提供一笔"本钱"去放高利贷,然后用利息钱供各官署官员"会食"②。但它也证实了"庶官日出而视事,日中而退朝"这件事,而且告诉我们此事起源于太宗朝。唐代中外官署,中午都有百官聚在一起吃午饭的习俗,各曹司甚至还有"食堂"。例如崔元翰此篇文字,便是他为越州某"判曹食堂"所写的一篇厅壁记。柳宗元也有《鳌屋县新食堂记》③。韩愈在《顺宗实录》中,曾经写过宰相郑珣瑜中午与"诸相会食于中书",王叔文很无礼貌硬闯进来的精彩一

---

① 《全唐文》卷五二三,页 5321。
② 关于"食本"更详细的讨论,见陈明光《唐代财政史新编》,页 115—120。较新的论著见罗彤华《唐代食利本钱初探》,《第五届唐代文化学术研讨会论文集》,中国唐代学会、中正大学中文系、历史系主编(高雄:丽文文化,2001)。
③ 《柳宗元集》卷二六,页 699。

幕①。晚唐蔡词立《虔州孔目院食堂记》说:"京百司至于天下郡府,有曹署者,则有公厨。"②从这些材料看,唐代中外百官,一般上都在上午办公,中午会食,然后便可以回家。州县官则可能黄昏时分还有一次"坐衙"(详见下)。

安史乱后的至德到贞元年间,甚至有"间日视事"的事:

> 贞元二年(786)……三月三日,敕:"尚书郎除休暇,宜每日视事。"自至德以来,诸司或以事简,或以餐钱不充,有间日视事者。尚书省皆以间日。先是,宰相张延赏欲事归省司,恐致稽拥,准故事,令每日视事。无何,延赏薨,复间日矣③。

"间日视事"的其中一个原因,竟是"餐钱不充",亦可见唐人上午办公,和中午的会食,关系极密切,以致官署若没有餐钱会食,甚至可以改变办公时间,改为"间日视事"。

以上所考,大抵涉及唐中央官署的办公时间。虽然《唐六典》说"内外百僚"都如此,但我们若再细考,可以发现州县的办公时间又略有不同,有所谓"两衙"之事。"两衙"的说法不见于《唐六典》和两《唐书》等正统史料。最详细的描写在日本僧人圆仁的《入唐求法巡礼行记》,如下引两例:

> 唐国风法,官人政理,一日两衙,朝衙晚衙。须听鼓声,

---

① 《韩昌黎文集校注》附《顺宗实录》卷二,页 704。
② 《全唐文》卷八○六,页 8472。
③ 《唐会要》卷五七,页 1157。

方知坐衙,公私宾客候衙时,即得见官人也①。

廿二日,朝衙入州。见录事、司法,次到尚书押两蕃使衙门前。拟通入州牒,缘迟来,尚书入球场,不得参见。却到登州知后院,送登州文牒壹通。晚衙时入州,到使衙门。合刘都使通登州牒。都使出来传语,唤入使宅。尚书传语云:"且归寺院,续有处分。"②

圆仁此书记录他在文、武、宣三朝途经大半个中国的亲身见闻,细节丰富,可说是最佳的第一手材料。依此看来,州县有早晚"两衙",有"鼓声"宣示"坐衙"的时间到,"公私宾客候衙时,即得见官人也"。李商隐的名句"黄昏封印点刑徒",写于他在弘农县任县尉时,也显示县府是在"黄昏"时分"封印点刑徒"后,始结束一天的公务。唐诗中关于"两衙"的诗句颇不少,如张说的《相州冬日早衙》,写他在相州早上办公的情景:

> 城外宵钟敛,闺中曙火残。
> 朝光曜庭雪,宿冻聚池寒。
> 正色临厅事,疑词定笔端③。

王建《昭应官舍书事》有诗"两衙早被官拘束,登阁巡溪亦属忙"④。元稹《醉题东武》有诗"役役行人事,纷纷碎簿书。功夫两

①《入唐求法巡礼行记》卷二,页83。
②《入唐求法巡礼行记》卷二,页94。
③《全唐诗》卷八八,页973。
④《全唐诗》卷三〇〇,页3414。

衙尽,留滞七年余"①。白易居任地方官时,更常提到这种两衙制,如《城上》一诗:

城上咚咚鼓,朝衙复晚衙。
为君慵不出,落尽绕城花②。

衙集前打"咚咚鼓",亦可证上引圆仁所言不虚。又如白居易《舒员外游香山寺,数日不归,兼辱尺书,大夸胜事。时正值坐衙虑囚之际,走笔题长句以赠之》一诗,甚至告诉我们,此诗是他在"坐衙虑囚之际",走笔写成的:

白头老尹府中坐,早衙才退暮衙催。
庭前阶上何所有,累囚成贯案成堆③。

这些唐诗都可证唐州县有早晚两衙之分,但下午一段时间(从中午会食过后到傍晚时分),看来是午休,没有办公(参见下面韩愈向张建封所建议的办公时间)。京城官员则未见有"两衙"之分,但他们下半天需轮流"宿直"(又称为"当直"或"寓直")④。唐诗中也很常见此类抒写"宿直"的诗,如李峤《和杜侍御太清台宿直旦有怀》⑤,张说《宿直温泉宫羽林献诗》⑥,李嘉祐《和张舍人中

①《元稹集》,外集卷七,页 695。
②《白居易集》卷二〇,页 440。
③《白居易集》卷二二,页 500。
④顾建国《唐代"寓直"制漫议》,《淮阴师范学院学报》,2002 年第 3 期。
⑤《全唐诗》卷五八,页 695。
⑥《全唐诗》卷八八,页 968。

书宿直》①,宋之问《冬夜寓直麟阁》②,苏颋《秋夜寓直中书呈黄门舅》③,李逢吉《和严揆省中宿斋遇令狐员外当直之作》④,权德舆《奉和陈阁老寒食初假当直,从东省往集贤,因过史馆看木瓜花》⑤等。

至于幕府的办公时间又如何呢？这方面的材料只有韩愈在《上张仆射书》中所提到的"晨入夜归"：

> 九月一日愈再拜:受牒之明日,在使院中,有小吏持院中故事节目十余事来示愈。其中不可者,有自九月至明年二月之终,皆晨入夜归,非有疾病事故辄不许出。当时以初受命不敢言。古人有言曰:人各有能有不能。若此者,非愈之所能也。抑而行之,必发狂疾⑥。

张建封幕府规定幕佐"晨入夜归",令韩愈吃不消,所以上书申诉,也是韩愈后来和张闹得有些不愉快的一个原因⑦。但张幕府如此漫长的办公时间,究竟有多少代表性,却是个疑问。或许只是张幕府比较严格,其他幕府未必如此。比如,韩愈之前在汴州董晋府,便没有类似投诉。或许董晋府的办公时间合理,没有那么长。宋代洪迈引韩愈此信和杜甫致剑南节度使严武的诗句"胡为来幕

①《全唐诗》卷二〇六,页2151。
②《全唐诗》卷五二,页634。
③《全唐诗》卷七四,页811。
④《全唐诗》卷四七三,页5365。
⑤《全唐诗》卷三二六,页3656。
⑥《韩昌黎文集校注》卷三,页181。
⑦详见卞孝萱等著《韩愈评传》,页78。

下，只合在舟中"，说幕府聘人固然很有礼节，"然职甚劳苦"，士人"故亦或不屑为之"①。但这恐怕证据不足。唐代许多幕府实际上都是军事组织，都驻有军队（董晋的汴州幕即"屯兵十万，连地四州"②），管理军事化，跟京城或州县官署不一样，办公时间比较长，当然大有可能，但材料仅有韩愈此信，恐又不足为据，且录此存疑。

不过，韩愈在此信中建议张建封给他改一个办公时间，却极有史料价值："寅而入，尽辰而退；申而入，终酉而退：率以为常，亦不废事。"即分早晚两班办公：早班在上午五点到七点之间开始，十一点回家；晚班下午五点到七点开始，晚上九点回家；中午可以午休③。韩愈之所以提这样的办公时间，显然不是他个人首创，极可能这便是当时一般州县官员的正常"视事"时间。果如此，则上文所引"两衙"、"朝衙"和"晚衙"，究竟指什么时间，也就有很明确的答案了。

汉代官员五日一休④，唐代则十日一休，称为"旬休"。旬休的意思是每工作九天，第十天休息。此即韦应物《休暇日访王侍御不遇》诗中所说"九日驱驰一日闲"的要义⑤。《隋书·礼仪志》说："后齐制……学生每十日给假，皆以丙日放之。"又说"隋制……学生皆乙日试书，丙日给假焉"⑥。北齐和隋

①《容斋随笔》附《容斋续笔》卷一，页223。
②韩愈《送汴州监军俱文珍序》，《韩昌黎文集校注》文外集上卷，页674。
③此据黄正建《韩愈日常生活研究》，《唐研究》，第4卷（1998），页266的解读。
④关于汉官的休假，见廖伯源《汉官休假杂考》，《"中研院"历史语言研究所集刊》，第65本第2分（1994）。
⑤《韦应物集校注》卷五，页361。
⑥《隋书》（北京：中华书局，1973年校点本）卷九，页181—182。

代规定"丙日"给假,正好配合十进制的干支记日法,便于记忆与施行,一个月也正好有三旬休。唐代应当也和前代一样,曾规定某一日(如"丙"日或"癸"日)为旬休日,但史料中已无从查考。

顺此一提,"旬"原指"十日",但在唐代慢慢演变成了"旬休"的意思,如白居易诗《郡斋旬假命宴,呈座客,示郡寮》所云:"公门日两衙,公假月三旬。"[1]此"三旬"并非"三十天",而是"三个旬休日"。

在敦煌吐鲁番发现的唐代历日,已有注明"蜜"日(星期日)的,但这种"七曜"制度传自西方,在唐代只用于占卜吉凶,"纯为占星"[2]。它难以和十日制的旬休结合起来。"七曜历"在唐代甚至和天文器物、天文图书等占卜物品一样,被列为民间不得拥有的违禁品[3]。七曜制度一直晚到辛亥革命以后全国行用西历制才通行[4]。

除了旬休,唐代官员还有不少公假日。《唐六典》卷二"内外官吏则有假宁之节"条下小注说:

> 元正、冬至各给假七日(节前三日,节后三日),寒食通清明四日,八月十五日、夏至及腊各三日(节前一日,节后一日)。正

---

①《白居易集》卷二一,页454。

②王重民《敦煌本历日之研究》,《敦煌遗书论文集》(北京:中华书局,1984),页126—129。

③《唐律疏议》卷九,页196;《旧唐书》卷一一,页285—286。详见笔者《唐代的翰林待诏和司天台》第五节"司天台的机密性质"中的讨论。

④邓文宽《敦煌吐鲁番历日略论》,《敦煌吐鲁番学耕耘录》(台北:新文丰,1996),页16—17。

月七日、十五日、晦日、春秋二社、二月八日、三月三日、四月八日、五月五日、三伏日、七月七日、十五日、九月九日、十月一日、立春、春分、立秋、秋分、立夏、立冬、每旬，并给假一日。五月给田假，九月给授衣假，为两番，各十五日①。

依此，唐代官员每年各种节日和节气公假，多达四十七天，若加上五月的田假和九月的授衣假各十五天，则高达七十七日，反映了农业社会的作息时间表。除此之外，《唐六典》还规定：

父母在三千里外，三年一给定省假三十五日；五百里，五年一给扫拜假十五日。

这种省亲和扫墓假的实行情况，可见于穆宗朝的一道敕书：

长庆三年(823)正月敕：“寒食扫墓，著在令文，比来妄有妨阻。朕欲令群下皆遂私诚，自今以后，文武百官，有墓茔域在城外并京畿内者，任往拜扫；但假内往来，不限日数，有因此出城，假开不到者，委御史台勾当。仍自今以后，内外官要觐亲于外州及拜扫，并任准令式年限请假。”②

看来这种假期到晚唐仍然存在，而且确实在依令式施行。其他如

---

①《唐六典》卷二，页35。括号内的小注据《唐令拾遗》，页661—662，并参见《唐令拾遗》所引用的其他相关材料，如敦煌发现的唐职官表假宁令等。又见丸山裕美子《唐宋节假制度的变迁——兼论“令”和“格敕”》，《中国社会历史评论》，张国刚主编，第3卷(2001)，页366—373。
②《唐会要》卷二三，页513。

婚冠、丧葬、病、事故等,也都可请假。

　　总结来说,唐人的旬休不如今人的周休多,但节日等假期,则远远多于今人①。

---

①唐代的节日假期,今人的研究甚详,这里不必赘述。详见李斌城等人著
　《隋唐五代社会生活史》(北京:中国社会科学出版社,1998),页587—613,
　以及吴玉贵《中国风俗通史:隋唐五代卷》(上海:上海文艺出版社,2001),
　页628—666。

第七章　总　结

探讨过唐代基层文官的各个面貌之后，在此总结部分，笔者想描绘两幅基层文官的并合形象图，分唐前期（约天宝年间），及唐后期（约会昌年间）两种。这两幅并合图，综合了基层文官最典型的一些特色，属于社会学家韦伯所说的"理念型"（ideal type），或许可以拿来与史书和墓志中所见的真实人物作比较，有助于大家更具体理解这一阶层的文官。

一、天宝年间的基层文官并合图

他出生在一个官宦家庭。他的父亲、祖父，甚至祖上几代都曾经在唐朝或隋朝或北朝做过官。两《唐书》中有传的唐人，超过百分之九十来自此类家庭，只有极少数出自务农或非官宦之家。如果他的父亲或祖父官做得很大，如侍郎或御史大夫之类，则他的家境到了天宝年间，应当还很不错，可能有土地和田庄等产业。如果他父亲只是一个州县小官，如县令、主簿或判司等，则到了他这一代，家道可能平平或已没落。

他最可能出生在北方中原"核心"地区，特别是在今陕西（尤其是今西安周围地区)、山西、河南、河北与山东,比较不会是在今新疆、青海、宁夏、内蒙古、辽宁、吉林、黑龙江、贵州、云南、广东、广西、福建和海南岛等省。

他父亲和祖父的官位,如果达到五品或以上,他可以运用他父亲或祖上的官资,以用"荫"的方式,取得做官的初步入门资格。这通常意味着,他需要先在少年时代,在京城宫中担任亲卫、勋卫和翊卫等卫官,或任斋郎或挽郎,或以荫补为弘文馆或崇文馆等高官贵族学府的学生,接受一段时间的学习和磨炼。这样过了大约六年,到他二十多岁时,他便可以参加铨选,分配到正规官职。

但在天宝年间,科举制已日趋成熟。他可能更热衷参加明经和进士等科举考试。明经的考试重点在"经"。进士考试的重点在诗与文。所以唐代准备进士考试的士子,都得在诗文方面下苦功。文学在当时比我们现代有实际"用处",可以借以登科求官。唐文仍沿袭六朝余韵,讲究骈体四六文,甚至连表、奏、制、诰、判等公文,全都以骈文书写,或骈、散体交杂①。所以他求学做文,必须先学会读写骈文,否则连考试题目都看不懂。梁朝昭明太子萧统所编的《文选》,内容主要为六朝骈文,成了唐人学习的榜样。每个读书人家中可能都置有一部《文选》。他家中应当也不例外②。

---

① 邓仕梁《唐代传奇的骈文成分》,《古典文学》,第 8 集(台北:台湾学生书局,1986),页 189—218,对唐代文体,特别是骈散交杂,有很精辟的分析,多为前人所未言。
② 关于科举考试和《文选》的关系,见冈村繁《冈村繁全集》第二卷《文选之研究》,陆晓光译(上海:上海古籍出版社,2002),页 14—24;又见李金坤《唐代科举考试与〈文选〉》,《文选与文选学——第五届文选学国际学术研讨会论文集》,中国文选研究会编(北京:学苑出版社,2003),页 155—168。

进士比明经难考上，进士也比明经清贵。每年考中进士的，上千人当中只有大约三十人，明经则有约一百人。进士出身者的仕途，将来也比明经好。唐代中、高层官员当中，进士出身者还多于明经。但在天宝年间，刚考中明经和进士者，都不能马上有官做，需守选等候三到七年。于是有人就去再考制举、博学宏词和书判拔萃等，中者即可授官，不必守选。但这些考试比进士还要困难，考中者都是精英当中的精英。

他及第登科的年龄，应当在三十岁上下。唐人开始习字读书的年龄，一般在十岁左右，比今人稍晚，甚至有迟至将近二十岁才开始入学的。比如，诗人陈子昂"十八岁未知书"[1]；韦应物则迟至约十九岁才入太学[2]。二十多岁考中明经和进士者很少，都属特别早熟杰出者。他第一次出来做官的年龄，从现代人的观点看，有些偏晚，在三十岁左右，如张九龄三十岁始中制举任校书郎，白居易则三十二岁始任校书郎。这都比现代大学生毕业后出来做事的年龄约二十二岁，晚了八到十年左右。唐代甚至有不少人到四五十岁才第一次任官，并不稀奇。例如诗人孟浩然，四十岁还考进士不第，四十九岁才开始在张九龄幕下任从事[3]。高适五十岁才释褐任封丘县尉。于休烈四十岁还在充当正字小官。古人也有"四十强仕"的说法。

他的第一个官职是什么，要看他的出身资历而定。如果他以荫入仕，他比较不可能任校书郎或正字，最可能任参军、上县或以上县的县尉。如果他是明经出身，他最有可能任参军、卫率府判

---

①韩理洲《陈子昂评传》，页6。
②《韦应物集校注》，附录：《简谱》，页659。
③刘文刚《孟浩然年谱》（北京：人民文学出版社，1995），页31及87。

司或紧、上县的县尉。如果他考中进士,他有可能任校书郎和正字,以及望、紧、上县的县尉。如果他又考中制举、博学宏词或书判拔萃,他最可能任校书郎、正字,甚至畿县的县尉等释褐美职。如果他是从流外或视品官入流,则法律已明令禁止他任校书郎、正字、某些类别的判司和参军、赤县或畿县的县尉等美职。他最可能任的是中、下县的县尉,但这种中下县尉可说毫无前途可言。

如果他先任校书郎、正字,则他下一任官最好是赤县或畿县的县尉,再迁回朝中任监察御史、拾遗或补阙,由此转到员外郎、郎中等中层官职,将来的仕途前景良好,很符合封演所描绘的“八隽”升官图。如果他先任县尉、参军和判司等外官,他便要力争回到中央朝中任监察御史、拾遗或补阙等官,将来才有机会继续高升,否则有可能终生在州县官当中浮沉。不过,在州县官中,能够当上县令、州判司、司马或刺史也不错。但州县官的轻重,要看地点而定。京畿附近或户口多的州县最佳。遥远和贫穷州县不吸引人。

作为唐代基层文官,他在整个“国家机器”所能扮演的角色,属于下层执行事务的层次,没有参与决策的权力和地位,但他可以直接上疏皇帝,表达他对某些朝政的看法,如陈子昂和于休烈任正字时所为。如果他任校书郎或正字,负责校对书籍,则他对唐或唐以前的典籍文本,传交到五代和以后,有过贡献。如果他任县尉、判司或参军,管理民间的传驿、学校、桥梁等,维持地方上的治安,替国家征收税赋,也都有实际的功劳。此外,他在做官期间,不管是为公或为私所写的诗与文,更是他留给后代最珍贵的人文遗产。

如果他任京官如校书郎或正字,则他的俸料钱会比他任外官如县尉来得高一些。京官的地位也比较高，比较受人尊重。不过，他不可能长久住京官。他必有一段时间会被派往外地任外官，而且很可能是到好几个不同地方、不同地点任外官。这便等于长年累月在外为生活奔波，无法回到他的故乡。他宦游远行的路线，可能横跨大半个中国，甚至到遥远的南方，比今天一般的基层公务员走得更远。做官便注定他半生甚至一生的飘泊。聊可安慰的是，这种宦游也让他漫游大江南北，等于一种"有补贴"的公务旅行。此外，做官的福利不错：俸料足够生活，又有禄米、职田等杂给。他每天的工作时间不长，往往只办公半天。一年公假又多达约五十天。

但他没有什么选择，不像今人有许多谋生途径和专业门路。做官是士人在中古唐代理所当然的职业，也是唯一值得终生追求的目标。如果他不愿做官，他不可能去从事工商业。他剩下的唯一门路，便是归隐田园，或讲学授徒。这样一来，他极可能便没有多少收入，除非他家里还有祖上留下的产业。不过，在他年轻时，他应当还是很热衷于追求功名官位，比较不可能太早弃官归里。辞官归隐或收徒讲学，多半是四十岁以后的事，或中高层官员才有的抉择。

二、会昌年间的基层文官并合图

在家庭背景和出生地区方面，会昌年间的基层文官和天宝年间的没有什么太大分别。他照样来自一个官宦家庭。他出生的地区主要还是中原核心地区。中晚唐福建地区开始有士人阶层的兴起,出了几个进士,可是人数仍然很少①。

在科举考试方面,会昌的情况和天宝大同小异,惟制科自大和二年(828)以后就不再设置。在入仕门路上,会昌年间用荫的方式已较少见。进士和明经考试则更趋成熟,成了入仕的主要途径。流外入流的情况和天宝年间相同,仍然是没有科名者的门路,不为士人所重。

会昌年间做官最大的不同点是,他多了入幕这一途径。入幕任巡官、推官和掌书记者,其实又比任正规官职还要尊贵。他一般需要先有出身,即科名(进士或明经等)或前资(之前的任官经历),或是才学特殊、品德高尚、声名远播的高洁之士(如石洪、温造等人),才有可能被幕府以"币马"等重金厚礼延聘。平庸之才不可能得此隆重礼聘,即使入幕,恐怕也只能充任巡官以下的卑职,如衙推、孔目官等。

中晚唐的基层文官当中,最成功、入仕条件最好的,是一个进士出身,又考中制科或博学宏词者。他往往先在京城任校书郎,然后通过他父执辈的世交关系,被某个相熟的节度使或观察使,辟为掌书记(最佳)、或推官或巡官(其次)。如果他没有考中制科或博学宏词,以致不能马上任正规京官或外官,则他先到幕府任巡官或推官(如韩愈),其实也很不错。

幕职的俸料钱是所有基层文官当中最高的,不但高于京官和外官,而且高出好几倍。但幕职的缺点是,任期不固定。府主死了,他也跟着没有工作。府主离职,他可能随府主到别处继续任

---

① 陈弱水《中晚唐五代福建士人阶层兴起的几点观察》,《中国社会历史评论》,张国刚主编,第3卷(2001)。又见刘海峰《唐代福建进士考辨》,《集美大学教育学报》,2001年第1期。

职,但也可能因而失去工作。要之,他和府主有一种强烈的人身依附关系。这个依附关系,对他的个人仕途,可能有好处(如刘三复不断追随李德裕,又随他入朝),但也可能有坏处(如李商隐需不断换府主,且终生几乎"沉沦"在幕府生涯之中)。

幕职不是一种正规的"官",而是一种"职",所以幕职不宜长期担任(参照李商隐、符载等人的官运)。他最好年轻时任巡官、推官或掌书记一两任后,就随府主入朝,或由府主推荐,回到中央任监察御史、拾遗等中层官职,再由此迁转到员外郎、郎中、侍郎等更高层官职。

他考中科名和初次任官的年龄,和天宝年间的情况相同,即三十岁左右中举,然后在三十刚出头释褐。如果他任京官,他的俸料钱会比外官少,正好和天宝年间的情况相反。但官位的轻重不能单看俸料钱的高低。校书郎等京官一般上还是相当清贵且受尊重的。至于王府判司或参军等京官,则可能比较卑下。外官仍然以京畿附近的州县官最抢手。他除了丰足的俸料钱外,可能还有法定之外的其他收入。偏远、户少或贫穷的州县官不吸引人,俸料钱可能也比较少,士人多不愿往,常作为贬官之用,如杨凭被贬临贺尉,杨炎被贬道州司户,李德裕被贬崖州司户。临贺在今广西省,道州在今湖南,崖州在今海南岛,唐时是十分荒凉的地方。

中唐晚因为方镇遍设全国各地,多达五十个,宦游之风比天宝更盛。例如李翱,元和初年从长安远赴七千多里外的岭南节度任掌书记,在路上走了半年才到,他妻子竟还在半路上产下一女。中晚唐的基层官员,几乎毫无例外都有宦游经验。他几乎完全依附于国家朝廷,"以官为寄",变成十足的俸禄官僚,也因宦游而失去故乡的田产和祖业。没做官时,或在守选期间,他只好寄居他处,或停留在最后一任官的所在地。

会昌年间他的办公时间和假日，和天宝年间一样。他唯一的谋生之路，依然还是做官，别无他法。若不做官，便唯有归隐或讲学。他在官场或私宴的场合，以诗文会友，写下不少篇章，大大丰富了唐代文学的内容，留给我们一笔丰厚永恒的文学遗产。此时古文的运用比天宝年间普及。他可能更多时候采用古文来写作，特别是赠序、书启一类比较私人、比较非正式的文章。

到了会昌年间，虽然韩愈等人早已在提倡写古文，但官场上庄重的诏令敕制、书奏表启和判案所用的判文等，还是以骈文为主。一般的行政文书，如敦煌和吐鲁番所发现的授田、籍帐簿、契约和牒文等文书，则多用散体[1]。据罗联添的研究，"唐代古文家，对古文只是个人提倡，若干人附和而已，算不上什么运动"[2]。即使到了中晚唐古文比较盛行的时代，唐人一般在考科举和接下来的基层官场生活中，恐怕仍有许多时候需要读、写骈文。李商隐文集中的表状和祭文，几乎全都是骈文，连最普通的书启也喜用骈文。杜牧在大中年间任考功郎中、知制诰和中书舍人时所撰的制诰，也全是骈文。韩愈和柳宗元等人替亲朋故友撰写墓志时，好以古文为之，但这恐怕是当时的例外，因为现传世的六千多种唐墓志，几乎全以骈文书写[3]。他如果替朋友写墓志，应当也用骈文。他本人的墓志，极可能也会以骈文撰写，并且很可能在近世出土。如果他有传收在两《唐书》，那则表示他已经从基层文官上升到中层或高层了。

---

① 见朱雷《敦煌吐鲁番文书论丛》（兰州：甘肃人民出版社，2000）和陈国灿《敦煌学史事新证》（兰州：甘肃教育出版社，2002）中所征引的诸文书。

② 罗联添《论唐代古文运动》，《唐代文学论集》，页25。

③ 参见叶国良《韩愈冢墓碑志文与前人之异同及其对后世之影响》一文，收在《石学蠡探》。

参考书目

一、传统文献

《入唐求法巡礼行记》,(日)圆仁撰,顾承甫、何泉达点校(上海:上海古籍出版社,1986)。

《八琼室金石补正》,(清)陆增祥编撰(北京:文物出版社,1984年缩印1925年希古楼原刻本)。

《千唐志斋藏志》,河南省文物研究所编(北京:文物出版社,1984)。

《元和郡县图志》,(唐)李吉甫撰,贺次君点校(北京:中华书局,1983)。

《元稹集》,(唐)元稹撰,冀勤点校(北京:中华书局,1982)。

《元稹集编年笺注:诗歌卷》,(唐)元稹撰,杨军笺注(西安:三秦出版社,2002)。

《太平御览》,(宋)李昉等编,四部丛刊三编本(台北:台湾商务印书馆据日本藏南宋蜀刻本影印)。

《太平广记》,(宋)李昉等编(北京:中华书局,1960年校点本)。

《文苑英华》,(宋)李昉等编(北京:中华书局,1961 年影印本)。

《日知录》,(清)顾炎武著(台北:文史哲出版社,1984 年排印本)。

《王子安集注》,(唐)王勃撰,(清)蒋清翊注(上海:上海古籍出版社,1995 年校点本)。

《王维集校注》,(唐)王维撰,陈铁民校注(北京:中华书局,1997)。

《王绩诗文集校注》,(唐)王绩撰,金荣华校注(台北:新文丰,1998)。

《册府元龟》,(宋)王钦若等编(北京:中华书局,1960 年影印明崇祯十五年[1642]刻本)。

《北梦琐言》,(五代)孙光宪撰,贾二强点校(北京:中华书局,2002)。

《玉谿生诗集笺注》,(唐)李商隐撰,(清)冯浩笺注(北京:中华书局,1979 年标点本)。

《白居易集》,(唐)白居易撰,顾学颉校点(北京:中华书局,1979)。

《白居易集笺校》,(唐)白居易撰,朱金城笺校(上海:上海古籍出版社,1988)。

《全唐文》,(清)董诰等编(北京:中华书局,1983 年影印清嘉庆十九年[1814]内府原刻本)。

《全唐文新编》,周绍良主编,全 22 册(长春:吉林文史出版社,2000)。

《全唐文补遗》,吴刚主编(西安:三秦出版社,1994—2003 年已出至第七辑)。

《全唐诗》,(清)彭定求等编(北京:中华书局,1979 年繁体排印本)。

《因话录》,(唐)赵璘撰(上海:上海古籍出版社,1979 年新一版排印本)。

《曲江集》,(唐)张九龄撰,刘斯翰校注(广州:广东人民出版社,1986)。

《宋史》,(元)脱脱等撰(北京:中华书局,1977 校点本)。

《宋本册府元龟》,(宋)王钦若等编(北京:中华书局,1989 年影印宋残本)。

《李白全集编年注释》,(唐)李白撰,安旗主编(成都:巴蜀书社,2000 年新一版)。

《李商隐文编年校注》,(唐)李商隐撰,刘学锴、余恕诚校注(北京:中华书局,2002)。

《李商隐诗歌集解》,(唐)李商隐撰,刘学锴、余恕诚校注(北京:中华书局,1988)。

《李群玉诗集》,(唐)李群玉撰(台北:商务印书馆影印文渊阁《四库全书》本,1983—1986)。

《李德裕文集校笺》,(唐)李德裕撰,傅璇琮、周建国校笺(石家庄:河北教育出版社,2000)。

《杜诗详注》,(唐)杜甫撰,(清)仇兆鳌注(北京:中华书局,1979 年校点本)。

《酉阳杂俎》,(唐)段成式撰,方南生点校(北京:中华书局,1981)。

《孟浩然诗集》,(唐)孟浩然撰(上海:上海古籍出版社,1982 年影印北京图书馆藏宋蜀本)。

《孟浩然诗集笺注》,(唐)孟浩然撰,佟培基笺注(上海:上海古籍出版社,2000)。

《明皇杂录》,(唐)郑处诲撰,田廷柱点校(北京:中华书局,

1994）。

《直斋书录解题》，(宋)陈振孙撰，清乾隆三十八年(1773)武英殿丛书本。

《封氏闻见记校证附引得》，(唐)封演撰，赵贞信校证，哈佛燕京社引得特刊之七(北平：哈佛燕京社引得编纂处，1933)。

《柳宗元集》，(唐)柳宗元撰(北京：中华书局，1979年校点本)。

《韦应物集校注》，(唐)韦应物撰，陶敏、王友胜校注(上海：上海古籍出版社，1998)。

《唐人小说》，汪辟疆校录，1930年初版(香港：中华书局，1985年重印)。

《唐大诏令集》，(宋)宋敏求编(北京：商务印书馆，1959年排印本)。

《唐才子传校笺》，(元)辛文房撰，傅璇琮等人校笺，全五册(北京：中华书局，1987—1995)。

《唐六典》，(唐)李林甫等撰，陈仲夫点校(北京：中华书局，1992)。

《唐方镇年表》，(清)吴廷燮撰(北京：中华书局，1980年校点本)。

《唐代墓志汇编》，周绍良主编(上海：上海古籍出版社，1992)。

《唐代墓志汇编续集》，周绍良、赵超主编(上海：上海古籍出版社，2002)。

《唐代墓志铭汇编附考》，毛汉光主编，第一至十八集(台北："中研院"历史语言研究所，1984—1994)。

《唐令拾遗》，(日)仁井田陞编，栗劲等编译(长春：长春出版社，1989)。

《唐两京城坊考》，(清)徐松撰，方严点校(北京：中华书局，

1985）。

《唐尚书省郎官石柱题名考》，（清）劳格、赵钺撰，徐敏霞、王桂珍点校（北京：中华书局，1992）。

《唐律疏议》，（唐）长孙无忌等人撰，刘俊文点校（北京：中华书局，1983）。

《唐御史台精舍题名考》，（清）劳格、赵钺撰（北京：中华书局，1997 年校点本）。

《唐会要》，（五代）王溥编（上海：上海古籍出版社，1991 年点校本）。

《唐诗纪事》，（宋）计有功撰（上海：中华书局上海编辑所排印本，1965）。

《唐摭言》，（五代）王定保撰（上海：上海古籍出版社，1978 年新一版校点本）。

《唐摭言校注》，（五代）王定保撰，姜汉椿校注（上海：上海社会科学院出版社，2003）。

《唐语林校证》，（宋）王谠撰，周勋初校证（北京：中华书局，1987）。

《夏侯阳算经》［原为（唐）《韩延算经》］，收在《算经十书》，钱宝琮点校（北京：中华书局，1963）。

《容斋随笔》，（宋）洪迈撰（上海：上海古籍出版社，1978 年校点本）。

《郡斋读书志》，（宋）晁公武撰（上海：商务印书馆《四部丛刊》影印宋淳祐袁州本，1933）。

《高适诗集编年笺注》，（唐）高适撰，刘开扬笺注（北京：中华书局，1981）。

《通典》，（唐）杜佑撰，王文锦等点校（北京：中华书局，

1989）。

《陶渊明集》，（晋）陶渊明撰，逯钦立校注（北京：中华书局，
1979）。

《敦煌诗集残卷辑考》，徐俊纂辑（北京：中华书局，2000）。

《朝野佥载》，（唐）张鷟撰，赵守俨点校（北京：中华书局，
1979）。

《登科记考》，（清）徐松撰，赵守俨点校（北京：中华书局，
1984）。

《登科记考补正》，（清）徐松撰，孟二冬补正（北京：燕山出版
社，2003）。

《隋唐五代墓志汇编》，吴树平等编（天津：天津古籍出版社，
1991—1992）。

《隋唐以来官印集存》，（清）罗振玉集（上虞：罗氏影印，
1916）。

《隋书》，（唐）魏征、令狐德棻撰（北京：中华书局，1973年校
点本）。

《云麓漫钞》，（宋）赵彦卫撰，傅根清点校（北京：中华书局，
1996）。

《新唐书》，（宋）欧阳修、宋祁撰（北京：中华书局，1975年点
校本）。

《新唐书宰相世系表集校》，赵超集校（北京：中华书局，
1998）。

《新校经典释文》，（唐）陆德明撰，黄坤尧校订（台北：学海出
版社，1988）。

《杨炯集》，（唐）杨炯撰，徐明霞点校（北京：中华书局，
1980）。

《岁时广记》,(宋)陈元靓撰,宋代笔记小说丛刊(石家庄:河北教育出版社,1995)。

《资治通鉴》,(宋)司马光撰(北京:中华书局,1956年校点本)。

《贾岛集校注》,(唐)贾岛撰,齐文榜校注(北京:人民文学出版社,2001)。

《刘长卿集编年校注》,(唐)刘长卿撰,杨世明校注(北京:人民文学出版社,1999)。

《刘长卿诗编年笺注》,(唐)刘长卿撰,储仲君笺注(北京:中华书局,1996)。

《刘禹锡集》,(唐)刘禹锡撰(北京:中华书局,1990年点校本)。

《樊川文集》,(唐)杜牧撰,陈允吉校点(上海:上海古籍出版社,1978)。

《樊川诗集注》,(唐)杜牧撰,(清)冯浩注(上海:上海古籍出版社,1978年校点本)。

《卢照邻集校注》,(唐)卢照邻撰,李云逸校注(北京:中华书局,1998)。

《韩昌黎文集校注》,(唐)韩愈撰,马其昶校注(上海:上海古籍出版社,1987)。

《韩昌黎诗系年集释》,(唐)韩愈撰,钱仲联集释(上海:上海古籍出版社,1984)。

《韩愈全集校注》,(唐)韩愈撰,屈守元、常思春校注(成都:巴蜀书社,1996)。

《旧唐书》,(五代)刘昫等撰(北京:中华书局,1975年点校本)。

《罗隐集》,(唐)罗隐撰,雍文华校辑(北京:中华书局,1983)。

《读杜心解》,(清)浦起龙撰(北京:中华书局,1961年排印本)。

二、近人论著

丸山裕美子《唐宋节假制度的变迁——兼论"令"和"格敕"》,《中国社会历史评论》,张国刚主编,第 3 卷(2001)。

卞孝萱《元稹年谱》(济南:齐鲁书社,1980)。

卞孝萱、张清华、阎琦合著《韩愈评传》(南京:南京大学出版社,1998)。

毛汉光《中国中古社会史论》(台北:联经出版事业公司,1988)。

毛汉光《中国中古政治史论》(台北:联经出版事业公司,1990)。

毛汉光《魏博二百年史论》,《"中研院"历史语言研究所集刊》,第 50 本第 2 分(1979)。

毛汉光《唐代荫任研究》,《"中研院"历史语言研究所集刊》,第 55 本第 3 分(1983)。

毛汉光《唐代统治阶层下降变动之研究》,《"国科会"研究汇刊:人文及社会科学》,3 卷 1 期(1993)。

毛汉光《唐代统治阶层父子间官职类别之变动》,《中正大学学报》,4 卷 1 期(1993 年 10 月)。

毛汉光《唐代给事中之分析》,《第二届国际唐代学术会议论文集》(台北:文津出版社,1993)。

毛蕾《唐代翰林学士》(北京:社会科学文献出版社,2000)。

王永兴《陈门问学丛稿》(南昌:江西人民出版社,1993)。

王仲殊《试论唐长安城与日本平城京及平安京何故皆以东半

城(左京)为更繁荣》,《考古》,2002年第11期,页69—84。

王吉林《唐代宰相与政治》(台北:文津出版社,1999)。

王利华《中古华北饮食文化的变迁》(北京:中国社会科学出版社,2000)。

王叔岷《斠雠学》(台北:"中研院"历史语言研究所专刊之三十七,1959;修订本,1995)。

王重民《敦煌遗书论文集》(北京:中华书局,1984)。

王珠文《关于唐代官吏俸料钱的几点意见》,《晋阳学刊》,1985年第4期。

王勋成《唐代铨选与文学》(北京:中华书局,2001)。

王勋成《王维进士及第之年及生年新考》,《华中师范大学学报》,2001年第1期。

王勋成《岑参入仕年月和生平考》,《文学遗产》,2003年第4期。

王寿南《唐代藩镇与中央关系之研究》(台北:嘉新水泥,1969)。

王寿南《唐代政治史论集》(台北:商务印书馆,1977)。

王寿南《隋唐史》(台北:三民书局,1986)。

王寿南《唐代人物与政治》(台北:文津出版社,1999)。

王寿南《论唐代的县令》,《政治大学学报》第25期(1972),页177—194。

王寿南《唐代御史制度》,收在许倬云等著《中国历史论文集》(台北:商务印书馆,1986)。

王梦鸥《唐人小说研究二集》(台北:艺文印书馆,1973)。

王梦鸥《读沈既济〈枕中记〉补考》,《中国文哲研究集刊》创刊号(1991),页1—10。

王德权《试论唐代散官制度的成立过程》,《唐代文化研讨会论文集》(台北:文史哲出版社,1991)。

王德权《中晚唐使府僚佐升迁之研究》,《中正大学学报》,5卷1期(1994),页267—302。

甘怀真《唐代官人的宦游生活——以经济生活为中心》,《第二届唐代文化研讨会论文集》(台北:台湾学生书局,1995)。

石云涛《唐代幕府制度研究》(北京:中国社会科学出版社,2003)。

任士英《唐代流外官研究》,上篇载《唐史论丛》,第5辑(西安:三秦出版社,1990);下篇载《唐史论丛》,第6辑(西安:陕西人民出版社,1995)。

任士英《唐代流外官的管理制度》,《中国史研究》,1995年第1期。

任育才《唐代官学体系的形成》,《中兴大学文学院文史学报》,第27期(1997)。

任育才《唐代国子监学官与地方官之间迁转与影响》,《国史上中央与地方的关系学术讨论会论文集》(台北:国史馆,1999)。

全汉昇《唐宋帝国与运河》(上海:商务印书馆,1946)。

全汉昇《唐代物价的变动》,《"中研院"历史语言研究所集刊》,第11本(1943)。

朱金城《白居易年谱》(上海:上海古籍出版社,1982)。

朱　雷《敦煌吐鲁番文书论丛》(兰州:甘肃人民出版社,2002)。

艾永明《清朝文官制度》(北京:商务印书馆,2003)。

何永成《唐代神策军研究——兼论神策军与中晚唐政局》(台北:商务印书馆,1990)。

何汝泉《唐代转运使初探》（重庆：西南师范大学出版社，1987）。

何锡光《两〈唐书〉中与"内供奉"有关的官职名称的错误标点》，《中国史研究》，2003年第1期。

吴玉贵《中国风俗通史：隋唐五代卷》（上海：上海文艺出版社，2001）。

吴企明《唐音质疑录》（上海：上海古籍出版社，1986）。

吴宗国《唐代科举制度研究》（沈阳：辽宁大学出版社，1992）。

吴宗国编《盛唐政治制度研究》（上海：上海辞书出版社，2003）。

吴晶、黄世中《古来才命两相妨：李商隐传》（北京：东方出版社，2000）。

吴调公《李商隐研究》（上海：上海古籍出版社，1982）。

吴丽娱《唐礼摭遗：中古书仪研究》（北京：商务印书馆，2002）。

吴丽娱《试析刘晏理财的宫廷背景》，《中国史研究》，2000年第1期。

吕慎华《唐代任官籍贯回避制度初步研究》，《中兴史学》，第5卷（1999）。

宋德熹《唐代前期吏部考功员外郎人事分析——以身份背景与升迁途径为中心》，"国科会"专题研究计划（中兴大学历史系）（2003）。

岑仲勉《隋唐史》，1957年初版（北京：中华书局，1982）。

岑仲勉《金石论丛》（上海：上海古籍出版社，1981）。

岑仲勉《岑仲勉史学论文集》（北京：中华书局，1990）。

李　方《唐西州行政体制考论》（哈尔滨：黑龙江教育出版社，

2002）。

李　方《唐西州户曹参军编年考证》,《敦煌学辑刊》,1997 年第 2 期。

李　方《唐西州功曹参军编年考证》,《周绍良先生欣开九秩庆寿文集》（北京：中华书局,1997）。

李　方《唐西州仓曹参军编年考证》,《首都师范大学学报》,2000 年第 4 期。

李志茗《晚清四大幕府》（上海：上海人民出版社,2002）。

李昌宪《宋代文官帖职制度》,《文史》,第 30 辑（1988）。

李金坤《唐代科举考试与〈文选〉》,《文选与文选学——第五届文选学国际学术研讨会论文集》,中国文选研究会编（北京：学苑出版社,2003）,页 155—168。

李斌城等著《隋唐五代社会生活史》（北京：中国社会科学出版社,1998）。

李燕捷《唐代给禄的依据》,《历史教学》,1994 年第 8 期。

李燕捷《唐代禄制与内外官之轻重》,《河北学刊》,1994 年第 5 期。

李锦绣《唐代"散试官"考》,《唐代制度史略论稿》（北京：中国政法大学出版社,1998）,页 198—210。

李锦绣《唐代直官制初探》,《国学研究》,第 3 卷（1995）。又收在氏著《唐代制度史略论稿》。

李锦绣《唐代视品官制初探》,《中国史研究》,1998 年第 3 期。又收在氏著《唐代制度史略论稿》。

杜文玉《论唐代员外官与试官》,《陕西师范大学学报》,1993 年第 3 期。

杜晓勤《初唐诗歌的文化阐释》（北京：东方出版社,1997）。

辛德勇《隋唐两京丛考》(西安:三秦出版社,1991)。

卓遵宏《唐代进士与政治》(台北:"国立"编译馆,1987)。

周其忠《唐代官印初探》,《中国历代玺印艺术》,王人聪、游学华编(香港:香港中文大学文物馆,2000)。

周绍良《唐传奇笺证》(北京:人民文学出版社,2000)。

周勋初《高适年谱》(上海:上海古籍出版社,1980)。

孟宪实《宇文融括户与财政使职》,《唐研究》,第 7 卷(2001)。

林煌达《唐代录事》,《中正历史学刊》,第 2 期。

邱添生《唐宋变革期的政经与社会》(台北:文津出版社,1999)。

芮传明《萨宝的再认识》,《史林》,2000 年第 3 期。

姜伯勤《萨宝府制度论略》,《华学》(广州中山大学),第 3 辑(1998)。

纪作亮《张籍研究》(合肥:黄山书社,1986)。

胡可先《杜牧研究丛稿》(北京:人民文学出版社,1993)。

胡戟等编《二十世纪唐研究》(北京:中国社会科学出版社,2001)。

胡沧泽《唐代御史制度研究》(台北:文津出版社,1993)。

郁贤皓《唐刺史考全编》(合肥:安徽大学出版社,2000)。

郁贤皓、胡可先《唐九卿考》(北京:中国社会科学出版社,2003)。

唐长孺《唐长孺社会文化史论丛》(武汉:武汉大学出版社,2001)。

唐长孺《唐书兵志笺正》(北京:科学出版社,1957)。

夏承焘《韦庄年谱》,《韦庄词校注》(北京:中国社会科学出版社,1981）。

孙昌武《柳宗元传论》（北京：人民文学出版社,1979）。

孙昌武《柳宗元评传》（南京：南京大学出版社,1998）。

孙国栋《唐代中央重要文官迁转途径研究》（香港：龙门书店,
1978）。

孙国栋《从梦游录看唐代文人迁官的最优途径》,《唐宋史论
丛》（香港：商务印书馆,2000 增订版。原 1980 年香港龙门书店初
版）。

孙慰祖《隋唐官印体制的形成及其主要表现》,《中国古玺印
学国际研讨会论文集》,王人聪、游学华编（香港：香港中文大学文
物馆,2000）。

翁俊雄《唐代职分田制度研究》,《唐代人口与区域经济》（台
北：新文丰,1995）。

翁俊雄《唐代的州县等级制度》,《北京师范学院学报》,1991
年第 1 期。

翁俊雄《安史乱后“仕家”的南迁——兼论“辟署”制度的形
成》,《唐代人口与区域经济》（台北：新文丰,1995）。

马俊民、王世平《唐代马政》（西安：西北大学出版社,1995）。

高明士《隋唐贡举制度》（台北：文津出版社,1999）。

高明士《东亚教育圈形成史论》（上海：上海古籍出版社,
2003）。

高　原《唐代官禄制度考略》,《晋阳学刊》,1993 年第 4 期。

宿　白《唐宋时期的雕版印刷》（北京：文物出版社,1999）。

张兆凯《汉—唐门荫制度研究》（长沙：岳麓书社,1995）。

张采田《玉谿生年谱会笺》（上海：上海古籍出版社,1983 年
排印本）。

张国刚《唐代藩镇研究》（长沙：湖南教育出版社，1987）。

张国刚《唐代官制》（西安：三秦出版社，1987）。

张国刚《唐代政治制度研究论集》（台北：文津出版社，1994）。

张荣芳《唐代的史馆与史官》（台北：台湾中国学术著作奖助委员会，1984）。

张荣芳《唐代京兆尹研究》（台北：台湾学生书局，1987）。

张荣芳《唐代京兆府僚佐之分析——司录、判司与参军》，《东海学报》，第 30 卷（1989），页 85—94。

张荣芳《唐代京兆府领京畿县令之分析》，《隋唐史论集》，黄约瑟、刘健明编（香港：香港大学亚洲研究中心，1993）。

张广达《论唐代的吏》，《北京大学学报》，1989 年第 2 期。

张泽咸《唐代的门荫》，《文史》，第 27 辑（1986）。

张锡厚《王绩年谱》，《王绩研究》（台北：新文丰，1995）。

曹　汛《刘象考》，《文史》，第 30 辑（1988）。

曹锦炎《隋唐官印的认识和研究》，《中国古玺印学国际研讨会论文集》，王人聪、游学华编（香港：香港中文大学文物馆，2000）。

梅家玲《唐代赠序初探》，《“国立”编译馆馆刊》，13 卷 1 期（1984），页 194—214。

莫砺锋《杜甫评传》（南京：南京大学出版社，1998）。

庄　申《唐代的骂人语》，《第二届国际唐代学术会议论文集》（台北：文津出版社，1993）。

郭　锋《唐代流外官试探》，《敦煌学辑刊》，1986 年第 2 期。

陈仲安、王素《汉唐职官制度研究》（北京：中华书局，1993）。

陈志坚《唐代散试官问题再探》，《北大史学》，第 8 卷（2001）。

陈明光《唐代财政史新编》(北京:中国财政经济出版社,1991年初版,1999年增订版)。

陈明光《郑畋宦绩考论》,《唐研究》,第 3 卷(1997)。

陈　垣《元典章校补释例》又名《校勘学释例》(北平:国立中央研究院历史语言研究所,1934)。

陈衍德、杨汉《唐代盐政》(西安:三秦出版社,1990)。

陈　飞《唐代试策考述》(北京:中华书局,2003)。

陈弱水《从〈唐晅〉看唐代士族生活与心态的几个方面》,《新史学》,10 卷 2 期(1999),页 1—27。

陈弱水《中晚唐五代福建士人阶层兴起的几点观察》,《中国社会历史评论》,张国刚主编,第 3 卷(2001)。

陈祖言《张说年谱》(香港:中文大学出版社,1984)。

陈国灿《敦煌学史事新证》(兰州:甘肃教育出版社,2002)。

陈国灿、刘健明编《〈全唐文〉职官丛考》(武汉:武汉大学出版社,1998)。

陈寅恪《唐代政治史述论稿》,1944 年初版(上海:上海古籍出版社,1997 年重排印本)。

陈寅恪《元白诗中俸料钱问题》,《陈寅恪集·金明馆丛稿二编》(北京:生活·读书·新知三联书店,2001)。原载《清华学报》,10 卷 4 期(1935 年 10 月)。

陈贻焮《杜甫评传》,上中下三册(上海:上海古籍出版社,1982—1988)。

陈铁民《王维年谱》,《王维集校注》,陈铁民校注(北京:中华书局,1997)。

陆　扬《从西川和浙西事件看元和政治格局的形成》,《唐研究》,第 8 卷(2002)。

傅安良《唐代的县与县令》,中国文化大学硕士论文,王吉林指导(1993 年 12 月)。

傅乐成《汉唐史论集》(台北:联经出版事业公司,1977)。

傅璇琮《李德裕年谱》(济南:齐鲁书社,1984)。

傅璇琮《唐代科举与文学》(西安:陕西人民出版社,1986 年初版,2003 年修订版)。

傅璇琮《李德裕年表》,《李德裕文集校笺》(与周建国校笺)(石家庄:河北教育出版社,2000)。

乔象钟、陈铁民、吴赓舜、董乃斌主编《唐代文学史》上下册(北京:人民文学出版社,1995)。

彭庆生《陈子昂年谱》,《陈子昂诗注》(成都:四川人民出版社,1981)。

曾一民《唐代考课制度研究》(台北:商务印书馆,1978)。

曾贤熙《唐代御史大夫中丞试探》,《第五届唐代文化学术研讨会论文集》,中国唐代学会、中正大学中文系、历史系主编(高雄:丽文文化,2001)。

程千帆、徐有富《校雠广义:校雠编》(济南:齐鲁书社,1998)。

程章灿《石学论丛》(台北:大安出版社,1999)。

程遂营《唐宋开封的气候和自然灾害》,《中国历史地理论丛》,2002 年第 1 期。

冯　至《杜甫传》(北京:人民文学出版社,1952 年初版,1980年重印)。

冯培红《20 世纪敦煌吐鲁番官制研究概况》,《中国史研究动态》,2001 年第 11 期。

冯培红《敦煌文献中的职官史料与唐五代藩镇官制研究》,《敦煌研究》,2001 年第 3 期。

黄正建《唐代衣食住行研究》（北京：首都师范大学出版社，1998）。

黄正建《敦煌占卜文书与唐五代占卜研究》（北京：学苑出版社，2001）。

黄正建《唐代的斋郎与挽郎》，《史学月刊》，1989年第1期。

黄正建《唐代散官初论》，《中华文史论丛》，1989年第2期。

黄正建《韩愈日常生活研究》，《唐研究》，第4卷（1998）。

黄永年《所谓"永贞革新"》，《唐代史事考释》（台北：联经出版事业公司，1998）。

黄坤尧《经典释文动词异读新探》（台北：台湾学生书局，1992）。

黄修明《唐代县令考论》，《四川师范学院学报》，1997年第4期。

黄修明《论唐代县政官员》，《大陆杂志》，101卷3期（2000）。

黄清连《唐代的文官考课制度》，《"中研院"历史语言研究所集刊》，第55本第1分（1984）。

黄清连《唐代散官试论》，《"中研院"历史语言研究所集刊》，第58本第1分（1987）。

黄清连《忠武军：唐代藩镇个案研究》，《"中研院"历史语言研究所集刊》，第64本第1分（1993）。

黄清连《杜牧论藩镇与军事》，《结网编》（台北：东大图书公司，1998）。

杨伯峻《论语译注》（北京：中华书局，1980）。

杨承祖《张九龄年谱》（台北：台湾大学文学院，1964）。

杨　柳《李商隐评传》（南京：江苏人民出版社，1981）。

杨　柳、骆祥发《骆宾王评传》（北京：北京出版社，1987）。

杨联陞《国史探微》(台北:联经出版事业公司,1983)。

杨鸿年《隋唐两京坊里谱》(上海:上海古籍出版社,1999)。

万　曼《唐集叙录》(北京:中华书局,1980)。

叶国良《石学蠡探》(台北:大安出版社,1989)。

叶国良《石学续探》(台北:大安出版社,1999)。

叶国良《官员的假期》,《国文天地》,12 卷 4 期(1996 年 8 月),页 22—27。

叶国良《石刻资料与官制研究》,《王叔岷先生学术成就与薪传论文集》(台北:台湾大学中国文学系,2001)。

叶国良《唐宋哀祭文的发展》,《台大中文学报》,第 18 期(2003 年)。

叶　炜《试论隋与唐前期中央文官机构文书胥吏的组织系统》,《唐研究》,第 5 卷(1999)。

雷家骥《隋唐中央权力结构及演进》(台北:东大图书公司,1995)。

雷家骥《唐枢密使的创置与早期职掌》,《中正大学学报》,4 卷 1 期(1993 年 10 月),页 57—108。

宁志新《唐朝使职若干问题研究》,《历史研究》,1999 年第 2 期。

宁　欣《唐代选官研究》(台北:文津出版社,1995)。

廖伯源《汉官休假杂考》,《"中研院"历史语言研究所集刊》,第 65 本第 2 分(1994)。

荣新江《海外敦煌吐鲁番文献知见录》(南昌:江西人民出版社,1996)。

荣新江《归义军史研究:唐宋时代敦煌历史考索》(上海:上海古籍出版社,1996)。

荣新江《一个入仕唐朝的波斯景教家族》,《中古中国与外来文明》(北京:生活·读书·新知三联书店,2001)。

荣新江编《唐代宗教信仰与社会》(上海:上海辞书出版社,2003)。

赵冬梅《唐五代供奉官考》,《中国史研究》,2001年第1期。

赵　超《古代石刻》(北京:文物出版社,2001)。

齐涛、马新《刘晏、杨炎评传》(南京:南京大学出版社,1998)。

刘子健《比〈三字经〉更早的南宋启蒙书》,《两宋史研究汇编》(台北:联经出版事业公司,1987)。

刘文刚《孟浩然年谱》(北京:人民文学出版社,1995)。

刘俊文《唐律疏议笺解》(北京:中华书局,1996)。

刘海峰《唐代教育与选举制度综论》(台北:文津出版社,1991)。

刘海峰《唐代官吏俸料钱的来源问题》,《晋阳学刊》,1984年第5期。

刘海峰《唐代俸料钱与内外官轻重的变化》,《厦门大学学报》,1985年第2期。

刘海峰《论唐代官员俸料钱的变动》,《中国社会经济史研究》,1985年第2期。

刘海峰《再析唐代官员俸料钱的财政来源》,《中国社会经济史研究》,1987年第4期。

刘海峰《唐代福建进士考辨》,《集美大学教育学报》,2001年1期。

刘健明《韩愈对永贞改革的评价》,《唐代文化研讨会论文集》(台北:文史哲出版社,1991)。

刘国盈《韩愈评传》(北京:北京师范学院出版社,1991)。

刘开扬《岑参年谱》，《岑参诗集编年笺注》（成都：巴蜀书社，1995）。

刘燕俪《水上交通管理》，《唐律与国家社会研究》，高明士编（台北：五南，1999）。

潘吕棋昌《萧颖士研究》（台北：文史哲出版社，1983）。

潘美月《唐五代时期四川地区的刻书事业》，《王叔岷先生八十寿庆论文集》（台北：大安出版社，1993）。

潘　镛《隋唐时期的运河和漕运》（西安：三秦出版社，1987）。

蒋　寅《诗人包佶行年考略》，《唐代文学研究》，第 1 辑（太原：山西人民出版社，1988）。

蒋　寅《大历诗人研究》（北京：中华书局，1995）。

郑伟章《唐集贤院考》，《文史》，第 19 辑（1983）。

邓小南《课级·资格·考察：唐宋文官考核制度侧谈》（郑州：大象出版社，1997）。

邓文宽《敦煌吐鲁番历日略论》，《敦煌吐鲁番学耕耘录》（台北：新文丰，1996）。

邓仕樑《唐代传奇的骈文成分》，《古典文学》，第 8 集（台北：台湾学生书局，1986）。

邓绍基《杜诗别解》（北京：中华书局，1987）。

黎　虎《汉唐外交制度史》（兰州：兰州大学出版社，1998）。

卢建荣《唐代后期（公元 756 至 893 年）户部侍郎人物的任官分析》，《"中研院"历史语言研究所集刊》，第 54 本第 2 分（1983）。

卢建荣《中晚唐藩镇文职幕僚职位的探讨——以徐州节度区为例》，《第二届国际唐代学术会议论文集》（台北：文津出版社，1993）。

卢建荣《墓志史料与日常生活史》，《古今论衡》，第 3 期

（1999），页19—32。

赖郡亮《唐代卫官试论》，《唐代身份法制研究》，高明士主编（台北：五南，2003）。

赖瑞和《唐代校书郎考释》，《"中研院"历史语言研究所集刊》，第74本第3分（2003）。

赖瑞和《唐代的翰林待诏和司天台：关于〈李素墓志〉和〈卑失氏墓志〉的再考察》，《唐研究》，第9卷（2003）。

赖瑞和《唐代待诏考释》，《中国文化研究所学报》（香港中文大学中国文化研究所），新第12期（2003）。

赖瑞和《唐代县丞考释》（稿本，待刊）。

钱　穆《汉刘向歆父子年谱》，1927初版（台北：商务印书馆，1980年重印）。

阎文儒著、阎万钧校补《唐代贡举制度》（西安：陕西人民出版社，1989）。

阎守诚《唐代官吏的俸料钱》，《晋阳学刊》，1982年第2期。

阎步克《品位与职位：秦汉魏晋南北朝官阶制度研究》（北京：中华书局，2003）。

阎琦、周敏《韩昌黎文学传论》（西安：三秦出版社，2003）。

戴伟华《唐代幕府与文学》（北京：现代出版社，1990）。

戴伟华《唐方镇文职僚佐考》（天津：天津古籍出版社，1994）。

戴伟华《唐代使府与文学研究》（桂林：广西师范大学出版社，1998）。

戴伟华《〈唐方镇文职僚佐考〉订补》，《唐代文学研究丛稿》（台北：台湾学生书局，1999）。

缪　钺《杜牧传》（北京：人民文学出版社，1977）。

缪　钺《杜牧年谱》（北京：人民文学出版社，1980）。

韩理洲《陈子昂评传》(西安：西北大学出版社,1987)。

韩理洲《陈子昂研究》(上海：上海古籍出版社,1988)。

蹇长春《白居易评传》(南京：南京大学出版社,2002)。

蓝　勇《唐代气候变化与唐代历史兴衰》,《中国历史地理论丛》,2001 年第 1 期。

罗彤华《唐代州县公廨本钱数之分析——兼论前期外官俸钱之分配》,《新史学》,10 卷 1 期(1999 年 3 月)。

罗彤华《唐代官本放贷初探——州县公廨本钱之研究》,《第四届唐代文化学术研讨会论文集》,台湾成功大学中国文学系主编(台南：成功大学教务处出版组,1999)。

罗彤华《唐代食利本钱初探》,《第五届唐代文化学术研讨会论文集》,中国唐代学会、中正大学中文系、历史系主编(高雄：丽文文化,2001)。

罗联添《欧阳詹》,《韩愈研究》(台北：台湾学生书局,1977)。

罗联添《唐代文学论集》(台北：台湾学生书局,1989)。

罗联添《韩愈传》(台北："国家"出版社,1998)。

罗　丰《萨宝：一个唐朝唯一外来官职的再考索》,《唐研究》,第 4 卷(1998)。

严耕望《唐仆尚丞郎表》(台北："中研院"历史语言研究所专刊之三十六,1956)。

严耕望《唐史研究丛稿》(香港：新亚研究所,1969)。

严耕望《治史经验谈》(台北：商务印书馆,1981)。

严耕望《治史答问》(台北：商务印书馆,1985)。

严耕望《唐代交通图考》,一至六册(台北："中研院"历史语言研究所,1985—2003)。

严耕望《严耕望史学论文选集》(台北：联经出版事业公司,

1991）。

严耕望《唐代方镇使府军将考》，《庆祝李济先生七十岁论文集》（台北：清华学报社，1965）。亦收在氏著《唐史研究丛稿》。

严耕望《唐代方镇使府之文职僚佐》，《新亚学报》，7卷2期（1966）。后收入氏著《唐史研究丛稿》。

严耕望《唐代府州上佐与录事参军》，《清华学报》，新8卷第1—2期合刊（1970），页284—305。后收入氏著《唐史研究丛稿》。

顾建国《唐代"寓直"制漫议》，《淮阴师范学院学报》，2002年第3期。

龚延明《宋代官制辞典》（北京：中华书局，1997）。

三、日文、西文论著

辻正博《唐代贬官考》，《東方學報》（京都），63卷（1991），页265—390。

日野开三郎《支那中世の軍閥》（东京：三省堂，1942）。

池田温著、孙晓林等译《唐研究论文选集》（北京：中国社会科学出版社，1999）。

妹尾达彦《唐代長安の街西》，《史流》，25（1984），页1—31。

妹尾达彦《唐代后期的长安与传奇小说》，宋金文译，收在《日本中青年学者论中国史·六朝隋唐卷》，刘俊文主编（上海：上海古籍出版社，1995）。

妹尾达彦《唐長安城の官人居住地》，《東洋史研究》，55卷2期（1996），页35—74。

冈村繁《冈村繁全集》第二卷《文选之研究》，陆晓光译（上海:上海古籍出版社,2002)。

氣賀澤保規编《唐代墓誌所在總合目録》(东京:汲古书院,1997 年初版,2004 年新版)。

荒川正晴《北朝隋·唐代における"薩寶"の性格をめぐって》,《東洋史苑》,第 50—51 卷(1998)。

梅原郁《宋初的寄禄官及其周围》,原载《東方學報》(京都)第 48 册(1975),中译本见《日本学者研究中国史论著选译》,第五册(北京:中华书局,1993)。

清木场东《唐代俸料制の諸原則》,《東方學》,第 72 辑(1986),页 63—79。

渡边孝《唐代藩鎮における下級幕職官について》,《中國史學》,第 11 卷(2001)。

渡边孝《唐后半期の藩鎮辟召制についての再檢討》,《東洋史研究》,第 60 卷(2001)。

爱宕元《唐代における官蔭入仕について》,《東洋史研究》,35 卷 2 期(1976)。

砺波护《唐代の縣尉》,《史林》,第 57 卷(1974)。后收入氏著《唐代政治社會史研究》(京都:同朋舍,1986)。黄正建中译本,收在《日本学者研究中国史论著选译》,刘俊文主编,第四册(北京:中华书局,1992)。

砺波护《唐代使院の僚佐と辟召制》,《唐代政治社會史研究》(京都:同朋舍,1986)。

Ch'en, Jo-shui 陈弱水. *Liu Tsung-yuan and Intellectual Change in T'ang China* (Cambridge:Cambridge University Press, 1992).

Chiu-Duke, Josephine 丘慧芬. *To Rebuild the Empire*: *Lu Chih's Confucian Pragmatist Approach to the Mid-T'ang Predicament*

(Albany, N. Y. : State University of New York Press, 2000).

Hartman, Charles. *Han Yü and the T'ang Search for Unity* (Princeton : Princeton University Press, 1986).

Heng, Chye Kiang 王才强. *Cities of Aristocrats and Bureaucrats : The Development of Cityscapes in Medieval China* (Honolulu : University of Hawaii Press, 1999).

Herbert, P. A. "Perceptions of Provincial Officialdom in Early T'ang China. " *Asia Major*, 3rd Series, 2. 1(1989) : 25—57.

Ho, Richard M. W. 何文汇. *Ch'en Tzu-ang : Innovator of T'ang Poetry* (Hong Kong : The Chinese University Press, 1993).

Kroll, Paul W. "Basic Data on Reign-Dates and Local Government. " *T'ang Studies* 5 (1987) : 95—104.

Rotours, Robert des. *Le Traité des Examens* (Paris : Ernest Leroux, 1932). (此为《新唐书·选举志》的法文译注本)

Rotours. *Traité des Fonctionnaires et Traité de l' Armée* (Leiden : E. J. Brill, 1947—1948). (此为《新唐书·百官志》和《新唐书·兵志》的法文译注本)

Twitchett, Denis C. *Financial Administration under the T' ang Dynasty* (Cambridge : Cambridge University Press, 1963. 2nd revised edition, 1970) .

Twitchett, Denis C. *Printing and Publishing in Medieval China* (New York : Frederick C. Beil, 1983) .

Twitchett, Denis C. *The Writing of Official History under the T'ang* (Cambridge : Cambridge University Press, 1992) .

Twitchett, Denis C. "Provincial Autonomy and Central Finance in Late T'ang. " *Asia Major* 11(1965) : 211—232.

Twitchett, Denis C. "Varied Patterns of Provincial Autonomy in the T'ang Dynasty. "*Essays on T' ang Society*, ed. by John Perry and Baldwell Smith(Leiden: Brill, 1976).

Twitchett, Denis C. and Howard L. Goodman. *A Handbook for T'ang History*. 2 vols (Princeton: Princeton Linguistics Project, 1986).

Xiong, Victor Cunrui 熊存瑞. *Sui-Tang Chang'an: A Study in Urban History of Medieval China* (Ann Arbor: Center for Chinese Studies, University of Michigan, 2000).

附录　本书封面和《朱巨川告身》

　　据《旧唐书·舆服志》、《新唐书·车服志》和《唐会要》等书的记载，上元元年(674)八月有一敕文：文武官三品以上服紫，四品服深绯，五品服浅绯，六品服深绿，七品服浅绿，八品服深青，九品服浅青①。这看来是唐代关于官服色的最后定制，因为此后再也找不到别的敕文规定。本书所论的唐代基层文官，大约都是七到九品的官员，所以本书封面的颜色，特意采用绿色系。笔者的《唐代中层文官》和《唐代高层文官》两姊妹篇将来若完成，其封面颜色拟分别采用绯色和紫色系，如此可与唐代官员的服色相配合。

　　本书封面上的图，取自台北故宫博物院所藏《朱巨川告身》前段最重要的敕文部分。此告身是唐大历三年(768)朝廷委任朱巨川(725—783)等文官的任命书，由唐代大书法家徐浩(703—782)所书，书法雍容大方。此敕文部分，释文如下：

　　　　敕：左卫兵曹参军庄若讷等，气质端和，艺理优畅，早阶

---

①《旧唐书》卷四五，页 1952—1953；《新唐书》卷二四，页 529；《唐会要》卷三一，页 664。

秀茂,俱列士林。或见义为勇,或登高能赋,擢居品位,咸副
才名,宜梯乃官,允兹良选。可依前件。

大历三年八月四日

可知这是当年委任左卫兵曹参军庄若讷等人的敕书,领衔者其实
是庄若讷(天宝十载进士)①,并非朱巨川。但为何又叫《朱巨川
告身》呢?实际上,原件只是一官文书,原来并无标题。《朱巨川
告身》是后世收藏者给它的标题。

唐代的这种任命敕,通常是一敕只委任一人,但也有一敕同
时叙任数人,数人共用一敕的。白居易、元稹和杜牧等人的文集
中还保存不少此类敕书(称"中书制诰"、"翰林制诏"或单称"制"
书),本书中也引用了一些,可作佐证,当中常有"三人同制"、"六
人同制"等语,即表示数人共用一敕。

此件《朱巨川告身》最前面还有两行委任状:

睦州录事参军朱巨川
右可试大理评事兼豪州钟离县令②

换句话说,此敕任命左卫兵曹参军庄若讷的同时,也委任原睦州

---

①徐松《登科记考》卷九,页322;孟二冬《登科记考补正》卷九,页369。庄若
讷有一文《对征什一税判》收在《全唐文》卷三五六,页3620,并有一诗《湘
灵鼓瑟》收在《全唐诗》卷二○四,页2133。
②详见台北故宫博物院网站上的《朱巨川告身》彩色照片,网址:http://www.
npm.gov.tw/exh92/treasure/chinese/selection-main-1.htm.此告身影印件,也
收在《故宫历代法书全集》(台北:台北故宫博物院,1974),第二卷,页23—
33,以及《故宫书画菁华特辑》(台北:台北故宫博物院,1996),页24—25。

录事参军朱巨川为"试大理评事兼豪州钟离县令"。"试大理评事"是一种"试"衔,本书第五章已论及。朱巨川的真正职务,是在豪(亦作"濠")州属下的钟离县(今安徽凤阳)任县令,外带一个朝衔"试大理评事"。实际上,他这个官职就是当时濠州刺史独孤及为他向朝廷推荐"举授"而得①。

庄若讷等人应当也有这一部分的委任状,可惜今已不传,所以我们并不知道他被委任了什么新的官职,或跟他同时授官的还有哪些其他人。流传下来就只有朱巨川这一部分。很可能因为这个关系,后世收藏者便把此件文物称为《朱巨川告》或《朱巨川告身》。

此敕和前头各人的委任状,原本应当是分开的,即分别写在不同的纸上,后来装裱时才连接在一起。假设此敕委任庄若讷、朱巨川和另两人,即"四人同制"。如果每个人都要拥有一敕文的话,那是否意味着敕文部分要重写四次?推想很可能是如此,但我们没有实物证据。我们现在只能见到敕文和朱巨川的委任状连在一起。至于庄若讷等其他人的敕文和委任状则未见。

从此点看来,故宫所藏的这件文物,可能并非当时原来的样式,而是经过"裁剪"和装裱的一个成品。至于原来的样式应当是怎样的呢?笔者认为,白居易等人所写的这类敕书(有些现仍保存在他们的文集),或许可以提供答案。比如,《白居易集》中有这么一篇任命敕,或许即是此类敕书的原貌:

---

① 李纾《故中书舍人吴郡朱府君神道碑》,《全唐文》卷三九五,页4020。唐代官员死后有墓志者为常例,有神道碑者则少见,通常为高官贵人。朱巨川最后官至中书舍人,属高官。

杨景复可检校膳部员外郎、郓州观察判官。

李缓可监察御史、天平军判官。

卢载可协律郎、天平军巡官。

独孤泾可监察御史、寿州团练副使。

马植可试校书郎、泾原掌书记。

程昔范可试正字、泾原判官。

六人同制

敕：某官杨景复等：士子不患无位，患己不立。苟有所立，人必知之。惟尔等六人，蕴才业文，咸士之秀者；果为贤侯交辟，俾朕得闻其姓名。是用各进其秩，分授以职。若修饰不已，筹谋有闻，则鸿渐之资，当从此始。而景复禀训祗命，颇著令称；故因满岁，特假台郎。古者功臣之良，入补王职。朝奖非远，尔其勉之！可依前件①。

此敕同时委任六人，敕文之前有这六人的任官资料。台北故宫所藏《朱巨川告身》，可能为了发给朱巨川一人，所以经过"裁剪"编辑，敕文前只剩下他的委任状。至于其他跟他"同制"者如庄若讷的任官资料则不见了。

据所知，台北故宫所藏的这件文书，是现传世最完整的一件唐代告身。近世敦煌和吐鲁番也出土了一些唐代告身，但都残缺不全。书法亦不佳，完全无法和《朱巨川告身》相比。

此告身上共钤有唐代"尚书吏部告身之印"四十四方。从这点来看，它应当是大历三年的原件，而非后来的抄件或仿制品，如颜真卿的《自书告身帖》或某些敦煌和吐鲁番出土者。这样说来，

①《白居易集》卷四九，页1038。

它便有一千二百多年的历史。纸是非常脆弱的东西。一张唐纸经过一千多年仍能保存至今，真不容易。

不过，从敦煌等地出土的唐纸看来，中古时代的唐纸一般以麻制成，又远比现代以木浆制成的纸来得厚实坚韧。或许这是《朱巨川告身》能保存一千多年的一大原因。它也是极少数非敦煌和吐鲁番出土的唐代纸质文物之一。

奇怪的是，研究敦煌和吐鲁番唐纸的专家（多在法国），以及研究敦煌和吐鲁番出土唐代告身的学者，似乎都没有注意到台北故宫藏有这件《朱巨川告身》，从未引用它来作比较。例如，中国武汉大学历史系的陈国灿教授，其大作《莫高窟北区 47 窟新出唐告身文书的复原与研究》一文①，便完全没有引用此《朱巨川告身》来作比较和讨论。希望本书用它来作封面图，能够引起更多学者的注意和研究。

①此文收在他的《敦煌学史事新证》（兰州：甘肃教育出版社，2002），页 215—229。

后　记

　　终于写完了这本书，有两种思绪同时涌上心头。第一种思绪是：做研究写书这么辛苦，下次不写学术专书了，不如利用我的唐史知识，改行写历史小说。第二种思绪是：做研究写书可以"考掘"出那么多有趣的唐史知识，下一本书写什么呢？我记得，台湾云门舞集在三十年前刚草创时，创办人林怀民每次跳完舞，也都有类似的感叹。

　　其实，我早在本书前的《自序》，就"预告"了我接下来想写的两本书：《唐代中层文官》和《唐代高层文官》，以便和本书配成"姊妹篇"。在《导言》中，我又"预告"我想写一本《唐朝官制》，以便专门处理散官、勋官和卫官等官制问题。在本书写作的中途，我又在构思另一本书：《唐人的官历和远行》，想精选十个唐人，包括诗人、史官、星官、学官、翰林待诏、将军、财臣和宰相等，详考他们的功名和官历，细说他们如何为做官远行，以便结合制度史和历史地理这两个我都深感兴趣的研究领域，做更深入的"个案研究"，呈现唐代文武官更宽广的一个横切面。这样一来，我整个唐代职官和官制研究的大计划，便可圆满结束了。

　　虽然我已经大致完成了这几本书的初步研究和材料搜集，可以开始动笔写作了，但将来能不能写成，我自己却是毫无把握的。

写专书需要全神、全时间的投入，然而我目前的工作环境和研究条件都欠佳，远离学术中心，研究经费严重短缺，又不像韩愈在《此日足可惜赠张籍》一诗中所说，"箧中有余衣，盎中有余粮"，姑且把这些研究计划和梦想记在这里，以待来日。

赖瑞和

2003 年 9 月 11 日中秋

又记：可以告慰并告诉读者的是，我写完本书后，2004 年原想先休息一年半载再来写第二本书，不料春节过后，无所事事，觉得日子更难过，于是又开动电脑，开始写《唐代中层文官》，到十月初已完成初稿了，希望不久又可以出书。看来我有劳碌命，闲不得，现正准备尽早写《唐代高层文官》。

2004 年 10 月 15 日